イメージの人類学
An Anthropology of Images
箭内匡
YANAI Tadashi
せりか書房

目次

はじめに——人類学の変貌

本書の目的は、文化人類学という学問を新たな理論的枠組のもとで、根底から組みなおすことである。より具体的に言えば、「イメージの人類学」という表題が示す通り、文化人類学の中心概念を「文化」から「イメージ」に移行させることである。この過程で、「文化」の概念とともに「社会」の概念——正確に言えば、実体的なものとしての「文化」・「社会」の概念ということだが——も省いてしまうことになるだろう。つまり本書は、イメージ概念を軸に、文化・社会の概念に頼らずに今日的な人類学の全体像を描こうとする試みである。なお、本書ではこうした事情もあり、いわゆる文化人類学を指す言葉として、一貫して「人類学」という学問名を用いることにする。[1]

なぜそのような組み換えが必要なのか。その理由はこの「はじめに」で概略的に述べるし、本書全体を通じて、より深く納得していただけるのではないかと思う。いずれにせよ、この企てが単なる私の個人的思い込みから生まれたのでないことは間違いない。人類学は近年、根本的な変化を経験してきた。本書はそうした現状を正面から受け止め、かつその彼方を予感しながら、私自身の立場から新たな人類学の全体像を構想するものである。

それにしても、人類学の根本にある文化・社会の概念まで取り除くというのはさすがに行き過ぎではないだろうか？この当然の疑問に対しては、イタリアの演劇家カルメロ・ベーネが用いた「引き算」の方法という考え方を援用しながら答えたい。例えば、『ロメオとジュリエット』という シェークスピアの戯曲から主役のロメオを引き抜いてしまい、脇役たちがロメオの不在の中でどのように行動するかを想像してみること。すると、うまくいけば、脇役たちがひそかに持っていた様々な可能性——ロメオの存在によって覆い隠されていた可能性——が噴き出してきて、その絡み合いの中で別の新しい作品が生まれてくるかもしれない。「引き算」の方法は、古典と呼ばれるものに新たな命を与えるための格好の方法だといえる。[2]

本書で私は、一方で、古典的な人類学の歴史の中から文化と社会という主役を「引き算」することで、それによって抑圧されていた可能性がどのように噴出してくるかを眺めてみる。そして、その中で現れてくる新しい人類学において新たな主役となるべき概念装置を作成してみる。「イメージ」と「社会身体」という二つの概念がそれである（なお「イメージ」の概念は、後に導入される「脱＋再イメージ化」の概念によって補足され、より研ぎ澄まされることになる）。本書前半でのこうした理論的装置の構築のあと、本書後半では、そのような新しい人類学の枠組を、まず古典的人類学における様々な議論と関連づけ、そのあと現代的人類学における様々な新たな取り組みと関連づけてゆくことにする。本書全体の企てを一言でいえば、イメージの人類学という理論装置を組み立てつつ、人類学の過去と現在を結び、その未来を考えるための全体的展望を示すことである。

いま私は古典的人類学と現代的人類学という言葉を使った。実際、今日の人類学は、「未開社会の研究」というようなこの学問の古典的イメージからは相当にかけ離れたものになってきている。ここ二、三十年の間に、確かに、古典的な人類学から現代的な人類学へのある決定的な変貌が起こったのである。[3] 振り返れば、この変化が不可逆的な形で進行しはじめたのは一九九〇年代のことではなかっただろうか。一九九〇年代、世界は一九八九年の東欧革命を契機に冷戦終結からグローバル化へと突き進み、さらに一九九〇年代半ばからはインターネットが飛躍的な発展を遂げて世界中の人々のライフスタイルを深く変容させていった。この過程は、様々な変質や方向転換を含みつつ、今日もさらに進行中である。こうした変化は当初、多くの人類学者にとってある意味で寝耳に水であり、それをすぐに十全に受け止め、生産的な形で応答するのは容易なことではなかった。一九九〇年代から二〇〇〇年代の時期において、人類学は未曾有の学問的危機を経験したといえるかもしれない。しかし、そうした中で暗中模索を続けた人類学者たちの努力が実り、近年ではようやく新たな全体的展望の可能性が見え隠れしているように思われる。

私は本書を一切の予備知識を前提とせずに書いた。従って読者は本書を、新しい人類学の一種の入門書のように読むことも可能なはずである。ただしその場合、次のことはあらかじめ了承していただきたい。本書はそれ自体一つの新たな理論的な企てでもあるため、必ずしも易しくは書かれていない。また本書は既存の人類学理論についての標準的解釈を集めた本でもない。人類学に通じた読者ならすぐ気付くように、しばしば私は様々な人類学的文献をかなり独自の視点から再解釈しつつ本書の議論を組み上げた。標準的な解釈を知りたい、と不満を持つ読者に対しては、標準的な解釈というのはいずれ時代遅れになるもの——あるいは既に時代遅れになっているもの――であることを指摘したいと思う。私が期待するのはむしろ、本書が、読者自身が独自の新たな読み換えを企て、未来に向けて新しい人類学を作っていくための触媒となることである。

本書にはこの他にも二つの目的がひそかに盛り込まれている。第一に、私はこの本でイメージの人類学という言葉を「イメージについての人類学」という意味のみならず、「イメージによる人類学」という意味も含めて用いている。実際私は本書で、文字で書かれた民族誌や人類学の論考について述べるだけでなく、民族誌映画作品やドキュメンタリー映画作品などをそれ自体が含む映像的思考に沿う形で考察し、映像と言葉の境界を取り払った人類学的思考の構築を目指した。[4]この本自体は、文章表現が持つ固有の力が何であるかを意識した上で、文章の形で展開されているけれど、イメージの人類学のアイデア自体は、多様なイメージ的手段による考察や表現に向かって開かれたものであることを述べておきたい。第二に、著者自身の作業という観点から言えば、本書は私が一九九〇年前半から続けてきた、ドゥルーズ、ベルクソン、スピノザのイメージの哲学をめぐる反芻の一つの帰結でもある。[5]これは人類学の本であって哲学の本ではないので、彼らの著作に細かく言及はしないが、本書の文章全体が彼らの著作からの深い影響の中で書かれていること、言い換えれば、本書の文章が人類学と哲学のあいだで綴られていることは確かである。以上の二つの方向性は、本文中で必ずしも明瞭に表現されてはいないが、関心のある読者には本書の中にそうした思考の脈絡をも辿っていただければと思う。

これがこの本の基本的な趣旨である。以下の部分では、いま一般的な形で述べたような内容が、本書の中でどのように具体化されていくのか、その概略を示すことにしよう。

一九九〇年代以降の人類学

人類学は長いあいだ「未開社会の研究」として知られていた。必ずしも正確な描写であるとはいえないものの、およそ一九八〇年代まで、この社会的イメージには一定の真実性があったと言える。20世紀の人類学者たちは世界各地の、しばしば「文明」からかなり隔絶した場所に積極的に赴き、「未開」と呼ばれるような生活――具体的には狩猟採集・焼畑農耕等を生業とする生活――を送る人々、あるいは「伝統」的と呼ばれるような生活を送る人々のもとに住み込み、調査地の人々と長期間、密接な関係を営む中で学問的探究を行った。そうした中で練り上げられた人類学独特の研究方法が、「民族誌的フィールドワーク」と呼ばれるものである。20世紀の人類学者たちは、この民族誌的フィールドワークを徹底的に行う中で、西欧近代世界にとって異質な生のあり方を内側から精密に把握しようと努力を重ねていった。その研究成果は、西欧近代的な人間観を打破し、20世紀の世界における人間観を豊かなものにする上で、ある意味で決定的な影響を及ぼしたと言える。さらに、今日からみれば、様々なフィールドについて彼らが書き残した記録が、もはや立ち戻りえない過去に関する貴重な証言の集合体であることも見逃せない。

　こうした20世紀の古典的人類学は、民族学・文化人類学・社会人類学という三つの名称で呼ばれていたが、[6] これらの名称に含まれている民族・文化・社会という三つの言葉は、20世紀人類学の特徴を明確に示すものである。人類学はいつも「民族」学的であった――なぜなら、どのような研究対象に向かうにせよ、人類学者の基本は「あたかも異民族を前にしているかのように民族誌的フィールドワークを行う」ことだったからである。そして、この「あたかも異民族であるかのような対象」を捉えるうえで、「文化」と「社会」の概念は本質的に重要であった。人類学者がフィールドで出会う「あたかも異民族であるかのような人々」は、一群の人々の全体としての「社会」を構成すると考えることで、そうした人々が相互に織りなす関係が分析できるようになる。さらに、そうした「社会」において人々が生まれ育つうちに獲得する習慣や能力が一つの全体をなすと考え、それを「文化」と呼ぶならば、それによって人々の思考や行動が新たな角度から分析できるようになる。ここで、社会と文化について述べるにあたって「全体」という言葉を繰り返し用いたが、この言葉は第四のキーワードと言ってよいだろう。20世紀の古典的人類学とは（そこに様々な学派の違い、内在的批判、議論の精緻化が存在したことを認めたうえで）あえて図式的に言えば民族・文化・社会に関する全体論的《ホーリスティック》な学問であった。

　ここから現代的人類学への変化について考えてみよう。冷戦の終焉からグローバル化へと進み、またインターネットが急速に普及した一九九〇年代という時代――日本では平成という元号の始まりと合致する――において、民族や文化や社会という言葉が指し示していた実体が、もはや後戻りできない形で根本的に変質していったことは間違いない。昭和の時代に日本列島に住んでいた人々にとって、「日本文化」、「日本人」という言葉は、立場はともあれ一定の実体的な意味を持っていた。これに対して今日、多くの人々にとって、「日本文化」とは、例えばインターネットを通じて日常的に経験される出来事に比べて、どこか遠いものになってきている。「日本文化」や「日本人」は、いうなれば、一種の外在的な対象――それとどこか意識的に関係を営むような対象――となったのである。似たことは、世界のあらゆる場所における民族・文化・社会についても、多かれ少なかれ言えることだろう。今日の世界において、民族・文化・社会を天下り的なカテゴリーのように扱うことはできないし、またそれらの背後に安易に「全体」を想定することもできない。状況のこれほど根本的な変化の中で、一体どのように新たな人類学を作っていったらよいのか…。

しかし、ここで見方を変えて、むしろ20世紀的な民族・文化・社会の概念こそ、特殊な歴史的状況の中で成立したものだったと考えることもできるのではないだろうか。一九八九年まで続いていた冷戦の時代は、この時代を経験した誰もが身をもって知っているように、「世界がいかなるものであるべきか」に関して二つの根本的に対立する見解が対峙し、その均衡状態のもとで、政治・経済・社会・文化など諸領域において多様な視点が共存し競合していた時代であった。そうした均衡的かつ複数的な世界情勢の中で、人類学が提示する文化や社会の概念にもとづく説明は十分に説得的なものであった。さらに遡れば、第二次世界大戦まで続いた帝国主義諸国による世界分割の時代も、状況は大きく異なるにせよ、世界が多様な見方の競合や共存の中で存在していた点では同様だったと考えられる。とすれば、20世紀人類学における民族・文化・社会に関する実体的なイメージは、そのような、多かれ少なかれ均衡的・複数的な国際情勢を前提として存在していたものではないか。[7] 言い換えれば、20世紀人類学が前提としていた民族・文化・社会の概念自体が、歴史的に特殊な社会情勢と表裏一体をなした、真の意味での普遍性を持たない概念だったのではないか。この考え方が正しいならば、根底的なレベルから人類学を再考する必要性は実は最初からあったことになるし、また、そこから古典的人類学と現代的人類学を共通の土壌のもとで位置づけなおすのも当然の作業ということになるだろう。本書で私が提案するのは、まさにそのような形で人類学を根底から再構築することである。

とはいえ、以上の説明はいささか論理に走り過ぎているかもしれない。正直にいえば、これは本書の意図をミニマムな論理で伝えるための事後的説明にすぎない。私が本書を書くまでに実際に辿った思考の道筋はずっと複雑であり、ここで述べる一連のことは私自身の一九九〇年代以来の学問的な暗中模索の総括である。本書の考察の原点は、第3章で述べるように、世界が大きな変貌を遂げていく一九九〇年代初頭に私自身が南米チリの先住民社会で行った民族誌的フィールドワークの経験であった。イメージの人類学の枠組は、基本的にはこのフィールドワーク経験をもとに、[8] ジル・ドゥルーズの哲学と対話しつつ、一九九〇年代から少しずつ作り上げてきたものである。[9] イメージに関する考察を深めるなかで私の関心は映像にも広がり、そうした中で、フラハティやジャン・ルーシュをはじめ、人類学の歴史においては周縁的な位置に置かれてきた映像制作者たちの仕事の、深く人類学的な意味をも重視するようになった。こうしたことの一方で、一九九〇年代以降に生まれたいくつかの新しい人類学的潮流から私が大きな刺激を受け、そこから多くを学ばせてもらったことも確かである。とりわけ、人類学者のフィリップ・デスコラやエドゥアルド・ヴィヴェイロス・デ・カストロ、ティム・インゴルド、科学社会学者のブルーノ・ラトゥールといった人々の仕事は、議論の中で本質的な形で言及されるはずである。

本書の構成について

本書は大きく前半と後半の二つの部分に分けられる。

第1章から第5章までの前半部における私の目標は、古典的人類学を引き継ぎ、それを現代的な形で作り変えるものとしての、イメージの人類学の理論的基礎の構築である。

第1章では、今日の人類学が20世紀の古典的な人類学から何を受け継ぎ、それをどのように今日的な形で生かしていくべきであるのかを、ルース・ベネディクトの『文化の型』の一節にコメントする形で考える。そのあと、イメージの概念を導入する意義を述べるとともに、本書の中で様々な形で用いられる「脱イメージ化」、「再イメージ化」、「イメージ平面」の概念組を導入することになるだろう。

第2章では、人類学的な営みが常にその基盤としてきた民族誌的フィールドワークに関して、その原点をなすマリノフスキの著作『西太平洋の遠洋航海者』に立ち戻って考察する。とりわけ彼の「不可量部分《インポンデラビリア》」の概念に焦点を当てるなかで、イメージの問題に焦点を当てた人類学的考察が、人類学の出発点から明瞭な形で存在していたことが明らかになるだろう。

続く第3章では、一九二〇年代に提起されたそうした問題を、転換期ともいえる一九九〇年代のコンテクストで捉え直してみたい。考察の素材とするのは、南米のチリ南部に居住する先住民マプーチェのもとで私自身が行った民族誌的フィールドワークである。私は、一九八九年から一九九二年にかけて南米大陸の片隅でこの調査を行っていたとき、遠くヨーロッパから届く短波ラジオに毎晩耳を傾けながら、東欧革命からソ連崩壊へと進む様子を印象深く受け止めたことを今も生々しく憶えている——それはまさに一九九〇年代以降の世界の始まりだった。[10] マプーチェの人々のもとでのフィールドワークは、文化や社会の概念を一度解体した場所で人類学を再構築するという課題を根底的な形で私に突きつけたのだった。

そのような準備のもと、第4章と第5章では、文化と社会の概念の根本的な組み換えの作業を行うことになる。議論の核心部分をあらかじめ述べるならば、文化を「言語のようなもの」と捉えたり、「象徴体系」として捉えたりする過去の試みは、イメージ経験を狭い範囲の記号の体系に還元してしまうものであり、これに対して、第4章で論じるように、

「脱イメージ化」と「再イメージ化」の概念——これは、ある意味で、レヴィ＝ストロースのアイデアを私なりの仕方で発展させたものでもある——は、人間のイメージ的な生をその豊かさ、多様性の全体において捉えようとするものである。こうした企てはまた、人類学をメディアに関する考察と自然な形で接合することにもなるだろう。

第5章では、イメージの人類学の視点から、社会の概念をどのように引き継ぐかについて考え、そうした脈絡で、「社会身体」という新たな概念を提起してゆく。第5章の後半では、親族名称や実践コミュニティといった社会人類学的主題を、人間同士および人間と周囲の事物との間の、多層的なイメージ＝力のやりとりとして捉え直すことになる。第5章の最終節では、本書前半の締めくくりとして、「イメージ」、「社会身体」、「力」という三つの概念の関係についてまとめることにする。

さて、第6章以降、本書の後半部では、前半部の議論で組み立てた基礎理論に立脚しながら、イメージの人類学が人類学の現代的問題にアプローチするための全体的構図を描いてみたいと思う。

第6章と第7章では、一九九〇年代以降に大きく進展してきた「自然」に関する人類学的考察との対話を企てる。近年注目を浴びてきたフランスの人類学者フィリップ・デスコラのアニミズム論やアナロジスム論、ブラジルの人類学者エドゥアルド・ヴィヴェイロス・デ・カストロの多自然主義論、そしてフランスの科学社会学者ブルーノ・ラトゥールの一連の考察は、確かにイメージの人類学の考察にとっても重要な示唆を与えるものである。この作業はまた、20世紀人類学の遺産を独自の視点から見直し、そこから現代社会を考察するための新たな手がかりを引き出していくものにもなるはずである。

第8章と第9章では現代世界の人類学について論じたい。第8章では、第7章の議論を引き継ぎながら、近代性についての人類学の可能性を考える。近代性に関してフーコーやハイデッガーが切り開いた理論的視野を考慮したり、またガブリエル・タルドの思想の人類学的応用について考察したりしたあとで、この章の最後の節では、ベイトソンの議論を批判的に活用しつつ「枠」の問題について論じるが、これはひょっとすると本書全体の中で最も深い議論であるかもしれない。第9章では、二〇一〇年代の人類学的研究も視野に入れつつ、自然と身体をテーマとする現在進行形の人類学を展望する。第8章と第9章の議論は「おわりに」に引き継がれ、イメージの人類学は未来に向かう学問的実践として捉え直されていくはずである。

注

1　人類学という言葉は、文化人類学を指す場合と、自然人類学（生物学的人類学）を指す場合との両方があり、本書の用法は明らかに前者である。ただし、本書の議論は最終的には文化人類学を生物学や生物学的人類学に近づける方向性をも含むものであり、その意味で後者の意味も不都合ではない。

2　以上の説明はベーネの作劇術に関する哲学者ジル・ドゥルーズのエッセイに基づいている（C・ベーネ、G・ドゥルーズ『重合』江口修訳 法政大学出版局 一九九六年［原著一九七九年］、一一八頁）。私の考えでは、「引き算」(soustraction) というアイデアはドゥルーズの哲学的創造の方法自体をもよく特徴づけるものであり、本書における私の「引き算」は、正確に言えば、（ベーネの作劇術というより）このドゥルーズ哲学の方法に触発される中で生まれたものである。

3　この古典的人類学から現代的人類学への変貌を、一種の切断のように受け止めてはならない。実際、私が本書全体を通じて考えようとしたのは、一見別物のようにもみえるこの両者を、水面下——つまりイメージのレベル——において深く絡み合わせることによって再び結びつけていくためのプログラムだと言ってもよい。付け加えれば、この現代的人類学への変貌の前夜にあたる一九七〇年代後半から一九八〇年代半ばの時期、日本においては、人類学者山口昌男の周囲に集まった多様な分野の研究者・創作者たちが、世界的にみても注目に値する豊かな知的生産を行なっていた（詳しくは真島一郎・川村伸秀編『山口昌男——人類学的思考の沃野』東京外国語大学出版会 二〇一四年を参照）。本書における私の議論が、古典的人類学の最後の爛熟期としての、一九八〇年代の日本における人類学を知的原点の一つとしていることも、ここで明白に述べておきたいと思う。

4　この後者の側面については、その大枠を拙稿「イメージの人類学のための理論的素描——民族誌映像を通じての「科学」と「芸術」」（『文化人類学』第73巻2号 二〇〇八年）で概観した。また、村尾静二・箭内匡・久保正敏編『映像人類学《シネ・アンスロポロジー》——人類学の新たな実践へ』（せりか書房 二〇一四年）はそのような方向性を具体的に示した本である。

5　拙編『映画的思考の冒険——生・現実・可能性』（世界思想社 二〇〇六年）、拙稿「映像・光・スピノザ——「内在性の映画」の示すもの」『思想』九九九号（二〇〇七年）、一四三—一六五頁ほか。

6　民族学はヨーロッパ大陸、文化人類学はアメリカ合衆国、社会人類学はイギリスにおける学問的伝統とそれぞれ深く結びついた言葉である。

7　実際、長期の民族誌的フィールドワークによって「文化」、「社会」、「民族」と呼ばれるものの手触りを経験した人類学者であれば、そうした分析的カテゴリーは——現地の人々自身がそれを言説化している状況は別途考えるとして——本質的に紙の上に存在するものにすぎず、現実にあるのは境界のないヴァリエーションの連なりであることを知っているだろう。

8　より正確に言えば、この構想は一九八〇年代後半における私の精神分析的人類学への深い関心とも切り離せない。それゆえ、民族精神医学を樹立したジョルジュ・ドゥヴルーの仕事は本書にも——特に2〜5章において——明に暗に影を落としているし (G. Devereux, *From Anxiety to Method in Behavioral Sciences*, Mouton, 1967; *Essais d'ethnopsychiatrie générale*, Gallimard, 1970)、また私が「イメージ」の概念を積極的に使い始めたのは、この時期に読んだW・クラック——彼は南米先住民のもとで精神分析的手法を取り入れた民族誌的フィールドワークを行った——の論文のおかげであった (W. Kracke, "Myths in dreams, thought in images," in B. Tedlock, ed., *Dreaming: Anthropological and Psychological Interpretations*, Cambridge

University Press, 1987。

9 イメージ概念を積極的に援用したドゥルーズの著作としては、『プルーストとシーニュ』(1964)(宇波彰訳 法政大学出版局)、『差異と反復』(1968)(財津理訳 河出書房新社)、そして『運動イメージ』(1983)(財津理・齋藤範訳 法政大学出版局)と『時間イメージ』(1985)(宇野邦一他訳 法政大学出版局)がある。また、ドゥルーズ哲学とも深く関わる、ベルクソンの『物質と記憶』(1896)におけるイメージ概念やスピノザの『エティカ』(1677)におけるアフェクティオの概念もこの本の考察の土台になっている。

10 今から考えると、私がチリで一九九〇年代初頭に経験した状況には、一九九〇年代以降の世界を先取りする部分もあったように思われる。チリは、ピノチェト軍事独裁政権(1973-1990)のもと、シカゴ学派肝入りの新自由主義政策が世界に先駆けて一九七〇年代から導入された国だったからである。

第1章　イメージの人類学に向かって

本章の目的は、古典的人類学の中心概念である〈文化〉と〈社会〉の概念から「イメージ」の概念への焦点移動をどのように行うかを考えるとともに[1]、本書全体の議論の概念的な基盤を据えることである。

1.1では、アメリカの人類学者ルース・ベネディクトの『文化の型』(1934)からの引用にコメントする形で、イメージの人類学が、古典的人類学から何を捨て、何をどのように引き継ぐべきなのかについて考える。私がそこで述べたいのは、古典的人類学の本質的な要素を〈文化〉と〈社会〉の概念に見るのではなく、「他なるものの肯定」に見ることである。

そのあと、本書の基盤をなすべき概念的枠組を提示する。1.2ではイメージの概念を提示し、続く1.3では、さらに掘り下げて考察するために、「脱イメージ化」、「再イメージ化」、「イメージ平面」という一連の概念を導入する。そして最後の1.4では、本章におけるイメージ概念がいかなる生物学的基盤を持ちうるかを考えるため、今日の神経科学がイメージについて明らかにしていることを整理しておきたい。

1.1　「他なるもの」の肯定

〈文化〉と〈社会〉

人類学は、人類が生きてきた著しく多様な現実を、民族誌的フィールドワークという一貫した方法——その具体的なあり方は様々に異なるが——によって探究してきた。民族誌的フィールドワークとは、第2章で詳述するように、人類学者自身が調査対象の人々と長い時間を共にしながら、人々がそこで生きている現実について全体的・組織的に学んでゆく調査方法である。20世紀前半の古典的人類学の時期から最近に至るまで、こうした現地調査によって得られたデータの総体は、一般には〈文化〉と〈社会〉の概念をベースにして把握されてきた。そこでまずこの論理を辿っておきたい。

どのようなフィールドに行っても、なんらかの意味でひとまとまりをなすと考えうるような人々がいる。この「ひとまとまり」が具体的にどのような人々を指すのかは必ずしも自明ではないが、ここでは気にしないことにする。ともかく、この一つの全体をなす人々を〈社会〉と呼ぶことにしよう。〈社会〉を構成する人々は、相互に様々な関係を取り結んでいるから、まずはそうした人々の間の諸関係を細かく把握し、それを土台としながら、フィールドで観察される人々の行動や言葉、さらには、その背後にある動機や思考や信念を厳密に理解していくことができる――大まかに言えば、このような視点から研究対象の現実を解明していくのが、イギリスを中心にして発達した「社会人類学」と呼ばれる方法である。

しかし、別の角度から考えることも可能である。フィールドで観察される人々の行動や言葉は、人々がそこで暮らす中で身につけていった様々な事柄の一部であり、こうしたものの全体は〈文化〉と呼ばれる。一般的にいえば、アメリカ合衆国の人類学ではこの〈文化〉の概念をもとに研究を進めていく「文化人類学」の伝統が形成されていった。[2] 人類学において最も有名な〈文化〉の定義は、19世紀イギリスの人類学者エドワード・B・タイラーの『原始文化』(1871)の冒頭の一文であり、「広い人類学の意味でいう文化あるいは文明とは、知識・信仰・芸術・法律・習俗・その他、社会の一員としての人の得る能力と習慣とを含む複雑な全体である」というものである。[3] 外延的な形で述べられた様々なもの（知識・信仰・芸術…）が、人々が身につけてゆく能力及び習慣として一つの「複雑な全体」(complex whole)をなすというアイデアは、確かに大いに生産的なものであった。

文化の人類学と社会の人類学は20世紀を通じ、相互に影響を与え合い、補い合いながら人類学の土台部分を形成していった。そうした中、親族・政治・経済・宗教・言語などの基本的領域から始まり、地域民族学や地域研究と重なる領域、さらには心理や医療、観光や開発、科学や芸術などの領域まで、多種多様な人類学的研究が繰り広げられてきたのである。

古典的人類学の内部においては、〈文化〉と〈社会〉はどちらも根本的な概念である。しかし、人類学の外の世界との関係において、どちらが人類学独自の見方をより明瞭に表現するかといえば、それは〈文化〉の概念の方だと言えるだろう。とりわけ20世紀前半の西洋で、多くの人々が自分たちこそ人類最高の到達点だと信じ込んでいた状況を想起するとき、〈文化〉の概念のラディカルさは際立ってくる。先進的な「文明」の担い手を自負する人々は、世界各地で自分たちとは異なる思考・行動のパターンを持つ人々と出会うと、ほとんど自動的に、そうした「遅れた」人々、「未開の」人々に自分たちの社会制度や価値観を分け与える――つまり押し付ける――のは自然なことだと考える。〈文化〉の概念は、まさにそのような思考の自動性に楔を打ち込む効果を持っていた。〈文化〉の概念に従うならば、「文明」の側に住む人々はある文化を持ち、「遅れた」「未開」の側にある人々もまた、ある文化を持っている。前者のアプリオリな優越性は文化概念が導入された瞬間に無効化されるのだ。人類学者は20世紀を通じ、西欧近代文明とは異なる文化を外から恣意的に価値判断することに一貫して反対し、自らが異なる〈文化〉の中に入り、その内的論理を把握して、それがそれ自体の正当性を持つ、敬意に値するものであることを力強く示してきた。文化相対主義のこうした倫理的姿勢は、20世紀を通じて一般の人々によっても広く受け入れられるようになったが、この過程において古典期の人類学者たちの決定的な貢献があったことは疑いない。

ベネディクトの『文化の型』

ルース・ベネディクトの『文化の型』(1934)は、そうした文化相対主義的な見方の最重要のマニフェストであった。ベネディクトはアメリカ合衆国において学問としての人類学を確立した一人である。『文化の型』における彼女の根本的な問いは、異なった社会に生まれ育った人の行動や思考や心情が、同じ人間なのになぜ著しく異なりうるのか——例えば、北米先住民とヨーロッパ系アメリカ人の間で、あるいは先住民同士の間で——というものであった。ベネディクトにとって、これを理解するための鍵が〈文化〉であり、つまり、社会集団が伝統的に継承してきた慣習——もちろん言語も含めて——の全体だったのである。次の一節をみてみよう。

個人の生活史は、自身のコミュニティが伝統的に継承してきた形式と基準の、最も明白な適応である。生まれたときから、その生まれ落ちた場所の慣習が人間の経験や行動を形成してゆく。話ができるようになった時、人は自らが所属する文化の一つの産物に過ぎなくなる。成長して、その文化の中での活動の一部を果たすようになった時、慣習のくせが個人のくせとなり、慣習の心情が個人の心情となり、慣習にとって不可能なことは個人にとっても不可能なことになる。その集団で生まれた子供たちは、みんなその個人と共通点を持ち、地球の反対側の子供たちとはほとんど共通点をもっていない。[4]

読者は、ベネディクトがこの引用の最後で「ほとんど共通点をもっていない」と言い切っているのは誇張に過ぎると思うかもしれない。しかし、ここで二つの点を考慮することが必要である。第一に、彼女がこの文章を書いた20世紀前半は、今日のように、グローバル化が進んで世界のどこへ行っても見慣れたものがあるような状況とは大きく異なっていたことである。ベネディクトはこの本を書く前に既に複数の北米先住民のもとでフィールドワークを行っていたから、この「ほとんど共通点をもっていない」という言葉は単なる理論的言明ではなくて、彼女自身のフィールド経験のただ中から出てきたものだと考えることができる。今日の読者はこの文章を、そうした経験の重みを行間に想像しながら読むべきなのだ。

第二に指摘しておきたいのは、この極端ともいえる言明が持つ重要な倫理的意味である。ベネディクトのこの文章は、西欧中心主義的な考え方が深く浸透していた同時代の世界に向けて力強く発せられたものだった。先住諸民族の〈文化〉を西欧近代的な〈文化〉とは「ほとんど共通点をもっていない」ものとして提示することは、確かに、「劣った」と見なされがちな諸文化に対する価値判断を読者に保留させ、それがもつ独自の体系性や奥深さを理解させるための、効果的な論理的手続きであったと考えられる。

文化相対主義から「他なるもの」の肯定へ

一般に、古典的アイデアと実り多い対話をするためには、三つのステップを踏むことが必要であるだろう。第一に、そのアイデア自体の歴史的文脈に立ち戻り、そこでの格闘が何であったのかを想像してみること。第二に、今日からみて、そのアイデアのどの部分が有効で、どの部分がもはや有効ではないのかを判別すること。第三に、以上の二つの作業を土台としながら、その古典的アイデアが現代の文脈の中でもちうる意義——それがどんな今日的問題とつながり、どんな今日的格闘をはらみうるか——を新たに想像してみること。ベネディクトの文化相対主義について、きわめて概略的な形にせよ既に第一の作業は行ったから、次に第二と第三の作業をやってみることにする。

『文化の型』の先ほどの引用文は、現代的文脈の中に置き直して読むならば、一つ一つが問題含みであるようにも思われてくる。ベネディクトは「自らのコミュニティが伝統的に継承してきた形式と基準」と書くが、今日の世界に暮らす我々にとって「自らのコミュニティ」が何を指すのかは不明だし、「伝統的に継承してきた形式と基準」がどんな意味をもっているかも不確かだろう。グローバルな規模で広がる人々の濃密なコミュニケーション、および、絶えまない技術革新の過程のなかで、「生まれ落ちた場所の慣習」の多くはもはや消えてしまったようにみえる。もちろん、そうした慣習の一部は——ある程度姿を変えながら——現在も有効であるだろうし、場合によって、過去の慣習の一部が新たな形で現出したりすることもある。また、世代を超えた持続性はなくても、私たちが何らかの理由で、数年間、数ヶ月間、あるいは数週間、ある種の習慣や関係を保持することはよくあるし、そうした習慣や関係を生きることこそ、我々の喜びや苦悩の主要な源泉であるのかもしれない。しかしいずれにせよ、今日の文脈における〈文化〉的および〈社会〉的なものは、ベネディクトが述べているような固定的かつ一枚岩的な性格のものではなく、もっと微細で、流動的で、多層的な響き合いを含んだものである。

　こうしてみると、ベネディクトの〈文化〉の概念は今日の世界にはもはやそぐわないものであり、それを根本から組み替えることは本書における私の課題そのものである。ただ、その議論に進む前に、ベネディクトが先ほどの文章において透明な形で表現していた文化相対主義的なアイデアにもう少しこだわっておきたい。なぜなら、それは今日もなお、二つの意味で人類学の学問的実践にとって重要な意義を持ち続けているからである。その第一は方法論的意義である。つまり、人類学者はフィールドの人々の生について、もしかしたらそれが自分が知っているのとは全く異なる基盤に基づいて成り立っているのではないかという疑問を常に抱きながら、一歩一歩進んでいく必要がある。ベネディクトの先ほどの一節は、この意味で依然として喚起力を含んだものである。第二に倫理的意義がある。その、自分の知っているのとは全く異なる基盤に基づいてなりたっているかもしれない生は、まずはそれ自体として尊重されるべきであって、自分の側の価値判断をいきなり押し付けてはならない――これも人類学者がフィールドに向かうときに常に保持すべき姿勢であり続けている。ところで、今、私が述べたベネディクトの文章の二つの今日的意義を改めて眺めるならば、そこでのキーワードは〈文化〉ではなく、むしろ「異なる」――言い換えれば「他なる」――という形容詞であったと考えることもできるように思われる。私は、この点を敷衍しつつ、他なる〈文化〉、他なる〈社会〉に向かっていく古典的人類学の営みの核心は、〈文化〉や〈社会〉の概念そのものよりも、むしろ「他なる」という形容詞の方にあった、と考えることを提案したい。「他なるものを積極的に認める」態度、「他性に向かって自らを開く」態度。「他なるもの」を人類学者自身が経験し、その意味を内側から把握する中で、そうした「他なるもの」への（基本的には）肯定的な姿勢を自らの中に自然な形で育ててゆくこと。そして、こうした「他なるもの」への態度は、〈文化〉や〈社会〉の概念を根本から組み替えても、依然として重要であるはずのものである。

　念のために付け加えれば、人類学的な視点における「他なるもの」への肯定的態度は、いわゆる「多文化主義」(multiculturalism) の考え方とは本来的に異質のものである。多文化主義は一九七〇年代にカナダで国家の政策として導入され、とりわけ一九九〇年代以降の新自由主義の時代に多くの国々に広まったが、そこで肯定されている〈文化〉の多様性は、あくまでも近代国家とその法制度を前提とし、その内部を律するルールとして位置づけられるものである。[5] これに対して人類学における「他なるもの」の肯定は、社会制度・法制度の側から出てくる規範的・道徳的なものではなく、むしろ「他なるもの」の経験がそれ自体として持つ正当性からダイレクトに湧き上がってくるようなものである。「他なる」生が持っている（かもしれない）正当性、および、我々自身が持ちうる別の生の可能性を、近代国家とその法制度の枠からも自由な思考の地平において想像すること。20世紀前半の文化相対主義の知的なラディカルさは、このような意味においてこそ、真の意味で継承することができるはずである。

1.2　〈文化〉、〈社会〉からイメージへ

ベネディクトの文章を書き換えてみる

　さて、以上を踏まえた上で、20世紀前半の人類学者たちの文化相対主義的な企てをどのように組み換えたら良いかを考えてみよう。その大雑把な方向性を示すため、先ほどの『文化の型』の中のベネディクトの文章を――その格調高い文体を崩すことにはなるが――今日的な問題関心のもとで大幅にパラフレーズしてみたい。

　個人の生活史は、自身をとりまく文化的・物質的環境によって与えられる形式と基準の、最も明白な適応である。生まれたとき、その生まれ落ちた場所の習慣は人間の経験や行動の原点となり、将来的な適応のための身体的・精神的能力の基盤を形成する。話ができるようになった時、人は自らが所属する文化的・物質的環境の一つの産物であるが、やがて人も文化的・物質的環境も変化するだろう。成長して、その文化的・物質的環境で行われる活動の一部を果たすようになった時、個人の内部では、習慣のくせと個人のくせ、習慣の心情と個人の心情、習慣にとって不可能なことと個人にとって不可能なこととが共存している。同じ環境で生まれた子供たちはその個人と部分的に共通点を持つが、それとともに、地球の反対側の子供たちとも共通点をもっているかもしれない。

　以上の書き換えを行う際、私はとりわけ次の四つの点を文章の中に盛り込もうと考えた。これらは、本書全体のなかで次第に見えてくるはずの焦点移動とも対応するものである。

①一行目ではベネディクトの「文化」という言葉を「文化的・物質的環境」に置き換えたが、それは、今日の我々の日

常生活が、国家や文化の境界を超えて広がる物質的環境——自然のみならず、科学・技術・産業が生み出した様々な事物を含む——によって大きな影響を受けているからである。さらに、環境という言葉を使うことで、環境そのものがたえず変化するニュアンスを含めた。

②ベネディクトは慣習が直接的に人々の経験や行動を形作ると論じたが、ここではむしろ、習慣——慣習よりも柔軟なものとしての——が能力を形作る効果を及ぼす点を強調している。我々は言語や社会的ルールを子供の頃に学ぶが、その後も、最初に学んだことを基盤として絶えず新たな言葉や社会的ルールを学んでゆく。その意味で、最初の学びは慣習自体というよりも、習慣を身につけるための能力の形成に深く関わっているだろう。この最初の学びが、身体と精神の両方に関わる点も重要である。

③ベネディクトは慣習が個人のくせ、心情、「不可能なこと」を全面的に規定すると述べているが、上記の書き換えでは、人々の内部に習慣（という集合的次元に通じるもの）と個人的なものと共存していることを強調している。

④ベネディクトが異なる集団に属する人は相互にほとんど何も共有しないとするのに対し、上記の書き換えでは、反対に少なからぬものを共有しうると述べた。これはグローバル化の中で「文化的・物質的環境」がかなり一様になってきていることに加え、そうした環境の中で生きる人間が持つ、生物としての一様性——そこでしばしば生起する個人的な変異も重要ではあるが——も積極的に考慮すべきだと思うからである。

以上の四つの点を通じて述べた内容を一言でまとめるなら、次のようなものになる。ベネディクトや彼女の同時代の人々が人類学の問題を文化、社会、慣習といった、集団レベルのカテゴリーに焦点を合わせて考えていたのに対し、今日では、それよりずっとミクロなレベル（例えば個人の身体）からずっとマクロなレベル（例えば地球規模の文化的・物質的つながり）まで、連続的に眺めていくことが必要である。今日の人類学に求められるこうした視点の移動を、映像撮影におけるカメラワークに喩え、次のように述べることができるかもしれない。つまり、人間集団を中距離で——客観主義的に——撮影しつづけるのではなくて、必要に応じてカメラを引いて遠くからロングショットで捉えたり、逆にクローズアップして対象を捉えたりすること。また、何度も繰り返されるものを漫然と撮るのではなく、そこで物事が（反復性とともに）一回性のもとで動いているという緊張感のもとで撮ること。さらに、例えば人々の言語的活動のようなものも、言葉のみならず、喋っている時の様子、周囲の人の反応、周囲にある事物といった全体を撮ってゆくこと。つまり、微視的なものと巨視的なもの、止まっているものと動いているもの、瞬間的なものと持続的なもの、言葉と言葉で表現されないもの、といった幅の中で対象を捉えてゆくこと。本書でイメージという概念を中心的な形で導入するのは、まさに映像撮影という行為によって暗示されるような問題の広がりを十全な形で受け止めるためにほかならない。

イメージの概念

〈文化〉と〈社会〉の概念から人類学を自由にしつつ、古典的人類学が取り組んでいた問題性を引き継ぎ、様々な軸に沿ってそれを拡大しながら、人類学を新しい形で作り直すこと――イメージの人類学の目標はこれである。そこで、この作業の土台となるイメージの概念が何を意味するのかをここで厳密に述べておくことにする。国語辞典を引くと、おおよそ「心の中に浮かべる像」という語義が書かれているが、本書で私はそれよりもはるかに広く、かつ厳密な意味でこの言葉を用いる。私の用法の土台となっているのは、哲学者アンリ・ベルクソンが『物質と記憶』(1896)で提起したイメージ概念である。[6]

以下では、この「心の中に浮かべる像」という辞書的定義を拡大するところから始め(定義1)、二つのステップ(定義2、定義3)を経由したあと、本書における最終的定義(定義4)を述べ直すことにする。このような定義を用いる理由は本書の中で次第に明らかになっていくはずだが、その目的の一つは、先に述べた「微視的なものと巨視的なもの、止まっているものと動いているもの、瞬間的なものと持続的なもの、言葉と言葉で表現されないもの」をダイレクトに捉えてゆくためである。

定義1:イメージとは、私――私の身体も含んだ意味で――に対する「現れ」のことである

「心の中に浮かべる像」というと視覚的イメージの印象が強いが、本書では、聴覚的イメージ、嗅覚的イメージ、触覚的イメージなどあらゆる感覚イメージ、また、私自身が意識しないところで起こる身体感覚のイメージなど、私に対する「現れ」――正確に言えば私の精神および身体に対する「現れ」――のあらゆるものをイメージとして考える。[7] また、私が耳にした言葉が私の中に生み出すもの、私が紙の上に読んだ文字が私の中に生み出すものも「現れ」であり、イメージである。さらに、そうやって感じたイメージや言葉をもとに私が考えた結果として、私の心の中に浮かんできた印象や思考もまたイメージである。このような雑多で多層的なイメージの概念の意義については次の1.3でより詳しく述べることにする。

定義2:イメージは「私」に対してのみならず、「私たち」に対

しても現れる

例えば、私がいま仲間とともにサッカーの試合をしていて、試合終了寸前に敵チームに決勝ゴールを奪われたとしよう。ゴールに吸い込まれていった敵チームのボールは、明らかに、「私」一人に対して現れたものというより、「私たち」に対して——つまり味方チームの皆に対して——現れたものである（また、いくぶん異なった仕方で敵チームの選手たちにも現れたものである）。ここでサッカーの「決勝ゴール」を例に挙げたが、私はもちろん、そのような劇的な場面についてだけ述べたいのではない。我々の日常において生起する大小様々な出来事の多くは、「私」に対してのみならず「私たち」に対して起こるのであり、従って「私たち」に対して現れると考えられる。このような現れ＝イメージの概念は、すぐあとで述べるように民族誌的フィールドワークの過程を理解するうえでも有益だし、また第5章以降で援用される社会身体の概念とも呼応するものになるだろう。

定義3：イメージは人間に対してのみならず、人間以外の生物や物に対しても現れる

たとえば私が動画映像を撮影するとき、カメラが記録するものは、撮影者の私に対する「現れ」でもあるが、それ以前に、そしてそれよりも厳密な意味で、カメラに対しての「現れ」である。[8] その証拠に、私が録画を開始したままカメラを放置すれば、カメラはひたすら自らに対する現れ＝イメージを記録することになるだろう。同様にして、私が目の前の鏡に、あるいは池の水面に映った自分の姿を見るとき、その一瞬間手前において、私の姿は鏡に対しての、また水面に対しての現れ＝イメージである。また、私が目の前のハエを叩こうとする時、私の手はハエに対する現れ＝イメージであるわけだし、植物が光を求めて茎を伸ばすとき、光は植物に対する現れ＝イメージだと考えることもできる。このようなイメージ概念は、映像による人類学的実践の意義をきちんと評価するうえで重要であるとともに、本書の第6章以降で展開される自然の人類学に関する議論の理論的基盤にもなるはずである。

定義4（最終的定義）：イメージとは、あらゆる「Xに対する現れ」のことである

まとめよう。最初に私は、イメージとは私に対する「現れ」のことだと書いたが、定義2と定義3を通過することで、最終的には、イメージとは「Xに対する現れ」の全てを含む、と考えることができるだろう。ここでXの部分には「私」に限らず「私たち」や「彼ら」が入ってもいいし、カメラや水面、動物や石が入ってもいい。このような極端に広い概念的振幅を持つイメージ概念の意義は、本書の中で次第に明瞭になってゆくだろう。いずれにせよ、概念をここまで広げておけば、ともかく「微視的なものと巨視的なもの、止まっているものと動いているもの、瞬間的なものと持続的なもの、言葉と言葉で表現されないもの」の全体は捉えられるはずである。

イメージの人類学に向かって

それにしても、「X」などという未決定的な項を介入させるのは、具体的経験に依拠する学であるところの人類学から遊離した哲学的思弁ではないか——そう疑問を持った読者もあるかもしれないが、ここは辛抱して議論を追っていただきたい。まさにこうした未決定的な項をイメージ概念の核心部分に入れることが、本書の企ての全体と本質的に関わっているからである。さらにいえば、人類学的営みの基盤をなす民族誌的フィールドワークという行為自体が、この「X」という未決定的な項と関わっていることも指摘できる。というのは、第2章の民族誌的フィールドワークに関する議論で詳しく見るように、フィールドワークとは「私が私であること」が不確かになる行為であり、それはまさに、「私」がそのような未決定的な場所「X」に移動する中でフィールドの出来事を経験する行為であるからである。

20世紀の人類学者は、フィールドワークにおいて「現れた」イメージの総体の中から〈文化〉ないし〈社会〉の諸要素を抽出し、それらの要素が織りなす全体について描写したり、考察したりすることをフィールドワーク後の作業の中軸としていた。より細かく言えば、そうしたイメージの総体を反省的に見直すなかで、特に意味深い形で繰り返されるような言葉や行動パターンに注目し、それらがさらに、他の言葉や行動パターンとともに何か「全体的なもの」の一部を構成しているように見えたとき、それらを文化ないし社会の次元に属するものとして同定してきたわけである。このような作業がその意義を完全に失ったとは思わない。しかし一般的に言えば、21世紀の人類学においては、既存の理論的枠組に乗るのではなく、現実そのものが示す秩序に沿って注意深く進むことが必要だろう。つまり、「文化的」なもの、「社会的」なものを抽出する以前の段階に立ち戻り、フィールドワークの直接的な産物としてのイメージをまずしっかりと見据えることによってこそ、〈文化〉と〈社会〉の人類学が見逃してきた様々な現実が視野に入ってくるはずである。

ただし、ここで次のような問いも浮かんでくるかもしれない。イメージの人類学は物事を描写するための理論としては有益かもしれないが、物事を説明するための理論としては不十分なのではないか。実際、〈文化〉と〈社会〉の概念は、文化ないし社会を構成する諸要素が一つの全体をなす——あるいは、各々の要素はその全体の中の一要素として存在する——というアイデアを前提とすることで、ある強い説明力を獲得していた。例えばベネディクトが「慣習のくせが個人のくせとなり、慣習の心情が個人の心情となり、慣習にとって不可能なことは個人にとっても不可能なことになる」と書いた時、彼女はまさに文化の概念によって、その中に生きる人々の生のすべてを説明しようとしたのである。イメージの人類学の枠組において、〈文化〉と〈社会〉の概念のこうした説明力は保持されるのであろうか。

この重要な疑問については、本書の全体を通して私なりの答えを提示していくことになるだろう。いずれにせよ確かなのは、そもそも〈文化〉や〈社会〉の全体が何であるか定かでない現代世界において、個を全体によって説明するようなモデルは最初から断念せざるをえないということだ。「全体」をアプリオリに想定するのではなく、隣接する諸要素が関連しあって局所的な広がりを持ったり、何らかの要因によって一定のパターンで繰り返されたり、また意外な連結関係によって一見無関係な場所にあるものが相互に支えあったりする、といった過程を見出し、そこでの広がり・繰り返し・連結などのメカニズム、強度、意味といったものを探究すること。イメージの人類学は、こうした方向性で徐々に考察を積み重ねつつ、描写的であると同時に一定の説明力を持つ理論を構成することを目指すものである。

1.3 イメージの転生——脱イメージ化と再イメージ化

イメージ概念を掘り下げる

前節で述べたイメージ概念の定義は、イメージの人類学の基盤を据えるものではあるが、それを用いて踏み込んだ人類学的議論を行うには、もう少し精密な概念的道具が必要である。前節の定義に厳密に沿って考えるなら、ニュートンの物理学もイメージの理論であり[9]、カントの『純粋理性批判』もイメージの理論であり、パースの記号論もイメージの理論であるということになる。[10] これは、イメージの概念を最大限に広い意味で定義したことの当然の帰結であり、次に行うべきことは、これを人類学的主題を考察していくのに適した概念として、よりシャープなものにしていくことである。以下で導入する「脱イメージ化」、「再イメージ化」、「イメージ平面」の三つは、まさにそうした役割を果たす概念のセットにほかならない。

手始めに、私の目の前に一個のトマトがあるとして、そのトマトが私の中に生み出す視覚的イメージについて考えてみよう。神経科学の知見——これについては1.4で詳しく述べ

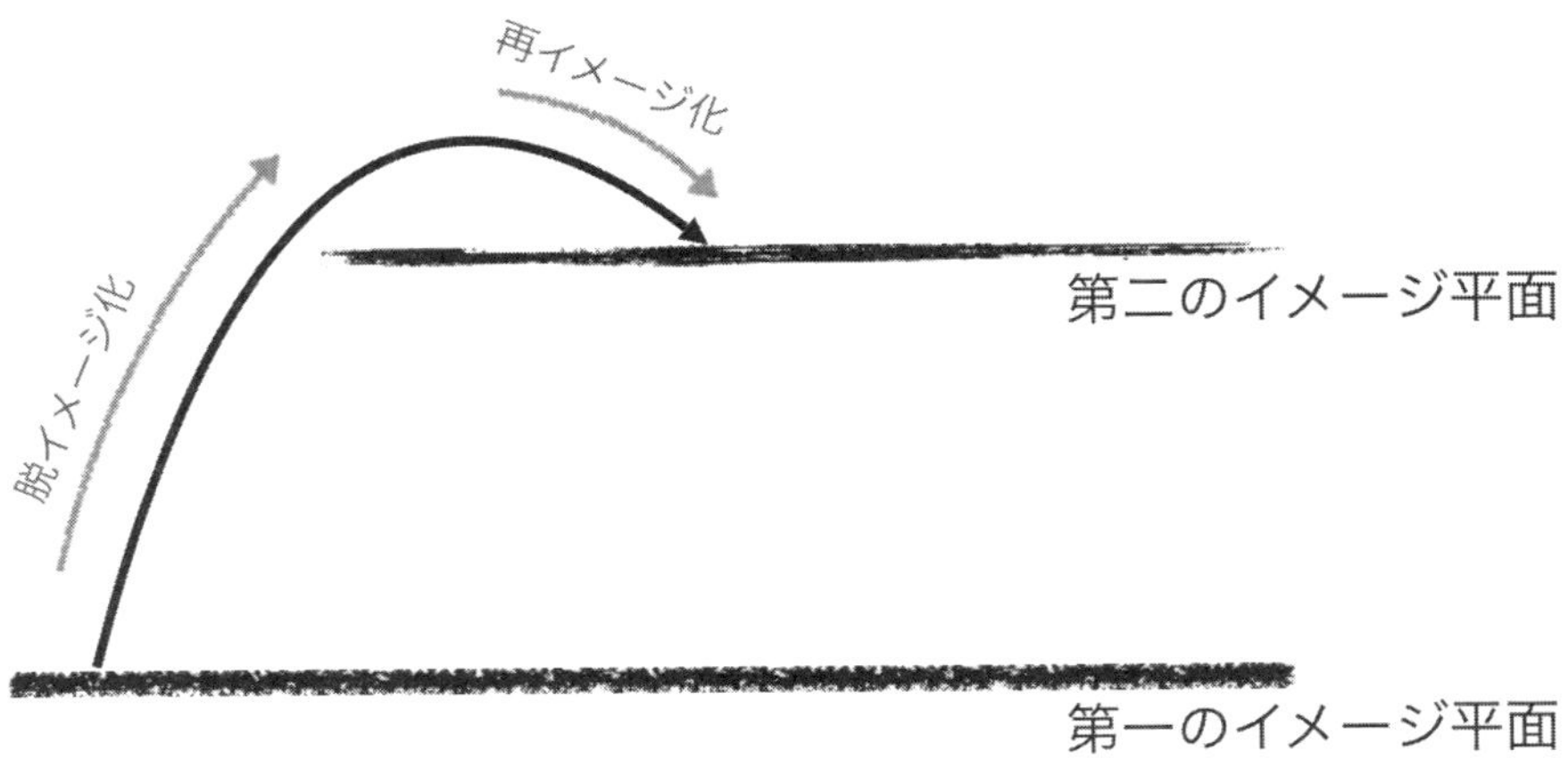

「脱イメージ化」と「再イメージ化」

る——にもとづいていえば、目の前のトマトが私の脳の中に生み出す、赤くて丸い視覚的イメージは、目の前にあるトマトの中にあらかじめ存在するものではない。トマトは、それ自体赤い色をしているのではなくて、トマトに当たった光の中の赤色光をトマトが反射する——トマトは赤色光を吸収しない——ために、トマトは私に対して「赤い色をしたもの」として映る。またトマトは、それ自体丸い形をしているのではなくて、私の眼の網膜が受け取ったトマトとその周囲の光学的情報が、脳内の視覚系神経回路によって分析・総合される中で、トマトは私に対して「丸い形をしたもの」として映る。つまり、目の前のトマト——厳密にはその周囲も含めて——に由来する光学的刺激によって私の眼の網膜に発生する情報の全体をトマトの「原イメージ」と呼ぶなら、脳内回路を経て私の脳裏に形成される赤くて丸い形をしたイメージは、その原イメージから重要な特徴だけを切り出して、網膜における神経刺激の経験とは異なる経験の平面においてトマトが捉え直されたものである。

「脱イメージ化」と「再イメージ化」

この例を利用しながら、「脱イメージ化」、「再イメージ化」、「イメージ平面」の三つの概念を提起することにしよう。右の図で、「第一のイメージ平面」を、トマトが発する光を直接受け止めるところの網膜での出来事を指すものとし、「第二のイメージ平面」を、私が「赤くて丸いトマト」のイメージを受け取る知覚経験の平面を指すものとする。第一のイメージ平面に現れたトマトの原イメージは、視覚神経系を通して第二のイメージ平面に向かう過程で、その中身のかなりの部分が切り捨てられる――この過程を「脱イメージ化」(de-imaginization)と呼ぶことにしよう。さて、原イメージのうちの選択された部分を素材としてできた「赤くて丸いトマト」のイメージは、知覚経験のイメージ平面上にある他のイメージと交流しつつ、原イメージのレベルではありえなかったような、新たなイメージ的な生を与えられる――この過程を「再イメージ化」(re-imaginization)と呼ぶことにする。[11]

この過程については、四つの点を指摘しておかなければならない。

第一に、今ここで脱イメージ化と再イメージ化という二つの概念を提起したが、図の中でそれらが一本の連続的な曲線によって表現されている通り、それらは独立して生起するものではない。脱イメージ化したイメージは、必ずどこかの新しいイメージ平面の上で再イメージ化する。脱イメージ化と再イメージ化は一まとまりのプロセスであり、それゆえ本書では、二つの過程を合わせる形で、「脱＋再イメージ化」という表現を――またそれをさらに簡略化して「イメージ化」という表現を――頻繁に用いることになる(だから「脱イメージ化＋再イメージ化」、「脱＋再イメージ化」、「イメージ化」はすべて同じ意味である)。

第二に、「脱＋再イメージ化」は、イメージとイメージの間にある過渡的な段階を指すというよりも、イメージがイメージとして現れる事実の本質を指し示すということである。私の脳裏(第二のイメージ平面)にトマトがトマトとして現れるのは、そのトマトが私にとって潜在的にせよ何らかの意味を持っているからであり、そのトマトが何らかの形で私に対して影響力を有しているからである。「脱＋再イメージ化」したイメージは、単に知覚されるだけでなく、私の生と関わっている。イメージについての議論は往々にして、あたかもイメージが客観的対象であるかのような前提のもとで議論されるが、イメージは実際には、常にX(例えば「私」)に向かって現れ、X(例えば「私」)と何らかの意味で混じり合うものである。イメージをイメージ化として理解することは、こうした過程の全体を見逃さないために重要である。

第三に、脱イメージ化と再イメージ化の概念は、イメージが本来的に多層的であり、イメージが様々な形に転生していくことを思考可能にする。このことを先のトマトの例を敷衍する形で具体的に考えてみよう。私が目の前のトマトに目を留めたのは、私の妻が今からスーパーに買い物に行くところなのでついでに頼んでおこうと、ストックを確認したのかもしれない。そして私は出掛けようとしている妻に、「ついでにトマトを買ってきて」と頼んだとする。この時、私が先ほど知覚したトマトのイメージは、その具体性をさらに削ぎ落とされ、「トマト」という言葉に転生することになる。この「トマト」という言葉が、先ほどの具体的なトマトのイメージとは異なる、新しい形のイメージ──「トマト」という音声的イメージとその意味内容のイメージの結合──であることは疑いない。ここで起こったのは、感覚的なイメージの平面から言葉のイメージの平面への新たな「脱＋再イメージ化」である。

さて、ここから四番目の点に移るが、私の妻がスーパーに着いた場面を想像してみよう──そこで私の妻は、先ほどの「ついでにトマト買ってきて」という言葉を思い出すと同時に、自分の脳裏からトマトのイメージを引っ張り出してきて、それを思い浮かべながらトマトを探すことになるだろう。実際、スーパーでトマトを探すとき、我々は自分の中で記憶されている視覚的イメージを手がかりにトマトを探すのであり、例外的なケースを除けば、野菜の値札を次々に読んで「トマト」という文字を探していく人はいない。これは興味深いプロセスである。一度、具体性を大きく失って言葉として「脱＋再イメージ化」したトマトが、今度は新たなイメージ的具体性を獲得しつつ最初の感覚的イメージの平面に近づいていくのだ。このことを念頭に置きつつ、先ほどの「脱＋再イメージ化」の図に新たな要素を盛り込んでみたい。この新しい図（次頁）では、第一のイメージ平面から出た矢印が第二のイメージ平面に着地したあと、それに続く形で、もう一つ点線の矢印が書かれている。一般的にいえば、「脱＋再イメージ化」は、単に第一のイメージ平面から第二のイメージ平面に向けてのイメージの転生にとどまるのではなく、第二のイメージ平面から、もう一度第一のイメージ平面に戻っていく（それは前のイメージともはや同じではないが）ような可能性を秘めている。この点線部分の「再イメージ化」を、本書では「再イメージ化の照り返し」と呼ぶことにする。

前節におけるイメージ概念の定義は、最大限に広い内容のものであった。これに対して「脱イメージ化」、「再イメージ化」、「イメージ平面」の三つの概念が捉えることを可能にするのは、多種多様なイメージが──「X」という振幅を含んだ主体に対して──様々な形に転生しつつ現れる様子である。例えば、水のイメージについて考えてみよう。それは、津波となって押し寄せれば凄まじい規模の物理力であり、我々がそれを飲んで喉の渇きを潤すときには身体的な満足感を与え、また自然の中の清流は我々に安らぎを与える。以上は物質としての水の様々な「現れ」であり、つまりイメージである。

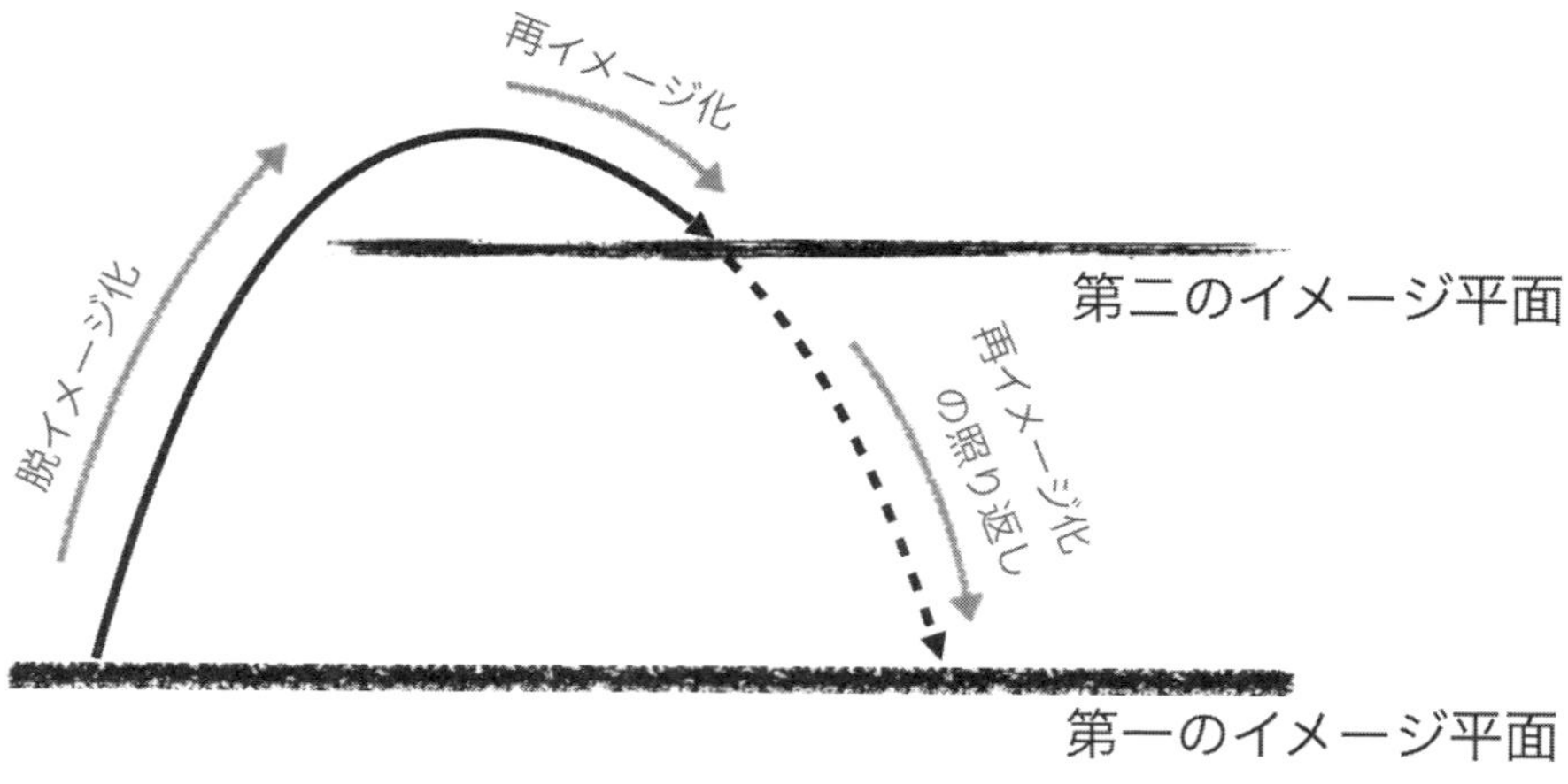

「再イメージ化の照り返し」

「水」はまた、私がそれを見て言葉として「脱＋再イメージ化」すれば、新たなイメージ的生を享けることになるし、それが文字として書かれれば、さらなるイメージ的な転生が生起する。他方で、水のイメージはデジタル映像となってインターネットを駆け巡ったりもする。このように、物理的対象としての水から、文字として書かれた水、そしてネット上の映像まで、様々なイメージ平面の上で繰り広げられる経験のすべてがイメージであり、そして「脱＋再イメージ化」はそこでのイメージ的転生を捉えるための概念的道具なのである。

私が脱イメージ化、再イメージ化といった新造語を導入し、人文社会科学でしばしば用いられてきた「記号」や「表象」という既存の用語を採用しない理由は以上の諸点と関わっている。第一に、記号や表象の概念は一般に、人間が持ちうる多様な経験を何らかの限定的な経験の地平——特定のイメージ平面——の上に取りまとめてしまいがちであり、またそれらの概念は、イメージ平面の間でのイメージの転生を考えることを困難にしてしまう。そして第二に、今述べた「再イメージ化の照り返し」をめぐる問題がある。人間にとって記号や表象はきわめて重要なものだが、しかし人間の生は、究極的には、記号や表象の上で展開されるのではない。脱イメージ化は常に再イメージ化を伴い、さらに、少なくとも潜在的には「再イメージ化の照り返し」を常に含む——人間はそうやって、他の動物と同じように、周囲の世界とイメージの受け渡しをしながらその生を営んでいるのだ。記号や表象は名詞的な概念であるが、これに対して「脱＋再イメージ化」は、イメージ経験が私の前にある事物の客観的ないし主観的な把握にとどまるのではなく、私の身体が生きる過程の全体と実効的に連関してゆくものであることを示す動詞的な概念なのである。

フィールドワークにおける「脱＋再イメージ化」

本章で私が行なっているのはあくまでも導入的な議論である。「脱イメージ化」、「再イメージ化」、「イメージ平面」の概念については、第4章でもう一度、既存の人類学理論により近い場所で説明し直すことになるだろう。またこれらの概念がイメージの人類学にとって持つ意義は、第4章以降の議論の中で次第に明瞭になってゆくはずである。とはいっても、今までの議論はあまりに一般的であり、こうした概念装置が人類学の学問的営みと一体どう関わるのか分からないと困惑している読者も多いかもしれない。そこで、これらの概念が人類学的営みの根本にあるところのフィールドワークという行為とどう関係しうるのかについて、考えておこうと思う。なお、民族誌的フィールドワークの詳細については後述するが、ここでは、「人類学者が現地の人々のもとに長期間滞在し、人々の日常生活にも参加しながら調査を行う」というような一般的なイメージのもとで考えることにする。

通常、人類学者がフィールドワークの際に最も重要なのは書くことであり、特に思い出しながら書くことである。人々の面前でノートを取ることが可能な――ないし望ましい――場合もあるが、一般的に言えば、目の前で逐一ノートを取られるのは誰にとっても不愉快なことだし、それが物事の自然な進行を阻害してしまう場合もある。それゆえ、人類学者は目の前で起こった出来事を一生懸命記憶し（時にはちょっとしたメモも取りつつ）、それをあとでまとめてノートに書く。こうした作業の中には、まず、フィールドの事物や出来事が、人類学者の脳裏において、意味あるものとしてイメージ化（＝「脱＋再イメージ化」）される過程があり、そして、そのようにイメージ化されたものがさらに文字言語の形でイメージ化（＝「脱＋再イメージ化」）される過程があると言える。もちろん、フィールドノートの作成のほかに、場合によって、インタビューや語りを録音させてもらったり、写真や動画映像を撮影させてもらったりすることもありうる。そうした場合、音声や写真や動画映像は、ノートに書かれた文字――あるいはスケッチ、表など――とは異なった形での「脱＋再イメージ化」ということになる。

もう一方で、人類学者はフィールドワークにおいて、現地の人々と一緒に物事を経験する。「脱＋再イメージ化」は、人類学者の中で生起しているだけではなく、フィールドの人々自身の間でもたえず生起している過程である。誰かが何かを見て、あるいは何かを想起して、そのイメージを脳裏に形成し、そしてそれを言葉で表現する。その言葉が、他の人の脳裏で再イメージ化する。人類学者の中で起こるイメージ化は、最初は人々の中におけるイメージ化と大いに食い違っているだろうが、物事に慣れてゆくなかで、少なくとも部分的にはそれに近づいてゆくことになる。フィールドノートに人々が語った言葉をメモする行為も、こうした日々の経験の積み重ねによってはじめて十全な意味を持つようになる。そのような中で、現地の人々も次第に人類学者を自分たちの仲間の一人とみなし、一緒に何かをしようと提案するかもしれない。そこでは、「彼ら」と「私」において別々の形でイメージ化が起こるだけでなく、両者を含み込んだ「我々」の次元においてもイメージ化が生起していく。さらに、現地の人々が人類学者の調査の作業に積極的に参加してくる場合もしばしばある。例えば、人類学者の質問に対して「それよりももっと重要なことがある」と話題を変えたり、人類学者が写真を撮ろうとすると、それよりこっちをちゃんと撮った方が良いと忠告してきたり、といった具合である。フィールドワークとはこのような、様々な「X」に対する様々なイメージ化が錯綜した形で延々と積み重ねられる過程にほかならない。[12]

フィールドワークの過程をこのように「脱＋再イメージ化」の概念を用いて捉え返すなら、人類学の作業というものは、おそらく人類学者自身が普通意識してきたのよりもずっと深くイメージ的な性格のものであることがわかる。そして、フィールドワークを単なるデータ収集の作業と考え、人類学的研究を単に収集したデータを論文にまとめ上げる作業と考えるのはかなり不毛な見方であること、それよりも深く、かつ多層的なイメージのもとでの考察・再考察こそが人類学的創造の核心にあること、さらに、人類学的研究が論文の形のみならず、映像や展示、あるいは文学的表現等、様々な表現に開かれてゆくべき可能性を本来的に持っていることも、理解されてくるはずだと思われる。

1.4 感覚イメージとは何か——神経科学的観点から

本章のこの最後の節では、イメージの概念を、近年著しく発展しつつある神経科学の研究成果をもとに、感覚イメージに焦点を当てながら考えてみたい。

ここでの作業の目的は限定的なものである。第一に、本書ではイメージを人間以外の生物のみならず、物に対しても現れるものであると定義しているから、イメージ概念を全体として考えるという意味では、人間や動物の脳神経系を通して経験されることはその中の一部を構成するにすぎない。第二に、人間や動物の脳神経系によって経験されることの中でも、感覚イメージは一部にすぎず、例えば記憶イメージや情動イメージ、言語的イメージ等、他にも考えることが数多くある。こうしたことを述べたうえで、しかし、視覚イメージを始めとする様々な感覚イメージが、我々の主観的な生の根本的な素材となっていることも事実である。そして、神経科学が明らかにしてきた感覚イメージのメカニズムは、人間において――そして生物において――イメージ一般が生きられる仕方について重要な洞察を与えてくれるものでもある。[13] このような展望のもと、本節ではイメージが「（私の感覚器官を通して）私に対して現れる」という事態が、神経科学からみてどのようなものであるのかを一連の命題の形で整理する。[14] これはイメージの人類学という本書全体の構想において絶対不可欠な部分ではないが（それゆえ本節を飛ばして第2章に移ることも可能である）、しかし本書のイメージ論に経験的基盤を与える意義を持つものである。

イメージの創造性――感覚イメージは脳内で作られるものである

直感的な理解に従えば、感覚イメージとは、我々の周囲の事物が五感を通してそのまま「私に現れた」もののようであるが、神経科学が描き出す感覚・知覚の実際の過程は、これよりずっと複雑な過程である。体の各部分に分布する感覚器官を構成する各種の感覚細胞は、各々の仕組みに従って、受容した刺激を神経信号に変換する。感覚イメージとは、そうした神経信号が、脳の様々な部分における高度な情報処理を経て私の意識および意識下で現出したものである。

この過程はきわめて緻密な分析と総合の過程からなるものである。そこではしばしば、外界から入ってくる情報と同じくらい、私自身の身体についての情報が関わっている。例えば、私が首を動かして右横を見るときに「右横のものが見える」のはごく当たり前のことのようだが、これは実は脳内の複雑な情報処理の結果である。というのは、私が首を動かす時の私の首や眼の筋肉の動きが、脳内で神経信号としてフィードバックされ、それが眼から入ってくる情報と総合されることではじめて、「周囲の世界が動いた」のではなくて「右横のものが見えた」のだと認識できるからである。また、先にも触れたように、私が目の前にあるトマトを「見る」時、私が知覚するトマトの丸い形、その立体感、赤い色、そして緑色のヘタは、トマトの中にあるのではない。そうではなくて、あくまでも私の網膜が捉えた視覚情報をベースに、トマトの実とヘタの形状が切り出され、奥行き感や色が分析され、それらが再度組み合わされて、一連の特徴を持つ「トマトのイメージ」が私の前に現れるのである。

人間の視覚イメージは、従って、すでにそこにある形や色や動きの模写というよりも、かなりの部分は、私自身の身体と不可分な形で脳内で作られるものである。そしてこれは他の種類の感覚イメージについても同様である。

「変化」の把握――感覚イメージの形成過程では抑制が本質的役割を果たす

感覚イメージの受容が情報伝達の促進ではなく、抑制に関わっているというのは不思議に思えるかもしれない。しかし、抑制の作用の重要性は、日常的経験を振り返ってみても、すぐに納得のゆくことである。私が新しい服を着るとき、最初に服の肌触りを感じるが、その感覚はすぐに消えてしまう。よほど肌触りの悪い服でない限り、触覚的イメージをたえず「気にする」のは私の生にとって無駄だからである――私が「気にする」べきことはもっと他にたくさんあるのだ。神経細胞が一定時間以上続く刺激に対して反応を抑制する作用を持つというのは、触覚に限らず、さまざまな感覚にみられる現象である。

情報伝達の抑制は、時間的広がりのみならず、空間的広がりにおいても重要な役割を演じている。例えば、私の指先に鉛筆の尖端を押し付けるとしよう。私の指先の鉛筆の先端が当たった部分はその一帯が凹むことになるから、付近にある触覚細胞は一様に圧力を神経系に伝達すると予想されるが、実際にはそうではない。ここで「側方抑制」と呼ばれる重要な現象が生起するのだ。鉛筆の尖端が当たった部分の細胞は、正の神経刺激を発すると同時に、周囲の細胞に負の神経刺激を伝えて、周囲の細胞からの神経発火を抑制する。この側方抑制によって、鉛筆の尖端が当たった点においてのみ大きな神経発火が起こり、そのおかげで、我々は鉛筆の尖端が当たった位置を正確に把握することができるのである。同様のことは、視覚や聴覚など他の感覚についても言える。私の視覚が光学的情報の総体の中から物の輪郭――例えばトマトの形――を切り出すことができるのは、側方抑制のメカニズムあってのことであり、また私の聴覚が耳に入ってくる音声的情報の全体の中から物音を聴き分けることができるのも、抑制作用のメカニズムあってのことである。

感覚の本質が、「状態」の把握というよりは、時間・空間の広がりにおける「状態の変化」の把握にあることは、究極的に言えば、脳神経系が電線の束ではなく、ニューロンの断続的連結によって組織されているという根本的事実と関わるものだろう。それが断続的連結であるがゆえに、不要な情報を随時カットすることができるのだ。そのおかげで、生のために必要な情報を選択的に受容することが可能になるのである。

感覚間相互作用——感覚イメージは多様な感覚情報の分岐と連動の中で生まれる

脳神経系が徹底的に分析と総合のプロセスによって成り立っていることはすでに述べた。例えばトマトのイメージは、その形や色や立体感等を把握する、様々な情報処理経路を経由して得られた結果を総合して作られるものである。そうした情報処理経路の具体的なあり方の一端を把握するため、二つの例を挙げてみよう。

第一に、視覚には二つの情報処理ルートが存在するという、きわめて興味深い知見について紹介しておきたい。網膜から入ってきた視覚情報は、視床を経て後頭部の一次視覚野に伝えられたあと、背側経路と腹側経路の二つのルートに分かれて進むことが知られている。背側経路は頭頂部に向かい、視覚が捉えた対象に向かって我々が行動するための情報源となるのに対し、腹側経路はより下方に向かって進み、対象を視覚的に知覚する——形や色の知覚をはじめ——ための情報源となるのだ。我々自身にとっての物を「見る」という意識は、実はこの二つのうちの腹側経路の視覚のみと関わるのだが、我々の日常の動作では背側経路の視覚——それは無意識下で休みなく働いている——が決定的な役割を演じているのである（こうした事実は、ごく稀に、脳の腹側経路の一部が損傷した人が、自分の目の前の物が「見えない」のにそれを容易に掴むことができる、という奇妙な経験をすることによって表面化する）[15]。背側経路による「行動のための視覚」の方は、自分の身体の状態を教えてくれる体性感覚や、三半規管から来る平衡感覚など、他の様々な感覚とも連動しつつ、ひそかに我々の身体の動きを支えているものである。視覚という一見単純明快な感覚は、実際にはこのように意外な形で内的に分岐し、かつ他の感覚とも緊密に連動して働いているものなのである。

諸感覚の連動という観点から、もう一つ、味覚の例を挙げてみたい。神経科学的な意味での味覚は、舌が感じることができる、甘味、酸味、塩味、苦味、うま味の五種類だけである。それなのに我々が多種多様な味覚的イメージを感じることができるのはなぜだろうか。それは、日本語の「風味」という言葉も示唆しているように、我々の「味」の経験は、舌を通して入ってくる味覚的情報だけでなく、口の内部から鼻に上がってくる匂いの嗅覚的情報に大きく左右されているからである。それだけではない。「味」の経験は、舌触りのような触覚的情報や、食べ物の視覚的イメージ、さらには過去の記憶など、様々な要素が複雑に絡み合う中でも形成されていることが知られている。味覚は、感覚的なイメージ経験のすぐれて複合的な性格をよく示すものである。[16]

脳の可塑性——イメージ経験の蓄積は身体（脳神経系）を変容させる

生物としての人間の特性の一つは、人間がきわめて不完全な形で生まれてくることである。誕生時の赤ちゃんの脳神経系は、特に完成からは程遠い。それゆえ、胎児期に始まったニューロンの生成は出生後も続き、同時に、生成されたニューロンが相互の間に無数のシナプス接続をハイスピードで形成してゆく。こうした増加傾向は——脳の部位によって違いがあるが——数ヶ月から3歳くらいの間に終わり、その後は、今度はニューロンもシナプス接続も間引きされ、整序されてゆくのだ。この事実は、例えば幼児による言語の音声弁別の習得のプロセスとも整合するものである。人間の赤ちゃんは出生後の半年間はどんな言語の音声も弁別する傾向を示すが、その後は母語の音声知覚能力が向上するのと引き換えに、外国語の音声知覚能力が減退してゆく。このように経験が知覚能力の形成に不可欠であること——言い換えれば、経験が脳神経系におけるニューロンの組織に本質的に関わっていること——は、様々な感覚についても示されている。

この時期のあと、ニューロンの生成はおおかた終了するものの（ただし、海馬をはじめ一部の場所ではニューロンがその後も生成されつづける）、経験はニューロン間のシナプス接続にたえず影響を与え、特定の活動が繰り返されれば、それは脳の組織にも反映される。特定の指を繰り返し使う訓練を行うと、その指に対応する一次運動野の領域が拡大すること、例えば弦楽器奏者の左手の指の対応領域は非演奏者に比べて大きいこと——これに対して、個々の指を動かす必要のない右手については差異はない——などはよく知られた例である。人間の成人の体内には一〇〇〇億本のニューロンがあり、それらの間に合計一〇〇兆〜一〇〇〇兆という膨大な数のシナプス接続が存在していると言われているが、人間の時々刻々の経験に従ってその無数のシナプス接続の一部が補強されたり弱められたり、新たな接続ができたり、場合によっては新たなニューロンが加えられたり——また古いニューロンが死んだり——している。権威ある参考書『カンデル神経科学』の最終章末尾には、「現在の神経科学の基本となる考え方では、すべての精神過程は生物学的なものであり、したがってそれらの変化はすべて必然的に器質的である」と述べられているが、[17] これはきわめて意味深い言明である。そこで示唆されているのは、人類学者が〈文化〉のような概念によって扱ってきた問題——たとえば慣習の問題——が生物学的次元と〈それに還元されることなく〉通底していることであり、〈文化〉や〈社会〉をめぐるような人類学的考察は、孤立したものではなく、経験の個人性やその生物学的基盤とも重ね合わせながら考察されていくべきことである。

脳の社会性——感覚イメージは他者との関係の中で経験される

　最後に、近年の神経科学の飛躍的発展の中でも特に有名な、イタリアのG・リゾラッティの研究グループが成し遂げた業績——ミラーニューロンの発見を含む——についても触れておくべきだろう。彼らが最初に手がけたのは、マカクザルを実験対象としつつ、前頭葉の運動前野にあるＦ５と呼ばれる領域を研究することだった。このＦ５のニューロンは「手および口の運動の制御に関わる」とされるものだが、リゾラッティらは様々な実験を通じて、その働きは手や口の単なる動きの制御ではなく、「つかむ」、「持つ」、「引き裂く」という〈意図に基づく〉行為を制御するものであることを発見したのだ。それに続いて、彼らはＦ５のニューロンの一部が、例えば、つかむという行為においてだけでなく、つかむことのできる対象を見ることでも発火することをも見出す。つまりＦ５の部位のニューロンが担当しているのは、手や口の筋肉を単に駆動させることではなくて、「食べ物を見る」＋「食べるためにそれを口に運ぶ」という、知覚と行為の全体を制御することであったのだ。

　リゾラッティのグループがこうした研究の延長線上で発見したのが、ミラーニューロンだった。彼らはＦ５のニューロンの一部が、驚いたことに、自分で物をつかむ場合のみならず、他者が物をつかむのを見るときにも反応することを発見したのである。眼前の他者の行為があたかも自分の行為のように脳の中でモニターされる、という印象的な働きをするこのミラーニューロンは、一九九〇年代末から大きな反響を呼ぶようになる。[18] その後、同様の働きは脳内の他のいくつかの部分からも発見されて、ミラーニューロン的な働きは、ある組織的なメカニズム——ミラーメカニズムと呼ばれる——をなしていると考えられるようになってきた。さらに、他者の行動だけではなくて、他者の感情（痛み・不快感・恐れ・喜びなど）が脳内でモニターされて経験されるという証拠も積み重ねられてきた。[19]

　前段落で述べたように、脳はあらゆる慣習的ないし習慣的なものを反映する。ミラーメカニズムの発見は、それに加えて、私の脳神経系が、私と共にある人々の脳神経系と知らず知らず通じ合っていることをも示している。今日の神経科学は明らかに、人類学で〈文化〉や〈社会〉の概念によって扱われてきた問題を、様々な種類の生物および無生物の中の一存在としての人間という視野のもとで見直すうえで、重要なヒントを与えてくれるのである。

私は1.2でイメージの受け渡しを無生物にまで拡張して考えた。改めて考えてみれば、そうした広義でのイメージの受け渡しの中で、ある特殊な仕方でイメージを身体の内部で生成する仕組みを発達させたのが神経系を持つ生物であり、さらにそうした神経系――およびそれと連動する内分泌系――の発達を極端に加速させたのが哺乳類であると考えることができる。確かに人間は、出生時には脳神経系が大きく未発達な状態にあり、その機能の重要な部分が成長の過程で形成されていく点で、非常に特異な存在である。そして、まさにそうした事情のもとで、人間の生は、言語の使用を始めとする様々な「脱＋再イメージ化」の過程とも不可分なものとなるのであり、また、周囲の人々や事物との社会的関係と不可分なものとなるのである（後者の側面は、第5章で導入する「社会身体」の概念によってより明瞭に捉えられることになる）。

神経科学が教えるもう一つの重要なことは、脳神経系というものがひとえに「生きる」という目的のために存在しているということである。確かに、膨大な数のニューロンとそれらを繋ぐほとんど無数のシナプス接続が、精密に、低電力で――脳の消費電力はわずか15W程度である――、しかも経験とともに漸次的に変化しつつ機能しているというのは非常に印象的である。しかしこの壮大なシステムが目指しているのは、究極的には「生きること」の一言に尽きるのだ。そして、生きるために必要なのは、世界の状態を認識することではなく、世界において生起する出来事を把握して行動することである――イメージに関するあらゆる考察は、最終的には、この点に着地しなければならないのである。[20]

注

1　以下、本書では全体を通じて、〈文化〉と〈社会〉の概念を一貫して山カッコでくくることにする。その意図は7.4以降で明らかになるが、それまでは通常のカギカッコと同じものとして考えていただいて構わない。

2　アメリカ文化人類学における文化概念については、20世紀半ばにクローバーとクラックホーンが著した有名な研究があるが、そこでもタイラーの定義が及ぼした圧倒的な影響が指摘されている（A. L. Kroeber and C. Kluckhohn, ***Culture: A Critical Review of Concepts and Definitions***, Peabody Museum of American Archaeology and Ethnology, Harvard University, 1952）。

3　エドワード・B・タイラー『原始文化』比屋根安定訳　誠信書房　一九六二年、一頁。

4　ルース・ベネディクト『文化の型』（米山俊直訳　講談社　二〇〇八年、一八頁）。なお、今日の言語的慣習に合わせて、勝手ながら、訳文（および原文）で「かれ」（原文では〝he〟）となっている部分は、適宜「自身」「個人」等と意訳した。

5　多文化主義に関する人類学的考察は、本書の立場から言えば、本書の第7章以降（とりわけ8.4以降）の議論をもとに〈文化〉の概念を捉え直した場所から始まる。その中で、例えばウィル・キムリッカの議論（『多文化時代の市民権――マイノリティの権利と自由主義』（角田猛之他監訳 晃洋書房 一九九八年［原著一九九五年］）のようなものも、人類学的視点から改めて考察しうるように思われる。

6　アンリ・ベルクソン『物質と記憶』（熊野純彦訳 岩波書店 二〇一五年）を参照。

7　「現れ」という言葉は人類学の文脈では奇妙に響くかもしれないが、西洋哲学史においては、アリストテレスの phainomenon に遡る言葉（「現れる」という意味を持つ古代ギリシア語の動詞 phainein の派生語）であり、近代・現代哲学の「現象 phenomenon」という用語と重なる言葉である。本書のイメージ理論は、従って、広い意味における現象学の一種と考えられなくもない。しかし、もう一方で、本書のイメージ概念は、スピノザやベルクソンの影響のもと、根底的な脱主体性に基づくものと考えられている点で、フッサール的な現象学からは遠い。

8　これは人類学者でかつ映画作家であったジャン・ルーシュの実践における理論的問題の核心と関わっている（2.4を参照）。

9　例えばその第一法則の「慣性の法則」は、「あらゆる物体は、外からの物理的イメージ（＝物理力）を与えられない限り、観測者Xに対して等速度運動をする形で現れる」ということができる。また第三法則の「作用反作用の法則」は、「二つの物体がお互いに対して現れる物理的イメージ（＝物理力）は、向きが正反対で大きさが同じものである」と表現できるだろう。ニュートンと同じ世紀の哲学者たち（デカルト、ホッブズ、スピノザなど）の考察を想起するならば、このような言い換えもまったく無意味なものではないと考えられる。

10　チャールズ・S・パースの記号論は、記号や表象に関する様々な理論の中でも、記号作用のイメージ的な広がりを最も包括的に、また多層的に捉えたものであり、上記の批判を免れる部分も確かにある。しかし私は、パースの理論が究極的には認識のための理論であり、生の全体を捉えるための理論ではないこと、記号論は結局は経験を知性的なシステムの側から説明する装置であることを指摘しておきたい。

11　「脱イメージ化」と「再イメージ化」は、言うまでもなく、ジル・ドゥルーズとフェリックス・ガタリが概念化した「脱テリトリー化」（脱領土化）と「再テリトリー化」（再領土化）にならう形で考案されたものである（G・ドゥルーズ、F・ガタリ『千のプラトー』宇野邦一他訳 河出書房新社 一九九四年［原著一九八〇年］）。しかし第4章で述べる通り、それらの概念の内容的な土台となったのは、ドゥルーズとガタリの思想ではなくて――もちろんそれとも関わってはいるが――、レヴィ＝ストロースの思想とヴィゴツキーの思想である。

12　こうした点は拙稿「イメージの人類学のための理論的素描」（『文化人類学』第73巻2号 二〇〇八年）では詳しく論じた。

13　1.2で述べたように、本書におけるイメージの概念は、直接的には、哲学者アンリ・ベルクソンの『物質と記憶』(1896) におけるイメージ（イマージュ）の概念に由来するものである。ところで、ベルクソンがこの『物質と記憶』という本で企てたのは、同時代における神経科学の成果を徹底的に踏まえながら、生の問題としてのイメージについて哲学的に考察することであった。

14　以下の諸点については、例えばE・カンデル他編著『カンデル神経科学』（原著第5版 メディカル・サイエンス・インターナショナ

ル 二〇一四年）を参照。なお、感覚・知覚の神経科学では一般に感覚情報・知覚情報等の分析的用語が用いられ、イメージという言葉は避けられる傾向があるが、ここでは本書の文脈に即してイメージという言葉を使う。ちなみに、神経科学者の間でもアントニオ・ダマシオのように、人間の経験をより総合的に議論する研究者は、イメージという用語を積極的に用いている（例えばA・R・ダマシオ『感じる脳――情動と感情の脳科学 よみがえるスピノザ』田中三彦訳 ダイヤモンド社 二〇〇五年を参照）。

15 M・グッデイル、D・ミルナー『もうひとつの視覚』（鈴木光太郎・工藤信雄訳 新曜社 二〇〇八年）。

16 例えばG・M・シェファード『美味しさの脳科学』（小松淳子訳 合同出版 二〇一四年）を参照。

17 『カンデル神経科学』（原著第5版）、一四八七頁。当該の文章がある第67章は、スティーヴン・ジーゲルバウムとエリック・カンデルの共同執筆によるものである。

18 G・リゾラッティ、C・シニガリア『ミラーニューロン』（柴田裕之訳 紀伊国屋書店 二〇〇九年）およびM・イアコボーニ『ミラーニューロンの発見』（塩原通緒訳 早川書房 二〇〇九年）を参照。また「ミラーメカニズム」についての最新のレビューとしては、G. Rizzolatti and C. Sinigaglia, "The Mirror Mechanism: A Basic Principle of Brain Function," *Nature Reviews Neuroscience* 17, 757-765 (2016) を参照。

19 前注のリゾラッティとシニガリアの論文のほか、次のものも参照。B. C. Bernhardt and T. Singer, "The Neural Basis of Empathy," *Annual Review of Neuroscience* 35: 1-23, 2012.

20 アンリ・ベルクソンが『物質と記憶』(1896) で、今からもう一世紀以上も前に、同時代の最新の神経科学的知見を精査したうえで、まさにこれと同じ考えに到達していたことは想起に値する。本書で私がベルクソン哲学に基づいてイメージ概念を提起しているのは、彼のイメージの哲学がこうした根本的な点において今日なお有効だと考えるからでもある。

第2章　民族誌的フィールドワーク――原点としてのマリノフスキ

前章では、人類学を「他なるもの」を肯定する営みとして捉えるとともに、イメージの人類学を構築するための理論的な基盤固めの作業を行った。本章では、人類学的営みの基盤をなすところの民族誌的フィールドワークについて、その原点というべきマリノフスキの著作に遡って考える。

『西太平洋の遠洋航海者』(1922)に代表されるブロニスワフ・マリノフスキの諸著作は、古典的人類学の確立のうえで決定的な役割を果たしただけでなく、今も人類学的研究の本質的要素を伝えるものであり続けている。その著作の独特の力は一体どこから来るのだろうか。私は本章で、その力が彼の仕事に一貫して見られるイメージ的アプローチと無関係でないこと、その意味で、マリノフスキをイメージの人類学の創始者の一人と考えうることを示そうと思う。この検討の中で私は、彼が提起した「不可量部分」という概念の重要性を強調することにもなるが、これはイメージの人類学の主軸的な概念にもなっていくはずである。

2.3では、イメージの人類学のもう一人の創始者と見なすべき、アメリカの映画作家のロバート・フラハティについて述べる。フラハティが一九二二年に公開した映画《極北のナヌーク》[1]は、民族誌映画及びドキュメンタリー映画の原点として想起される映画史上の古典だが、それはフラハティの独創的なアイデアのもと、民族誌的フィールドワークに一種似た過程の中で制作された作品でもあった。『西太平洋の遠洋航海者』と《極北のナヌーク》という二つの古典が、どのように重なり合っているのかを考えることは、おそらく、イメージの人類学とは何であるのかを根本から考えていく助けになるだろう。2.4では、こうした関心の延長線上で、20世紀の半ばにフラハティ的人類学とでも言うべきものの可能性を大きく開花させた人類学者=映画作家ジャン・ルーシュの仕事に触れようと思う。

2.1　自己を変化させること

マリノフスキと『西太平洋の遠洋航海者』

ブロニスワフ・マリノフスキ(1884-1942)がニューギニア東の海上に浮かぶトロブリアンド諸島に赴き、単身で民族誌的調査を開始したのは、今からもう一〇〇年あまり前の一九一五年のことだった。彼はそこで、調査者自身が村のただ中にテントを張って長く住み、現地語を身につけ、人々の日常生活に慣れ、村の出来事の自然な展開をその場で追うという新しいスタイルの調査方法を、一九一八年まで、一連の明確な方針のもとで徹底して遂行する。その後彼はヨーロッパに戻り、この調査に基づく最初の著作『西太平洋の遠洋航海者』を書き上げて一九二二年に上梓するが、これは人類学的研究にまったく新しい次元を切り開く著作となるものだった。[2] マリノフスキが練り上げた民族誌的フィールドワークの方法、また彼が『西太平洋の遠洋航海者』で実践した「民族誌」と呼ばれる著述のスタイルは、以降、人類学独自の学問的手続きとして広く模倣されていくことになる。

『西太平洋の遠洋航海者』という民族誌の主題をなすのは、「クラ」と呼ばれる、貝を素材にして作られた独特の財宝——首飾り《ソウラヴァ》と腕輪《ムワリ》の二種類がある——の取引である。マリノフスキによれば、トロブリアンド諸島とその周辺の人々は、大きな情熱をもって、クラの財宝を「クラのパートナー」とみなす相手と贈りあう。こうしたクラの財宝の贈答関係によって結ばれた個人的な関係が、マッシム海と呼ばれるこの地域一帯に、海を越えて広がっていたのだ。クラにおける第一の原則は、クラの財宝は、自分でため込むためのものではなく、他者に贈るためのものだ、ということである。素晴らしい財宝を手にいれた人は、それを自分の最良のパートナーに贈ることによってのみ自らの名声を高めることができる。そして財宝自体もまた、そうやって有力者の手から手へと渡ってゆくことで名声を博するようになる。第二の原則は、パートナー同士の地理的な位置関係によって、首飾り《ソウラヴァ》の贈り手になるか、腕輪《ムワリ》の贈り手になるかが最初から決まっていることである。つまり、マッシム海の全体において、時計回りの方向に贈られてゆくのが首飾りであり、反時計回りに贈られていくのが腕輪である(次ページの地図を参照)。例えば優れた首飾りをもらった人は、自らの威信をかけて、それと同じかそれ以上に価値ある腕輪を手にいれて、それをパートナーにお返しできるように努力しなければならない。人々がとりわけ大きな価値を置くのは、海を越えたパートナーとの取引である。入念な準備のもとに船団を組み、危険を冒して海上を旅して他島に住むパートナーを訪ね、贈り物を受け取る——クラの贈り手にとって、それは人生のもっとも重要な行為なのである。

マリノフスキが『西太平洋の遠洋航海者』で行うのは、このクラのシステムを中心に、それをめぐる人々の生の多様な側面を全体として描き上げることである。彼は、長期間の住みこみ調査によってはじめて得られるようなフィールドの現実の深い理解をもとにして、クラの制度がトロブリアンド諸島の風土といかに密接に結びついているか、それが人々の日常生活、社会・政治関係、経済、神話や呪術等といかに密接に関係する中で存在しているのかを、緻密に描き出してゆく。読者は、そうした記述を読みながら、最初はただの異民族の奇妙な風習のようであった「クラの財宝」の交換が、人間の社会や経済というものについて根底的な考察に誘うものであることを実感してゆくのだ。とりわけ、マッシムの海に散らばった島々が、政治的にも文化的にも全く統合されていないにもかかわらず、クラのパートナーシップが作り出す個人的関係のネットワークが背景となって、物資の交換――これはクラの財宝の交換とは区別されるが、しかしそれと平行して行われる――が広い範囲で可能になっているという事実は、経済とは何かという問題を根本から考えるうえでも貴重な示唆を与えるものである。[3]

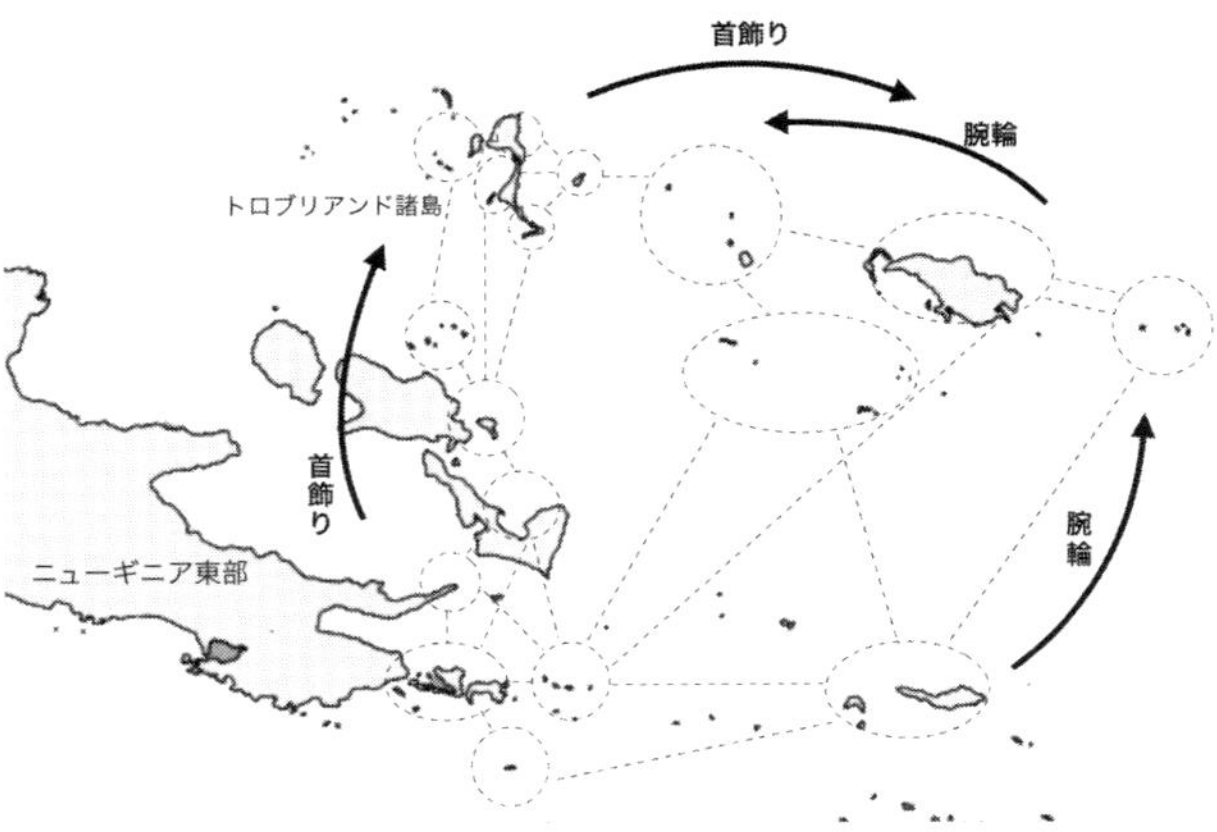

クラの環（Malinowski. *Argonauts of the Western Pacific* より作図）

『西太平洋の遠洋航海者』はまた、読者の誰もが知っているように、読み物としても大きな愉しみを与える著作である。この点はしばしばマリノフスキの文学的資質に帰されてきたが、これは不十分な説明だと思われる。なぜなら、この本を読む愉しみは確かに、マリノフスキがこの本を最初から最後まで、読者の中のイメージ的な反響・密度・流れを明確に意識した、表現的な著作として編み上げたことと関わっているからである。本の全体は、「クラの船団」の遠洋航海の準備とその遂行という大枠のストーリーラインに即して、トロブリアンドの社会生活の諸側面を順番に記述してゆく形になっており、また本文の様々な部分と相互参照する形で配置された75枚もの写真によって、読者は「クラ」の制度を無味乾燥な民族誌的情報としてでなく、イメージのレベルで追体験することができる。さらに、随所での生き生きとしたマリノフスキの情景描写、また、直接話法の形で繰り返し引用される呪文——それらはトロブリアンド人たちの生の叫び声のようだ——も相まって、読者はこの本を読みつつ、トロブリアンド諸島の社会生活について何か重要なことを確かに理解したという印象を自分の中に形成してゆくのである。

民族誌的フィールドワークとは何か

このように『西太平洋の遠洋航海者』は、読んで楽しく、かつ知的刺激に満ちた本である。人類学において、長期のフィールドワークに基づき、フィールドの現実を総合的に描き出していく著作は「民族誌」(ethnography) と呼ばれるが、『西太平洋の遠洋航海者』は、この民族誌というジャンルが持つ魅力と可能性を余すところなく示すものである。しかし、この本にはもう一つの決定的に重要な要素がある。それはマリノフスキがこの本の冒頭につけた「この研究の主題・方法・範囲」という題の序論である。そこで彼は、自らがトロブリアンド諸島での調査中に精緻化させていった「民族誌的フィールドワーク」(ethnographic field-work) の方法について、自らの体験を交えながら明快かつ説得的な形で語る。この序論は、『西太平洋の遠洋航海者』の無数の読者を刺激して自らフィールドへと向かうように促した、人類学史上最も重要なマニフェストなのである。

マリノフスキによれば、調査地域に行って彼がまず気づかされたのは、現地周辺に長く住んでいる白人たちが現地の人々について実に生半可な理解しか持っていない、という衝撃的な事実だった。彼が述べる民族誌的フィールドワークの方法は、本質的には、そうした生半可な理解の壁を次々と乗り越えていくための持続的な努力をいかに行うか、その具体的手段を述べたものだといってよい。彼がまず勧めるのは「彼らの部落のまっただ中にキャンプを張ること」である。現地の人々の世界にどっぷりと浸かって、あまり簡単には脱け出せないような環境に自分自身をあえて投じること。フィールドワーク中でも息抜きができる場所は必要だけれど、そういう場所は「いつでも飛んで行けるほど近くてはならない」と彼は言う。そのように自分自身をフィールドの中に追い込むことで、人類学者は現地の人々を自然に友人と見なし、また現地の人々の方も人類学者に慣れて、人類学者の前でも自然な行動を取るようになる。そればかりか、人類学者は、現地の人々が日常生活の中で、物事が生起するままに考えたり行動したりする過程をそのまま追うこともできる。そこではもちろん、現地の人々が日常的に話す言語を人類学者自身が習得する努力を重ねることが不可欠である。そうやって、フィールドの現実の中に自分の心と体の全体を浸からせ、いわば自分自身を変化させるというのが、民族誌的フィールドワークを行う者の基本的な姿勢なのである。

この「自己を変化させる」ということには、現地の生活に慣れるという体験上の問題だけではなく、自身の研究者としての関心を変化させる、という知的次元の問題も含まれている。研究者は、ともかく自分の前に立ち現れるあらゆること、また、自分が思いつくあらゆることについて調べるべきである、とマリノフスキは主張する。

民族誌的調査をする人は、平凡で、単純で、日常的なものと、奇妙な普通でないものとのあいだに差別をもうけず、対象としての部族文化のあらゆる面に見られる現象を真剣に、冷静な態度で、そのすべてにわたって研究する必要がある。と同時に、部族文化の全領域を、そのあらゆる面にわたって調査しつくさなければならない。一つ一つの面にみられる一貫性や、法則、秩序は、それらを一つの統一的全体にまとめ上げることに役立つ。[4]

研究者が恣意的に研究対象を選ぶのではなく、むしろ研究対象の現実の全体の中に自分自身を投じ、そうした全体的な経験から浮かび上がってくる何かについて考えること――これがマリノフスキが提唱した革命的な方法である。研究者自身が当初、重要だとか面白いと感じていたことが、最終的には、現実そのものから分厚く立ち上がってくる問題性の後景に退いてゆく、というのは、マリノフスキに続く形で、あらゆる人類学者がフィールドで経験してきたことである。民族誌的フィールドワークがマリノフスキ以降、本格的な形で行う場合は一〜二年以上の長い時間をかけて持続的に行うことがスタンダードになったのもそこに理由がある。そうした長い時間的持続の中ではじめて、最初はまったく平凡と思われたものの背後に非常に重要なものが潜んでいることに気づいたり、また最初はまったく見えなかった、現実の中の様々な要素のあいだの意外な結びつきが、次第に実感を持って感じられたりするようになるのだ。[5]

身体的行為としてのフィールドワーク

一見脱線のようだが、ここで「自己を変化させる」というテーマをめぐって、イギリスの人類学者、エドワード・E・エヴァンズ＝プリチャードのいくつかの言葉も引用してみたいと思う。『アザンデ人の世界』(1937)、『ヌアー族』(1940)、『ヌアー族の宗教』(1956)など、東アフリカのアザンデとヌエル（ヌアー）という二つの民族に関する民族誌で名高いエヴァンズ＝プリチャードは、オセアニアから戻ってロンドンで教鞭を取り始めたマリノフスキの第一世代の学生であり、マリノフスキ的な民族誌的フィールドワークの方法を初めて徹底的な形で応用した一人であった。[6] 先ほど述べた、「現地の現実の中に自分を没入させた状態で長大な時間を過ごす」というマリノフスキ的方法が引き起こす効果に関し、エヴァンズ＝プリチャードは晩年の文章で、アザンデとヌエルのもとでの自らの体験を端的に述べている。

アザンデ人のもとに行った時、私は妖術には何の関心もなかったのだが、アザンデ人たちは妖術にもっぱら関心を持っていた。そこで私は彼らに従うほかはなかった。ヌエル人のところに行った時、私は牛にさして関心はなかったけれど、ヌエル人たちの関心の的はもっぱら牛だった。そのため私は、やむなく牛を中心に物事を考えるようになり、結局、私は牛を数頭持つことになった。[7]

フィールドの圧倒的な現実に巻き込まれる中で、人類学者は無意識的・身体的レベルからその影響を受け、さらにその影響は次第に意識のレベルにまで及んでくる。ここで、この「フィールドの圧倒的な現実」が与える影響の種類は、個々のケースによって、きわめて異質なものでありうるだろう。エヴァンズ＝プリチャードによるアザンデとヌエルの民族誌は、今日どちらも人類学史上の古典と見なされているが、フィールドワークの局面では、彼自身にとってヌエルの調査の方がアザンデの調査よりもはるかに困難なものだった。彼は牛牧民ヌエルのもとで、マリノフスキの教えに忠実に従い、集落のまっただ中にキャンプを張って人々と親しい関係を作り上げようとする。ところが彼を待っていたのは、皮肉にも、親しくなること自体が調査上の大きな障害となるという状況であった。

ヌエル人と親しくなり、言葉にも不自由しなくなってきた頃、私のテントには早朝から夜ふけまで、男・女・子供たちの訪問客がひっきりなしにやってきた。誰か一人と何かの慣習について話していると、別の人間があいだに入ってきて、自分の身の上に起こったことを長々としゃべるかと思うと、お互いに冗談を言いあったり茶化したりして邪魔をするのであった。[8]

アザンデの人々のもとで調査を行った時、彼は幾人かの優れたインフォーマントから伝承を口述してもらい、さらにそれを補足・解説してもらう、という方法で効率的に調査を進めることができた。ところがヌエルの調査ではすべてがあまりにオープンで、特定の誰かと親密な会話を交わすことができない。せっかく何かのデータを聞き出していてもすぐに邪魔が入って会話は中断されてしまう。問題は調査上のことだけではなかった。何よりも困ったのは「自分のすべての行動が人前にさらされているということ」であった。「人前で、あるいはキャンプから丸見えのところで、もっとも私的な行為をすることに慣れるには、といって完全に無神経になったわけではないが、ずいぶん時間がかかった」と彼は付け加えているが、こうした状況の苦しさは容易に想像できることである。

しかしながら、エヴァンズ＝プリチャードは、ヌエルのフィールドワークに基づく民族誌を執筆しようという段になって、調査を行っていた時点ではまったく非効率的に見えたものが、実はきわめて意義深い調査であったことに気づいてゆく。

> 決まったインフォーマントを通じて調査するという比較的容易で手軽な方法がとれなかったため、私はヌエルの日常生活を直接観察し、それに参加するという方法に頼ることになった。テントの入口からはキャンプや村の中で起こっていることがひと目で見渡すことができ、私はいつもヌエル人たちといっしょであった。情報は、私の会ったヌエルの一人一人から収集したので断片的なものとなり、精選され訓練されたインフォーマントから得られるいわばまとまったものではなかった。このように私はヌエル人とは肌を合わせて暮らさなければならなかったため、もっと詳しく記述することのできるアザンデ人についてよりも、彼らの方を身近かに知っている。[9]

ヌエルの調査はアザンデの調査よりもデータに関して貧しいものだったが、しかし「アザンデ人についてよりも、彼らの方を身近かに知っている」――このエヴァンズ＝プリチャードの言葉は、人類学的フィールドワークに関する核心的な事実を示している。それは、フィールドワークの価値は獲得したデータの量で決まるのではない、ということだ。何よりも大事なのは、自分自身の身体をフィールドに慣れさせ、その身体を土台として、新しい視点――まさに民族誌的フィールドワークを行うことがなければ決して到達できなかったような視点――から物事を考えてゆく能力を獲得することなのである。

2.2 マリノフスキと不可量部分の理論

フィールドワークのための三つの指針

マリノフスキに戻ろう。彼は『西太平洋の遠洋航海者』の序論で、「自己を変化させる」とでもいうべき基本的な態度について述べたあと、調査者がフィールドにおいてどんな方針に従って調査を遂行すべきであるかについて、一連の指針を述べている。彼がそこで述べていることは、彼以降の人類学者たちに決定的な影響を与えたものであり、人類学を学ぶ者なら、たとえ『西太平洋の遠洋航海者』を読んでいなくても、おおよそは知っているものである。とはいえ、この序論を改めて注意深く読んでみると、それが原典ならではの新鮮な刺激に満ちたものであることに気付かされる。

この序論でマリノフスキは、民族誌的フィールドワークのための具体的な調査上の指針を、三つの主題に分けて説明してゆく。それは第一に、「現地の人々の生の社会的・文化的な骨組み」を把握することであり、言い換えれば、フィールドの現実における規則的・規範的なものの全体を把握することである。第二にマリノフスキが強調するのは、そうした骨組みを通じて生きられている、「現地の人々の生の血肉部分」を捉えることである。これは、今日の言葉で言い換えるなら、「第一の指針によって捉えた規則的・規範的なものを、それを生きる人々の身体性に即して捉え直されなければならない」ということになるだろう。第三にマリノフスキは、「人々の典型的な考え方や感じ方」を把握しなければならないとし、調査者自らが現地語を学び、現地語を通してそれらを理解することの重要性を指摘している。

マリノフスキの鋭い洞察力は、例えば、一番目の「現地の人々の生の社会的・文化的な骨組み」に関する説明にも見ることができる。彼は、とりわけ「未開」と呼ばれるような社会を研究する場合には、社会的・文化的な規則・規範が近代的組織のルールのように成文化ないし言語化されていない、という状況があることを指摘する。人類学者はだから、そうした規則や規範を、人々の具体的な語りや行為の中で読み取り、それを継続的な観察の中で繰り返し確認していかなければならないのである。これは一見、頼りなげな手作業のようにも見えるかもしれない。が、ポーランドの大学で数学と物理学を学び、科学的方法論に深く通じていたマリノフスキは、このような方法が不確実なものでも客観性を欠くものでもないことを鋭く指摘する。たとえば統計的な調査で、空間的広がりの中で調査を行うことでデータの量的な厚みを獲得し、それによって客観性と確実性を確保しようとするのは周知のことだろう。これに対して民族誌的フィールドワークでは、そうした方法を用いない代わりに、気の遠くなるほど長い時間をフィールドで過ごすことで、観察された規則や規範を、その様々なニュアンスを含めて、辛抱強く確認し、検証してゆくのだ。いうなれば、民族誌的調査における客観性・確実性は、時間の中の反復を通じて確保されるのであり、マリノフスキが「具体的な証拠による統計的な資料作成の方法」と呼ぶとおり、それは確かに、空間的広がりの中での統計的な調査に決して劣るものではないのである。

「現実の生の不可量部分」

一見すると、民族誌的フィールドワークに関するマリノフスキの指針は、20世紀人類学の多様な展開をみたあとでは新味がないように見えるかもしれない。確かに、第一の「現地の人々の生の社会的・文化的な骨組み」については、マリノフスキ以降、後続の数知れない人類学者たちが世界中の人々のもとに入ってゆき、親族・政治・法・経済の規則や規範に関する詳細な研究を積み重ねていったし、第三の「人々の典型的な考え方や感じ方」についても、後続の人類学者たちは、現地語を学びつつ言語・心理・象徴などについての詳細な研究を積み重ねていった。しかし、ここで奇妙なことがある。第二の「現地の人々の生の血肉部分」については、我々はそれに正確に当てはまるような人類学の分野を容易に思い浮かべることができないのだ。[10] マリノフスキは一体何を述べたかったのか。彼はこの「血肉部分」についての説明の中で、調査者自身が人々の活動に参与してみるべきだという決定的に重要な提案をしており、「参与観察」と呼ばれるこの調査上のテクニック自体は、マリノフスキ以降今日に至るまで、人類学者にとって常識中の常識になっている。しかしながら、マリノフスキがこの「参与観察」の方法を理論的に裏付けるため、「現実の生の不可量部分」という概念を提起して論じていることは、大部分の人類学者が看過してきた。

マリノフスキが述べた「現実の生の不可量部分《インポンデラビリア》」(imponderabilia of the actual life)とは——彼がこの概念を作るために傾けた苦心は imponderabilia という（おそらく自前の）ラテン語をわざわざ用いていることからも窺える[11]——とは、一体何を指す言葉なのか。これについてマリノフスキは、「家族生活」が読者自身にとって意味するものを思い出すように提案する。そこには「家族の雰囲気、愛情や相互の関心、親しさにつきものの小さな偏愛やちょっとした反感などを表す、無数の小さな行為や心づかい」があるわけだが、そうしたものは家族についての規範的な記述によっては決して説明できないもの——つまり量ることのできないもの——である。そこから彼は、同じことがトロブリアンド諸島の人々の生のなかにもあることを指摘する。「平日のありふれた出来事、身じたく、料理や食事の方法、村の焚火の回りでの社交生活や会話の調子、人々のあいだの強い敵意や友情、共感や嫌悪、個人的な虚栄と野心とが個人の行動にどのように現れ、彼の周囲の人々にどのような気持ちの反応を与えるかという、微妙な、しかし、とりちがえようのない現象——などのこまごまとしたこと」がそれである。つまりマリノフスキは「不可量部分」という言葉によって、一つ一つの行為や気持ちの重

マリノフスキが撮った「サガリの際に遊んでいる子供たち」という題の写真 (B. Malinowski, *The Sexual Life of Savages,* 1929)。当時、写真の一枚一枚が貴重なものだったことを考えると、この何気ないスナップ写真も彼の不可量部分《インポンデラビリア》への深い関心の反映であることがわかる。

さは微小であり、ほとんど取るに足らないが、しかしその微小なものの積み重ねは確かに重要な意味を持っていること、そしてそれこそが「人々の生の血肉部分」をなしているのだということを理論化しようとしたのであった。彼はこの不可量部分が、頭の中の問題というより、むしろ身体に関わる問題であることを明瞭に認識していた。それゆえ彼は「民族誌学者も、ときにはカメラ、ノート、鉛筆をおいて、目前に行なわれているものに加わるのがよい」と述べて、人々が熱中してやっているようなことに自らも積極的に参加することで不可量部分を捉えうるのだ、と論じたのだ。

　不可量部分の概念を念頭においてマリノフスキの諸著作を読み直すなら、それが確かに彼の民族誌的方法の基盤をなしていることが理解されてくる。彼が書いた二番目のトロブリアンド民族誌である『未開社会における犯罪と慣習』(1926)はこの点でもっとも明瞭であり、この本は、第一部で人々が生きる法と慣習のシステム——つまり社会の骨組み——を記述したあと、第二部ではそのシステムが実際に生きられる姿——つまり人々の生の血肉部分——を描くという構成になっている。この『犯罪と慣習』の第二部では、二、三の劇的な事例をドキュメンタリー映画のように印象的な形で描出しながら、トロブリアンドの人々が、必ずしも法に従うことなく、また法体系の一種の矛盾の中で揺れ動きながら生きている、まさに「現実の生」の姿が描かれる。マリノフスキは、慣習法の「骨組み」をこうして現実の姿によって「肉付け」することによってはじめて、トロブリアンド諸島の法体系を十全な形で描いたことになると考えたのである。[12] さて、ここから『西太平洋の遠洋航海者』に戻ってみるなら、この著作のイメージ的な密度といったものも、彼が「血肉部分」の描写に注いだ細心の注意と直接結びついていることが了解できるだろう。この本で、75枚という数の写真が細心の配慮のもとで配置されているのも、明らかにそうした配慮の一環なのだ。[13]『遠洋航海者』という本が持つある種の文学的性格を、マリノフスキ的人類学の飾りのようなものと勘違いしてはならない。この本の中でたえず生起しているのは、社会・文化の構造的なものを抽象して考察すると同時に、そうした構造的なものを人々の生そのものの水準に戻して考えるという往復運動なのであり、イメージ的——ないし文学的——要素は、こうした往復運動の本質的な一部分なのである。

2.3 マリノフスキとフラハティ

フラハティと《極北のナヌーク》

人類学という学問は、19世紀の末から20世紀の始めにかけて、民族学を土台として出てきた学問であり、その原点をなすのは、近代ヨーロッパ文明の「外」に向かっていく探究である。自己の思考のシステムに閉じこもるのではなく、進んで自己の外に出て行き、「他者」との交流のなかで、自己の思考体系の内部においては見出すことができなかったような新しい何かを発見すること。人類学者は20世紀を通じ、民族誌的フィールドワークという独特の研究方法を用いることで、こうした探究を組織的な形で行ってきた。しかし、こうした営みはもちろん人類学者だけが行ってきたわけではない。その意味で、人類学の制度的な枠組にとらわれず、その外で行われた営み——しかし明らかに「人類学的」と呼びうるような営み——に目をやってみるのは、有益なことである。

そこで、マリノフスキの同時代人であるアメリカの映画作家ロバート・フラハティ(1884-1951)について取り上げてみたい。出生地や環境こそ大きく異なるものの、フラハティとマリノフスキの経歴は不思議なほど共通点を持っている。二人は同じ一八八四年に生まれ、一九一〇年代に、マリノフスキはトロブリアンド諸島の人々とともに、フラハティは極北地方のイヌイトの人々とともに、長い時間を過ごしている。さらに、フラハティの最初の傑作《極北のナヌーク》は、『西太平洋の遠洋航海者』の刊行と同じ一九二二年に公開されている。そして、《極北のナヌーク》がドキュメンタリー

《極北のナヌーク》の一場面。「白人の交易所で蓄音機を珍しがるイヌイト」を自ら演じるナヌーク。

映画というジャンルの原点となり、今日に至るまで映画作家たちのアイデアの源になってきたのは、『西太平洋の遠洋航海者』が人類学の学問的実践の原点となり、今日も人類学のみならず人文・社会科学に影響を与えつづけていることに著しく類似している。

《極北のナヌーク》の内容について見てみよう。登場人物は極北の氷原で暮らすイヌイトの一家族である。映画の冒頭、極北の自然が映し出されたあと、主人公のナヌークが岸辺に漕ぎ寄せたカヌーから、妻のニラ、子どもたち、そして飼い犬が次々と出てくる。毛皮を売るために白人の交易所を訪ねてきたナヌークたちは、蓄音機をはじめ、見慣れない物品に触れて面白がっている。この場面のあと、セイウチ狩りをしたり、イグルーを作ったり、またアザラシを釣ったりといった、彼らの日常生活の様々な場面が映し出される。極北の自然は厳しいが、その中で暮らすナヌークたちの表情は明るさに満ちている…。

映画の世界では、フラハティがこの作品を作った一九二〇年頃というのは、スターシステムが発達してハリウッドの映画産業が急速に発展していった時期であった。映画カメラを持って極北地方に向かったフラハティの企てはまさにその対極を行くものであり、《ナヌーク》は計算されたシナリオもなければ派手な舞台装置もなく、有名な俳優も出てこない、ただ無邪気さのみに彩られたような映画である。どうしてそれが世界の映画史上でも指折りの作品となりえたのだろうか。それは、まさに一切の外的支えに頼らず、映像的素材が放つ力のみによって映画が成立しうることがこの作品によって鮮やかに示されたからである。フラハティの「撮影クルー」は彼一人だったが、現地ではイヌイトの人々という強力な「スタッフ」が彼をバックアップした。フラハティはもともと探検家で、一九一〇年代の数年間をイヌイトの人々とともに過ごしており、彼らと一緒に仕事をする術はよく心得ていた。そうした中で彼が考えついた方法は、現地に現像機材を持って行って、撮影したラッシュフィルムをイヌイトの人々と仮設のスクリーンで一緒に見ながら撮影を続けてゆくというものである。《極北のナヌーク》は、そうやって映画制作にのめり込んだイヌイトたちが献身的に協力する中で制作された映画であり、この作品の一つ一つのショットの中には、そうした共同制作によってのみ生まれるような喜びが息づいているのである。[14]

人々とともに作業すること

それにしてもフラハティは、現地に単身乗り込んでイヌイトの人々と一緒に映画を作ってゆくなどという、途方もなく独創的なアイデアに一体どのようにして到達したのだろうか。この謎を解くための貴重な手がかりは、フラハティが一九一八年に地理学の学術雑誌に投稿した報告論文の中に見出すことができる。[15] フラハティはこの時まだ探検家であり、映画作家ではない。論文はハドソン湾に浮かぶベルチャー諸島で行った探検についてのもので、自らの探検の過程と、現地の地理、気候、動植物、人々、鉱物などが述べられている。

報告論文にあるように、探検家時代のフラハティが成し遂げた最大の功績の一つは、それまで豆粒ほどの島の集まりと考えられていたベルチャー諸島が、ずっと大きなサイズの島々であることを発見し、その地図を作ったことであった。フラハティは論文の中で、この発見が実はイヌイトの人々との共同作業の中で成し遂げられたことを生き生きと語っている。彼は、現場をよく知るイヌイトたちの知見を信頼していたので、彼らの話に注意深く耳を傾けた。そして、彼らに地図を描いてもらい、それを頼りに現地を踏査することで、彼らの説明通りの地形であることを確かめたのだ。

報告論文によれば、フラハティのベルチャー諸島探検では鉄鉱の発見も重要な目的だったが、これについてもイヌイトたちとの共同作業が非常に有益であったことが記されている。フラハティは、銃やナイフが鉄からできていることをまずイヌイトたちに示し、そうやって彼らが鉄に関心を持った段階で、彼らに鉄を見つける技術を教えた。そしてイヌイトたちは、その新技術を彼らの知識と組み合わせつつ探索する中で、多くの鉄鉱を発見したのである。ここで、イヌイトの人々はフラハティによって巧みに利用されたのだ、と感じる読者もあるかもしれない。しかし、明らかなのは、フラハティの関心が彼らを利用して金儲けすることなどとは別の場所にあったことである。我々は批判的視点——過去の人を今日の基準で批判するのは誰でもできる——ばかりを気にして、彼のこのパイオニア的な企ての中で確かに生起していたはずの大事な出来事を見失うべきではない。その大事な出来事とは、フラハティとイヌイトたちがお互いを同じ人間的主体と見なし、「発見する喜び」を分かち合いながら共同作業を行ったことである。そしてまさにそうした状況を、報告論文の中にある映画についての短い記述からも窺うことができる。フラハティは、実はベルチャー諸島の探検を行う以前にも、バフィン島のイヌイトのもとに映画カメラを持ち込んで撮影を行っており、報告論文には、彼がこのフィルムをベルチャー諸島探検の拠点の村に住むイヌイトたちに見せた経験が述べられている。彼らは仮設スクリーンの上でバフィン島のイヌイトの映像に出会うなかで、映画制作という作業に強い関心を抱いたのであった。

《極北のナヌーク》と不可量部分

これまで述べてきたのは、映画作品としての《極北のナヌーク》についてであった。では、この作品を人類学者はどのように受け止めてきたのだろうか。実は、20世紀を通じ、この作品を公然と擁護する人類学者は少数派であったと言える。確かに、次節で述べるように、民族誌映画という領域を切り開いた人々にとって、《ナヌーク》を始めとするフラハティの映画は自らの営みの原点とも言うべきものだった。しかし全体として言えば、20世紀を通じて人類学者の大半はこの《ナヌーク》という映画に対してむしろ冷淡であり、否定的であったとさえ言える。

その最大の理由は、おそらく、人類学者が《ナヌーク》をイヌイトの〈文化〉ないし〈社会〉についての民族誌的な映画として見ようとすると、見事に肩透かしを食らうためだろう。[16] 確かにこの映画では、カヌーや犬ぞりによる移動、アザラシ狩り、イグルー作り、そして白人との交易する姿といったイヌイトの日常生活の諸場面が描かれているのだが、フラハティはそうした場面の映像を通じて、イヌイトの〈文化〉ないし〈社会〉の骨組みを体系的に描こうとしているのではない。また彼は、イヌイトの精神世界に分け入って、彼ら独特の感じ方、考え方を示そうとしているわけでもない。古典的な〈文化〉と〈社会〉の概念をもとにして《ナヌーク》を見ると、これはいかにも不真面目な作品であって、それがおそらく人類学者の多くを苛立たせてきたのだと思われる。

しかし、《ナヌーク》は不思議な映画である。そうした「欠点」にもかかわらず、この映画を見た人は画面上のイヌイトの人々にごく自然な形で共感を抱き、この映画は人々の心の中に——おそらく文化や社会を知的に理解することとはまったく別の場所で——深く残ってゆくのだ。ここでマリノフスキの『遠洋航海者』の序論が助けになるだろう。それによれば、フィールドワークを通じて人類学者が把握すべきものは、「文化的・社会的枠組」と「人々の典型的な考え方や感じ方」のほかにもあった。《ナヌーク》が見事に我々に伝えるのは、まさに微小な行為や微小な気持ちの積み重ねとしての、つまり不可量部分《インポンデラビリア》としてのイヌイトの生である、と言ってよい。

マリノフスキは、人類学者が不可量部分を掴むためには、「ときにはカメラ、ノート、鉛筆をおいて、目前に行なわれているものに加わる」ことを勧めていたが、面白いことにフラハティが用いた方法は、カメラを脇に置いて参加するかわりに、現地の人々とカメラへの関心を共有し、「目前に行われているもの」の内部にカメラを持ち込んで、「参加すること」と「記録すること」を重ね合わせてしまうというものだった。フラハティの妻フランシスは、映画カメラとは、人間の目に捉えられないような、動きの中に表現された生命や動作の優美さを捉え、さらにそうした動きを通じて人々の心の奥にひそむ魂まで捉える、奇跡を呼び出す機械なのだと述べた。[17] 確かに《ナヌーク》は、イヌイトの〈文化〉ないし〈社会〉の全体のようなものを提示してはいないけれど、イヌイトの人々の生を、他の方法ではありえないような新鮮さ、微細さ、息づかいとともに記録し、それを映画作品の形で効果的に観客に伝えるものだったと言うことができる。

2.4 フラハティからルーシュへ——不可量部分の映画人類学

文字による学問としての人類学は一九二〇年代以降、マリノフスキの『西太平洋の遠洋航海者』を大きな原動力の一つとして、独自性ある学問として自己を確立し、人文社会科学における重要な一分野を形成してゆく。[18] そして20世紀を通じて、世界の様々な国々の人類学者たちが、先ほどのマリノフスキの言葉でいえば、社会・文化の「骨組み」や「人々の典型的な考え方や感じ方」に関して辛抱強い調査研究を重ね、その成果を民族誌的著作として結実させていった。またそれとともに人類学者たちは、民族誌を比較検討してより高次の考察を行ない、その結果を人類学的論文として積み重ねていった。そうした古典的人類学の膨大な量の文献は貴重な記録・考察・発見を数多く含むものであり、その一部は私も本書で大いに活用することになる。これに対して、マリノフスキの不可量部分《インポンデラビリア》のアイデアについては、その影響はかなり一面的なものだったといえる。一方でフィールドワークの局面では、「ときにはカメラ、ノート、鉛筆をおいて、目前に行なわれているものに加わる」という方法はきわめて有益なものと見なされ、多くの人類学者によって踏襲されていった。しかし他方で、マリノフスキのように、イメージ的方法を援用しながら不可量部分についての考察を民族誌的記述のレベルに結晶化させていった研究者はごく少数だったと言わざるをえない。そして、彼が作った不可量部分という言葉も読み飛ばされ、忘れられていったのである。

ただし、この不可量部分の民族誌的表現は、意外にも、20世紀人類学の日陰のような部分において命脈を保っていくことになる。前節で見たように、フラハティの映画は、彼自身それを意図することなく、不可量部分をめぐる民族誌映画的な表現を生み出すものであった。そしてこのフラハティの企ては、フランスにおけるジャン・ルーシュ（1917-2004）、アメリカにおけるロバート・ガードナー（1925-2014）のような傑出した民族誌映画作家たちによって、マリノフスキ的方法をも意識した形で継承され、発展させられていったのだ。[19] ルーシュもガードナーも人類学の専門的教育を受けたが、彼らは生来の映画作家であって、彼らにとって民族誌映画は文字で書かれた民族誌の付属物のようなものではありえなかった。そして彼らは、映画的手段の可能性を存分に活かしつつ、映画による人類学をそれぞれ独自の形で創造していったのである。こうした民族誌映画の分野における「不可量部分の人類学」の一端を見るために、本節では、その代表的存在であるジャン・ルーシュの仕事について手短に紹介しておきたい。[20]

ルーシュについて一言で語るのは難しい。一九四〇年代から二〇〇四年にニジェールで客死するまで毎年のようにフランスと西アフリカの間を行き来し、人類学と映画の両方の世界にまたがって精力的に活動した彼の仕事は、あまりに壮大だからである。ルーシュは最初、土木技師としてアフリカを訪ねるが、その後フランスに戻って人類学を学ぶとともに、若い頃からの映画への深い関心もあって、映画的手段による人類学的研究に精力を注ぐようになる。彼の映画制作のスタイルは、ある意味でアマチュアならではの、映画制作の決まり事を無視した自由で独創的なものであり、その作品は早い時期から、人類学者よりも映画人たちの強い関心を引くものとなっていた。[21] そして、一九五〇～一九六〇年代にかけてフランスでヌーヴェルヴァーグの映画革新運動が興隆した時、ルーシュがアフリカで——そしてのちにフランスで——作った一連の映画は、新たな映画制作の方向性を導くものとして、運動を担うプロの若手映画作家たちによって絶賛され、積極的に模倣されていった。当時のヨーロッパ映画におけるルーシュの影響力は、ヌーヴェルヴァーグの中心的映画作家の一人ジャック・リヴェットが一九六八年に、「ルーシュは十年来全てのフランス映画の原動力だった。そのことをほとんどの人は知らないだろうけれど」と述べていることからも窺える。[22]付け加えて言えば、同時代の人類学におけるルーシュの評価は、残念ながら十分に高いものであったとは言えないだろう。同時代の人類学者の大多数は、ルーシュの民族誌映画が内包していた人類学的思想の意義をうまく把握することができなかったのである。

とはいえルーシュにとっては、自身の様々な企ては、映画人類学(ciné-anthropologie)としての総体をなすものであった。彼の多岐にわたる作品群は、大雑把に言えば四つの大きなジャンルに分けることができるかもしれない。まず、《大河での戦い》(1951)や《雨を降らせる人々》(1951)を始めとする、アフリカの人々が、儀礼を通じて神々の力を借りながら、自然の偉大な力と駆け引きする様子を描いた民族誌映画。第二に、《狂気の主人公たち》(1954-56)や《僕は黒人》(1955)のように、西アフリカの大都市に移民して来た人々がその身体および想像の中で経験しているもの生々しく捉えた新しいジャンルの民族誌映画。第三に、《人間ピラミッド》(1959-61)や《ある夏の記録》(1960-61)のように、コートジボワールで、そしてパリで、ドキュメンタリーとフィクションの間を実験的手法によって行き来しながら人々の生をナマの形で捉えた映画。そして第四に、《ジャガー》(1954-67)や《コケコッコー! にわとりさん》(1974)のように、アフリカ人スタッフとの共同で制作した、即興演技をベースとする、ユーモアが一杯に詰まった創作映画。ルーシュは、こうした様々なジャンルの映画作品を横切りながら、人間の視線とカメラの視線の境界、[23]現実的なものと想像的なものの境界、伝統的なものと近代的なものの境界を次々と取り払って、生きられた全体として現実のイメージを、映画映像によって表現していった。ルーシュはさらに、映画制作の経験の中で、人類学者＝映画製作者と、被調査者＝被撮影者を隔てる境界が不明瞭になり、人類学的探究が協働作業の形を取ってゆくこと——この発想はもちろんフラハティから来ているが——を積極的に捉え、それを「共有人類学」(anthropologie partagée)という言葉で概念化もしている。[24]

ルーシュのこうした一連の企ては、20世紀半ばの人類学よりも、21世紀の人類学の諸問題と深く通じ合うものである。[25]ルーシュはフランス人類学の学問的伝統を踏まえた研究者ではあったが、しかし彼は、映画制作の決まり事から自由であったのと同じくらい、学問としての人類学の決まり事から自由な形で民族誌映画の制作を行なったのだった。それゆえ彼は文字による人類学が陥りがちな思考の制約に囚われることがなかったのであり、また同じ理由で、皮肉にも彼の仕事は同時代の人類学者から正当な評価を得ることもなかったのだ。しかし、いずれにせよ、ルーシュの映画人類学が、イメージ的思考を全面的に活用しつつ、文字による人類学がずっとのちに到達するような考察に時代に先駆けて到達していったことは疑いないことである。20世紀の半ばという時代に、〈文化〉や〈社会〉の概念から自由な思考空間の中で深く人類学的な映画を作ったルーシュの仕事は、人類学におけるイメージ的方法の重要性、そしてそれが孕んでいる創造的可能性を、明らかな形で予告するものであった。

注

1　本書では、美術史や音楽学の慣例を参考に、映画作品のタイトルを二重の山括弧（《》）を用いて表記し、書物のタイトルと区別しやすいようにしている。

2　B・マリノフスキ『西太平洋の遠洋航海者——メラネシアのニュー・ギニア諸島における、住民たちの事業と冒険の報告』増田義郎訳　講談社二〇一〇年。

3　『西太平洋の遠洋航海者』の最も重要な部分の一つは、このようにクラ交換の経済的側面の民族誌的掘り下げであるが、それには興味深い背景がある。ポーランド出身のマリノフスキは、イギリスに渡って人類学を学ぶ以前に、ポーランドや隣国ドイツの大学で様々な学問を修めていたが、そうした中で特に興味を持ったものの一つが、ライプツィヒ大学でのドイツ歴史学派の経済学者カール・ビュッヒャーによる講義だった。当時、ビュッヒャーを含めた歴史学派の経済学者たちは、イギリスやオーストリアの古典派及び新古典派の経済学者たちと鋭く対立しつつ、「経済が各々の社会の歴史と不可分である」ことを強調する論陣を張っていた。『西太平洋の遠洋航海者』はそうした問題意識の延長線上で、遠くオセアニアの地で、人間にとって、社会にとって経済とは何であるのかを問い直した著作であるとも考えられる。『西太平洋の遠洋航海者』では、ビュッヒャーの著作が敬意とともに言及されている。

4　『西太平洋の遠洋航海者』、四五頁。

5　近年では、一方では研究環境の変化——端的にいえば短期的なリターンが求められるという変化——のもとで、他方では人類学の研究対象そのものの変化によって、こうしたスタンダードの影響力が弱まりつつあることも事実である。しかし、今述べたような時間的持続の持つ効果に相当するものが、現代的人類学において何らかの形は9.2で改めて議論することになる。

6　教育者としてのマリノフスキに関しては、エヴァンズ＝プリチャードと並んで最初期の学生の一人であったH・パウダーメーカーによる興味深い記述がある(Hortense Powdermaker, *Stranger and Friend: The Way of an Anthropologist,* W. W. Norton & Company, 1966, chap. II)。

7　Evans-Pritchard, E. E. "Some Reminiscences and Reflection on Fieldwork," *Journal of the Anthropological Society of Oxford 4* (1973), p.2.

8　E・E・エヴァンズ＝プリチャード『ヌアー族』（向井元子訳　岩波書店　一九七八年［原著 1940］）、二〇頁。なお、Nuer は邦訳では「ヌアー族」となっているが、今日的な表記に従い、「ヌアー」を「ヌエル」に直し、「族」も「人」に変えた形で引用する（以下も同様）。

9　『ヌアー族』、二一頁。

10　厳密に言えば、これは「文字による人類学」と限定してのことである（2.3以降を参照のこと）。

11 *Oxford English Dictionary*（2015オンライン版）に掲載されているimponderabilia の最初の用法は一九二五年のものだが、『西太平洋の遠洋航海者』(1922)はそれより先である。これに対して、imponderable という形容詞は、18世紀末から「重さを持たない」という意味の物理学用語として用いられていることがわかる。物理学に通じていたマリノフスキは、おそらくここからラテン語の名詞形を作って人類学の議論に転用したのであろう。なお、『西太平洋の遠洋航海者』の邦訳ではこのimponderabilia は「不可量的部分」と訳されているが、やや親しみにくい言葉であるため、いろいろ考えた末、「的」を省いて「不可量部分」とすることにした。

12 『新版 未開社会における犯罪と慣習』（青山道夫訳、新泉社、二〇〇二年）、および『遠洋航海者』、同上、四一頁。

13 imponderabilia の概念の再評価に貢献したテレンス・ライトの論考が、マリノフスキの写真を論じたものであったのは、偶然ではないだろう(T. Wright, "Malinowski and the imponderabilia of art and photography," *Journal of the Anthropological Society of Oxford*, XXIV, pp. 164-165, 1993)。

14 ロバート・フラハティの妻フランシス・フラハティが著した『ある映画作家の旅――ロバート・フラハティ物語』（小川紳介訳、みすず書房、一九九四年［原著1960］）という小さな本では、フラハティ夫妻の映画制作の様子が生き生きと描かれている。この本を翻訳したドキュメンタリー映画作家の小川紳介は、フラハティから甚大な影響を受けた一人であった。なお、村尾静二・箭内匡・久保正敏編『映像人類学《シネ・アンスロポロジー》』（せりか書房二〇一四年）のフラハティに関する章（村尾静二による）も参照のこと。

15 Robert J. Flaherty, "The Belcher Islands of Hudson Bay: Their Discovery and Exploration," *The Geographical Review* 5(6): 433-458, June 1918.

16 《極北のナヌーク》については、映画の中で人々が自分たちを「演じて」いることがしばしば批判されてきたが、これは明らかに的外れの批判である。フラハティはもとより客観主義的な民族誌映画を作ろうとしてこの映画を作ったわけではなかったし、イヌイトの人々はといえば、フラハティとの一種の共犯関係のなかで、撮影上の技術的困難を乗り越えるため、あるいは面白いシーンを撮るために創意工夫をこらし、しばしば大笑いしながら自分自身を演じたのだった――《極北のナヌーク》における人々の表情を注意して見れば、それはすぐに見て取れることである。

17 フランシス・H・フラハティ『ある映画作家の旅』、五五頁。

18 今日まで続く学問的伝統として考えた場合、よく知られているように、イギリスにおいてマリノフスキ(1884-1942)とA・R・ラドクリフ＝ブラウン(1881-1955)が、アメリカにおいてフランツ・ボアズ(1858-1942)が、フランスにおいてマルセル・モース(1872-1950)が、各々の国で、彼らの弟子たちとともに人類学の確立のために果たした決定的な役割が想起されなければならない。ただし、不可量部分に類するアイデアはマリノフスキにのみ明瞭な形で見出されるものである。

19 ルーシュは随所でフラハティからの決定的影響について語っている(*Jean Rouch: Cinéma et anthropologie*, textes réunis par Jean-Paul Colleyn, Cahiers du cinéma-INA, 2009; Jean Rouch, *Ciné-Ethnography*, edited and translated by Steven Feld, University of Minnesota Press, 2003)。ガードナーにとってもフラハティ映画は文字通りの原点であり、本書の6.4で取り上げる彼の民族誌映画『死鳥』も、フラハティ的映画の彼なりの再創造であった（そこでの個人に焦点を当てる映画的語りは彼が『極北のナヌーク』から継承したものである）。

20　ジャン・ルーシュの仕事は、村尾静二・箭内匡・久保正敏編『映像人類学《シネ・アンスロポロジー》』（せりか書房、二〇一四年）で詳しく紹介してあるので、そちらを参照していただきたい。なお、ルーシュが属していたフランスの人類学的伝統は「民族学」と呼ぶのが正しいが、人類学に通じていない読者も考慮し、ここでは人類学という言葉を使っておく。

21　既に一九四〇年代末に、前衛的な映画のプロデューサーとして名高かったピエール・ブロンベルジェが彼の映画制作をサポートし始めているのはその証拠である。

22　このあたりの事情については『映像人類学《シネ・アンスロポロジー》』の「映画作家ルーシュ」の章を参照のこと。リヴェットが言及している「一九五〇年代末から六〇年代末にかけてのフランス」とは、歴史的にみれば、映画制作が他に類がないほどの芸術的・知的高揚を経験した時代である。そのことを考え併せれば、当事者リヴェットによるこの証言の重みがよりよく理解できるだろう。

23　ルーシュは自らの映画制作法の源泉にあるものとして、フラハティの映画のほかに、ソ連の映画作家ジガ・ヴェルトフ(1986-1954)の映画を挙げている。ヴェルトフの代表作《カメラを持った男》(1929)でも見事に表現されている、映画カメラが肉眼では不可能な視覚を可能にすることの重要な意味を、ルーシュはヴェルトフの映画によって学んだのである（ヴェルトフ自身の考察については、大石雅彦・田中陽編『キノ――映像言語の創造』国書刊行会 一九九四年を参照）。

24　ジャン・ルーシュ「カメラと人間」、P・ホッキングズ及び牛山純一編『映像人類学』（日本映像記録センター、一九七九年［原著一九七五年］）、七五―九五頁。

25　例えば、伝統的なものと近代的なものの境界を取り払うというテーマは、次章で見るように私自身が一九九〇年代にチリのフィールドで出会い、格闘した問題であった。私はその後に、文字による人類学が当時ようやく本格的に論じ始めていた問題を、ルーシュが数十年も前に映像的手段によって正面から取り組んでいたことに気がついたのである。

第3章　民族誌的フィールドワーク（続）——転換期の一事例

前章では、一九一〇～二〇年代という人類学の草創期に立ち戻りながら、民族誌的フィールドワークとは何かについて考えた。もちろん、マリノフスキの調査から一世紀を経た今日では、世界も人類学も大きく変わり、民族誌的フィールドワークの意義も変化してきている。この章では、より現代に近い事例として、私自身が一九八九年から一九九二年にかけ、南米チリの先住民マプーチェの社会において行った民族誌的フィールドワークについて詳しく述べることにする。それはイメージの人類学という企てへの本格的な導入にもなるはずである。

問題の文脈を明らかにするため、この時期の私自身の関心についてあらかじめ説明したい。私が人類学を学び始めた一九八〇年代前半は日本で親族論や象徴論が人文社会科学で華々しい議論の対象になっていた時代である。人類学の学問的営みはいまだマリノフスキ的伝統と太い線でつながっていた。それゆえ、私がチリで本格的な民族誌的調査を開始した時も、念頭にあったのは、まずマリノフスキ的な指針に忠実に従い、現地語を学び、人々の生活に参加するなかで、マプーチェの〈文化〉と〈社会〉の骨格を把握することであった。もちろん一九八〇年代末のことである。『西太平洋の遠洋航海者』や『ヌアー族』が描いたのと同じような世界をそこに想像するほど私もナイーブであったわけではない。調査を始めた時、私が考えたのは次のようなことだった。一九九〇年のチリは、17年間同国を支配したピノチェト軍事政権が終焉して民政移管のただ中にあったが、そうしたマクロな政治経済的変化を背景とする先住民マプーチェの社会文化的状況は、人々の無意識的な生の中でどのように生きられているのだろうか。私はこの問いを、民族誌的フィールドワークをベースに、人々の夢の経験に焦点を当てた民族精神医学的な研究手法、および経済人類学の研究手法を結合させつつ掘り下げたいと考えていた。外面だけを見れば、これは今日みても新味がなくもないアプローチだったと思う。しかし実際には、私の調査計画は根本的な挫折に見舞われることになる。その原因は端的に次のように表現できるだろう。私の当時の人類学的思考は結局のところ〈文化〉と〈社会〉の古典的な概念によって支えられていた。しかし私は、二年間の精力的な調査にもかかわらず、最後までマプーチェの〈文化〉ないし〈社会〉なるものを厳密に見定めることができなかったのだ。

本章では、こうしたフィールドワークの状況を具体的に語ることで、現代世界において古典的人類学がどのような意味で不可能であるのかを明瞭にしたい。それは、考察の焦点をイメージ（および力）の次元に向けてゆくことの意義を示すことにもなるはずである。なお3.2では、本章の議論としてはやや回り道になるが、次章の議論を準備する目的も兼ねて、マプーチェの「儀礼的対話《ヌツァムカン》」の制度について詳しい紹介を行うことにする。

3.1 中心のないフィールド

中心の不在

チリ南部カラフケン湖西北部にある、調査地のマプーチェの村に私が初めて入ったのは、一九九〇年、南半球では夏の終わりにあたる二月のことだった。ちょうど収穫期で活気のある時期であり、マプーチェの人々は、小麦を挽いてパンを作ったり、時には牛乳からチーズを作ったり、菜園のリンゴを潰してリンゴ酒を作ったりしていた。文献を通して知ってはいたものの、ヨーロッパ農村を強く想起させる光景を実際に目にして、それを私の中の南米先住民に関する先入観と和解させるのに多少の時間がかかったことは否めない。

マプーチェは、16世紀にスペイン人によって一時期支配されるものの、彼らを追い払うことに成功し、19世紀中葉にチリ軍によって最終的に「平定」されるまでずっと独立を維持した民族である。彼らは、周囲の社会との敵対的共存を続ける中で、自らにとって有益なヨーロッパ原産の家畜や作物を積極的に取り入れていった。19世紀後半以降、マプーチェの人々は、チリ共和国において二等市民の地位から再出発することになるが、そうした中で、牛・馬・羊・小麦のような、彼らがかつて敵から吸収したものは、彼ら自身によって、「外来のもの」であるどころか、「マプーチェ的なもの」の中心に位置するものとして強く肯定されるようになっていった。こうした状況は、先述の通り最初は奇妙に感じられたものの、現地での生活に慣れてゆく中で自然に思われるようになったことも確かである。

それよりも困惑したのは、彼らがとても流暢なスペイン語を話すことであった。彼らのスペイン語力は、私がそれまで訪ねて知っていたペルーの先住民と比べても際立っている印

馬に乗ったマプーチェ老人とその孫。
スペインとの長い戦争の中で、馬・牛・羊・小麦などがマプーチェ社会に導入された。彼らにとり、馬に乗ることは、「マプーチェ的なもの」を示す最も輝かしい行為だった。

象を受けた。私は調査を始めた当初、彼らが私と会話するためにスペイン語を使ってくれているのだと思ったが、ほどなく、彼ら同士の間でも日常的にスペイン語——正確にはそのチリ農村部の方言——が使われていることに気がついた。しかし他方で、彼らによれば、彼ら自身の言語であるマプーチェ語が失われたわけでは決してなく、儀礼などの社会的に重要な場面ではマプーチェ語のみが使われることになっている、ということだった。とりわけ年配の人々は、日常的にはスペイン語を使っていても、そうした場面でマプーチェ語を話すことに大きな誇りを感じているようであった。

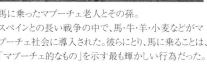

いずれにせよ、これは私の調査にとって最初の大きな障害を意味する事態であった。民族誌的フィールドワークの出発点が「現地語を習得すること」であるのは、マリノフスキ以来明らかなことであるはずなのに、フィールドワークを始めてみると、実際に私自身がマプーチェ語を学べるような状況が、日常生活の中にほとんど見出せないのだ。[1] もちろん、ここで問題になっているのは、一体「現地語」とは何なのかということでもある。スペイン語とマプーチェ語は、彼らのいう通り、ほぼ日常生活と儀礼生活で使い分けられており、両者を話せる度合いは人によってさまざまだった（一般には若い世代ではスペイン語が優勢だったが、一部には高いマプーチェ語の能力を持つ若者も確かにいた）。彼らは、スペイン語を日常的に話しながらも、スペイン語はマプーチェ的伝統が形作る世界と真っ向から対立するものであると主張していた。とすると、彼らの中での「現地語」とは一体どちらのことなのだろうか…。

短い秋が過ぎて冬の農閑期になると、村に住んでいた若者たちは、首都サンティアゴなどの都市部で出稼ぎをするために次々に村を出ていった。若い人たちが全くいなくなったわけではなく、子供は村の中にかなりいたので、まったくの過疎地という感じではなかった。しかし、先住民社会でフィールドワークするという思いのもと、はるばる地球の裏側にあるマプーチェの村に入った私としては、村の半数以上の世帯で、

カマリクン儀礼の時の若者たちの「記念撮影」の一場面。後方では儀礼が進行中である。

年配の人たちとその孫たちだけが残っている状況は、いくぶん抜け殻を前にしているような印象が否定できないものだった。私はその中で、自分の眼前にあるのが本物の「フィールド」であるのかどうかしばしば強い疑念に駆られつつ、調査を続けていった。

年末となって南半球の夏が来ると、多くの若者たちが都市部から戻ってきて、村の生活は再び活気を取り戻していった。しかしそこで私は、新たな困惑感を抱くことになる。夏は、人々にとって最重要の儀礼であるカマリクンと呼ばれる儀礼――数百人の人々が草原に集まって三日三晩寝泊まりし、「マプーチェ的なもの」の象徴である牛や馬の生贄をする――が行われる季節である。都市生活に慣れた若者たちは、帰郷するとさっそうとポンチョを身にまとい、しばしば片言のマプーチェ語を使いながらカマリクン儀礼に参加して、「マプーチェである自分」に大いに誇りを感じていた。しかし、既に数ヶ月間村の中で暮らしていた私から見れば、普段は首都サンティアゴで他のチリ人たちと同じように暮らし、マプーチェ語よりスペイン語の方が遙かに得意なそうした若者たちが、村で一年中暮らしている人々とは異質の考え方、振る舞い方に従っているという印象は否めなかった。

マプーチェの儀礼では、伝統的でないものは一切持ち込んではならないという建前であり、写真撮影も禁じられていた。しかし夏期休暇の後、サンティアゴに戻れば厳しい労働――パン屋や家事手伝いなどの――が待っている若者たちにしてみれば、カマリクン儀礼の時の伝統的衣装を着た晴れ姿の写真は、何としても撮っておきたいものだった。私はカメラマン役を頼まれて、「ピジャンの草原」と呼ばれる儀礼場の外側で、幾度も記念写真を撮った（この「ピジャンの草原」という言葉についてはすぐあとで説明する）。いずれにせよ、カマリクン儀礼が、こうした若者たちのおかげで非常に活気あるものになっていたことも事実だった。このフィールドの「中心」は一体どこにあるのか。古典的人類学の枠組に従い、このマプーチェのフィールドを〈文化〉や〈社会〉のカテゴリーを当てはめて理解しようとしていた私は、一体どの範囲に〈文化〉や〈社会〉の線を描いたらよいのか、途方に暮れるばかりだったのである。

空間感覚を身体化する

とはいえ、そのような「中心のない」フィールドで辛抱しつつフィールドワークを続けたことに意義がなかったとは言えない。村の中でフィールドワークを始めて一、二ヶ月が経ったある日、調査を小休止して久しぶりに近隣のビジャリカの町に出ると、私は突如、説明しがたい違和感に襲われた。この町は、ラテンアメリカの町が大概そうであるように、街路が碁盤の目状に広がっているのだが、その整然とした町並みが、一瞬目まいがするほど無秩序なものとして感じられたのである。問題は空間感覚だった。

マプーチェの旧式の家。囲炉裏の火から出た煙は、草葺きの屋根を伝い、頂上部分から天に昇る。

マプーチェの伝統的な考え方に従えば、太陽が出る方角、つまり東が一番大事な方角である。儀礼を行う時は常に東に向かって行うし、伝統的には家を作るときも、出入口を東側につけることが理想とされていた。これに加えて、私が調査した村では、ちょうど東側に標高二八四七mの美しいビジャリカ火山がそびえている。頂上部が万年雪に覆われた、均整のとれた活火山で、その頂上付近からは絶えず煙が出ている。火山はマプーチェ語で「ピジャン」と呼ばれるが、村の人々にとってピジャンは、天に向かって昇っていく煙が象徴するように、地上界と天上界を繋ぐ特別な場所である。伝統的知識に通じた村人によれば、このピジャンの中には、「ピジャンの人々」という、現在のマプーチェの祖先に当たる人々が住んでいるということだった。このように、太陽の出る方角で、かつピジャンの方角でもある東は、人々にとって特別な方角であり、彼らとともに暮らすうちに、私も自然にこの東という方角に注意を払うようになっていた。それゆえに、東西南北を無視したビジャリカの町の街路が非常に不自然に思われたのである。

調査を続ける中で、私はさらに、このピジャン＝火山のイメージが、様々なレベルで相似的な形で人々の生活の中に潜んでいることを発見していった。マプーチェの旧式の家は、山のような形をした草葺き屋根である。伝統的な見方に従えば、広間の中央にある囲炉裏では一日中、火を絶やしてはいけないが、そこから出る煙は天井を伝い、まさにビジャリカ火山の煙のように、屋根の頂上部分から天に向かって上がっていく。ビジャリカ火山の中に「ピジャンの人々」が住んで

祭壇の前で太鼓を持つマプーチェのシャーマン。この祭壇も東向きであり、彼方に、「ピジャンの人々」が住む、純白のビジャリカ火山が見える。シャーマンは、祭壇に立てられた白い旗を通じてビジャリカ火山と、また青い旗を通じて青い天上界とコミュニケートする。

いるという先ほどのアイデアを想起するなら、草葺き屋根の家とビジャリカ火山は、明らかに相似形をなしていることが分かるだろう。そして私はこの発見の延長線上で、先に触れた通りカマリクン儀礼が行われる草原が「ピジャンの草原」と呼ばれていることの理由についても何となく納得することができた。カマリクン儀礼は、マプーチェ的な考えに従えば、普段は分離されている地上界と天上界を一時的に繋げるための儀礼であり、この儀礼の焦点をなすのは、牛と馬や羊といった供犠獣を生け贄にして神に捧げる行為である。この地方ではこれらの供犠獣は、すべて儀礼場（「ピジャンの草原」）の一角に設置された焚き火——これは「ピジャンの火」と呼ばれる——の中で丸ごと焼かれることで、煙の形でそのまま天上の神に送り届けられると考えられている。さらに、伝統的知識に詳しい人々によれば、カマリクン儀礼の際には、霊的存在としての祖先たち——そこには「ピジャンの人々」も含まれる——が目に見えない形で儀礼に参加しているのだとされる。つまり「ピジャンの草原」とは、祖先の住処であるビジャリカ火山に相似的なものが、マプーチェの村に一時的に存在する機会なのである。

　ただし、こうした「草葺きの家／儀礼場／ビジャリカ火山」の相似的な関係は、伝統的知識に深く通じた一部の人々はともかく、大半の人々がふだん意識していることではなかったと言える。実際、人々の多くは、なぜ儀礼場が「ピジャンの草原」と呼ばれるかを尋ねても答えることはできなかったのである。私自身も、今述べたような形で明瞭かつ全体的な理解に達したのは、実はフィールドワークが終わったあと、様々なデータを突き合わせる中でのことであった。とはいえ、カマリクン儀礼に参加するときに、程度の差はあれ、彼らが——そして私自身も——こうした宇宙的な相似関係を身体で感じていたことは間違いなかったと思われる。〈文化〉ないし〈社会〉の中心がどこにあるか明らかではないフィールドではあったが、「マプーチェ的なもの」は身体的なイメージのレベルで確かに存続していた。そこでフィールドワークを続けることは、それを私自身が知らず知らず身につけることでもあったのである。

3.2 イメージで考える人々——儀礼的対話をめぐって

マプーチェの儀礼的対話

私は今の説明で何度か、伝統的知識に通じた人々——マプーチェ語では「知者《キム・ウェンツゥ》」と呼ばれる——という言葉を使った。知者《キム・ウェンツゥ》と見なされる人は各村に数人いる程度であり、彼らが主軸になって、時折開かれる大小の儀礼が遂行される。この節では、本章の主題であるフィールドワーク論を少し離れて、私がこの「知者」たちから学んだことについて述べてみたい。それは本章の議論の裾野を広げるだけでなく、次章でみるイメージ経験の多層性の問題について考えるうえで、大いに参考になるものでもあるからである。

村の知者（写真中央の帽子をかぶっている人）が、（スカーフで目を覆った）シャーマンの憑依霊を相手にして儀礼的対話を行っている。

マプーチェの伝統的な知《キムン》は、「ヌツァムカン」と呼ばれる一種の儀礼的対話の制度によって支えられている。マプーチェの「儀礼的対話」——以下ではこの言葉を「ヌツァムカン」と同義で用いることにしたい[2]——とは、あとで述べるように、口頭伝承の語りを含む対話を行うことで、膨大な伝統的知識を継承し活用する制度であって、「知者《キム・ウェンツゥ》」とは、この儀礼的対話に長じた人のことである。マプーチェの場合、村といっても各家屋は離れ離れに分布しており、村人が皆集まるような機会もほとんどないため、四年の一度の大カマリクン儀礼のような儀礼の際を除けば[3]、彼らの活動に日常的に触れるのは比較的少数の村人たちにすぎない。しかし、彼らの存在は疑いなく、村における「マプーチェ的なもの」の存続の基盤だと言える。事実、先ほど述べた空間感覚も、知者たちを中心にして行われる様々な儀礼——そこでのすべての祈りは東に向いて行われる——によって保持されているのである。

さて、ヌツァムカンとは何か。それは二人の対話者が、日常的な会話とは明らかに異なる演説的なトーンで語り合う、様式化された会話である。一方が数分〜数十分、朗々と演説のように自分の語りを繰り広げる――時折、聞き手が調子よく合いの手を入れる――と、次に他方が同じように朗々と自分の語りを披露する。二人が興に乗り、お互いに負けじとレパートリーを披露する中で、対話は半日以上続いたりすることもある。知者として知られる人が別の知者の家を訪問すれば、家人たちは遅かれ早かれ儀礼的対話が始まることを期待するだろう。それは聞き慣れた人にとって確かに美しく響く語りである。こうした訪問の場合のほか、大小様々の儀礼もまた、ヌツァムカンが繰り広げられる格好の機会である。儀礼では知者が複数集まることが多いため、儀礼が終わると自然に儀礼的対話が生起する。付け加えれば、儀礼の中で神や精霊に捧げられる祈りも、それ自体が神や精霊に対する儀礼的語りかけ――この場合相手は黙したままだが――の一種であり、ヌツァムカンとまったく同じトーンで行われる。[4]

　儀礼的対話の発端そのものは日常会話と変わらず、しばしばお互いの家族・親族の安否や健康についての話であったりする。しかし、ある瞬間にどちらかが朗々と語り始めると、会話の雰囲気は一気に変わり、ヌツァムカンが姿を現すのである。その時、彼らは実際には何を語り合っているのだろうか。彼らがそこで行なうのは、一言でいえば、各々が知っている口頭伝承を想起して語ることである。一方が、会話のテーマにまつわる口頭伝承――自分の代々の祖先に当たる人々についての語り伝えや、祖先の村で起こった出来事についての語り伝えなど――を想起すると、他方もまたそこから触発されて自分が思い出した伝承を朗々と語る。それに対して、もう一方はそこから刺激を受けて、さらに別の伝承を想起して語る…。

　こうした伝承の想起の行為には伝承を語りあうことの愉しみという側面もあるし、また対話者の間の知識比べの側面もあるが、さらにそこには実用的な側面もあると考えられる。例えば家族の誰かが災難に遭った、あるいは病気である、というとき、それと関連する伝承を儀礼的対話の中で想起することで、祖先の身に降りかかった災難や病気についての口頭伝承を思い出し、実際にどのように行動したら良いかの参考にすることができるのだ。[5] ある意味では、我々が大事なことについて書物を調べて情報を得るようにして、彼らは口頭伝承を想起することで情報を得るのだ、と言えるかもしれない。ただし彼らの場合、そこには一つの伝承を丸ごと想起するという、語り・聴く愉しみを伴った時間のかかる作業が介入するのである。

　ただ、このようにヌツァムカンを機能面からだけ捉えるのでは極めて不十分でもある。儀礼的対話の本来的性質を理解するには、彼らが対話の中で口頭伝承の想起を実際にどのように行うかをより細かく見てみなければならない。マプーチェ語が深く口頭的な言語であり、そこでは「文字通り繰り返して語る」という発想が一切存在しないことは、ここでとりわけ重要である。[6] 彼らが記憶している伝承の語りというのは、（般若心経のような）文字に書かれた言葉の連なりではなくて、むしろ言葉の素になるようなイメージの連鎖であって、[7] 彼らが伝承を語る際、心に次々と浮かんでくるイメージが自らの口を通して言語化するような形で言葉の連なりが発せられるのである。そのことをマプーチェの知者たちは、「誰かが自分の口を借りて喋るような感じだ」、「天から言葉が降ってくるようだ」などと説明する。知者たちは、一つの口頭伝承を一旦想起し始めると、いくぶん憑かれたようにして——ただし彼らはそれを憑依とは明確に区別するのだが——終わりまで語り切る。

「イメージで考える人々」

調査の二年目、こうした知者たちと密接に交わるようになって、私は儀礼的対話という独特の知的活動にますます深く印象づけられていった。それは、文化的・社会的習慣などという言葉ではとても表現できないような、言うなれば彼らの知のあり方・存在のあり方に深く食い込んでゆく性格のものであった。フィールドワークを終えたのち、私は他の人類学者が似た問題を研究していないかと文献を探したが、手がかりは見出せなかった。しかし私はその後、別分野の一冊の本の中にマプーチェの事例を考えるための様々なヒントを見出すことになる。それは西洋古典学者エリック・ハヴロックによる『プラトン序説』(1963)という本であり、[8] そこで著者が描写する古代ギリシアの叙事詩の語り方がマプーチェの口頭伝承の語り方に酷似しているように思われたのである。

紀元前8世紀ごろに成立したとされるホメーロスの叙事詩は、それ以前の時代から連綿と受け継がれてきた口頭的な伝統に基づく、詩人たちの朗唱に基づくものであった。ハヴロックは『プラトン序説』の前半で、古代ギリシアの社会において中心的な知の担い手であった詩人たちの思考のあり方がどんなものであったのかについて見事な再構成を行っている。それは、語り手や聞き手の感情に訴え、身体の全体に働きかけてそれを巻き込んでいく特徴を強くもつものであり、ハヴロックの表現によれば、叙事詩を語る人々やそれに聴き入る人々は「イメージで考える人々」(image-thinkers)であった。ホメーロスの叙事詩を素材としながらハヴロックが古代ギリシアの詩人たちについて指摘している様々な事柄の多くは、フィールドでマプーチェの儀礼的対話を繰り返し聴き、周囲の人々とともにその朗々たる語りを楽しんでいた私にとって、深く腑に落ちるものであった。[9]

ちなみに『プラトン序説』の後半は、紀元前5世紀から4

世紀にかけてのアテナイにおいて、ソクラテスとプラトンが、このような叙事詩的伝統を引き継いだ知者たちと正面から対決し、その中で哲学の営みを生み出していった様子を論じたものである（この点については4.5で触れることになる）。私は、ハヴロックの本に触発されてプラトンの著作を読む中で、プラトン哲学とマプーチェの人々の思考の間の奇妙な類似性にも気づかされていった。プラトンにとって真理とは想起されるべきものであったが、マプーチェの知者たちも真実とは想起——マプーチェ語で「コヌンパン」という——されるものだと語る。マプーチェの人々は、彼らにとって、夢は口頭伝承と同じように真実の源泉である——これについてはすぐ下で述べる——と述べるが、この夢を指す「ペウマ」というマプーチェ語は、「すでに見たもの」という意味であり、これはプラトンが用いた「イデア」というギリシア語の語源を思い出させるものでもある。さらに、マプーチェの人々は夢を通しての真実の現れが一種の驚きとともに経験されることを述べていたが、これはソクラテスが『テアイテトス』で、「驚異の情」こそ知を求める者の感情なのだと言っていたのに似ている。対話篇の中でソクラテスはしばしば、「問答法による答え」のみならず「神話による答え」の可能性も示唆してさえいる。マプーチェの事例から見ると、ソクラテスとプラトンの哲学は、一方で叙事詩的伝統と真正面から対峙しつつも、他方ではそれとひそかに思考の土壌を共有するものであったようにも思われた。

いずれにせよ私は、プラトンの著作とマプーチェの民族誌を突き合わせるというこの奇妙な企ての中で、マプーチェの口頭伝承的な思考が、ある意味でプラトン哲学と比しうるくらい、奥深い思想性を持つものであると深く感じるようになった。次に述べる夢の問題は、そうした印象をさらに強めるものであった。

口頭伝承と夢

マプーチェの知者たちの儀礼的対話についての説明の中で、私が理解するのに非常に苦労したのは夢をめぐる問題だった。実は、儀礼的対話の中では、口頭伝承を想起して語る以外に、自分が見た夢を想起して語るということがしばしば行われる。マプーチェの知者たちによれば、その理由は、夢は口頭伝承と並んで最も信頼できる真実の源泉だからだ、ということだった。[10] しかし、一体どのようにして、口頭伝承と夢が同列に並びうるのだろうか。マプーチェの人々が夢について語るのをより詳しく聞いてゆくと、少なくとも彼ら自身が最も重きをおく夢の多くは、我々が普段みるような断片的な内容の夢ではなくて、何か特別に印象深い種類の夢であることがわかった。ここで、先に述べたように、口頭伝承を語るという行為が、心に次々と浮かんでくるイメージを言葉にする行為であること、そのことをマプーチェの知者たちが、あたかも他者に操られるようにして喋ると感じていたことを思い出そう。すると、夢を見るということは、口頭伝承とは別の形で、イメージの連鎖が他者によって与えられることなのではないだろうか。つまり、口頭伝承とは別の形で、口頭伝承のイメージを「想起する」ことではないだろうか。

ある年配の女性が私に語った、夢についての次の回想は、まさにそのような状況を想像させるものである。彼女は知者ではなかったが、子供の頃に年長の世代に口頭伝承を繰り返し聞かされた、伝統的な知識のある人だった。ある時のこと、彼女の顔に吹き出物ができ、どんどん大きくなって、しまいに顔の半分が大きく腫れあがってしまい、彼女はどうしたものかと困り切っていた…。

そうしたある晩、夢を見た。夢で、亡き母親が薬草をとってきて、薬を作っていた。翌朝急いで森に行って薬草を探し、薬を作って顔につけたら腫れ物は見事にひいていった。

不思議な夢である。しかし、もしここで、この女性が口頭伝承に含まれた薬草についての知識を夢の中で「引用」したのだと考えるなら、さほど不可解な出来事ということにはならないだろう。もちろん、誰かがその薬草を採るのを実際に見た記憶が夢の中で蘇ってきた、という可能性もある。ただ、マプーチェの人々から見れば、どちらの場合も「想起されるべき真実」の一部をなすわけだから、これは同じことであるとも言える。

もう一つの事例は、比較的若いながらも儀礼的対話に優れ、知者として名の通っていたマプーチェ男性が経験した出来事で、こちらは夢が口頭伝承と明白につながった例である。彼の村ではカマリクン儀礼が数年ぶりに催されることになったが、あいにく、儀礼の祈り手を長年務めていた村の最長老が前年に亡くなっていた。そこで村人たちは彼に祈り手を務めてくれるように懇願した。祈り手は村を代表して祭壇で三日三晩祈り続ける大役であり、彼はこの会合で、「自分にそんな大役がつとまるかどうか分からない」と言って躊躇したが、最後には承諾する。その晩見た夢について、彼は次のように語る。

…夢の中で、老女二人と老人一人が私の所に現れた。三人は私に言った。「こっちに来なさい。お前は何故、役目がつとまるかどうか分からない、などと言ったのだ？　自分にその能力があることを分かっていないとでも言うのか？　さあ、すぐに馬に鞍をつけて、村の長老のところに行くのだ。よく聞きなさい。これからお前に、どうやって祈りをしたらよいかを教えてやろう」。そして老人たちは私に、夢の中で、延々とカマリクン儀礼での祈りのやり方を教えてくれたのだった。夢が終わると、すぐに目が覚めた。まだ午前二時だった。私はとても驚き、動揺していた。まんじりともせずに夜が明けるのを待ち、曙光が差すや否や、馬に乗って村の長老の所に行き、この夢の話をした。

この夢のなかで「教えられた」一連の祈りが、彼自身がすでに有していた膨大な口頭伝承の記憶と、彼が過去のカマリクン儀礼で経験した場面でのイメージ記憶が組み合わさって出てきたことは想像に難くない。これは私が聞いた中でも特に印象的な事例の一つである。いずれにせよ、口頭伝承のエキスパートであるマプーチェの知者たちが、こうした類の夢をしばしば見ること、それゆえに知者とはまた「夢見る者《ペウマフェ》」でもあるということは、皆が異口同音に語るものであった。おそらく知者たちの身体には、数多くの口頭伝承の語りが無意識的な記憶として貯蔵されており、それが儀礼的対話の形で、あるいは夢の形で現れて、彼らが必要としている知を提供していたのだと考えられる。[11]

3.3 表と裏、ねじれ

〈文化〉でも〈社会〉でもなく

フィールドワークの問題に戻ることにしよう。繰り返しになるが、以上のような知者たちの姿は、あくまでも私が経験したマプーチェのフィールドの状況の限られた一部を構成するにすぎない。それらは私がフィールドワークの二年目に知者たちと特に深い交流を持つ中ではじめて知ったことであり、村の人々の多くは断片的にしか知らないことだった。確かにカマリクン儀礼の時や、時たま小さな儀礼が身近なところで行われるとき、彼らも儀礼的会話に触れて、それに多少は親しんだりもするが、普段の生活ではいつもスペイン語で話し、ラジオのスペイン語放送を聞いているのである（ただしこうした生活ぶりは知者と呼ばれる人々もさほど変わらず、マプーチェ語のみならずスペイン語でも弁が立つ――読み書きは得意でないにせよ――人もいた）。

こうしたフィールドの状況のイメージを正確に伝えるには、これまで私が「マプーチェの村」と呼んできたものが一体どんなものかをより詳しく述べることが必要だろう。一言でいえば、実はマプーチェの「村」というのは、ほとんど独立した世帯の寄せ集め以上のものではない。先にも触れた通り、「マプーチェの村」が本当に村らしい形で動くのは、四年に一度の自村でのカマリクン儀礼の時のみであり、この時を除けば、村人たちの全員が何かを共有する機会はほとんど存在しないのである。正確に言うと、カマリクン儀礼の時も村全体が集まるわけではない。というのは、村の中にはプロテスタントの宗派に帰依している世帯が少なからず存在しており、彼らは信仰上の理由からマプーチェの儀礼への参加を一切拒否しているからである。日常生活においては、彼らも他の人々と同様の隣人である。人々が多数結束したりすることがあまりない以上、「プロテスタント」と「伝統派」が束になったりすることは一切ない。これに加えて言えば、村の内とも外ともつかない場所にいる存在として、首都サンティアゴをはじめとする都市部で暮らしている村人たちがいる。既に述べたように毎夏帰省する若者たちは多いし、また長年都市で暮らしていた人が両親の死後に土地を相続して村に戻ってくるケースも少なくない。マプーチェの「村」とはこうした多様な人々の集まりであり、その凝集力は弱く、境界はいつも不明確なのである。

だから、マプーチェの村における日常を全体として客観的に眺めるようとすると、〈文化〉や〈社会〉と呼べるようなものが明瞭な輪郭を持って現れることはなく、むしろ複数の円がずれて重なっているような状況がいつも見えてくるだけだった。一体このような状況をどうやって民族誌的に把握したら良いのだろうか。

ところで、こうした方法論的な迷いに加えて、さらに根深い迷いがフィールドワーク中の私を襲うことになる。第1章で私は、古典的人類学から我々が引き継ぐべき最も重要な遺産は「他なるもの」の肯定である、と書いた。マプーチェの「村」でフィールドワークを続けるなかで、他者の肯定というこの根本的前提さえもが私の中でぐらつき始めたのだ。この点を説明するためには、私のフィールドワークの状況についてもう少し詳しく述べておかねばならない。

現実の裏面を知ってゆくこと

マプーチェのフィールドで夢のイメージについて調査したいと考えていた私は、現地で見た私自身の夢をも毎日欠かさず日記に書きつけていたが、私が見る夢の中身は、現地に滞在して数ヶ月の時間が経つともっぱら現地の人々や事物に関わるものになっていた。マプーチェの年配の人々の間では、朝起きると夢の話をする伝統的な習慣が残っていたのだが、私はそうした中で、少しずつ夢についての会話も理解できるようになっていった。例えばある朝、住んでいた家の老婦人が起きがけに「青い服を着た子供の夢を見た」と呟いたのを聞いて、私は即座に、現地に伝わる「青い少女」についての伝承を連想したが、その同じ瞬間に、その婦人は小声で、「青い少女」と付け加えたのだった。別の晩私は、「(住んでいる) 家の主人が草原で動物たちを円形に座らせ、神に祈りを捧げている」という奇妙な内容の夢を見た。翌朝、この夢の話をすると、家の主人はしばらく沈黙したのちに、「実は昨夜、森からピューマが出てきて、自分の二頭の羊が襲われたのだ」と呟いた。この夢については思い当たることがある。その晩私は、まどろみの中で――おそらくピューマが現れた時のことだろう――家の番犬がさかんに吠えていたのを聴いた記憶があった。おそらくこの聴覚イメージが引き金になり、そこに、人々から聴いた口頭伝承、参加させてもらった彼らの儀礼、また私自身が現地で馬や牛や羊などの家畜と一緒に暮らしてきた経験といった様々なイメージが加わって、夢の形で現れたのだと思われる…。

こうしたことはまた、美的感覚のような領域にも影響していった。夏が近づくにつれ、開催される予定の隣村のカマリクン儀礼に向けて、ピフィルカと呼ばれる、儀礼で使われる笛を人々が吹く音が、どこからともなく聞こえるようになった。ピフィルカは木片に穴を一つ開けただけのきわめて簡素な笛であり、これがマプーチェの一番大事な楽器の一つだと教えられた時には、何と表現力に乏しい笛だろうかと正直がっかりした記憶があった。しかし、毎晩この単調な笛の音を聞き、それまで参加した儀礼で人々がピフィルカを吹いていたイメージが想起されてくるなかで、次第にその音が身に浸みてきて、その音は比類なく美しいものとして感じられはじめたのである。

とはいえ、このように人々の言動を身体的レベルで感じること――例えば彼らの冗談などもよく理解できるようになってゆくこと――はしかし、快い結果をもたらすだけではなかった。なぜならそれは、人々が表だっては語らないような、村の生活の裏面にも敏感になることだったからである。気のおけない会話をする時間が長くなるにつれ、私は次第に、妬みや恨みの感情が村人同士の人間関係をかなり重く規定していること、さらに、そうした妬みや恨みを背景にして、しばしば酒の席で暴力沙汰が生じ、それが時に死亡者さえ生んでいたこと――村人たちは警察に対して完全に口を閉ざしていたが――を知るようになった。

カマリクン儀礼についても、私はそれを一方でこの上なく美しい経験として感じていたものの、他方で複雑な思いを抱き始めていた。カマリクン儀礼のみならず、多くのマプーチェの儀礼には動物の生け贄が伴うが、それらの生け贄は、現金収入が極度に少ない彼らにとって大きな経済的負担を意味するものである(マプーチェにとって家畜を売るのは最も重要な現金入手の方法であり、その家畜を生け贄にすることは、入手できるはずの現金を全額失うことであった）。そのような犠牲を払って伝統的な儀礼を遂行することが、人々の誇りであり、大きな喜びであったことは間違いない。しかし他方で、事情に通じるにつれ、彼らが必ずしも喜んでそうした儀礼を行っているわけではないことも理解していった。彼らは、自らの家族が実際に病気になったり死亡したりした際、憑依儀礼の中で、それは儀礼への参加を怠ったことが原因なのだとシャーマンからしばしば指摘されていた。つまり彼らは、それをやらなければ神や精霊から厳罰を受け、病気になったり死亡したりするという畏怖の感情に強いられ、やむなく牛や馬や羊など、貴重な動物を生け贄として提供しているという状況も見えてきたのである。[12]

マプーチェの伝統的なライフスタイルが、一方で美しく、他方で重苦しく、時に苦く感じられる中で、調査を行う私は、自分がいま研究しているマプーチェの〈文化〉ないし〈社会〉が、果たして本当に研究に値するものなのか、根底的な疑問に駆られるようになった。そうした疑問を抱える中で、同じ村の中にいるにもかかわらず、それまで自分があまり積極的に近づいていなかった一群の人々がいることに私は気がついた。それは先にも触れた、プロテスタントの宗派に改宗してマプーチェの伝統的儀礼への参加を拒否した人々である。彼らの話を聞く中で、それらの「マプーチェ的な伝統に背を向けた人々」が、その考え方において、「マプーチェ的な伝統を守る人々」と必ずしも大きく隔たっているわけではないことも理解するようになった。人々の実際の生そのものに接してみるなら、「伝統を守ること」と「伝統に背を向けること」の差異は、見かけほど判然としたものではないことがわかる。両者が水と油のように見えていたのは、まさに私自身が〈文化〉や〈社会〉の概念の色眼鏡をかけて彼らを眺めていたからだったのである。

ねじれたイメージ

このような認識はまた、他方で、マプーチェの儀礼を中心的に担っている、知者と呼ばれる人たちが、マプーチェの伝統を、我々が理解するような意味で〈文化〉として保持しているわけでは必ずしもないことを私に気づかせた。彼ら自身は決してマプーチェの伝統を一つの〈文化〉というパッケージとして捉えているわけではない。口頭伝承の想起にせよ、儀礼にせよ、もちろん夢見にせよ、彼らの伝統は、彼らの無意識や身体の奥底を通して生きられてきたものであり、従って、それは紙に書かれた法律のように固定的なものではなく、むしろ、現実との関係のなかで再創造されつつ生きられる部分を持っていたのである。

こうした点は、村のカマリクン儀礼で「軍曹」(sargento)という重要な役職を担っていた老人セバスティアンが私に語ってくれた話によく現れている。[13]それは、彼がずっと以前に見た夢をめぐるものであり、この夢を見たのは、彼の息子たちが全員プロテスタントに改宗して、カマリクン儀礼への参加を拒否するようになってしまった時のことだった。セバスティアンは、悲嘆にくれ、マプーチェの神への信仰すら揺らいでいた。しかし、そうした矢先に見たこの夢は、彼にマプーチェの宗教への信仰を確信させるものであった。

夢の中で私は、青空に、大勢の人々が、馬に乗って反時計回りに空中を旋回しているのを見た。この大勢の人々の間からヘリコプターが現れ、このヘリコプターは、人々とともに青空を4回旋回したあと、庭に降りてきた。そこから二人のチリ人軍人が現れ、そのうちの一人が、腕を天に差し伸べながら、私に言った。「つらいとき、悲しみに沈んでいるときは、空を見上げるのだ!」

ここで、「馬に乗って反時計回りに空中を旋回している」というイメージは、カマリクン儀礼においてマプーチェの男たちが馬に乗って儀礼場の周囲を反時計回りに回る——必ず4の倍数回行われる——という行為と対応しており、この夢は、明らかにカマリクン儀礼のイメージを土台としていると言える。そして、チリ人軍人の「空を見上げる」という言葉——語りの中でこの軍人の発言だけはスペイン語なのだが——は、この地方のマプーチェの人々の独特のスペイン語の語法に従って用いられており、それは「神に祈る」と意訳しうるものである。これはだから、マプーチェの神への信仰が揺らいでいたセバスティアンに対し、「たとえつらくてもカマリクン儀礼で自分の任務をしっかり果たし、神に祈るのだ」という強いメッセージを送る夢だったのである。しかしながら、他方で、この夢には明らかに奇妙な、ねじれたイメージも含まれている。彼を勇気づけてマプーチェの神への信仰を促すのは、ヘリコプターから出てきたチリ人軍人であり、まさにマプーチェ的な伝統を脅かしてきたところのチリ社会に属する人物なのである。

この話を聞いただいぶ後になって、私はセバスティアンの息子と話をする機会を持ち、会話の中で息子は、自分がプロテスタントに改宗したきっかけについて語ってくれた。そのエピソードは、まったく正反対の結論に向かうものではあれ、不思議に父の経験と似たものだった。

私もかつてはカマリクンにも参加していた。ところが、25歳のころ、宴会で喧嘩に巻き込まれ、町の病院に運ばれて丸三日間意識不明の状態で過ごした。この時に、私の目の前に神が現れて、私は神と直接、話をすることができたのだ。私はこの時、本当に頼れるのは神だけだと悟った。カマリクンの時「兄弟よ」と美しい言葉でいつも自分に呼びかけていた村人達は、いざ私が殺されそうになった時、少しも助けてくれなかった。それで私は、マプーチェの宗教をやめて、キリスト教を信じるようになった。

二つの語りは確かに類似しているのだが、結果としては、父はマプーチェの神を信じよというメッセージを受け取り、これに対して息子は、キリスト教に改宗せよという正反対のメッセージを受け取っている。この類似性と差異の共存を一体どのように理解したら良いのだろうか――この問いを深く反芻したとき、私は、そこにある現実を〈マプーチェ文化〉と〈チリ文化〉というような全体的対立のもとで捉えることが完全に不可能なことを悟ったのである。

3.4 力の場

安定性と不安定性の間で

一九九〇年代初頭にマプーチェの人々のもとで行った民族誌的フィールドワークは、私にとって、人類学がその草創期から様々な改善を重ねつつも保持してきた〈文化〉と〈社会〉という中心的概念が、根底から瓦解していくような経験であった。マプーチェのフィールドのような不安定な状況に〈文化〉と〈社会〉の概念を適用しようとすると、何か本質的なものがそこから逃げてしまう。そこにあったのは、多中心的で多方向的な力の場であり、同じ方向の力が正反対の結果を生むこともあれば、反対方向の力が見かけ上、同一の結果を生むこともあるのだ。

こうした状況を概念化しようと努力する過程で私が思い出したのは、理科系の学生であった頃読んだ、『力学系入門』という数学の本だった。これは、数学者のスメールとハーシュによる微分方程式論の教科書だが、そこで傾きや力の連続的変化を数学的に解析する中で導き出されていた一連のモデルが(次頁の図を参照)、言語的な枠組では把握しにくい事態を考えるヒントになると思われたのである。『力学系入門』によれば、微分方程式が描写する「状態空間」の時間的変化には、ある平衡点xの周囲において、初期条件が多少違っても大きな変化が生じない「安定」な場合(図A)と、初期条件のわずかな揺れによって極端に異なる変化が生まれうる「不安定」な場合(図C)が存在する。そして、前者の「安定」なケースの中には、多少の初期条件の揺れがあって

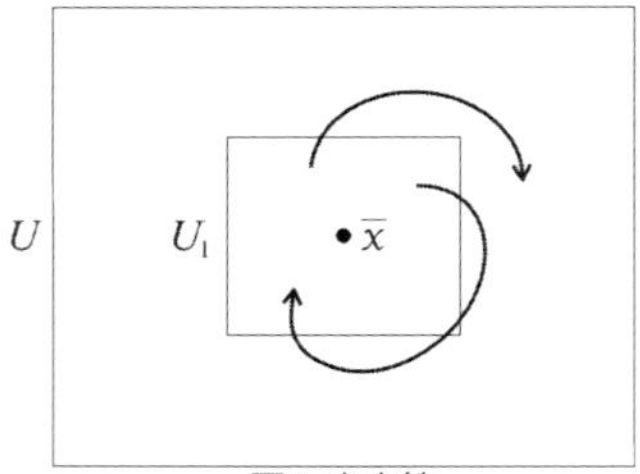

図A 安定性

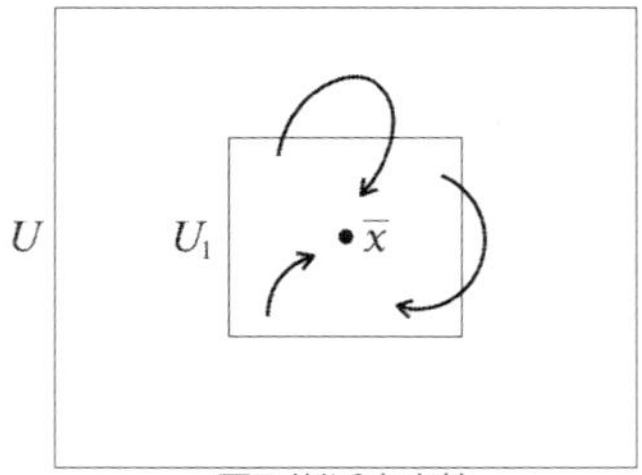

図B 漸近安定性

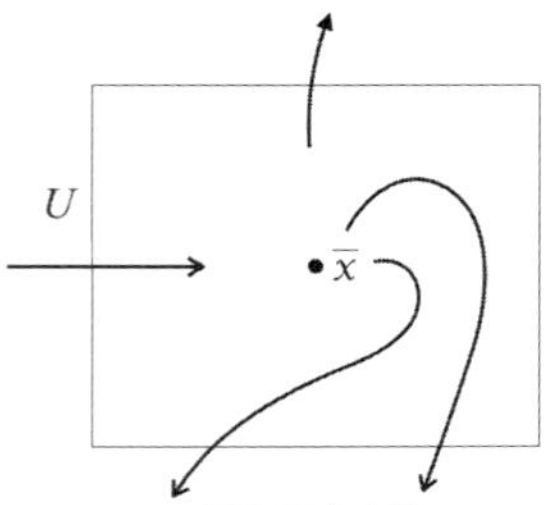

図C 不安定性

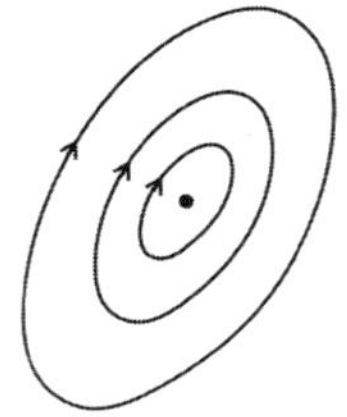
図D 安定であるが漸近安定でない例

平衡点の安定性。スメール、ハーシュ『力学系入門』pp. 198-199をもとに作成。

も平衡点$\bar{x}$に近づいてゆく「漸近安定」の場合（図Ｂ）もあれば、時に周期的な軌道をなす場合（図Ｄ）もある。[14]

もちろん、「状態空間」の変化が一定の微分方程式で表現できるような力学系のモデルは、多数の可変的要素によって規定される人間の生を描写するには単純すぎる。しかし、あくまでも思考上の補助線としてこれらの図を眺めてみれば、思い浮かんでくるのは、例えば、カマリクン儀礼や儀礼的対話の実践を通じてマプーチェ的伝統の中核に位置する知者たちの生のあり方であったり（図Ｂ）、マプーチェ語の会話が得意ではなく、チリ的なものにも惹かれるが、しかし基本的にはマプーチェの伝統的実践の周りで安定しているような生のあり方であったり（図Ａ）、「マプーチェ的なもの」の吸引力と「チリ的なもの」の吸引力の間の一種の均衡状態のなかで（周期的なカマリクン儀礼の開催をベースに）マプーチェ的な世界を中心に生きているような生のあり方であったり（図Ｄ）、そして、セバスティアンの息子たちのように、カマリクン儀礼のような力の場を、むしろそこから離れていくような力として経験する人たちの生のあり方であったりする[15]（図Ｃ）。もっといえば、しばしば、個々人において、そして個々の状況において、ＤからＢに移行したり、ＢからＣに移行したり、あるいはＣからＡに移行したりと、様々な形の間を揺れ動きが見出される、といった方がよいだろう――これはまさに、セバスティアンが自らの経験について語っていたことであると思われる。

上から考えるのではなく、下から立ち現れるイメージを眺めること

「はじめに」でも述べた通り、イメージの人類学という視点から人類学を再構成しようという構想を私が抱いた原点は一九九〇年代初頭に行ったこのフィールドワークであった。

人類学者はかつて、マプーチェの事例のような流動的な社会文化的状況を研究対象とすることを好まず、[16] 固有の文化的伝統を相対的に強く保持している社会に向かっていった。私は、このこと自体は必ずしも批判されるべきことではないと考える。何度も述べてきたように、人類の〈文化〉や〈社会〉の多様性に関する事例研究は、今日からみればきわめて貴重なデータの蓄積をもたらしたものだし、また20世紀を通じて近代西欧世界の自己中心的な世界観を相対化する上で大きく貢献したからである。

しかし、一九九〇年代以降の世界においては、「ひとまとまりの人々」を〈社会〉という集合的な枠でまるごと捉えたり、そうした〈社会〉の成員が身につけている習慣の全体としての〈文化〉を考える、というアプローチでは人類学が取り組むべき今日的な問題に対応できない――これがこのフィールドワークを通じて私が痛感したことであった。とすれば、〈文化〉や〈社会〉の概念についての既存の枠組を捨てて、いわば「文化のようなもの」や「社会のようなもの」についての新しい人類学を作り出さねばならないだろう。

イメージの概念は、文化や社会を最初から一括りにして上から考えるのではなく、むしろそれが多様性や混淆性の中でいかに「文化のようなもの」や「社会のようなもの」として下から立ち現れるのか、という問いに向かうとき、役立つものになってくる。人々は、絶えず相互にイメージの受け渡しを行いながら、そしてまた周囲の事物のイメージを受け止めながら、日々の生活の中を暮らしている。もちろん、そうしたイメージは全くバラバラのものではない。自然が与えるイメージは安定性を持っているし（草地や川や丘はいつも同じ場所にあるし、太陽は毎日昇っては沈み、春夏秋冬は毎年繰り返される）、農耕や牧畜はほぼ同じ技術によって営むことができる（適切な時期に種蒔きすれば作物は育つし、家畜は毎年同じ頃に子を産む）。これが人間関係になると、自分と同じように考え、行動する人もいれば、そうでない人もいるだろう（もちろん、自然も時に洪水や日照りをもたらしたりするし、作物や家畜が病気で全滅することもある）。イメージの人類学とは、イメージがまとまったり衝突し合ったりする、そのようなイメージの束ねられ方をまさに問題にするものである。[17]

例えば、私のフィールドで見られたのは、上からみれば「マプーチェ語」と「スペイン語」が対立する状況にあったといえるが、実際には、マプーチェ語の中にスペイン語の単語や言い回しが絶えず侵入していたし、スペイン語の中にマプーチェ語に由来する言い回しが頻繁に入り込んでいた。つまりマプーチェ語とスペイン語のイメージの次元での交流は絶えず生起していたと言える。マプーチェ語は、そうした交流も視野に入れたうえでの、イメージの大きな束ということになるだろう。そうしたイメージの束の間で生起する様々な力関係はまた、別のレベルでは、セバスティアンの家におけるように、マプーチェの儀礼の中心的な担い手とそれを正面から拒絶する息子たちの間の力関係とも、ある部分で重なり、ある部分でずれながら反響してゆくのである。

私は先に、「他なるもの」の肯定という人類学の根本的動機がフィールドワークの中で疑問に付されたことを述べた。以上の考察に基づいて言えば、私の誤りは、私がこの「他なるもの」を「他なる〈文化〉」・「他なる〈社会〉」と混同したこと、そのために、フィールドの全体を「他なるもの」として肯定しなければならないと考えたことにあったといえる。マプーチェの〈文化〉・〈社会〉の全部を肯定する必要などない。そもそも全体としての〈文化〉・〈社会〉は存在しない。必要なのは、フィールドの全体の中に様々な部分を厳密に見出してゆき、その様々な部分が、対立関係と連動・反響関係の両方を含んだ意味で、どのように相互連関するかを丁寧に眺めてゆくことである。そうした関係の随所にこそ「他なるもの」が潜んでいるのであり、人類学者が行うべきなのは、そのような潜在的な「他なるもの」と対話することなのである。

注

1　結局私は、彼らが儀礼的文脈で用いる会話を録音させてもらい、その会話を繰り返し聴き、筆記するという奇妙な方法によってマプーチェ語を習得することになった。そのため、私がおおかた習得したのは、日常会話ではなく、独特の言い回しを多く含んだ儀礼的対話だけだった。

2　南米先住諸民族の間では、儀礼的対話 (ceremonial dialogue) と呼ばれる習慣はしばしば見出される。ただしその実際の形態は多様であり (Greg Urban, 1986, "Ceremonial Dialogues in South America," *American Anthropologist* 88(2): 371-386)、長い時間演説調で続けられるマプーチェの儀礼的対話は、かなり異色のものだと言える。

3　ただし、自村の大カマリクン儀礼に加えて近隣の村のそれにも参加する人も多く、そうした人々にとっては実際の頻度は1～2年に一度となる。

4　たとえばカマリクン儀礼では、祈り手は、夜明け前から夕方までの数時間、祭壇の前で、ヌツァムカン形式の祈りの言葉を、延々と語り続ける。祈り手はこれを、三日間のカマリクン儀礼において毎日行うのである。

5　このように「想起によって考える」という行為は、マプーチェ語ではラキスアムン(rakidüamün)と呼ばれる。

6　マプーチェの事例は、オングが「一次的口頭性」(primary orality)と呼んだものによく当てはまる（W・J・オング『声の文化と文字の文化』桜井直文他訳 藤原書店 一九九一年[原著一九八二年]）。マプーチェの口頭伝承の語りにおいては、時折挿入される決まり文句の類ですら言葉として定まっておらず、その場その場で微妙に異なった言い方がなされる。

7　この言葉は、後述するエリック・ハヴロックの著作における「イメージ連鎖」(image-series, image-sequence)という言葉と反響するとともに（E・A・ハヴロック『プラトン序説』（村岡晋一訳 新書館 一九九七年、三五一頁および三六二頁）、「はじめに」でも触れた、W・クラックの論文に遠く由来するものである(W. Kracke, "Myths in dreams, thought in images," in B. Tedlock, ed., *Dreaming: Anthropological and Psychological Interpretations*, Cambridge University Press, 1987)。

8　エリック・A・ハヴロック『プラトン序説』村岡晋一訳 新書館 一九九七年。

9　厳密にいえば、古代ギリシアの叙事詩とマプーチェのヌツァムカンの間には、歴史的・政治的・言語的要因などを反映した様々な差異が存在する。マプーチェの口頭伝承は基本的には系譜的ないし地域的な伝承であり、雄大なプロットと汎ギリシア的な広がりを持つホメーロスの叙事詩のようなものは見出されない。また、ハヴロックは古代ギリシアの叙事詩において韻律的要素を決定的に重要なものとみなしているが、マプーチェの口頭伝承の語りでは、厳密な意味での韻律は存在しない。しかしながら、口頭的な語りが、人々の精神と身体の全体によって生きられ、それが人々の生における真実を構成するものであった点では、二つの伝統は深く類似している。

10　この考えはマプーチェ語の文法のなかにも織り込まれている。マプーチェ語では、他者から聞いたことを語る際には動詞に -rke という接尾辞を付けるが、この -rke という動詞の接尾辞はこのほかに、夢をみた経験を語る時、および、ペリモントゥ（奇跡のような出来事）を語る時の二つに用いられる。ペリモントゥは、神や精霊の意志が直接、眼前に現れるような驚くべき出来事のことである。-rke という接尾辞は、伝聞と夢見がこれと並ぶ真実性を持った出来事でありうることを示唆するのである。

11　以上の諸点について、より詳しくは拙稿「マプーチェ社会における口頭性——思考と存在の様式としてのコミュニケーションの様式」（『国立民族学博物館研究報告』25 (2)、二〇〇〇年）を参照。

12　この時期の経験をもう一つ付け加えておこう。一九九〇年の調査期間の大部分で滞在した家では、主人から息子同様に扱ってもらっていたが、同時にそれは、私が町に住む彼の息子とたえず比較され、「マプーチェ語もきちんと喋れず、農作業もまともにできない」私が頻繁に叱責されることをも意味した。それがかなり精神的に重荷になっていた頃、私は、結婚したら独立して別の家を構える、というマプーチェの若者たちの願望を初めて内側から理解できたようにも思った。

13　この事例の詳細については、拙稿「想起と反復——あるマプーチェの夢語りの分析」（『民族学研究』58巻3号 一九九三年 二二三—二四七頁）を参照。

14　S・スメール、M・ハーシュ『力学系入門』（田村一郎他訳 岩波書店 一九七六年）、一九八—一九九頁。

15　付け加えるなら、ここで私はこの力学系を「マプーチェ的なもの」

に関するシステムとして考えたが、反対に「チリ的なもの」の側から考えてみることもできる。例えば、首都サンティアゴに住むマプーチェの人々の状況について、「チリ的なもの」を中心としたモデルによって考えてみるのは有益な作業であろう。

16　一例を挙げれば、『悲しき熱帯』（全2巻、川田順造訳 中央公論新社二〇〇一年〔原著一九八六年〕）で生き生きと描写されているように、レヴィ＝ストロースが一九三〇年代に最初に調査を試みたのは、ブラジル文化の中で変容しつつあった先住民社会であった。彼はそこに、「白人の影響によって変えられなかった古来の伝統」と「現代文明から借用したもの」の「ある独特の総合体」を見出して、そこに重要な研究上の意義があることを指摘している。とはいえ、彼が本格的な研究対象としたのは、より奥地に住む先住民たちであった。

17　私が博士論文「想起と反復――マプーチェ社会における文化的生成」(1995) で行なったのは、フィールドワークを通じて研究したマプーチェの人々の状況を、まさにこの意味でのイメージの束ねられ方――この博士論文でのキーワードは同一性と反復であったが――として考察する作業であった。

第4章　イメージ経験の多層性

　前章では、20世紀末における人類学的フィールドの状況を具体的に述べながら、〈文化〉と〈社会〉の概念がいかなる意味でもはや成立不可能であるのかを詳しく論じた。それを受けて本章と次の第5章では、イメージの人類学の基礎理論の構築を行う。そこでの目標は、第1章で提起したイメージ概念を手がかりに、人間のイメージ経験のうちの文化的・社会的と呼びうるような種類のものを、〈文化〉や〈社会〉を経由して考察するのではなく、イメージの様々な現れを直接受け止めて考察できるような枠組を作ることである。

　議論の内容としては、大雑把に言えば、本章では〈文化〉にあたる領域に、第5章では〈社会〉にあたる領域に焦点が当てられることになる（ただし、理論の組み方が根底から異なる以上、これは大まかな対応でしかありえない）。この第4章における議論の中心は、第1章で提起したイメージ経験の多様性、「脱イメージ化」と「再イメージ化」によるイメージの転生、また「再イメージ化の照り返し」といった問題を、人類学とその隣接分野における仕事を参照しつつ、掘り下げることである。そこから出てくるヴィジョンは、〈文化〉を言語として、あるいは象徴体系として捉えるようなアプローチとは違い、イメージ経験の多層的な現れを多層的なままに、かつ動的な過程として捉えるものである。

　4.1ではエドマンド・カーペンターの独創的な民族誌的著作『エスキモー』を取り上げながら、人間の社会文化的なイメージ経験をその基層的部分から再検討する。この議論を前提としたうえで、4.2では、レヴィ＝ストロースの構造人類学を「脱＋再イメージ化」に関する理論として読み直すことになるだろう。本章の後半では、ラボヴの言語学やヴィゴツキーの心理学など人類学の外の仕事からも学びながら「脱＋再イメージ化」の議論を深化させ、イメージ経験をダイナミックな全体的過程として考察するための枠組を作っていくことにしたい。

4.1　カントからカーペンターへ

『エスキモー』——自然・経験・生

1.2でも述べたように、現代世界を生きる人々は、国家や文化の境界を超えて広がる物質的環境——科学・技術・産業が生み出した様々な事物を含む——を通じて、多かれ少なかれ共通した影響のもとにある。しかし、こうした状況が広がる以前、地球上の各地で、人類は自らをとりまく自然というものを一体どのように経験していたのだろうか。とりわけ、現代の都市的環境のようなものから最もかけ離れた場所での人々のイメージ経験というものは、一体いかなるものであったのか。

そうした問いを考えるとき一番に私の頭に浮かぶのは、『エスキモー』と題された大判の美しい本である。一九五九年にトロント大学出版局から出た本で、主著者はアメリカの人類学者エドマンド・カーペンター。ただし、共著者として画家フレデリック・ヴァーリーと映画作家ロバート・フラハティの名前も一緒に掲げられている。[1] 本を開くと、雪原のように真っ白な、ほぼ正方形の紙面に、余白をたっぷり取りながら、カーペンターによる短いが印象的な文章が、絵画・スケッチ・写真と取り混ぜて自由に配置されている。絵画やスケッチは、画家ヴァーリーが一九三八年にカナダの極北地方を旅した経験をもとに描いたものが主だが、カーペンターがフィールドワーク中にイヌイトたちに描いてもらった図や線描も入っている。一方、写真の大半は、イヌイトの人々がセイウチやアザラシの歯牙から作った彫刻の写真であり、それらの彫刻自体は一九一〇年代前半に、探検家時代のロバート・フラハティが現地で集めたものである。

この本は、カーペンターが自らのフィールドワークの経験をもとに、極北地方をじかに知っていたヴァーリーとフラハティ、そしてイヌイトたち自身が残した造形作品を活用しながら、イヌイトの人々が彼らを取りまく世界をどのように生きているかを描き出そうしたものである。本という形を使ってイヌイトの精神的空間をそのまま模したようなこの稀有の著作は、それ自体がインスタレーション展示のようであり、一つの優れた民族誌的な芸術作品にもなっている。

しかし、そうした視覚的な美しさは、この本の意義の一面でしかない。描画や写真とセットで配置されているカーペンターの文章は、散文詩のように、簡潔ながら含蓄の深い文章であり、理論的射程の大きいものである。例えば、本のはじめの方にある次の文章を見てみよう。「極北の冬は、太陽が地平線のそばを動いている間を除くと、大地と空はつながっている。風が立って雪が空中に舞うと、視界は三〇メートルほどになり、旅は危険である。しかし、彼らは地形と風についての知識を助けに旅をする」。

西欧近代的な教育を受けた人なら誰でも、風土は世界各地で様々であっても、空間や時間はどこでも共通だと考える。我々の時空間の理解は、ユークリッドが、そしてデカルトが概念化した時空間の理解に基づいているが、これは小学校以来の学校教育によって叩き込まれてきたものだ。この点は人類学者も同じであり、だから人類学者のほとんどは、時空間を一種の普遍的な入れ物として前提にしたうえで、その中で人々が社会を形成し、文化を持つと考えてきた。これはいわば、人類学が暗黙のうちに前提してきたカント主義とでも呼べそうなものである。[2]

しかしながら、カーペンターがイヌイトの人々のもとで理解したのは、時間・空間がそれとは全く異なった質と広がりを持つものとして経験しうること、そのような別種の時空間の経験がデカルト的時空間における経験と比べても決して有効性を欠いてはいないことだった。一日の大部分が暗く、しかも降雪によって見通しがきかない時空間では、視覚や触覚を始めとする人間の五感の働きは著しく独特であるはずであり、そこでの世界経験は、デカルト座標がモデル化するような、あるいはカント哲学が理論化したような、透明な時空間における世界経験とはほとんど何の共通点も持たないのではないか——『エスキモー』という絵本が我々に突きつけるのは、そのようなラディカルな問いである。

「動きのあるイメージ」を記憶すること

ここで不思議なことが一つある。このような世界を生きるイヌイトたちに地図を描いてもらうと、彼らが周囲の広大な地域の地形を驚くほど正確に把握していることがわかるのだ（次頁の図を参照）。このことは、2.3でも見たように、フラハティがベルチャー諸島を探検した際の経験からも例証されるだろう。ユークリッド空間からは縁遠いはずの彼らが、確かに、現代の地図制作者のそれに匹敵する地理的認識に至っているのである。

そもそもイヌイトの人々は航空写真どころか測量機器も持っていなかったから、これが全く異なった思考経路を通った結果であるのは間違いない。地図制作者の目的は紙の上に正確な地図を描くことである。それに対して、イヌイトたちにとって重要なのは、ある地点から別の地点に実際にきちんと——途中で凍え死ぬことなく——移動できることである。カーペンターによれば、「彼らは空間を静的なもの、従って計測可能なものとはみなさない。だから空間を形式的単位によって測ることもしなければ、時間を均等に分割することもしない」。つまり、最初に二次元空間が頭の中に想像され、その中に陸地がイメージされ、その上に様々な地点が同定されるのではない。その代わりにイヌイトたちが行うのは、ある場所から一連の場所を通って別の場所に行く、そのイメージの連鎖——通過していく場所の地形的特徴や、雪や風のタイプや、氷の割れ目など——を移動感覚とともにしっかりと記憶していくことである。

カーペンターの論じるところによれば、イヌイトたちの思考では根本的に空間を時間と分けて考えることがなされず、そのおかげで、彼らは物事を動的過程として正確に把握する高い能力を持っている。だから彼らは、雪原を移動するという「動き」——それはあらかじめ脳裏に広げられた空間内での移動ではなく、空間と未分化の瞬間瞬間の「動き」の連鎖である——は、その中途で起こるはずの様々な出来事と結び合って記憶されるのだ。そして彼らは、そうした様々な「動き」のベクトルを事後的に頭の中で総合的に組み合わせてゆくことで、精度の高い「地図」を再現するのだと想像される。[3]

そんなことが本当に可能なのかという疑問が生じるのは当然だろう。しかし、このほかにも不思議な事実がいくつも存在し、それらがカーペンターの主張を支える方向で一致していることは確かである。例えば『エスキモー』によれば、イヌイトを知る現地の白人の間では、イヌイトが機械修理の名人であるのは周知の事実だった。「彼らはエンジンや、時計や、あらゆる機械を分解しては組み立てるのが大好きである。

上の二つの図はサウサンプトン島——その面積は九州よりも大きい——の地形をイヌイト自身がスケッチしたもの。一番下は航空写真による地図である。上の二つのスケッチで右下部分——これは彼らが好んで狩をする場所である——が大きめである点を除き、両者は高い精度で一致している。(Carpenter, *Eskimo*)。

私は、極北地方にわざわざ機器の修理のために来たアメリカ人機械工が直せなかった機械を、イヌイトが修理してしまうのを見た。たいていは手作りの、極めて単純な道具を使って、金属や歯牙による代替品を作ってしまうのだ」。こうしたことは、カーペンターより40年も前に、映画カメラという複雑な機械をイヌイトのもとに持ち込んだ、ロバート・フラハティの経験——以下、妻のフランシス・フラハティの回想による——とも正確に一致する。

彼［ロバート・フラハティ］の仕事はエスキモーの人々の助けにより進められました。ナヌークはもちろん、他のウェタルトゥーク、トゥーカルーク、そしてトミー少年の三人にはとりわけ厄介になりました。実際、彼らはフラハティのために、あらゆることをやってくれました。（…）カメラが海に落ちたときなどは、それをバラバラに分解し、きれいに掃除してから元通りに組み立てなければなりません。幸運なことに、自然人である彼らエスキモーたちは、天性の器用さと機械に対するセンスをもっていました。ボブ［ロバート・フラハティ］が、あのグラフレックス・カメラ（複雑なシャッター機構をもつ）をどうしても組み立てられずに、部品を散らかしたままトミーに預けると、子供のトミーが、何と彼のために一所懸命、それを組み立ててくれたのです。[4]

『エスキモー』の後半でカーペンターがイヌイトの彫刻について述べていることは、こうした謎を解くための一つの鍵を与えているだろう。イヌイトの彫刻は固定された視点を前提としておらず、例えばアザラシの彫刻であれば、その動きの様々な状態が、見る角度によって様々に違って見えるようになっていたりする（次頁の図を参照）。そして、カーペンターによれば、彼ら自身がそうした彫刻を見るときは、彫刻を回して角度を変えて見たりしないのだ。彼らは、物事を一つの視野から見る——それゆえ順々に見ることで多方向から見る——のではなくて、同時に多方向から見るという術を体得しているようなのである。

そのことを確かめるため、ある時カーペンターは、一枚の紙の上に動物などの多数の絵を方向をバラバラにして描き、彼らに見せてみた。すると、それを描いたカーペンター自身は、各々の絵が何だったかを確認するためにしばしば紙を回転させる必要があったのに、イヌイトたちの方は、大人も子供も、紙をまったく動かさずに全ての絵が何であるか言い当てたのである。空間の中に物があるのではなく、物が動いたり変容したりする姿を連続的に観察し、記憶し、さらには想像するという、極度に発達したイメージ的能力が確かにそこ

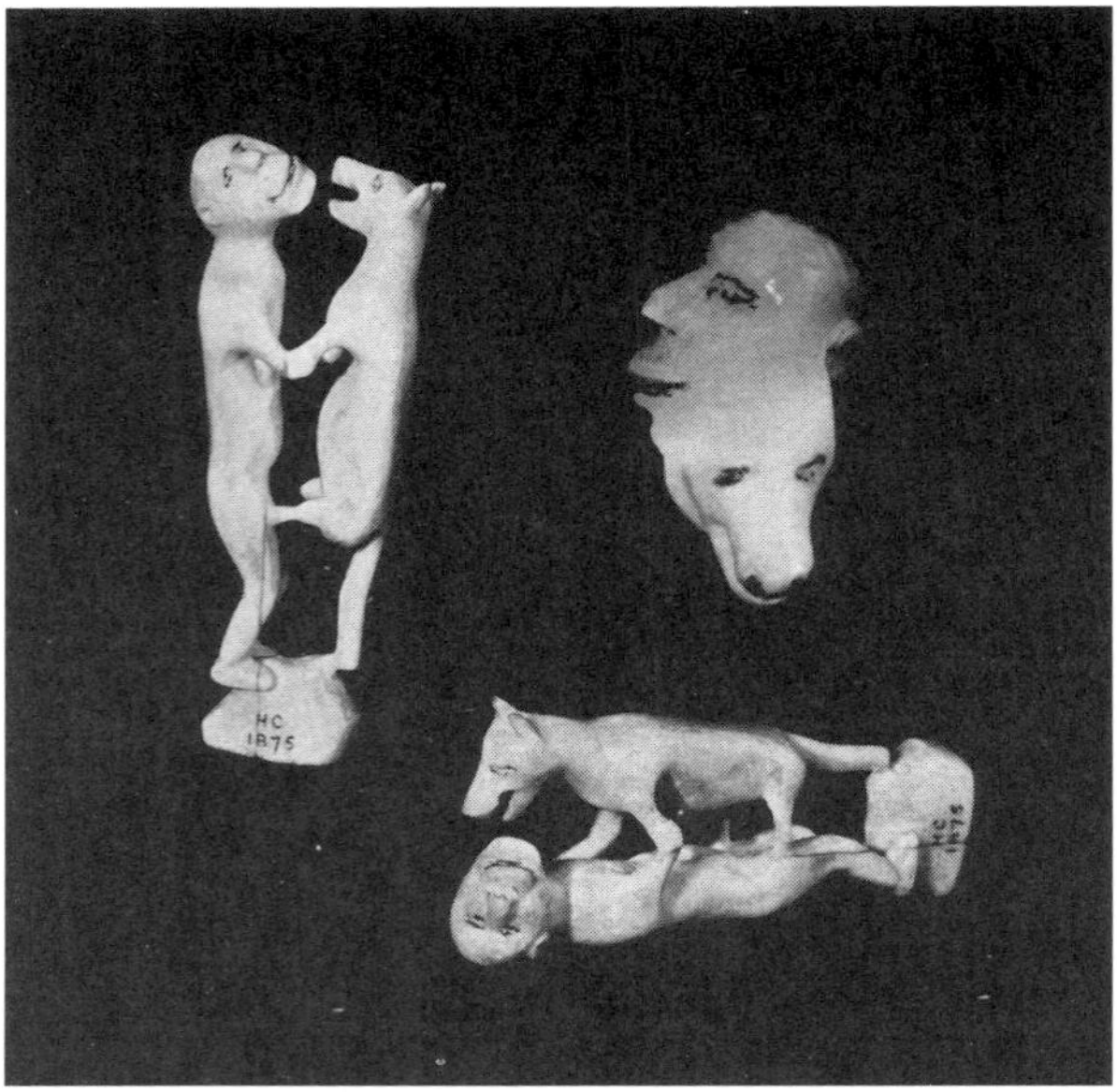

イヌイトの彫刻はしばしば、見る角度によって違った風に見えてくる。彼らはそれを同時に多方向から眺めるのである（Carpenter, *Eskimo*）。

にあった。だから、ある部品がどのように動きうるか、様々な角度からどのように見えうるかが容易にイメージでき、それゆえにおそらく、どの歯車がどのように他の歯車とつながるのか、どこにネジが欠けているのかということ——我々であれば現物をいじくり回して観察しなければ絶対に分からないこと——を、彼らは一気に見抜いてしまったりしたのであろう。

ところで、カーペンターが図版として収録している一連のイヌイトの彫刻が、ロバート・フラハティの収集によるものであったのは興味深いことである。視覚的イメージを方向性や動きを含めて記憶するイヌイトの能力は、解体されたカメラを組み立てるだけでなく、映像撮影という、まさに動きと方向性を持ったイメージを扱う作業において、大いに有効に働くはずである。つまり、フラハティが極北の地に映画カメラを持ち込んだとき、そこで彼を待っていたのは、映画制作のために願ってもない資質を持った人々だったのだ。ここで、カーペンターがイヌイトの高いイメージ能力を彼らの口頭伝承を語る伝統と関連づけている点も、見逃してはならないだろう。口頭伝承を語る実践が深くイメージ的な実践であることは、すでに第3章のマプーチェの事例でも述べた通りである。そして、イヌイトに限らず、世界の諸地域で、口頭伝承に根ざした文化的伝統を持つ人々が、いくぶん意外なことに、映画やビデオなどの制作を常に前向きに受け止めてきたこともよく知られている（ジャン・ルーシュが数多くの映画を共同制作したニジェールの人々もその好例である）[5]。カーペンターがイヌイトについて述べたことを安易に一般化すべきではないが、イヌイトのイメージ的生の豊かさは、少なくとも部分的には、世界各地の文字文化を持たない人々——しばしば「未開」と呼ばれてきた人々——が営んできたイメージ的生の豊かさに通じるものだと考えられる。

『エスキモー』は非常に独創的な本であり、残念ながらこのような本が他にいくつもあるわけではない。しかし、イヌイトの人々の「経験のあり方」に徹底的に寄り添って書かれたこの本一冊だけでも次のことを理解するには十分だろう。つまり、ある意味で西欧近代的伝統のもとでの人間経験に関する考察の極致でもある、カントが『純粋理性批判』で行なった経験の構造の根本的分析が必ずしも普遍的考察の土台になりえないこと、人間というものの持ちうるイメージ経験――時間・空間の感受の仕方というような最も深い経験のレベルも含めて――が、我々が頭の中で想定してきたよりもはるかに大きな振幅を持ちうることである。[6]

4.2　脱イメージ化と再イメージ化――構造主義から何を学ぶか

イメージから構造へ――レヴィ＝ストロース的問題

人間の根本的なイメージ経験を、今見たような深さと広がりのもとで改めて把握したうえで、イメージ経験の多層性についての考察を始めることにする。イヌイトの場合でも、例えば彼らが初めて見る風景のイメージ化と、彼らの頭の中での口頭伝承のイメージ化は、同質のイメージ経験ではありえない。第1章で述べた「脱＋再イメージ化」の枠組み――イメージとはイメージ平面の間での「脱イメージ化＋再イメージ化」の運動である――に沿って言えば、それらは別のイメージ平面の上で展開するものである。ここでまず検討したいのは、言語化・記号化による「脱＋再イメージ化」の問題である。人間にとって言語化・記号化を経たイメージというのは、直接的な感覚・知覚のイメージに匹敵するほど根本的なものだと言ってよい。言語や記号を媒介とするこうした「脱＋再イメージ化」の問題性を、人類学においてもっとも鋭く論じたのは、レヴィ＝ストロースであったと思われる。[7]
『野生の思考』(1962)の第1章「具体の科学」でレヴィ＝ストロースは、一般に未開人と呼ばれてきた人々が、自らを取り巻く自然環境をいかに新鮮な興味を持って捉え、いかに豊かな知識を蓄えてきたかを、様々な文献を引きながら鮮やかに描いている。「現地人は鋭い能力でもって、海陸の全生物の諸属性や、風、光、空の色、波の皺、さまざまな磯波、気流、水流などの自然現象のきわめて微細な変化を正確に記すことができた」、「ハヌノー族は、その地に棲息する鳥類を七十五種類に分類し……蛇十二種類前後、……魚六十種類……淡水、海水の甲殻類十二種類以上、同数のクモ・多足類……を区別する」、等々。とはいえ、『野生の思考』におけるレヴィ＝ストロースの犀利な考察が示すのは、そうした知識が、人々が自然の事物から受け取る知覚イメージそのものというよりは、ある種の媒介を経たものであることであった。そして、この媒介を彼は「構造」と呼んだのだった。

レヴィ＝ストロースが論じたように、構造はイメージを知性化する――本書の言い方でいえば、脱イメージ化する――が、しかし同時にイメージの感性的部分を一定の範囲で保存する。それゆえ、構造化を経たイメージは、文字化された知識などよりも遥かに感性的イメージの作動性を保持した、生き生きとした知識となるのだ。例えば、上の引用でレヴィ＝ストロースは、「ハヌノー族は、その地に棲息する鳥類を七十五種類に分類し…」と述べているが、ここで重要なのは、七十五種類という数ではなく、鳥類を七十五種類に分類してゆく過程であり、彼らが自然との絶え間ない対話の中で、そうした知性的＝感性的過程を生きていることである。レヴィ＝ストロースによれば、絶えず現在にあるこの「具体の科学」の働きのおかげで、例えばフィリピンの諸民族は、その伝統的な知識を保持するだけではなく、スペイン人が新大陸原産の植物をフィリピンに持ち込むと、ほどなくしてその利用法を発見してしまったのであった。[8]

音声から音素へ――ヤーコブソンにおける「脱＋再イメージ化」

ここで、レヴィ＝ストロースの構造概念を本書の理論的枠組に厳密な形で関係づけるため、その原点であるヤーコブソンの構造言語学に戻って考えてみたい。レヴィ＝ストロースが構造人類学の方法を着想した重要な契機は、一九四〇年代初め、亡命先のニューヨークで言語学者ロマーン・ヤーコブソンの連続講義を聴いたことであった。ここでは、この連続講義の記録――後に『音と意味についての六章』という本になっている――から、講義全体の中で一つの核心をなす、有名なトルコ語の音素体系に関する分析を紹介しておこう。[9]

ヤーコブソンが立てる問いは、トルコ語の母音体系には八つの音素が存在するが、トルコ語の話者は実際にどのようにしてそれらの母音を聴き分けるのか、というものである。仮説的に、各々の音素をそれ自体として――例えば「a」という音素を「a」という音素自体として――聴き分けているとしよう。すると、人々は「a」を瞬時に他の七つの母音から峻別していることになる。同じことを全母音について行うわけだから、実際には八母音の組み合わせの数（8×7÷2＝28）である28種類の区別を瞬時に行い続けていることになってしまう。さらに子音の区別も瞬時に行うとなると、これは相当に現実味の薄い説明と言わざるをえない。ヤーコブソンがこの説明への代案として提案するのは、トルコ語の母音の八つの音素を、潜在的な三つの対立――閉じた音素／開

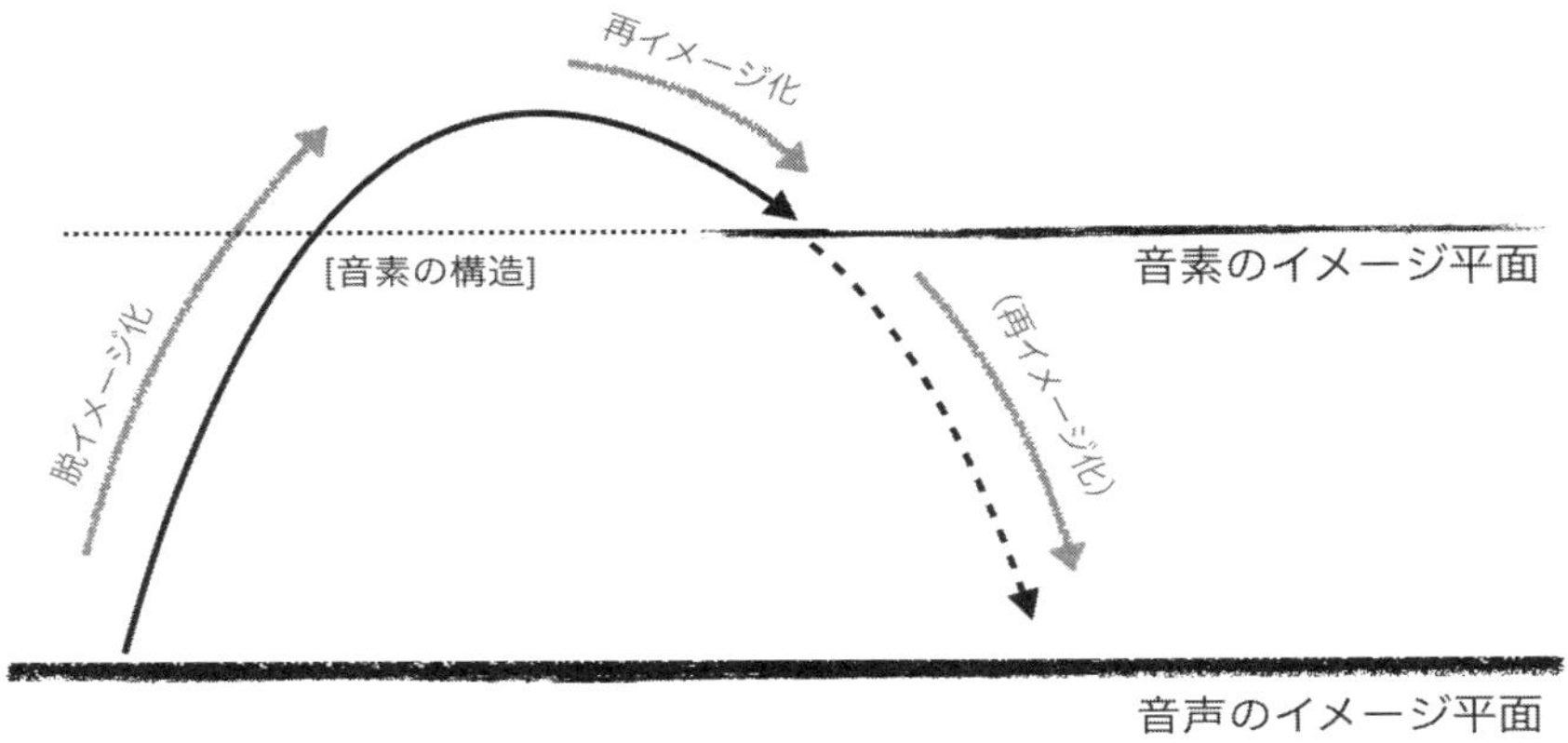

ヤーコブソンの音韻論

いた音素、前方の音素／後方の音素、非円唇音素／円唇音素――の組合せから成る体系と考えることである。トルコ語母音の八音素は実際に三つの対立の組合せとして理解でき、組合せの数としても一致する（2×2×2＝8）。話者は、この三つの潜在的対立を同時に識別する習慣さえ身につければ、八つの音は毎回容易に聞き分けられるのだ。

ここで、この構造主義的な音韻分析を、「脱＋再イメージ化」の理論的枠組の中で捉え直してみよう。例えば、何かの拍子に思わず発する「あ（っ）」という叫び声と、日本語の音素としての「あ」は明らかに異なったイメージ平面に属する。前者が発声者の身体や情動と不可分であるのに対し、「あ」という音素は実際、先ほどのような潜在的対立による「構造」を通じて脱イメージ化された音声であり、明らかに「あ（っ）」という声よりもずっと抽象度の高いものである。ただし、この音素としての「あ」も、日本語の話者ならば容易に心の中で音として鳴らすことができるのであり、その意味では、音素としての「あ」は、音声のイメージ平面に向けての再イメージ化の可能性を潜在させていると考えられる（これが図における点線部分の再イメージ化に当たる）。この最後の点は、実はヤーコブソン自身が明確に指摘していることでもある。彼は音素の体系が、声の実体性から解放された「恣意的」なものである――言語学者ソシュールが論じたように――のかどうかを問う中で、ある言語が運用される過程で、個々の音素が音声象徴性のようなある種実体的なものを獲得しうることを論じている。[10] ヤーコブソンは確かに、音素のイメージ平面に関する考察だけでは不十分であると考え、そこから音声のイメージ平面へと向かう、点線部分の再イメージ化――つまり1.3で私が「再イメージ化の照り返し」と呼んだもの――にも考察を及ばせていたのである。

神話素の音楽――神話における「脱＋再イメージ化」

さて、同じような角度からレヴィ＝ストロースの構造人類学について考えてみよう。彼はヤーコブソンの言語学的モデルを人間のイメージ経験の広範な領域に適用し、それによって、一見説明が困難であるような様々な社会文化的現象を見事に説明していった。ここでは、レヴィ＝ストロースにとってライフワークであった神話にまつわる内容を見てみる。例えば、南米先住民社会の神話の中に「ナマケモノ」という動物がしばしば登場する。この神話のキャラクターとしてのナマケモノは、ある時は現実のナマケモノという動物の習性を如実に反映するものの、別の時にはいかにも神話らしく、人間のように振舞ったり、奇想天外な行動をしたりする。このことを一体どう考えたらよいのだろうか。

レヴィ＝ストロースによれば、このような神話のキャラクターの独特の性格は、ヤーコブソンの音素と同じように考えれば理解可能なものになる。ある言語の音声がその音韻体系の中で「音素」として構造化されるのと同様に、神話のキャラクターとしてのナマケモノは、南米先住民の神話的思考の中で構造化されたナマケモノであって、それはだから「神話素」と呼ぶにふさわしいものである。そしてレヴィ＝ストロースは、実際の神話の構造分析――それはヤーコブソンの音素体系の分析ほど異論の余地のないものではないにせよ――を通じ、ナマケモノをはじめとする様々な存在が、神話的思考の中でどのように構造化され、どのような神話素として分別されているのかを明るみに出してゆくのだ。こうしたレヴィ＝ストロースの議論を本書の枠組に沿って言いなおせば、神話の中のナマケモノは、実在する動物としてのナマケモノのイメージ的内実の一部を保持しながら、神話的思考のイメージ平面に新たな形で「脱＋再イメージ化」したものだ、ということになる。

ところで、レヴィ＝ストロースの神話素の捉え方は、「再イメージ化の照り返し」の扱いに関して、ヤーコブソンの音素の捉え方と若干異なっている点も指摘しておく必要がある。『神話論理』という膨大な書物においてレヴィ＝ストロースが考察を繰り広げたのは、アメリカ大陸先住民の神話的思考のイメージ平面であるが、このイメージ平面は、最終的には、

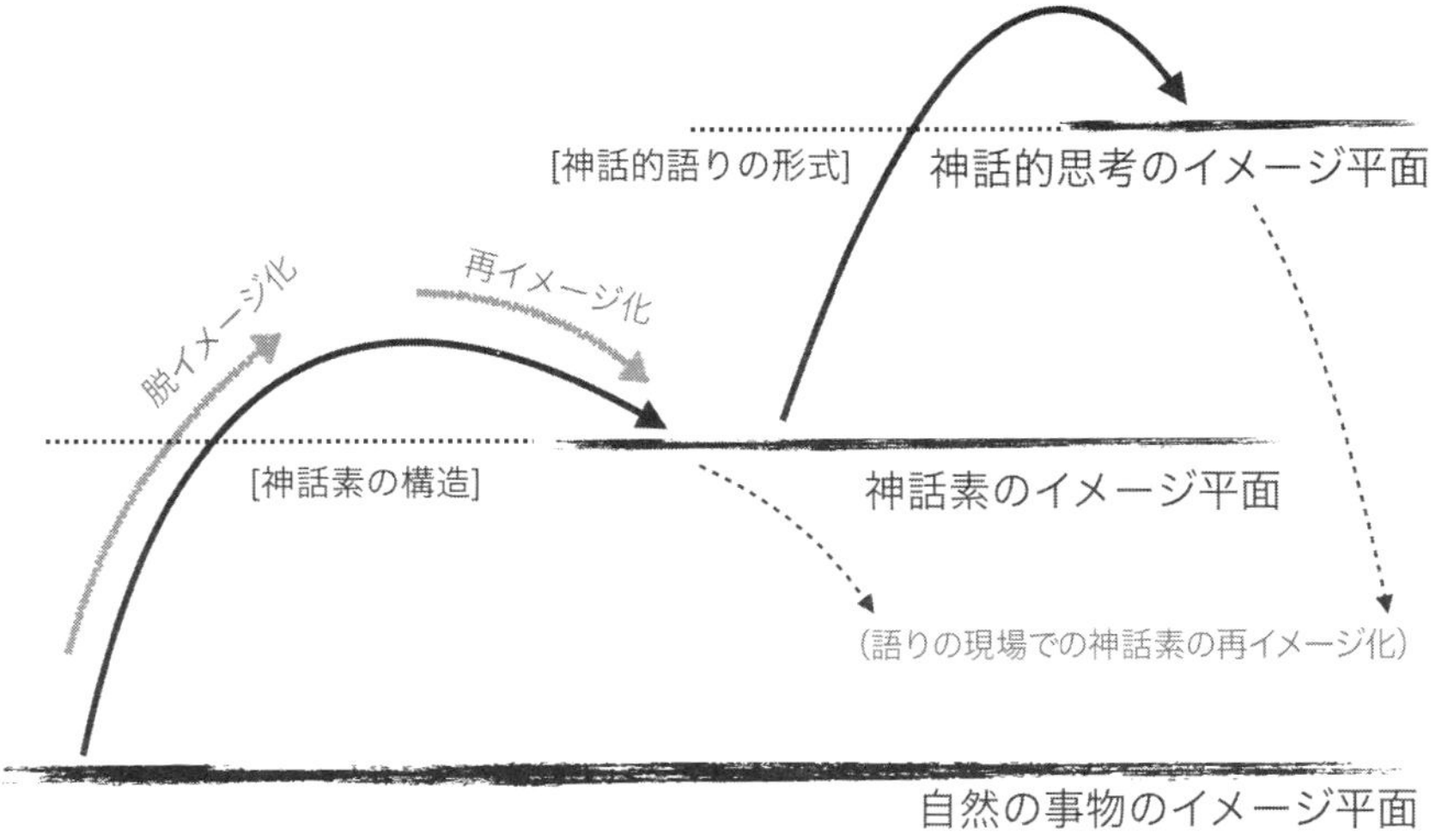

レヴィ＝ストロースの神話論

現実の先住民の人々が神話を語るときにその頭の中で実際に展開するイメージ経験の全体を表現するものではないだろう。それは、諸民族から集められた神話の全体をいわば永遠の相のもとで検討するなかで析出してくるイメージ平面であって、レヴィ＝ストロースによれば、この「神話的思考」のイメージ平面——細かく言えば神話素のイメージ平面よりもさらに抽象度の高いレベルに位置するイメージ平面——は、バロック音楽の様々な音楽形式が展開する地平にも類似した透明な性格のものなのである。[11] これに対して、先住民たち自身は、例えば昨日もし森の中で本物のナマケモノに出会ったならば、語りの中のナマケモノのイメージを、神話的思考のイメージ平面で聴くのと同時に自然の事物のイメージ平面に向けての再イメージ化の効果も加えながら聴くはずである。

レヴィ＝ストロースの構造人類学的考察は、膨大な民族誌学的データを検討する中で形成されたものであり、現実の民族誌的対象と深く関わるものではあるけれど、同時に彼の考察の焦点は、現実の民族誌的対象と多少ずれた地平に向けられたものである——これは彼の人類学に独特の魅力を与えるとともに、経験主義的な立場の人類学者による批判の対象となってきた点でもある。イメージの人類学の立場から言えば、この議論のずれは、まさに両者が想定しているイメージ平面のずれに由来している。私としては、まずはレヴィ＝

ストロースの議論の意義を十分に認めたうえで、彼がその考察から捨象している「再イメージ化の照り返し」について、民族誌的フィールドワークに深く依拠する学問としての人類学の立場から、緻密な考察が深められるべきであると考える。

4.3 再イメージ化のミクロ政治学——ラボヴの言語学

音素から音声へ——再イメージ化の社会的意味

それでは、そうした「再イメージ化の照り返し」をどのように民族誌的に掘り下げていったら良いだろうか。ここで私が参考にしたいと思うのは、アメリカの言語学者ウィリアム・ラボヴ(1927-)の仕事である。これは人類学ではなくて言語学の業績であり、従ってレヴィ＝ストロースではなく、むしろヤーコブソン——およびソシュールやチョムスキーなど——の仕事の延長線上にあるものである。とはいえ、ラボヴの言語学では、学問の境界など知らないかのごとく、「脱イメージ化された言語的イメージがいかに再イメージ化されるか」という一見純粋に言語学的な問題が、再イメージ化の現場において深く社会的・政治的な問題として展開する状況が鮮やかに示される。実証的方法と理論的洞察が見事に一体となったラボヴの仕事は、今日もなお、人類学的研究にとってのヒントを多く含むものだと思われる。

ラボヴの研究は音声から文法、さらには語りに至るまで、言語の諸側面に広く深く分け入って展開されているが、ここでは彼の初期の音声学的研究を中心に紹介しよう。[12] 先に述べたように、ヤーコブソンの音韻論は、声のイメージが構造を媒介として音素へと脱イメージ化する過程を見事に捉えるものであった。さらに、その再イメージ化が音素のイメージ平面を突き抜け、より実体的な音として人々に響いてゆく可能性も、ヤーコブソンは鋭く指摘していた。ラボヴが行ったのは、そのように実体的な音声的イメージとして再イメージ化した音素が、人々の日常的な言語運用の中で実際にどんな効果を及ぼしうるのかを、言語学的フィールドワークによって徹底的に調べることだった。その中で彼は、音素というそれ自体抽象的なものが具体的な音声的イメージとして響くときに、いかに強烈な力として作用するかを明らかにしていくのである。

ラボヴの社会言語学の出発点になったのは、彼が一九六〇年代初頭にマサチューセッツ州マーサズ・ヴィンヤード島で行った音声学的な調査である。この島では、英語のいくつかの母音が通常よりも口を閉じて発音される、「母音の中心化」という独特の傾向があることが知られていた。これは例えば、timeという語が「タイム」よりもいくぶん「トイム」に近

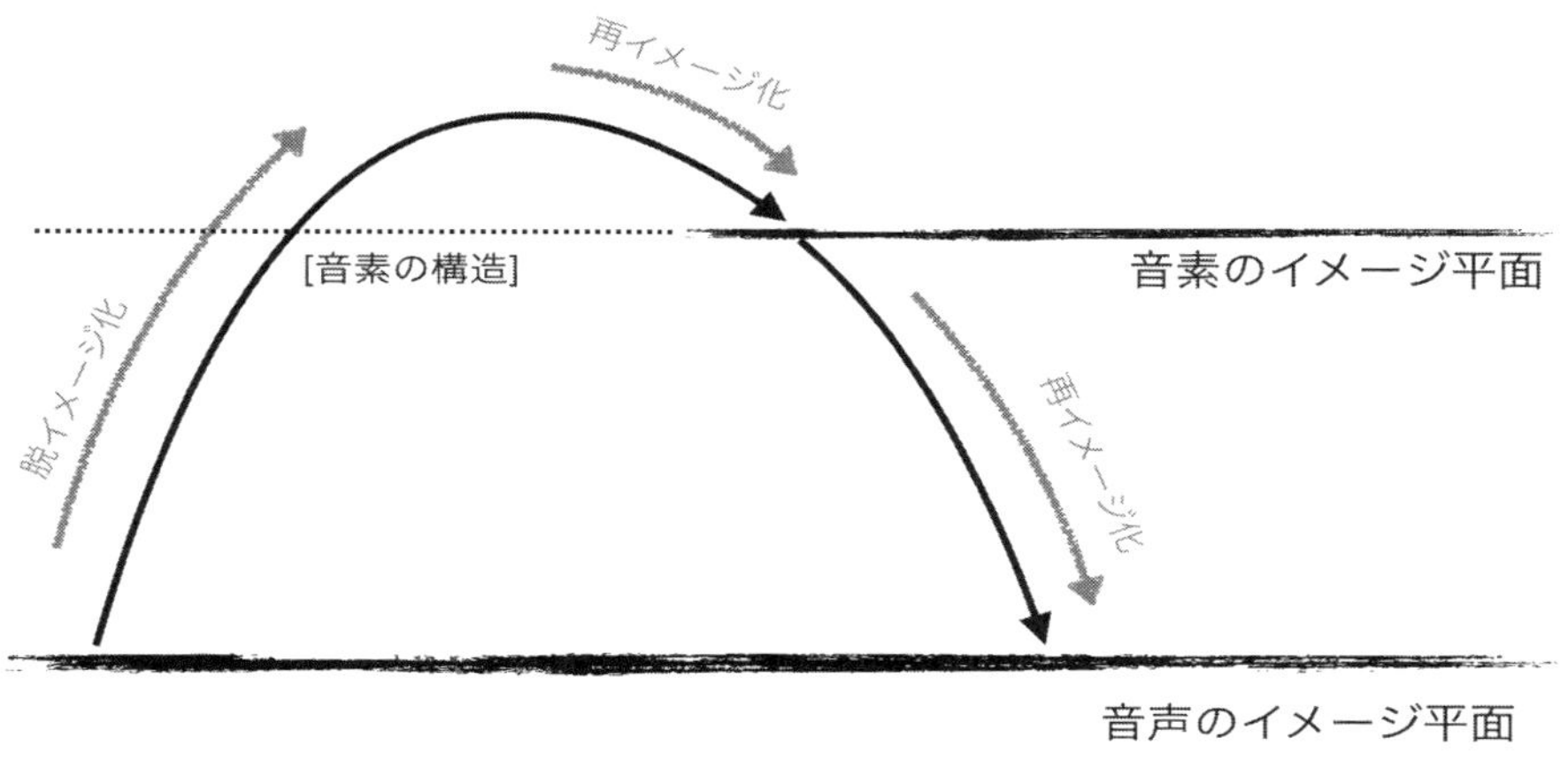

ラボヴ言語学における音素の再イメージ化

い音で発音され、downという語が「ダウン」よりもいくぶん「ドウン」に近い音で発音されるということである。島の人々は意識して母音の中心化を行なっているわけではなかったが、なぜかこの島ではそうした発音が起こる頻度が高いという現象が見出されたのである。

こうした微妙な音声学的な違いには一体何らかの意味があるのだろうか。ラボヴはそこで、母音の中心化が島の各地区で生起する頻度に違いがあるのかどうか、また年齢層や職業によって頻度に違いが見られるのかどうかを調査した。その結果分かったのは、中心化の出現頻度は一様ではなくて、その分布に明確な特徴があるということであった。特に中心化の傾向が高かったのはチルマークという島の西部の町である。ただし、同じチルマーク町でも中心化の傾向は高齢の住民の間ではさほど顕著に見られず、特に（ラボヴが調査した時点で）31～45歳の年齢層の人々の間で高頻度に見られるという結果であった。

ラボヴは、こうした調査データを緻密に分析しながら、母音の中心化がマーサズ・ヴィンヤード島の歴史的・社会的状況と深く関わっていることを明らかにしていく。イギリスからの移住者が住みつき、かつて盛んに漁業が行われていたこの島は、19世紀にクジラ漁によって栄えるが、クジラ漁の退潮後、島の経済は沈滞する一方だった。そのため、次第にニューヨークやボストンから訪れる避暑客がもたらす収入が人々にとって重要となり、ラボヴが調査した一九六〇年代初頭には、島の多くの人々が季節労働の観光業に従事するようになっていた。そうした中で島の西部は、観光化に抗して「島の伝統を守る」という自負を強く持った人々が多く住む地域であったのである。ラボヴは島全体における調査結果を総合的に検討しつつ、西部のチルマーク町における高頻度の母音の中心化は、意識的に行なっていることではなかったにせよ、明らかにそのような歴史的・社会的状況と結びついた現象だと結論する。しかしそうだとすると、チルマーク町で中心化の頻度が高いのが高齢の住民ではなく、それより若い世代の人々であるという先述の事実は一体どう理解したらよいのだろうか。この点についてラボヴが他のデータも考慮しつつ注目するのは、この31～45歳の年齢層の人々はまさに、島の中で初めて大学教育を受け、アメリカ本土に移住するチャンスを持った人々だということである（実際、彼らと同世代の多くの人々は島に残らずに本土に渡っていった）。彼らはつまり、島での漁民としての生活を自覚的に選んだ最初の世代であった。母音の中心化はそれゆえ、島をアメリカ本土と差別化することで自らを肯定する必要を感じた人々が、ひそかに好むようになった非標準的な発音だと考えられるのだ。

　言語学的に言えば、マーサズ・ヴィンヤード島の人々が「オイ」「オウ」のように発音する二重母音は、英語の音韻としては「アイ」「オイ」の枠内に属するものであり、だから「トイム」、「ドウン」はtime、downとして島外の人でも理解できるものである。音素のイメージ的平面においては、「アイ」と「オイに近い音」、「アウ」と「オウに近い音」はあくまでも等価なのだ。ラボヴが議論の対象とした差異は、この音素の再イメージ化がさらに進んで実体的な音として発音される局面ではじめて析出してくるものであり、この音声イメージの微小な差異が、「島民が島民であること」に向かう微小な力として働くのである。音素という本来は中立的な音声的イメージが、音声化という再イメージ化の過程で、いわばマーサズ・ヴィンヤード島における権力関係のミクロ政治学――ミシェル・フーコーやジル・ドゥルーズを想起させるこうした語彙はこの文脈で適切である[13]――と結び合ってゆくということ。「再イメージ化の政治」ともいうべきこのラボヴの発見は、本書第5章におけるイメージ経験の社会性についての考察にとっても大いに参考になるものである。

音声と文法の変異――権力・揺らぎ・生成

　ラボヴはその後、ニューヨークで行った音声学的研究において、言語と権力関係のミクロ政治学的な結びつきをさらに掘り下げて探究することになる。ラボヴはこの調査の手始めとして、人々が〃r〃の子音をどれくらいの頻度で有音で発音するかを、ニューヨーク市の各地域で調べていった。アメリカ英語における〝r〟の発音は、元来はイギリス風の無音が格式高いと見なされていたが、一九四〇年代ごろから、中部地方の発音の影響で有音の〝r〟が高級であるという見方が支配的となった（ただしこれは全体的傾向であって、人々は実際の発音の場面で有音か無音かを毎回、意識的に区別するのではない）。ラボヴはこの研究のための試験的な調査を、マンハッタンの異なる地区にある三つの百貨店――五番街にある高級店サックス、移民労働者が多い地区の安価な百貨店S・クライン、そして中級店メイシーズ――で行ったが、その方法は実にシンプルなものだった。彼は、婦人靴はマンハッタンのどの百貨店でも4階にあることに目をつけて、各デパートの各階に行って従業員に「婦人靴はどこにありますか？」と尋ね、「4階ですよ(Fourth floor.)」と答えてもらうことにする（この中に、単語内の位置が異なる2つ〝r〟がある）。そしてさらに、「何ておっしゃいました？」と尋ね返すことで、従業員がより注意深い発音で「4階ですよ！(Fourth floor!)」と繰り返すように促す。ラボヴは、この簡単なやりとりに現れる4つの〝r〟が有音／無音であるかを聴き分けて、その頻度の統計をとったのである。調査の結果を一言でいえば、「高級品の売り場であるほど店員が〝r〟を有音で発音する傾向が高い」ということになる。これは当たり前のようではあるが、実は決してそうではない。ラボヴは調査を行う前に、三つの百貨店の顧客層は大きく異なるが、店員に関しては三つともほぼ同じ社会階層に属していることを突き止めていた。従って、「高級品売り場ほど店員が〝r〟を有音化して発音する傾向が高い」という事実は、店員はそれぞれの職場で、自分の社会階層の発音ではなく、顧客の社会階層の発音に合わせて――つまり、顧客と店員の間の権力関係に従って――借りものの発音をしているということになる。高級店サックスの食品売り場のデータは、この点を別の形で裏付けている。食品売り場はサックスの中では例外的な場所であり、他の階に比べて顧客ははるかに多様で庶民的な性格が強い。そして、有音の〝r〟の頻度は、サックスでは明らかにこの食品売り場でのみ低かったのだ。

　言語運用をめぐるラボヴの、いうなればミクロ政治学的な言語研究は、その後アフリカ系アメリカ人の英語の詳細な検討へと向かい、その対象も発音のみならず文法にも広がってゆく。その中で彼が理解するのは、言語というものを非本質主義的に捉えることの必要性である。[14] 例えば〝r〟の発音が「有音／無音」の間で揺れるということは、音素のイメージ平面における〝r〟のイメージが「有音／無音」の間で不確定だということである。ところで、この音声的な問題は、アフリカ系アメリカ英語では、しばしば文法的な問題とも識別不能になる。例えば“You're tired”という文の最初の〝r〟がほとんど常に無音で発音されるとき、この文は“You tired”として発音される。ここで、このように発音された文を別の角度からみるなら、母音の無音化のほかに、むしろbe動詞の省略という文法上のルールに起因する可能性も考えられる。実際、“He's tired”の〝s〟が無音化して“He tired”に変わることも、より頻度は低いがしばしばあり、この場合も、文法上の理由と、語尾の〝s〟が省略されるという発音上の理由との両方が考えられる。

この問題については、ラボヴは、様々な事例を組織的に検討する中で、文法的理由よりも発音上の理由であると考えるのが妥当だと述べている。ただし問題はこれで終わりではない。アフリカ系アメリカ英語では、この〝r〟音が消えた空白の場所に、不定形のbe動詞を入れることによって、“You be tired”という表現を作ることが可能である。実はこの“be”は単なる“are”の代わりではなくて、「習慣的なbe」と呼ばれるアフリカ系アメリカ英語固有の言い方であり、「君はいつも疲れている」という独特の意味内容になるのだ。この「習慣的なbe」はしかし、“are”や“is”が有音のままでbe動詞の場所を占有している場合には現れることができない。それゆえ、ここにあるのは、このアフリカ系アメリカ英語独特の文法的ルールが、それとは全く無縁の発音上のルールとの連携によって初めて機能するという、一筋縄ではいかない状況である。アフリカ系アメリカ英語は、こうした一連の特徴——アメリカ英語の他の方言とも重なる要素もあれば、全く独特のものもある——が首尾一貫性をもつ全体をなしたものであるが、この首尾一貫性というのは、諸特徴の確率的な実現性と不可分に結び合ったものだと言える。

言語学は通常、その研究対象を客体化された〈言語〉として現実から分離したうえで、それを「上から」体系的に分析する。これに対してラボヴの言語学は——そのような〈言語〉についての考察を参考にしつつも——徹底的に「下から立ち現れるイメージ」としての言語現象を眺める言語学であるといえる。[15] 一度このような視点から見るならば、どのような言語も、本来的には、地域によって、世代によって、人によって、様々な揺らぎ——その揺らぎは話者たちが生きる権力関係と表裏一体である——のもとで話されるのであり、その揺れが時に新しい言語の生成に向かうこともあるという、新しい言語観が立ち現れてくるだろう。第3章で私は、マプーチェの事例を通じ、「上から考えるのではなく、下から立ち現れるイメージを眺めること」の必要性について論じたが、ラボヴは確かに、言語学の領域においてこうしたアプローチを一九六〇〜一九七〇年代から実践していたのである。

4.4　イメージ・言葉・文字

言語習得とイメージ平面の複数性——ヴィゴツキーの心理学

ラボヴの考察が鮮やかに示したのは、「脱＋再イメージ化」は固定的な記号システムのようなものではなく、一定の構造ないし体系性を持ちつつも、絶えざる変動や行き来の中にある過程として人々の中で生きられるということである。ところで、第1章でも述べたように、本書におけるイメージ概念の核心をなすアイデアの一つは、イメージを雑多で多層的なものと考えることであった。それゆえ、言語的な発声や発話のイメージ平面に関するラボヴの議論のようなものを、もっと様々な次元に拡張していかなければならない。とりわけ今日の世界では、地球上のあらゆる場所で、人々は言葉を話すだけでなく、文字を読み書きし、写真や動画を見たり撮影したりしている。言い換えれば、一般にメディアという言葉と関係づけられる様々な問題を、ラボヴが議論したような「脱＋再イメージ化」における複雑な揺れや絡まり合いも念頭に置きつつ、考えてゆかねばならない。

こうした目標のもとで、この節ではまず、20世紀前半の心理学者レフ・ヴィゴツキー(1896-1934)の主著『思考と言語』(1934)を取り上げ、そこにあるいくつかの重要な議論を整理しておくことにしたい。ヴィゴツキーの思想は、様々な「脱＋再イメージ化」の経験の次元が、子供から大人へという成長の過程においてどのように身につけられていくのかを、変動や行き来の動きをも含みつつ考えるうえで、きわめて示唆に富んだものだからである。

最初に、出生したばかりの赤ちゃんがどんな過程を経て言語的思考を獲得していくのか、という問題に関するヴィゴツキーの議論を見てみよう。彼はこの問いについて、W・ケーラーらによる類人猿の研究、W・シュテルンによる幼児における発達の研究を参考にしながら、一つの明快な答えを与えている。一方で類人猿が言語を用いることなく思考する——つまり非言語的イメージによって思考する——ということは、彼らの道具の制作や使用についての研究からも明らかである し、また言葉を習得する前の赤ちゃんが、類人猿と同様に非言語的ないし前言語的思考能力を持っていて、それを出生後にさらに発達させてゆくことも研究から明らかである。他方で、類人猿は音声・身振り・表情によって情動的内容を相互に伝えあうが、赤ちゃんがこれと似た形で、出生後に一種の情動的な言葉を発達させてゆくことも研究によって知られている。この後者の点について重要なのは、ヴィゴツキーが強調する通り、こうした幼児における最初期の言葉は情動的な性格のものであり、まだ思考とは結びついていないということである。つまり、幼児においては、一方で非言語的イメージによる思考の発達があり、他方で情動的な言葉の発達があるという形で、各々の発達が別々に進むのだ。そして、二歳ごろになってはじめてこの両者の発達が交差し、言葉と思考が結びつくようになるのである。そこで子供は「すべての物が名前をもっている」ことに忽然と気づき、以降、精力的に言語能力を発達させてゆくことになる。

さて、ヴィゴツキーによれば、この二歳以降の過程を通じて、イメージ的思考の全体が言語的思考の中に吸収されていくと考えるべきではない。こうした考察の文脈でヴィゴツキーが提起したのが「内言」の概念である。順を追って説明しよう。子供は言葉を本格的に習得し始めると、自分の周囲の人々が交わしている社会的な言葉をともかく自分の中に取り込み、それを自分の中にある前言語的思考や情動的言葉と結び合わせようとする。これはもちろん容易なことではなく、最初に出てくるのは、社会的な言葉にはまだ十分になりえていない、「自己中心的な言葉」と呼ばれるものである。しかし、遅かれ早かれ子供は社会的な言葉に習熟してゆき、外見上は、そうした「自己中心的な言葉」は、消滅していくことになる。ただし、ヴィゴツキーの考えるところ、そうした社会的な言葉は「自己中心的な言葉」が占めていた場所を覆ってしまうのではない。自己中心的な言葉が外に表出することはなくなるものの、人間の内面においては、「自己中心的な言葉」を引き継ぐ形で、深くイメージ的な言語的思考が存続してゆくのだ。これがヴィゴツキーが「内言」と呼ぶものである。[16] それは我々の心の中で生きている言語であり、様々な省略を含み、主語を必要としない、本質的に述語的な言語である。ヴィゴツキーが論じるところによれば、これは決して社会的言語より劣るものではなく、むしろ、人間が自分自身の言語的思考を可能にするうえで不可欠なものであり、ある意味ではより進化した言語とも考えるべきものである。[17]

20世紀前半におけるヴィゴツキーの考察は、少なくとも二つの点で、思考や言語について今日も頻繁になされるナイーヴな議論を越えたものである。第一に、思考というものが言語と不可分なものとして論じられるのは依然として多いが、ヴィゴツキーが論じる通り、言語を媒介としないようなイメージ的思考が確かに存在すること、[18] 第二に、社会化された言語の習得は言語習得の究極的な到達点と見なされがちであるが、そのような考え方は単線的すぎること。彼が内言という言葉で指し示したイメージ平面は、社会的言語の獲得の手前にあったイメージ的なものを継承するとともに、社会的言語を生み出す根本的基盤となるものである。人間の言語活動を一元的な体系と見なすのではなく、そこに幾つもの経験のレベルが存在し、人間の思考や表現がそうした幾つものレベルの間を行き来する、というヴィゴツキーの考えは、私がこ

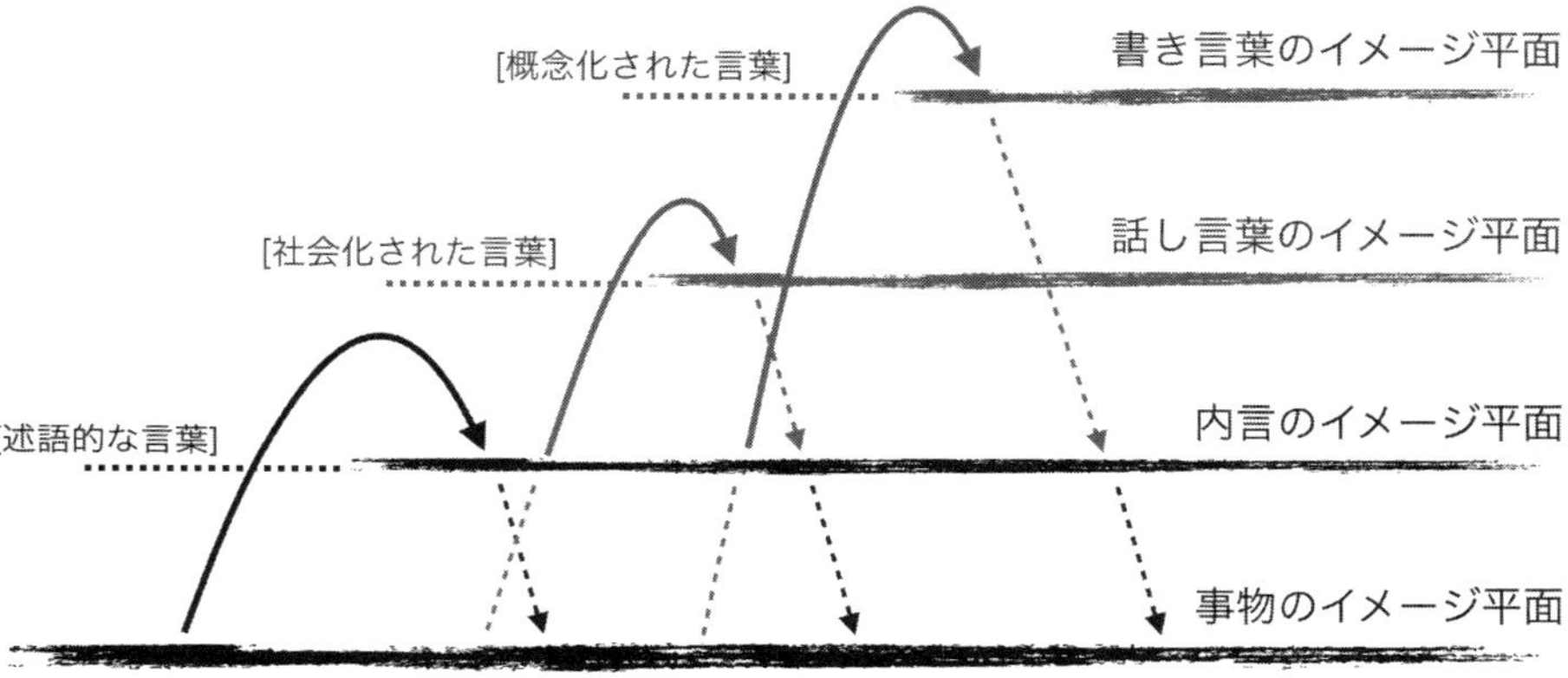

内言・話し言葉・書き言葉(ヴィゴツキー)

れまで繰り返し述べてきたイメージの人類学の考え方と重なり合うものである。[19]

さて、ヴィゴツキーの議論に関する最後の点として、言葉を文字で書くという行為についての彼の考察も紹介しておきたい。話し言葉と書き言葉は語彙も文法もほぼ同一なのに、なぜ、例えば小学生にとって、文章を書くことは話すことよりもはるかに困難なのだろうか。それはヴィゴツキーによれば、話し言葉と書き言葉はまったく別のレベルにある言葉だからである。まず彼が指摘するように、書き言葉は、「音楽的・抑揚的・表情的」側面、つまり「あらゆる音声的側面を欠いた言葉」であり、それを使うためには高次の水準の抽象能力を既に持っていることが不可欠になる。さらに、話し言葉が会話の状況の中で生まれ、状況に条件づけられた過程として進行するのに対して、「書きことばにおいては、われわれは自分で状況をつくり出さなければならない」。ヴィゴツキーの考えるところ、そのようにして書き言葉——話し言葉でも同様だが——が形成される際、内言のイメージ的思考は根本的な役割を演じる。「われわれは、極めてしばしば、最初に独り言を言ってから、後に書く。ここでは、頭のなかに草稿がある。この書き言葉の頭のなかの草稿は、(…)内言である」[20]。

以上のヴィゴツキーの理論を、本書の用語を使いながら改めて整理してみよう。我々は、言語の使用に習熟する中で、事物のイメージ平面と一定の範囲に反響し合うような形で自分の中に内言のイメージ平面を作り上げてゆく。それは本質的に述語的な言語的イメージ――「(それは)~だ」というイメージ――の集積であり、これが我々の言語的思考の原素材である。話し言葉、書き言葉は、この言語的思考の原イメージのレベルとは異なったレベルにあるのであり、それらは異なった「脱+再イメージ化」の過程を経て生成されるものである(前ページの図を参照)。書き言葉を習い始めた小学生たちが文章を一段落書くだけで大変な苦労をしている時、彼らは、言語という名で呼ばれるものの背後に隠れた複数のイメージ平面の間を慣れない足取りで一生懸命上り下りしているのである。

イメージ平面の多様な広がり

以上のようなヴィゴツキーの考察は、もちろん人類学の立場からいえば、具体的なフィールドにおける経験的研究を通じて深められていくべきものであろう。ヴィゴツキー自身、共同研究者であったアレクサンドル・ルリヤとともに一九三〇年代にウズベキスタンの農村地域でフィールド調査を行い、興味深い研究成果を得ている。[21] ここでは、認知心理学者のシルヴィア・スクリブナーとマイケル・コールがヴィゴツキー的伝統のもとで行なった有名な研究を、事例研究の形で紹介しておこうと思う。リベリアのヴァイという民族のもとで行われたこの調査は、文字の使用によってイメージ平面が形成されていく仕方を考えるうえで大いに参考になるものである。

文字的イメージ平面の共存(スクリブナーとコール)

スクリブナーとコールは、文字の使用が人々の思考に与える効果を研究するに当たり、リベリアの諸民族の中でも特にヴァイの人々を調査対象とした。その理由は、ヴァイの人々においては、同一民族の中で三種類の文字――ヴァイ語独自の文字(二一五の音節文字からなる)、アラビア文字、英語のアルファベット――が使われていたからである。スクリブナーとコールは、三つの文字のそれぞれを使い慣れたヴァイの人々を対象に、様々な心理学的テストを行って、各々の文字が人々の思考能力とどのように関わっているかを調べていった。

彼らの調査結果によれば、三種類の文字がもたらす効果は顕著な形で異なるものだった。ヴァイ文字、アラビア文字、英語のアルファベットの各々の文字使用が、人々の思考能力のそれぞれ異なる側面を発達させた原因としては、一方では文字そのものの性質も影響していることが考えられ、他方では、その文字がどのような社会的文脈で用いられるかが大きく影響していると考えられた。具体的にいえば、ヴァイの人々の中でもアラビア文字を習得した人は、少しずつ単語を増やしていく「増量再生」と呼ばれるテストで高い成績を残した。スクリブナーとコールによれば、これはコーランの学習上の習慣と関係があると考えられる。また、ヴァイ文字の読み書きができる人は、話し言葉を音節ごとに分けて発音したものを反復するテストで高い成績を残した。このことは、音節文字であるヴァイ文字に慣れた人は、自然に音節で分けることに習熟するからだと考えることができる。最後に、アルファベットでの読み書きが得意な人たちは論理的能力を求めるテストで高い成績を残したが、これはアルファベットが学校教育で用いられることと表裏一体の結果であると言える。[22]
一言でいえば、スクリブナーとコールのこの研究が明らかに示したのは、文字が人間の思考にもたらす影響については、文字が具体的状況のなかで実際にどのように用いられているのかを経験的に把握したうえで議論がなされねばならない、ということである。

本書の立場からすれば、スクリブナーとコールの研究結果が示すのは、一言でいえば、ヴァイ文字、アラビア文字、英語のアルファベットが、「書き言葉」としての単一のイメージ平面を形成するのではなく、むしろ各々独自のイメージ平面を形成するとも考えられるということであり、また、そうした個々のイメージ平面は各々の文字をめぐる人々の特殊な実践と結びついたものであるということである。付言すれば、これと同様のことは例えばマプーチェの「話し言葉」に関しても指摘することができる。3.2で見た通り、マプーチェのヌツァムカンは日常会話とは明瞭に区別された形で存在するものであり、つまり日常会話と儀礼的対話はそれぞれ別のイメージ平面を形成し、別の実践と関わったものだとも考えられるのである。[23] 多層的なイメージ平面の形成についてのこうした細かい分析は、人々の生のあり方を緻密に捉えてゆくうえで基本的な作業であるだろう。

念のために言えば、このことはもう一方で、「話し言葉」と（特に学校教育と結びついた）「書き言葉」をある程度一般的な形で区別するような議論——メディア論的考察といっても良いが——を完全に排除するものでもないと私は考える。なぜなら、前者は身体の物質性と、後者は（学校制度に加えて）紙や筆記用具の物質性と関わっており、そこから何らかの一般性が生まれるのは自然なことだからである。イメージ平面の多層性という考えは、イメージ平面を形成する人々の営みの具体的内容および考察上の必要との両方に基づいて、多様な形で応用されるべきものである。[24]

4.5　イメージ平面と人類学

イメージ平面の概念は諸刃の剣のようなものである。それは、一方で現実における人々の経験の多層性を明るみに出すものだが、他方、返す刀でそうした多層性についての考察自体が依拠しているイメージ平面が何であるかについても問わずにはいない。フィールドで生きられるイメージ的な多層性を、フィールドノートに文字で記録したり、また民族誌的・人類学的な論文の形で表現したりすることは、結局のところ、それを特定のイメージ平面に還元してしまうことではないだろうか。一体、フィールドのデータとは何なのか。論文を書くとはどういうことなのだろうか。

この問いを考えるため、3.2で触れたハヴロックの『プラトン序説』にもう一度戻り、同書が提起した重要な問題性について整理しておきたい。ハヴロックがこの本で行ったのは、古代ギリシアにおけるプラトン哲学の誕生という出来事を、紀元前5世紀のアテナイにおける文字と口頭性の問題と重ね合わせて考察することであった。西洋の学問知は、プラトンを師としたアリストテレスに根本的に由来する――人類学もその遠い末裔である――ことを考えれば、これは決して単なる遠い昔の話ではない。実際、後述するように、ハヴロックが提起した問題性は人類学の営みとも直接繋がるものだと私は考える。

古代ギリシアにおける学問知の形成(ハヴロック)

『プラトン序説』におけるハヴロックの主題は、すでに触れたように、古代のアテナイにおいてソクラテスとプラトンが行った根本的な知的変革の意義を、彼らに先立って存在していたホメーロス的な叙事詩の知的伝統への批判として捉えることであった。

プラトンの数々の対話篇が示すように、詩人やソフィストを自認する人々が弁舌さわやかに自らの知を繰り広げるのに対し、ソクラテスは自ら得意とする問答法のテクニックによって彼らに挑んだ。ソクラテスは、彼らの語りの流れをストップさせ、言葉の端々を精査し、熱弁をアイロニーによって冷まし、そして、彼らの「知」に対しては「無知」を突きつけることで、口頭的な知の基盤の危うさを暴き出したのである。ハヴロックによれば、プラトンが『国家』の最終巻で――ソクラテスの口を借りつつ――自らが理想とする国家から詩人を追放するという議論を展開しているのも、彼らの営みを叙事詩的伝統と対置することではじめて十分に理解できることである。

ハヴロックは、こうした知的企ての背景に、紀元前5世紀半ばから、アテナイ市民の間でギリシア語アルファベットが広く普及しつつあったという歴史的状況があったことを指摘する。書き言葉が人々の中に広まってゆく中、人々の思考は叙事詩人たちの口頭伝承的な知のあり方から次第に遊離しつつあったのである。ハヴロックによれば、ソクラテスは、そうした時代背景のもとで「すべての経験をイメージ連鎖で表現してきた詩的な基盤」とは異質の、概念的思考に基づく新しい地平を直観したのであり、そこにおいて「思考する主観」を樹立することに全精力を費やしたのであった。ソクラテスが逆説的な人物だったのは間違いない。彼が創出した哲学すなわち愛智《フィロソフィア》という営みは、書き言葉の存在なしにはありえなかったわけだが、にもかかわらず彼は一言も書くことをしなかったからである。[25]

付け加えれば、ハヴロックのこの『プラトン序説』という著作は、広い分野に大きな影響を与えるとともに、西洋古典学の内部でかなりの批判にもさらされてきた。[26] ハヴロックはこの本で、紀元前5世紀後半に焦点化しつつ、口頭性と文字という二つの知の形式を鋭く対立させる形で議論しているが、歴史的に考えれば、両者の関係はもっと長い時間の流れの中で論じる方が理にかなっている。[27] とはいえ、ハヴロック自身がそうした歴史的事情を無視していたはずはない。『プラトン序説』という本の意図はおそらく、ホメーロス的伝統とプラトン哲学とをあえて直接的に対立させることで、他の仕方では不可能であるような視点を切り開くことにあったように思われる。

議論はあるにせよ、私は『プラトン序説』はやはり、イメージの人類学にとってきわめて意義深い書物だと考える。ハヴロックは、古代ギリシアにおいて生起したはずの、叙事詩的なイメージ平面から概念的思考のイメージ平面への思考の「脱＋再イメージ化」と、そのことが引き起こした知的闘争の激しさを、誰よりも鮮やかな形で描き出した。ソクラテスとプラトンの時代のアテナイで起こっていたのは、複数のイメージ平面——二つというより、たぶんもっと多数の——の競合である。そして、究極的に言えば、古代ギリシアに起源を持つ西洋の学問的伝統の多くは、今日に至るまで、「(学問的な仕方で) 書くこと」のイメージ平面と、人間の生が必然的に含む他の様々なイメージ平面の競合・衝突という問題性をずっと抱えてきたのではないだろうか。

実際、人類学でも、民族誌的フィールドワークという作業が本格的に始まって以来、フィールドというのはイメージ平面の衝突と調停の現場そのものだったと考えられる。私自身、マプーチェの知者たちと会話しているとき、調査上の手続きであるとはいえ、人々の語りの流れをストップさせ、彼らの言葉の端々を精査することにたえず戸惑いを感じていた。そして、このフィールドワークの後に『プラトン序説』を読んだとき、自分が知らず知らずソクラテス的な問答法に似た行為を行っていたことに気づき、非常に不思議に思ったものだった。同様のことは、マプーチェの知者のような特殊な語り手に限らず、人類学的フィールド一般において、人々が頭の中のイメージの連鎖をもとに自発的に語るようなあらゆる場面に関して、多かれ少なかれ言えるはずである。[28] 例えば、様々な「文化要素」をリストアップするという調査上の基本的行為にしても、「リスト化」という行為自体が文字というテクノロジーと結びついた手続きであることは想起しておくに値する。人類学者は、フィールドで見聞きした出来事や言葉をフィールドノートに「書き」、そのデータをまとめて論文を「書く」という作業を行いながら、それとは異質の「脱＋再イメージ化」の形式——異質のものの考え方、生き方——と知らず知らず衝突し、しばしばそれを曲解もしてきたのである。

　同様の問題は随所に存在しており、言語についての古典的とされる研究にも、「話し言葉」を「書き言葉」に変換した上で考察する傾向はしばしば見られたように思われる。例えばフェルディナン・ド・ソシュールは、言語についての考察を書き言葉による歪曲から解き放つことに自覚的であったけれど、ティム・インゴルドも指摘したように、彼がそれを本当に成し遂げたかどうかは疑わしい。[29] ソシュールが提起した記号の恣意性の概念は、記号の平面と意味の平面を全体として見渡したうえではじめて思考可能になるものであり、つまり記号が紙の上に既にリストアップされていることを前提に成立する概念である。人間の言語——それは本質的には話されるものであって書かれるものではない——について考察しようとするなら、記号の恣意性を一般的な原則とすることは適切な出発点とは言えない。人類学者のアルフレッド・ジェルは、ニューギニアの鬱蒼としたジャングルに住む幾つかの民族においては、事物と言葉の間にイコン的な関係が広く見出されることを鋭く論じている。[30] 記号の恣意性という前提は、このようなタイプの言語を生きる人々の経験を正当に理解する可能性を、最初から排除してしまうのである。

　イメージ平面は、人々がその上でイメージ的な生を——そして生そのものを——展開する土台である。3.2で見たように、マプーチェの知者にとって儀礼的対話のイメージ平面は、彼らが考え、語り、夢を見、それに基づいて行動するという、彼らの生の基盤そのものだった。また、ラボヴの言語学的考察の対象となったアフリカ系アメリカ英語の話者たちは、様々な揺れと変異をはらみながら標準英語との距離を保ち、彼ら独自の言語システムのイメージ平面を維持していたと考えることができる。そしてもちろん、ソクラテスが叙事詩的伝統に抗して問答法によって切り開いたイメージ平面は、彼が自らの命を犠牲にしつつ守り抜こうとしたものである。人類学者は、まさにこうした経験的な重みを感じながら、イメージ平面の多層性をしっかり受け止めるべきだろう。

　では、書物の形での民族誌という表現手段は、所詮は書き言葉のイメージ平面に属するものであり、民族誌的フィールドにおけるイメージ平面の多層性を捉えることはできないものなのか。私はそうは思わない。書き言葉にも様々な種類があり、様々な使い方、様々な可能性があって、それを適切な形で用いれば、書き言葉のイメージ平面を部分的にであれ、他のイメージ平面と通底させるようなことは可能だと思うからである。もちろん、人類学者が必要に応じて、使用可能な表現手段――例えば映像的手段のような――を駆使するのは望ましいことだろう。カーペンターは、『エスキモー』という民族誌を細心の注意とともに一つの感覚的対象として編み上げることで、イヌイトの人々の生がその上で展開しているイメージ平面を描き出そうとした。そもそも、マリノフスキの『西太平洋の遠洋航海者』における様々な表現上の工夫――写真の使用も含めて――も、そうした企ての一つであった。大事なのは、何か決定的な表現手段を探すというよりも、人々が様々なイメージ平面が生きている現実そのものをまずしっかり把握し理解すること、その理解のただ中から、それぞれの場合に適した新たな表現を探してゆくことであるだろう。この点を十分に踏まえれば、書物の形での民族誌的・人類学的研究が依然として持っている広大な可能性も確認できるはずだと思う。

注

1　Edmund S. Carpenter, Frederick Varley and Robert Flaherty, *Eskimo*, The University of Toronto Press, 1959. この本には――あたかも道標のない雪原のように――ページがつけられていないため、引用に際してはページ参照を行わない。なお以下の記述では、現代カナダでの用法に従ってカーペンターが使っている「エスキモー」という言葉はすべて「イヌイト」と呼び変える。

2　ここで「普遍的な入れ物」としての時空間と私が呼ぶのは、カントが『純粋理性批判』で概念化した、直観のアプリオリな形式としての時間と空間のことである。20世紀の古典的人類学では、象徴論的な議論によってカント主義的経験理解を相対化する試みは見られたが（その淵源はデュルケームの『宗教生活における原初形態』の「序論」にあるだろう）、その大半は時空間概念を観念論的に再構成するにすぎず、ここでカーペンターが行なっているように、時空間概念を身体的経験の深みから検討し直すものではなかった。しかし一九九〇年代以降の人類学では、ティム・インゴルドの『環境の知覚』(2000) に見られるように、カーペンターの問題提起は確かに引き継がれている（9.4を参照）。

3　イヌイトのナビゲーションのシステムに関しては、大村敬一による長年の民族誌的フィールドワークに基づく労作『カナダ・イヌイトの民族誌――日常的実践のダイナミクス』（大阪大学出版会 二〇一三年）が今日的な理解を与えてくれる。この優れた研究に照らしつつ、

20世紀半ばに行われたカーペンターの考察を再検討し、おそらく組み直すのは必要な――かつ魅力的な――作業だと思われる。しかしここではカーペンターの議論の意義を明瞭に示すため、あえて彼が述べているままに記述した。

4　フランシス・フラハティ『ある映画作家の旅』（小川紳介訳 みすず書房 一九九四年）、二四―二五頁。

5　イヌイトを含め、先住民自身による映像制作については、村尾静二・箭内匡・久保正敏編『映像人類学《シネ・アンスロポロジー》――人類学の新たな実践へ』（せりか書房 二〇一四年）の二五七―二五八、二六五―二六七、二七七―二七八頁を参照。

6　ただし、私がここで述べたいのは〈西欧近代文化〉と〈イヌイト文化〉の対立のようなものではない（本書の議論を先取りして言えば、カントの枠組は、第7章で提示する、客体化された〈自然〉の自然観に関係づけうるものである）。例えば、カント哲学の根底的批判の中で樹立されたベルクソンの哲学的考察の大部分は、西欧近代的な経験分析の枠組から確実に抜け出し、フィールドにおける人類学者の民族誌的経験とも通じ合う場所で展開されていると思われる。例えば彼の「持続」(durée) の概念は、カーペンターが描くイヌイト的な経験にも確かに適合するものである（アンリ・ベルクソン『意識に直接与えられているものについての試論』竹内信夫訳 白水社 二〇一〇年）。

7　正確に言えば、私が「脱＋再イメージ化」を考えるに至ったのは、このレヴィ＝ストロースの神話論――および後述するヴィゴツキーの考察――を反芻する過程においてであった。

8　C・レヴィ＝ストロース『野生の思考』（大橋保夫 みすず書房 一九七六年）、四―五頁及び一九頁。

9　ロマーン・ヤーコブソン『音と意味についての六章』（花輪光訳 みすず書房 一九七七年）、一一四―七頁。

10　ヤーコブソン『音と意味についての六章』、一四九―一五八頁。

11　レヴィ＝ストロース『裸の人２』（みすず書房 渡辺公三他訳 二〇一〇年）の「フィナーレ」を参照。この点については7.4でも触れる。

12　William Labov, *Sociolinguistic Patterns*, University of Pennsylvania Press, 1972.

13　実際、ジル・ドゥルーズは『フーコー』で、ラボヴの言語学的考察とフーコーの言語および権力をめぐる考察の類似性を繰り返し指摘している（『フーコー』宇野邦一訳 河出書房新社 二〇〇七年［原著一九八六年］、二〇、二一、一八九頁を参照）。

14　William Labov, *Language in the Inner City: Studies in the Black English Vernacular*, University of Pennsylvania Press, 1972 を参照。なおアフリカ系アメリカ英語についての最近の総括としては、William Labov, *Dialect Diversity in America* (University of Virginia, 2012) の第4章を参照。

15　ラボヴは『社会言語学的パターン』の冒頭で「社会言語学」という言葉を表題にすることに違和感があることに触れている (*Sociolinguistic Patterns*, 1972, p.xiii)。言語は最初から社会的な生成の中にあるのであり、最初に言語学があって次に社会言語学があるのではないのだ。ラボヴ言語学とチョムスキー言語学の関係はこの点で興味深い問題だが、これについては言語学者P・アンクルヴェによる考察 (Pierre Encrevé, «Labov, linguistique, sociolinguistique», in W. Labov, *Sociolinguistique*. Minuit, 1976, pp. 9-35)、およびG・ドゥルーズとF・ガタリのコメント（『千のプラトー』宇野邦一他訳 河出書房新社 一九九四年の「4 言語学の公準」）を参照。

16　内言とイメージの関係については、ヴィゴツキー研究者である中村和夫の議論が参考になる（中村和夫『ヴィゴーツキー心理学 完全読本』新読書社 二〇〇四年、七六頁以下）。

17　レフ・S・ヴィゴツキー『思考と言語』柴田義松訳　新読書社　二〇〇一年、第4章および第7章。
18　ヴィゴツキーが論じた類人猿のコミュニケーションや前言語的な思考は、今日の心理学でも確認されている。D・マイヤーズ『マイヤーズ心理学』村上郁也訳　西村書店　二〇一五年、第9章を参照。
19　正確に言えばこれは反響関係ではなく、影響である。ヴィゴツキーの理論は本書の議論にとって、「脱＋再イメージ化」の「再イメージ化」の部分のアイデアの源泉となるものであった（これに対し、レヴィ＝ストロースの理論は「脱イメージ化」の部分のアイデアの源泉となるものであった）。
20　『思考と言語』、二八六頁、二八八頁、四〇八頁。
21　ヴィゴツキーがこの調査の終了後に37歳で亡くなったため、ルリヤがその成果を、『認識の史的発達』（森岡修一訳　明治図書　一九七六年）という書物として刊行できたのは数十年後の一九七四年のことであった。この研究では、学校教育を受けたこともなく、文字を知らない農民たちが、具体的な事物のイメージ的思考にはきわめて長じているのに対して、少しでも抽象的な中身を含む概念は一切受け付けないこと、しかしながら、学校教育を受けた人はそうした概念を容易に操ることが示されている。この研究は、学校教育や文字の習得によるイメージ平面の形成の効果を、経験的な形で明瞭に示しているのである。
22　M・コール『文化心理学——発達・認知・活動への文化—歴史的アプローチ』（天野清訳　新曜社　二〇〇二年［原著一九九六年］）、三一四—三二六頁。詳しくはS. Scribner and M. Cole, *The Psychology of Literacy*. Harvard University Press, 1981 を参照のこと。
23　より詳しく言うなら、ヌツァムカンのイメージ平面は、幼い頃から口頭伝承を繰り返し聞き、それをやがて自身で繰り返していくうちに、将来知者となるべき人々の内面に次第に形成されてゆくものであり、その形成の過程はある意味で書き言葉の習得にも似た面を持っている。
24　私はここで、本章の議論がもともとメディア論に近いかなり場所で発想されていることを認めておきたい。4.1で引いたカーペンターは、実は一九五〇年代にマーシャル・マクルーハンと二人三脚でメディア論を推進した人物であり、また以下で再度言及するハヴロックもメディア論の代表的な論者とされている。メディア論は確かにメディア決定論に陥る傾向を持ちがちであり、その点は十分に批判されねばならないが、それが非決定論的で経験論的な議論である限り、メディア論はイメージ平面の人類学と重なりうる部分を持っている。そしてこの立場からすれば、（しばしばメディア論の反証として引き合いに出される）スクリブナーとコールの研究も、必ずしもそうした議論と両立不可能なものではない。
25　『プラトン序説』、三六二—三六三頁。
26　例えば批判的立場からの研究としては、Rosalind Thomas, *Literacy and Orality in Ancient Greece* (Cambridge University Press, 1992) 等、ハヴロックに共感を持つ立場の研究としては、Kevin Robb, *Literacy and Paideia in Ancient Greece* (Oxford University Press, 1994) 等を参照。
27　実際、ホメーロスの叙事詩が文字化されたと考えられる紀元前8世紀頃から5世紀までの間には、叙事詩のみならず、詩人や哲学者の言葉が筆記されて暗誦されたり、ギリシア悲劇を始めとする演劇作品が書かれて演じられたりというふうに、口頭性と文字使用の間で様々な中間的実践が生起していたし、またソクラテスが実際に戦ったのは叙事詩人たちではなく、そうした中間的実践のもとで、叙事詩的技法を駆使して雄弁に語る人々——とりわけソフィストたち——であった。ソクラテス自身しばしば好んで神話的な形を用いて語っていた点については、Kathryn A. Morgan, *Myth and Philosophy from the Presocratics to Plato*, Cambridge University Press, 2000も参照。

28　ウィリアム・ラボヴが近年の著作で、学生時代にハヴロックの講義を受けたことを回想しつつ、ホメーロス研究に言及して議論を展開しているのも、おそらくこうした点と関わるものだろう(William Labov, *The Language of Life and Death*, 2013, xi および chap. 11)。

29　Tim Ingold, *The Perception of the Environment*, Routledge, 2000, pp. 247-248。

30　Alfred Gell, "The Language of the Forest: Landscape and Phonological Iconism in Umeda," E. Hirsch and M. O'Hanlon eds., *The Anthropology of Landscape*, Clarendon Press, 1995, pp. 232-254。

第5章　社会身体を生きること

本章では、人類学が〈社会〉の概念を用いて論じてきた種類の問題を、イメージ概念をもとに考え直してみる。この作業は、前章と同じくらい根底的な性格のものである。〈社会〉の概念は、エミール・デュルケームの社会学――フランスとイギリスの人類学はそこから決定的な影響を受けた――に典型的に見られるように、一つの「全体」をあらかじめ措定することで、ある種の強い説明力を持ってきた。これに対して私が考えたいと思っているのは、第3章で見たように「中心のない」フィールドを思考可能とする枠組であり、そこでは、社会力学系理論の状態空間の図（3.4を参照）が示すように、社会的な力が一つの全体に収斂していくというのは可能性の一つでしかない――つまり社会性とは、力の場のヴァリエーションの中で考察されるべきものなのである。

本章では、社会とは何かという根本的な問いを、まず私自身のペルーでのフィールド経験とともに考える。そのあと、今述べた意味でのヴァリエーションを含んだ社会性を、「社会身体」(body social) という概念として提起することになるだろう。この社会身体という言葉の中の「社会」(social) という形容詞的部分は、人間の集まりに限らず、多種多様な人間と物の集まりを指しうるものであって、社会身体とは、「様々な度合いの求心力・遠心力をはらんだ身体・物体の社会的集まり」のことである。それは、イメージ平面がその上で展開するような力の場であり、それゆえ社会身体の概念は、本書においてイメージの概念を補完し、それと同格の重要性を持つ概念である。

本章の後半では、この社会身体の概念を念頭に置いたうえで、親族名称理論と実践コミュニティ理論という二つのテーマについて、イメージの人類学の立場からアプローチする。5.3のマプーチェ民族誌に基づく親族名称の検討は、社会身体の問題がいかに「脱＋再イメージ化」の問題と交差するかを示す一例でもあるが、それと同時に、この節によって、親族という古典的テーマの中にも新しい考察の可能性が今なお内包されていることを示したいと思う。これに対し5.4では、一九九〇年代以降の人類学における〈社会〉についての考察に大きな影響を与えたレイヴとウェンガーの実践コミュニティの理論にアプローチする。

本章は、本書全体の構造からいうと、イメージの人類学の基礎理論を論じた本書の前半部を締めくくる章である。そこで5.5では、これまでの議論を振り返るとともに、本書後半の議論のための足場作りを行うことにしたい。

5.1　社会とは何か？

ホッブズ——イメージ・人間・政治身体

社会とは何か。この問いを考えるにあたり、近代政治哲学の原点であるトマス・ホッブズ(1588-1679)の著作から始めるのは、本書の観点からみて自然なことだろう。ホッブズは、主著『リヴァイアサン』(1651)にも表れているように、人間をイメージ経験の連続の中で歓喜や苦痛を味わいながら自らの生命運動を持続しようと努める存在と考えた。彼の政治哲学には確かにイメージの人類学と交叉する部分があると言える。

ホッブズの政治哲学に先立つヨーロッパ中世の自然法思想では、自然の諸物の動きや人間の生は、各々の本質（と想定されるもの）の実現——ないしその非実現——と考えられた。これに対し、科学革命の時代に生き、自身が科学者でもあったホッブズは、こうした旧来の考えと訣別し、各々の存在——物体にせよ人間にせよ——が各々の仕方で運動する様子を徹底的に経験的に捉えようとした。[1] それゆえ彼は、社会について考えるうえでも、人間の各々が自身のイメージ経験を持つことをまず指摘し、そのような個々の存在が各々の仕方で物事を感じ、考え、そして各々の仕方で自己保存という目的を達成しようとしている、ということを考察の前提にしたのである。

ホッブズに従うならば、そのように各自が自己保存を追求する状況では、結局のところ、機先を制して他者を征服しようとする人々が支配的にならざるをえない。なぜなら、「穏健で自然〔状態〕での平等以上のことを求めようとしない人びとは、かれらを征服しようとする他の人びとの力の餌食にならざるをえない」からである。ここから帰結する彼の考えは周知の通りである。「自分たち全てを畏怖させるような共通の権力のないあいだは、人間は戦争と呼ばれる状態、各人の各人にたいする戦争状態にある」。この戦争状態——「自然状態」とも呼ばれる——を避けるためには、ホッブズの考えでは、各々が自己保存への権利を断念し、皆で一つの巨大な「政治身体」(body politic)を構成する以外に方法はない。リヴァイアサン、つまり国家という「大怪物」を構成したうえで、それが制定する法のもとで、はじめて様々な暴力や略奪を未然に防ぎうる、というのが彼の考えであった[2]（なお、以下の記述では、ホッブズが引き合いに出した旧約聖書の大怪物《リヴァイアサン》のイメージを有効活用するため、しばしば「大怪物」という言葉を国家の同義語として用いることにしたい）。

ホッブズの考察はこのように、人間の本性をあらかじめ定めるのではなく、むしろ個人個人が持ちうるイメージ経験の振幅を最大限に考慮したうえで、そうした個人から構成されるものとしての社会がいかなるものであるべきかを問うたものである。これは近代のあらゆる社会哲学の根底に位置するとともに、人間社会に関する考察を経験的考察に向けて開くものでもあった。この意味で、人類学者がホッブズの政治哲学に積極的に向き合うような議論をあまり行なってこなかったのは残念なことである[3]。ホッブズ自身、『リヴァイアサン』においても、アメリカ大陸の先住民社会の例を具体的に挙げながら「各人の各人にたいする戦争状態」について論じている[4]。人類学者は、世界の様々な地域においてフィールドワークを行い、「自然状態」に近い状況を机上においてではなく現実に経験してきたのであり、そうした経験の中には、重要な社会哲学的考察への種が潜んでいたはずなのだ。以下ではこのような思いを込めつつ、私自身が南アメリカで遭遇した一種の無政府状態について述べてみたい。

ペルー東部 一九八九年――無政府状態の中の人々

一九八九年五月のある日、私はペルーの首都リマから東部の都市プカルパに飛んだ。プカルパはアマゾン川の支流のウカヤリ川流域にある地方都市であり、その周辺には先住民であるシピボの人々が住んでいる。私が向かっていたのは、プカルパの近隣にあるヤリナコチャという名の町であり、そこには、シピボの伝統医療の復興を目指すAMETRAという名の組織の拠点があった。私はこの地域を四年前に訪ね、この組織のリーダーで自身がシャーマンでもあるギジェルモと知り合って、以来彼と文通も続けていた。私の目論見は、このAMETRAの先住民スタッフと連携しつつ、長期間の民族誌的フィールドワークを行うことであった。

とはいえ、リマの空港でプカルパ行きの飛行機に乗った時、私はこの調査が本当に実現可能であるのかどうか、皆目見当がつかなかった。当時のペルーでは、センデロ・ルミノソとトゥパク・アマルー革命運動という二つの左翼武装組織が、山間部やアマゾニア地域を中心に国土の広い範囲で活動していた。ペルーの首都リマに到着して以来、マスメディアを通じてセンデロ・ルミノソの残忍なテロ行為を連日のように見聞きしていたし、山間部の内戦状態にある地域から多くの人々がリマに逃げ込んできている状況も肌で感じていた。リマにおける経済活動は目に見えて停滞しており、毎日のように停電や断水が起こって、人々は不安な状態の中で日々を過ごしていた。[5] 私はリマで長期滞在の手続きを行いながら、アマゾニア地域、特にプカルパ周辺の状況について懸命に情報収集していたが、一ヶ月近くが経過しても明確な答えは得られなかった。大局的には、プカルパの周辺地域ではトゥパク・アマルー革命運動が優勢であり、またプカルパ西方にセンデロ・ルミノソの支配地域がある——それゆえリマからプカルパへは空路しか交通手段がない——ことは確認できたが、それ以外の情報は矛盾だらけであるように思われた。

飛行機は夕方、プカルパ空港に着いた。空港を出るなり、道ばたで売られていた現地紙の第一面が目に入る。「ヤリナコチャ町長が白昼に殺害された」という大見出しだった。ヤリナコチャは、先述した通り、私が今空港を出てそこに向かおうとしている場所だった。急いで新聞を買って中を読むと、たった一日のうちにプカルパ周辺でいくつも深刻な内容の出来事があったことがわかった。プカルパから遠くない地域でセンデロ・ルミノソがペルー国軍兵士六名を殺害。プカルパの南でトゥパク・アマルー革命運動がセンデロ・ルミノソの活動家を殺害。ウカヤリ川で五人の身元不明の死体が浮上…。明らかに、情勢はリマで想像していたのよりもはるかに悪いようだった。尋ねてみると、トゥパク・アマルー革命運動の影響力はプカルパ市内に広く浸透しており、警察は彼らを恐れて引きこもってしまい、プカルパ中心部の数ブロックと空港を警備しているだけだという。さらに現地紙の情報によれば、西からはセンデロ・ルミノソがプカルパに接近しており、政府軍を含め、三つどもえの戦いが始まっているようであった。

しかし、これはあくまでも新聞報道の上での話である。一連の事件のニュースは確かに衝撃的だったが、空港を出て実際にプカルパ市街に行ってみると、少なくとも見かけ上は平穏そのものだった。他にやることもないので、私はそのままヤリナコチャに向かった。ヤリナコチャではAMETRAのギジェルモと四年ぶりに再会し、彼と相談した結果、私はしばらく滞在して様子を見ることに決めた。プカルパでもヤリナコチャでも、市場も、商店も、交通機関も、私の見たかぎり、まったく通常通りに機能していたからである。警察は事実上姿を消しており、理論的には、プカルパもヤリナコチャもまるごと法の庇護の外にあった。しかし現実においては、国家という「大怪物」の不在はあたかも何の影響も与えていないかのようだった。アマゾニアの雄大な自然は人々の農業や漁業を支えていたし、首都リマへの陸路は分断されていたものの、ウカヤリ川の水上交通は十分に機能していたので、物流は途絶えていなかった。警察が職務を放棄してもそれは警察の勝手であり、普通の人々がそれに合わせて自らの生活を捨てるべき理由は必ずしもない――私はこの当たり前のことに気がついたのである。

とはいえ、全てが平常だったのではない。夜間外出禁止令が敷かれており、夜になると政府軍がやってきて機関銃で威嚇射撃を行う。毎晩のように銃声が夜のしじまに延々と轟いた。不穏な出来事もあった。ヤリナコチャに着いて三日目、初めて昼間にプカルパに出掛けて戻ってくると、二人の若者が私の不在中に私に会いに来たとギジェルモが教えてくれた。私には全く心当たりがないと言うと、ギジェルモは、この二人はトゥパク・アマルー革命運動が送ってきたのかもしれないと言う。滞在三日で、ほとんど外出すらしていなかったのに、もう自分の存在が彼らに知られているのかと思うと背筋が寒くなった。実はギジェルモ自身も、AMETRAが海外から活動資金を受けていることで彼に妬みを持つ連中がいるため、自宅の壁に、脅迫的な内容の――トゥパク・アマルー革命運動のシンボル付きの――のペンキの落書きを繰り返しされているということだった。さらに別のこともあった。AMETRAスタッフのシピボ青年アロルドが慌てた表情で私を訪ねてきて、これからプカルパの弁護士に相談にいくので少しお金を貸してほしいという。話を聞くと、アロルドの恋人の父が以前から彼のことを嫌っており、政府軍関係者に彼がテロリストだというデマを流してしまったらしい、ということだった。

もう一度強調しておきたいが、全体として現地の日常を支配していたのは平穏な状況であり、そこに時折、大きな暗い影がよぎるような印象だった。そうした中でギジェルモたちは伝統医療の復興活動を熱心に続けてきており、私の人類学的調査にも大きな関心を持って、積極的に協力してくれる姿勢だった。滞在二週間目に、私はAMETRAスタッフと一緒に、ウカヤリ川沿岸のシピボの先住民集落にボートで渡り、そこに一週間滞在しながら将来の調査について計画を練った。

ギジェルモはそこで、「民族生物学センター」を創設するという彼のプランについて私に語ってくれた。第一段階は、ヤリナコチャの隣にあるシピボ集落から土地を提供してもらい、「民族植物学庭園」を作ることである。これは、もともとの植生をそのまま生かし、余計な草だけを抜いて、そこに適切な種類の薬草を加えたうえで名札を付けていくというものだった。その後第二段階として、庭園の周囲に水路を作って魚を呼び込み、さらにその後、少しずつ野生動物を呼びこんでゆく…。ギジェルモの計画は、アマゾニア先住民独自の発想を生かした、とても野心的で、興味深い計画のように思われた。

三週間足らずAMETRAの先住民スタッフたちと日々を共にしたあと、私は結局、この調査を諦めることになる。決断をした理由は、センデロ・ルミノソがこの地域に本格的に介入しつつあるというニュースだった。トゥパク・アマルー革命運動とは異なり、センデロ・ルミノソは各地で外国人を無差別殺戮しており、外国人の私がその中で滞在を続けるのは明らかに無謀だったからである。こうして、思いがけず突入した無政府状態のもとでの私のフィールドワークは頓挫してしまった。それでもこの経験は、少なくとも私にとって、ホッブズ的な自然状態について考察するために貴重な素材を与えてくれるものとなった。

「ボートを漕ぐ二人の者」（ヒューム）

「無政府状態」と聞くと、我々はすぐに「各人の各人にたいする戦争状態」を想像してしまいがちである。しかし、私がヤリナコチャで深く印象付けられたのは、実際にそういう状態に置かれた人々が、むしろ以前と同じように普通の生活を続けようと努力している姿であった。私のプカルパ滞在中、テロ関係のニュースは連日のようにあったものの、窃盗や殺人などの犯罪は、警察の不在にもかかわらず現地では一度も耳にしなかった。ホッブズは、「自分たち全てを畏怖させるような共通の権力のない」とき、状況を支配するのは、自己保存のために機先を制して他者を征服しようとする人々だと論じていた。しかし、私がヤリナコチャで見たのはむしろ、「穏健で自然〔状態〕での平等以上のことを求めようとしない人びと」が大多数であるような状況であった。[6]

こうした状況をより適切な形で捉えたのは、ホッブズの思想を部分的に引き継ぎつつも、独自の思考の地平を開いたデヴィッド・ヒューム(1711-1776)の考察だと思われる。ホッブズと同様、ヒュームも人間をイメージ経験の連鎖の中にあるものとして捉えたが、彼はそこから自然状態と「大怪物」の二者択一を引き出す代わりに、コンヴェンションという概念に基づく、いうなれば中間的な社会理論を構築した。ヒュームによれば、人間は法や契約に媒介されずとも安定した相互関係を営むことができる。例えば、「ボートを漕ぐ二人の者は、決して相互に約束をとりかわしたわけではないけれども、同意またはコンヴェンションによって櫂《かい》を動かす」。これを比喩として言えば、相互の財物を盗み合うような混乱状態は、ボートをバラバラに漕ぐようなものであり、人間はそれが誰の利益にもならないものであることに気づくことができる。それゆえ、ヒュームの見るところ、社会が成立するために「大怪物」を経由する必要は必ずしもないのだ。ヒュームはこうした主張を支えるため、アメリカ大陸の先住民は「確立された統治政権」を持たず、「戦時を除いては、仲間の誰にも服従することはない」が、それでも「和合して仲良く暮らして」いる、と述べているが、これは人類学的にも納得のゆく点である。[7]

ところで、ヒュームの思考の文脈を離れて自由にコメントするなら、この「ボートを漕ぐ二人の者」という喩えが卓抜なのは、二人の関係が周囲の事物――ボートや川の水――と抜き差しならない形で結び合っている点にあると考えられる。ホッブズは『リヴァイアサン』で、周囲の事物が人間に引き起こすイメージ経験の検討から議論を始めるものの、人間がどのように社会を構成するかという問題に移った途端に、そうした事物とのイメージ的関係は――生存の手段という抽象的な形を除いては――彼の視野から外れてしまい、結局は人間同士が支配を求めて競合する関係のみが考察の対象になってしまっていた。これに対して「ボートを漕ぐ二人の者」をモデルとすることは、「二人の人間の身体＋ボート＋ボートを囲む川の水」の全体的関係――その中でのイメージや力の受け渡し――の中で社会を考えることでありうる。そして、この図式をヤリナコチャのケースに即して拡張するなら、「ヤリナコチャの人々の身体＋彼らの日常生活を構成する様々な事物＋アマゾニアの自然」の全体的関係――その中でのイメージや力の受け渡し――の中で考える、ということになるはずである。[8]

社会とは何か

以上の考察からも分かるように、社会について考えるためには、人間の集まりだけを考えるのではなく、人間を取り囲むあらゆる事物、究極的にいえば、最大限に包括的な意味での自然――ここでの自然という言葉は、人間そのものも、また人間が産み出したあらゆる人工物も、すべて含んでいる――を考える必要がある。[9] 人間は周囲の人々だけでなく、事物や自然全体によって取り囲まれており、そうした様々なイメージの全体を自らの「身体」に受け止め、それらの力による作用を受ける中で――そしてそれに対してイメージや力を発しながら――自らの社会的生を送っているのだ。この考えは、イメージの人類学が社会性の問題を捉えてゆく上で第一の基本的原則になるだろう。

しかし、一度このように述べたうえで、ホッブズの社会理論は果たして本当に完全に間違っていたのか、と再び問い直してみたい。実際、ヤリナコチャのケースを振り返ってみれば、ホッブズにも一理があることは否定できない。ヤリナコチャの一見したところ平穏な日常の周りには、トゥパク・アマル－革命運動と政府軍の組織的暴力の影が存在していたし、また、ギジェルモへの脅迫的行為や、アロルドのテロリストとしての告発にもみられる通り、組織的暴力がもたらす不安な状況を利用して、自らの妬みや憎しみを現実化させようとする人々がいたことも事実である。私が滞在していたときのヤリナコチャでは、確かにこうした動きは散発的なもののように見えたけれど、もしも人々の全体が強い社会不安に巻き込まれるなら、「各人の各人にたいする戦争状態」が生まれていくことも考えられないわけではない。「ボートを漕ぐ二人の者」が、お互いに喧嘩していても——あるいは、喧嘩しているからこそ——リズムよく漕いで一刻も早く岸に着こうとするのは人間的な現実であるが、他方で、ボートの上で取っ組み合いの喧嘩をして、二人とも川で溺れ死ぬのもまた人間的な現実である。この二つの可能性の間の揺れの中に社会が存在する——あるいは、3.4で述べたような「力の場」の安定性と不安定性の間に社会が存在する——ということは、イメージの人類学が社会について考察するうえでの、第二の基本的原則である。

　ホッブズの政治身体の概念について、もう一つ指摘しておくべきなのは、それが仮に原理的には必須ではないとしても、その歴史的な重要性は否定することができないことである。世界各地で出現した「大怪物」がとりわけ近代において、きわめて洗練した形で発展を遂げ、今日の世界を生きる我々自身もその中で暮らしていること、そうやって我々自身が——少なくとも部分的には——自己保存への権利を政治身体に委ねた状態になっていることは、動かしがたい事実だからである。ただし、我々が国家の中にいることは、我々の政治的生がすべて国家の政治身体に含まれていることを意味するわけではない。こうしたすっきりしない状況を考えることが、近代性のもとでの「社会」を考えるということであるはずである。

5.2 社会身体の構成

身体の社会性——アマゾニア先住民からモースへ

　前節では、人間が周囲の人々や事物、さらに自然全体によって取り囲まれており、そうした様々なもののイメージの全体と向き合うなかで社会的生を営んでいることを論じた。このアイデアを、いかにして人類学的に概念化していくことができるだろうか。そのための重要な手がかりは、ホッブズの「政治身体」という用語に隠れているように思われる。残念ながらホッブズはその考察において、個人の身体から「政治身体」——あるいは大怪物——へと一気に飛躍してしまった。しかし、身体についての人類学的研究が一貫して示してきたのは、個人の身体の境界はホッブズが考えたのよりもずっと曖昧だということである。

　ヤリナコチャでの短い滞在中、先に出てきた先住民シピボの若者アロルドと交わした何気ない会話——無政府状態の話とはまったく無関係のことだが——は、この点でヒントになるだろう。ある時アロルドが突然、「オリンピックっていうやつがあるよね、あれって本当に馬鹿げているよ」と言い出してニヤニヤ笑っている。尋ねてみると彼は次のように説明するのだった。「選手たちは皆、オリンピックのために、速く走ろうと必死でトレーニングしているみたいだけど、僕ちだったらトレーニングなんかしない。速く走ろうと思ったら、そのための薬草を探してきて食べればいい。これが僕たちの考え方なんだ」。もちろん、読者はここで、単にアロルドがオリンピックのルールを知らないだけだと思うだろう。オリンピックの競技とは「選手個人の身体」を鍛え上げて競争することが目的であり、皆が薬草など食べていたら競争にならなくなってしまう…。しかし、私はこのアロルドの言葉は、身体の問題を人類学的に考えるうえで実に示唆的であるように思う。

アロルドの考えに沿ってもう少し考えてみよう。シピボの人々からみれば、「選手個人の身体」を明確に区切った上でそれをトレーニングによって鍛え上げて競争する、というアイデアは根本的に無意味なものである。シピボの人々は——同様の考えはアマゾニア先住民一般にみられるが——人間の身体を、明確な境界を持つのではなくて、常に周囲の人々や事物との交渉・混じり合いの過程の中にあるものと考える。薬草を食べて速く走る力を獲得するのは、そうした周囲の事物との交渉の一局面にすぎない。彼らにとって身体とは閉じたものではなく、本質的に、周囲の人々や事物に向かって開かれたものである。

しかし翻って考えてみるなら、実は我々の身体観の方がアマゾニア先住民のそれよりナイーブなのではないか、とも思えてくる。オリンピック選手の食事は注意深くコントロールされ、選手は可能な限り競争に有利なスポーツウェアを身にまとい、トレーニングはコーチングスタッフとの緊密な連携のもとでなされる。精神面の管理も含め、スポーツ選手の身体がその周囲の人々と切り離せないことは誰もが知る通りである。とすると、確かにアマゾニア先住民が考える通り、オリンピック選手の身体は常に周囲の人々や事物との交渉・混じり合いの過程の中にあるのであり、「選手個人の身体」というのは、この交渉・混じり合いを一連のルールによって規制することで辛うじて維持されている、きわめて人為的な概念に過ぎないのだ。

付け加えれば、人間の身体が孤立したものではなく、周囲の人々の身体——周囲の事物とまではいかないが——と連動したものであることは、20世紀前半にフランス人類学の土台を築いたマルセル・モースが様々な形で論じたことでもあった。彼は、『社会学と人類学』に収められた有名な「身体技法」(1934) の論文で、眠りの技法や休息の技法、歩いたり走ったり踊ったりする技法、跳んだり登攀したり降下したり泳いだりする技法、押したり投げたり掴んだりする技法などを列挙しつつ、我々が「個人のもの」と感じている様々な身体の動かし方が、実は他者の身体の動かし方を模倣するなかで獲得してきたものであることを、簡潔ながらもイメージ豊かに説明した。また「集合体により示唆された死の観念の個人に対する肉体的効果」(1926)では、ポリネシアやオーストラリアにおいて、社会的に死を宣告された人が実際に死ぬということが当然のように生起することを民族誌的に確かめたうえで、「社会的なものが人間の生物的なものに直接に接合される」のだと論じた。[10] さらに「社会学と心理学の現実的でしかも実践的な関係」(1924)では、精神の活動力の増大や減少——意気が高揚したり消沈したりすること——は、個人のレベルのみならず、社会の集合的なレベルでも考えうることを、西欧社会の例なども引きながら示唆している。

社会身体の概念

　ホッブズは、各々のイメージ経験を生きる個人たちが、戦争状態を脱け出すために相互に団結して作り上げる人間の集合体を政治身体と呼んでいた。しかし前節で述べたように、人間が営む社会的関係は、実際には、ヒュームのコンヴェンションの概念が示唆する通り、もっと緩い身体的連合を多く含むものである。モースが描き出した身体ないし無意識の個人性を超えた連合も、「ボートを漕ぐ二人の者」の身体の連動のようなものに大きく依拠していると考えられる。そこで、こうした個人性を超えた身体のあり方を、ホッブズの「政治身体」(body politic) の概念を変形して、「社会身体」(body social) と呼ぶことにする。ここでまず二つのことを述べておきたい。

　第一に、この社会身体は、アマゾニアの先住民たちが考えるように、人間同士の間だけでなく、人間を取り囲む事物をも含めた形で形成されると考えられるべきものである。アマゾニアの人々の身体は、周囲の人々の身体のみならず、薬草や様々な食べ物、身にまとう衣装をはじめとする様々なものとの連結の中で存在している。アマゾニアの人々にとっての社会身体とは、こうした連結を全体として含むものでなければならない。しかし、翻ってみれば、例えば我々自身も薬を日常的に服用しているし、そうした薬は医師の処方や薬剤師の説明、あるいは、様々なメディアを通して他者から受け取った情報とも結びついている。薬との関係はもちろん、今日の我々の身体に関与する無数の要素の一つに過ぎない。今日の我々の社会身体は、思いつくままに挙げても、食べ物や衣服、スポーツ、映画や音楽、携帯電話やテレビやコンピュータなど、多種多様なものとの関係を内包せざるをえない。

第二に、社会身体は、ホッブズの政治身体――すなわち国家――のように明確な境界を持つものではない。モースが「身体技法」の論文で挙げている一連の例からも想像されるように、社会身体とはむしろ、様々な変化を含みながら、基本的には明確な境界なしに広がっているものであり、また、一つの社会身体と別の社会身体が一個人の身体の中で共存しているような状況も考えるべきものである。こうした状況を考えるうえで、4.3でみたラボヴの言語学は考察の支えになるだろう。マーサズ・ヴィンヤード島における母音の中心化は、人々がそれをほとんど意識することなく、しかし一様に行う口の各部分の動かし方によって生まれるものであり、それは一種の身体技法ということもできる。ラボヴの考察が示したのは、①実際に母音の中心化が起こるか否かは確率的な問題であること、②母音の中心化は人々の生き方の無意識の反映であり、部分的には母音の非中心化とのミクロ政治的な対立を含意するものでもあること、である。島の様々な場所でその頻度に差があるのは、この二つの要因の微妙な重なり具合によっている。ラボヴが調べたマーサズ・ヴィンヤード島の母音の中心化の統計的分布は、そこでの社会身体の一断面を厳密に示すものだと思われる。

このような社会身体の概念化は曖昧すぎるだろうか。しかし、ここで私がむしろ懸念するのは、反対に、概念上の明晰さを求めるあまり、最初から現実を歪曲して捉えてしまうことである。ごく一般的にいえば、現実というものは「1」か「0」かで決まるものではなく、連続的に変化するものである（我々の言語は数式とは異なって、連続的変化の把握には不向きであり、そのために前者の形のモデル化が優先されやすいのだが）。それゆえ、社会を明確に定義するがために、社会の内側と外側を「1」か「0」かに峻別することを求めるようなモデル化は、経験と密着した思考が求められる人類学においては望ましいとは言えない。むしろ、社会身体を「1」と「0」の間の連続性の中で――そしてまたその間での上下の揺れも考慮しつつ――定義した上で、個々の場所における社会身体の状況を評価する、という考え方のほうが厳密な思考方法だと考える。

こうした考察からどんな人類学的視角が開けてくるだろうか。その一端をみるため、ここでは、人々の日常的経験のもっとも下部を構成する身体的次元に焦点を当て、社会身体が実際にどのように構成されるかについての極めて分厚い描写を企てた、ある独創的な古典的民族誌に触れておきたい。グレゴリー・ベイトソンとマーガレット・ミードによる、映像的手段を駆使したバリ島の研究である。

バリ島における社会身体（ベイトソンとミード）

一九三〇年代後半、グレゴリー・ベイトソンとマーガレット・ミードという20世紀を代表する二人の人類学者が、バリ島東部キンタマーニ高原のバユン・グデ村で、斬新な手法の民族誌的フィールドワークを行っていた。当時夫婦であった二人は、機動性の高いライカのカメラと16ミリの映画カメラを全面的に導入し、二人三脚の形で長期のフィールドワークを行ったのである。その様子は、「マーガレット・ミードは人々のふるまいについてメモを取り、グレゴリー・ベイトソンは二台のカメラとともにその場を出入りしながら動き回っていた」と描写されている。[11] 二人は、この調査の成果として、大量の写真を盛り込んだ独特の著作『バリ島人の性格――写真による分析』を一九四二年に刊行した。ミードがのちに編集してナレーションをつけた数本の民族誌映画も興味深いものであるが、彼らの民族誌的考察の核心的部分は『バリ島人の性格』に含まれていると考えることができる。

本を開いてみよう。この本の中心をなすのは、組写真による図版一ページと解説一ページを見開きの形で組み合わせた、合計二〇〇ページの部分であり、組写真による図版一〇〇頁には、七五九枚の写真が周到な配慮のもとに整理され、配置されている。ベイトソンとミードが、映像的手段を用いて、バリ島の人々の身体において生きられるイメージ経験をいかに総合的に捉えようとしていたかは、この本の内容を目次に従って紹介することによって明らかになるだろう。

冒頭の数ページの図版で、研究の舞台であるバユン・グデ村の風景が示された後、二人の著者はまず、「人混み」、「ぼんやりする」、「高さと尊敬」といった、人々の身体を取り囲む社会的空間の質を一連の組写真によって示していく。その次に来るのは、「視覚的な学習と筋肉の感覚にうったえる学習」、「バランス」、「トランスとバラバラに動く身体」、「日常生活での手つき」といったタイトルからもわかるように、バリ島の人々が自らの身体を内側から生きる仕方であり、それに続いて、身体が周囲の事物とどのような交渉の中で生きられるか（「食事をする」、「身体から排出されるもの」「水、そして水を飲む」、「性器を手でいじる」、「闘鶏」など）が示される。

一〇〇枚の図版の前半のテーマが、人々の身体そのもののイメージ、および身体と周囲の事物のイメージ的関係であるとするならば、後半のテーマは、人間関係の中で社会身体がどのように構成されてゆくかという問題である。ベイトソンとミードは、「母親――恐怖」、「刺激と欲求不満」、「借りた赤ん坊」、「すねる」、「少年の癇癪」、「張りあうきょうだい」、「小さな女の子たちの遊び」といった家族内での微妙な情動的関係を写真によって示してゆく一方、儀礼ないし演劇におけるトランスや踊りに関する一連の図版を通じて、そうした家族関係の中で形成された情動が規範化された動作へと結晶化していく様子をも示してゆく。そして最後に、誕生から死までの通過儀礼を追いつつ、バリ人の一生の諸段階を彩る出来事が図版でまとめられる。

膨大な数の写真とコメントを織り合わせて作られた、この『バリ島人の性格』という本は、普通の民族誌的著作を読むようにしては、その内容をうまく把握することができない。そこでは視覚的なイメージが本質的な役割を果たしているのであり、キャプションの文章の内容を写真の中に確認するのではなくて、写真そのものとしっかり向き合い、それらを丁寧に「読んでいく」ことが必要である。そのような作業を焦らずに積み重ねてゆくなら、最初は無関係にみえた様々なテーマが相互に結び合い、それらが一つの分厚い全体をなしていることが次第に感じられてくる。多数の図版を通じて繰り返し出てくるテーマの中心部分をあえて言語化して述べれば、それは、人々の集まりや母子の結合の安心感に向かうような求心的な力と、（癇癪を起こした子供にみられるように）そこから忽然と身を引き離そうとする遠心的な力との間の緊張関係である、ともいえるだろう。

ベイトソンとミードが捉えたバリ的なエートスとは、求心力と遠心力の関係の中で、基本的には前者の求心的な力に肯定的な価値を与えつつも、後者の遠心的な力を否定せず、むしろそれをも飼い慣らして活用していこうとするものである。このバリ的な社会身体のイメージは、トランス状態の身体によって端的な形で示される。トランスに入った踊り手は、身体がバラバラになるような遠心力を持つと同時に、他の踊り手と踊りを同調させる求心力も備えているからだ。しかしもう一方で、このような身体のあり方は、トランスのような特別な瞬間のみならず、人々の日常の共同作業においても見出されるし、さらにはバリの子供の何気ない動作にも見出されるのである。[12]

立ったままで足を引っ掻く子供。ベイトソンとミードはそこに、身体の各部分に高い自律性を与える、というバリ的エートスの現れを見た。G・ベイトソン、M・ミード『バリ島人の性格』図版「バランス」

『バリ島人の性格』は、写真という手段を用い、バリの社会身体を視覚的イメージのモンタージュ——およびそれに随伴するキャプション――の集積によってダイレクトに提示するものであった。日常生活における、言葉によってはほとんど表現不可能な身体の微妙なバランス・動き・反響・連動を全体的に捉えてゆく、きわめて独創的なこの写真民族誌は、今日もなお多くの示唆を与えるものである。

5.3 親族名称における言葉とイメージ――マプーチェの事例

社会身体の「脱＋再イメージ化」

『バリ島人の性格』という写真民族誌には、しかし、奇妙な欠点があることも指摘しておかねばならない。これは人々の身体を徹底的に外側から観察する作業を土台とした本であり、そのために、人々の内側から出てきた言葉――典型的な民族誌には少なからず盛り込まれているはずの――がほぼ完全に欠けている。第4章で見たように、イメージは常に脱イメージ化し再イメージ化して、様々なイメージ平面の上で展開するものであり、イメージの民族誌においては、言葉にならないような身体のイメージを捉えることと同時に、言葉――それ自体が幾つものレベルを持つ――が与えるイメージを捉えることも重要である。『バリ島人の性格』においては、例えば、バリ島の人々の家族内における社会身体のありかたがきわめて濃密に示されるが、人々の相互関係の中で重要な役割を演じているはずの、会話という「脱＋再イメージ化」されたイメージのやりとりは、無声映画のように消え去ってしまっているのだ。[13] ここでまず考えるべきことは、バリ島でも他の場所でも、人々は親族ないし社会的役割の名称を使ってお互いを呼び合い、位置づけ合いながら相互行為――もちろん、言葉のやりとりを含めて――を行なっているということである。

この点を掘り下げて考えてみよう。人間はその社会的関係において、社会的役割を指示ないし暗示する一連の語彙を用いて相互に呼びかけ、また諸関係の中の自分の位置を理解している。親族名称やその延長線上にあるもの（父母と子供、兄弟姉妹、「おじさん」、「おばさん」等）はもちろんそうだが、職場や学校での制度的関係を表す語彙（上司と部下、先生と生徒、同僚など）も、さらに、友人関係を意味する一連の語彙（「友だち」「仲間」）に類する様々な言葉はもちろん、あだ名は固有名詞であるとともに関係の質を表す言葉でもある）なども基本的なものだ。これらの言葉は、本質的に言って、社会身体の「脱＋再イメージ化」として考えることができる。「脱＋再イメージ化」された社会身体のイメージは、人々の言動や思考の中で繰り返し現れ、特定の人と特定の語彙が結びつ

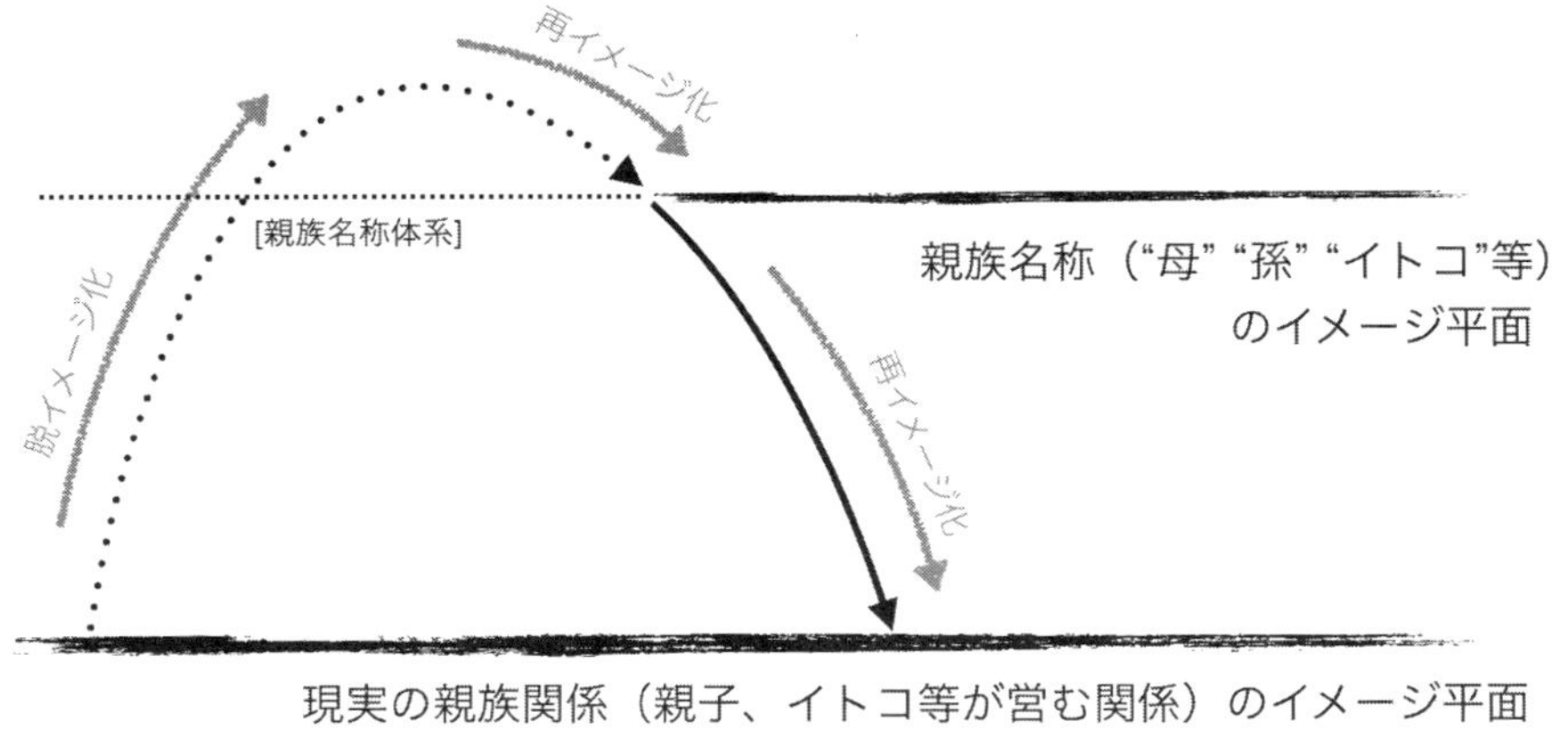

親族名称と「脱+再イメージ化」

けられることによって、またそれが相互的に――「先生」「生徒」のようにしばしば対をなす言葉によって――用いられることによって、相互の関係の整序や、一定の範囲での安定化がなされてゆくのであり、そうやって、社会身体に決定的に重要な一次元が付け加えられてゆくのである。[14]

　このような問題意識のもとで、以下では、マプーチェの親族名称という民族誌的事例の検討を通じ、「脱+再イメージ化」された社会身体のイメージ的次元が実際に生きられる様子を描写してみたい。英語の brother や sister が日本語の訳語と一対一で対応しないのは周知の通りだが、世界各地の諸民族における親族名称の多様性からみれば、このような差異は小さなものでしかない。親族名称については、古典的人類学の時代に、民族誌的調査を土台とした数多くの研究の蓄積がなされている。そうした蓄積を参考にしながら、一見すると極めて複雑かつ奇妙なマプーチェの親族名称を分析する中で、それがいかにマプーチェの社会身体の全体――人間およびそれを取り囲む事物の諸関係の束――と密接に絡まり合っているかを知ることができるだろう。

　なお、細かく言えば、「脱+再イメージ化」の概念を親族名称に当てはめる時、そこでの「脱+再イメージ化」がある特殊な仕方で存在していることに気づかざるをえない。人は通常、親族の一員として親族名称体系のただ中に出生してくるのであり（社会によってこの「出生」の位置づけに差異はあるものの）、つまり、最初に身体があってそれが「脱＋再イメージ化」されるのではなく、むしろ一般的には、最初に親族名称があって、それを通して身体――つまり社会身体――が形成されると考えるべきだろう（そのため、この「脱＋再イメージ化」の図の中では、親族名称体系から発する矢印のみが実線になっている）。こうした状況は、ある意味では、社会的地位を表す名称の体系に一般に当てはまる。誰しも、学校に入学したり、会社に入社したりして、自らが一定の社会的語彙の中で位置づけられたうえで、そこにおける社会身体の一部となってゆくのである。

親族名称と社会身体――マプーチェの事例

マプーチェの親族名称体系（次頁の図を参照）は、古典的人類学の親族理論に慣れていない人にとって、非常に難しく思えるだろう。読者の多くは、次ページに挙げる表を一瞥するなり、次のような疑問を抱くのではないだろうか。彼らはなぜこんな面倒なルールでお互いを呼び合うのだろうか。この表を解読することにどんな意味があるのだろうか。しかしながら、これは確かに多少骨を折ってでも理解するに値する、興味深いシステムなのである。

親族名称体系は決して退屈な語彙集などではない。それは二重の意味で生きたものである。第一に、これらの親族名称は、単なる社会的役割を示す言葉ではなく、人々がしばしば情感を込めてお互いを呼び合う中で用いられる言葉であり、また儀礼的対話の中でも重要な役割を演じるものである。それは人々の人生経験の中に深く食い込んでゆく言葉であると言える。第二に、このように表にしてしまうと一つの全体としていわば凍結されてしまうのだが、それは実際には変化や揺れを含んだダイナミックな体系である。実際、歴史的・民族誌的文献を調べてみると、マプーチェの親族名称は時代とともにかなりの変化を遂げてきており、また様々な地域的な差異をも含んだものであることがわかる。さらにいえば、同じ人に対して場合によって異なった親族名称が使われ、それが社会身体に関する考え方の揺れを示していることもある。このような親族名称の生きた姿をなんとか伝えるべく、この親族名称体系をまずは四つの特徴によって把握してみよう。

(1)同じ名称で呼び合うこと――親族名称とイメージ記憶

実際に人々が親族名称を使う姿を見ればすぐにわかるのだが、マプーチェの親族名称体系の大きな特徴として、名称の対称性が挙げられる。つまり、「相互に同じ名称で呼びあう」という傾向が非常に強い。キョウダイおよび「平行イトコ」――父方オジおよび母方オバの子――はお互いを「兄弟《ペニ》」

	自分の集団（男性）	自分の集団（女性）	「近い」集団（女性）	「近い」集団（男性）
+2世代	•父の父→ラク	•父の母→クク	•母の母→チュチュ	母の父→チェスキ
+1世代	•父→チャウ •父の兄弟→マジェ •妻の父→チェスクイ	•父の姉妹→パゾ	•母→ニュケ •母の姉妹→ニュケントゥ •妻の母→ヤヤ	母の兄弟→ウェク
0世代	•兄弟→ペニ •父方オジの息子→ペニ •母方オバの息子→ペニ	•姉妹→セヤ（又はラムニェン、以下同様） •父方オジの娘→セヤ •母方オバの娘→セヤ	•父方オバの娘→ムナ •母方オジの娘→ムナ/ニュケントゥ •妻→クレ •妻の姉妹→クルン	•母方オジの息子→ムナ •父方オバの息子→ムナ •妻の兄弟→ニヤン
-1世代	•息子→フォトゥム •兄弟の息子→マジェ •娘の夫→チェスクイ	•娘→ニャウェ •兄弟の娘→マジェ •息子の嫁→プンモ	•姉妹の娘→チョクム	•姉妹の息子→チョクム
-2世代	•息子の息子→ラク/ペニ •兄弟の息子の息子→ラク/ペニ •姉妹の息子の息子→クク	•息子の娘→ラク/セヤ •兄弟の息子の娘→ラク/セヤ •姉妹の息子の娘→クク	•娘の娘、兄弟の娘の娘→チェスキ •姉妹の娘の娘→チュチュ	•娘の息子→チェスキ •兄弟の娘の息子→チェスキ •姉妹の娘の息子→チュチュ

マプーチェ（チリ、カラフケン湖西北部地域）の親族名称。親族名称は系譜を軸にしてその分布を示す方法と、名称そのものを軸にしてカテゴリー的に示す方法があるが、ここでは後者の方法に従った。縦軸は世代であり、例えば「0世代」は同世代、「+1世代」は親の世代、「−1世代」は子供の世代を表す。横軸の分類方法については、以下の説明の特に(2)と(3)を参照のこと。

「姉妹《セヤ》」と呼びあい（男性同士であればお互いを兄弟《ペニ》と呼び、女性同士であればお互いを姉妹《セヤ》と呼びあう）、また「交差イトコ」――母方オジおよび父方オバの子――であれば、性別に関わらずお互いを「ムナ」と呼びあう。マプーチェの場合、親族名称は、二次イトコだろうが四次イトコだろうが、系譜的距離に関わらず同様に当てはめられるので、実際には、相互に「兄弟《ペニ》」「姉妹《セヤ》」「ムナ」と呼び合う人は非常に多い。久しぶりに会った者同士が、「兄弟《ペニ》」「姉妹《セヤ》」「ムナ」といった言葉で呼び合うこと――特に「兄弟《ペニ》」「姉妹《セヤ》」は同腹の兄弟姉妹をも意味する言葉だから、この用法は独特の親近感を醸し出す――には、確かに大きな社会的効果が存在するのである。この「同じ名称で呼びあう」という特徴は、キョウダイやイトコのような同世代の関係のみならず、異世代の関係にもみられる。例えば私から見て父方オジは「マジェ」だが、父方オジから見たオイも「マジェ」であるため、私と父方オジはお互いを「マジェ」と呼びあう。祖父母と孫の関係では、名称はすべての場合に対称的であり、父方・母方の祖父母は「ラク」、「クク」、「チュチュ」、「チェスキ」と呼び分けられるが、いずれにせよ祖父母と孫は同じ親族名称でお互いを呼びあうのである。

なぜこのような対称性が存在するのか。この疑問を解くための重要な鍵はたぶん、マプーチェの儀礼的対話（3.2参照）

にあるだろう。儀礼的対話では、二人の対話者が口頭伝承を想起しながら延々と語り合うが、その語りの中で、折に触れて会話の相手を親族名称によって呼びかけるということがなされる。それゆえ、親族名称の対称性のおかげで、対話者はペニ、マジェ、ムナ、チェスキ等、同じ言葉で相互に呼び合いながら会話を続けてゆくことになるのだ。この反復は耳に快く響く効果を持つのみならず、人々が親族関係を記憶する助けにもなる。マプーチェの人々には系譜的関係を細かく記憶する習慣がなく、日常的接触のない人々については系譜関係が不明の場合が多い。そこで、系譜関係がわからない相手と初めて儀礼的対話を始めるときには、自分たちの上の世代の親族同士がどう呼びあっていたか、という記憶が役に立つのだ。例えば、目の前にいる（系譜のわからない）対話者について、もし双方の父が儀礼的対話の中で「兄弟《ペニ》」と呼び合っていた記憶があれば、対話者は平行イトコに当たるはずだから、お互いに確信を持って「兄弟《ペニ》」と呼び合うことになる。つまり儀礼的対話は、一方では親族関係をベースにして展開されるが、他方で親族関係を維持する基盤にもなる。儀礼的対話のイメージ平面は、この意味で、親族名称のイメージ平面と不可分に連結したものである。

（2）同性のキョウダイを同一化する傾向

親族名称が使われる現場の様子をも考慮しつつ、マプーチェの親族名称体系を眺めていくと、「同性のキョウダイを近いもの、異性のキョウダイを遠いものと考える」という第二の特徴が浮かび上がってくる。例えば「母」はニュケで「母の姉妹」はニュケントゥだが、このニュケントゥ（母の姉妹）は明らかにニュケ（母）から派生した言葉である。「父」と「父の兄弟」はチャウとマジェであり、この場合は異なった言葉であるが、しかし現場の観察からは、人々がマジェをチャウに似たものと受け止めていることがわかる。[15]

イトコの名称にも、同性のキョウダイを近いものとして見る傾向は明瞭に表現されている。というのは「父」、「父の兄弟」、「母」、「母の姉妹」の息子と娘はすべて、「兄弟《ペニ》」、「姉妹《セヤ》」と呼ばれるからである。これに対して、「父の姉妹」の息子・娘、「母の兄弟」の息子・娘は、「ムナ」という別の名称によって区別されるのだ。

すでに述べたように、マプーチェの人々は系譜関係についてあまり強く意識しないため、彼らが「父の兄弟」「母の姉妹」と呼ぶ人たちは、父と母の実のキョウダイのみならず、非常に広い範囲の人々を含む。もちろん、これは名称上の問題であり、同一の名称がそのまま同一の距離感を意味するわけではない。同じように「兄弟《ペニ》」と呼んでも、実の兄弟、遠縁の平行イトコ、父親同士がお互いを「兄弟《ペニ》」と呼んでいたという淡い記憶をもとに「兄弟《ペニ》」関係に当たると推定した人は、それぞれ異なった距離感とともに受け止められる。しかし、そのような濃淡を含んだうえで、マプーチェの親族関係をめぐる社会身体は、この「同性を近く、異性を遠いものとみる」という原則によって色分けされた広がりの中に存在しているのである。

(3)婚姻規則と二つの社会モデル

古典的な親族名称理論を参照するなら、このように「同性のキョウダイを近いもの、異性のキョウダイを遠いものと考える」傾向は、「ドラヴィダ＝イロクォイ型」と呼ばれる親族名称の種類に多く見出される。詳細について立ち入ることはしないが[16]、このタイプの親族名称は次のような社会構造上の二つの特徴と連関するものである。

①親族の世界は、「自分の集団」と「もう一つの集団」の真二つに切り分けられ、あらゆる人がそのどちらかに帰属させられる。専門用語でいうと「双分制」(moieties)になる。

②あらゆる婚姻関係は、原則として、この二集団の間で結ばなければならない。つまり、私の結婚相手は、「もう一つの集団」の誰かでなければならない。

ここで、念頭に置いている社会が父系の出自原理に基づいていると想定してみよう。すると、「自分の集団」に属するのは私のほかに、私の父、私の兄弟姉妹、父方オジ、母方オバ、父方オジの子供たち、母方オバの子供たちといった人々である。ここで、父方オジの子供たち、母方コバの子供たちは、「父―オジ」および「母―オバ」という、同性の兄弟姉妹関係を経由したイトコであることから「平行イトコ」と呼ばれる。さて、「もう一つの集団」の方に属するのは、私の母、母方オジ、父方オバ、母方オジの子供たち、母方オバの子供たち、といった人々である。ここで、母方オジの子供たち、父方オバの子供たちは、「父―オバ」および「母―オジ」という異性の兄弟姉妹関係を経由したイトコであるため、「交叉イトコ」と呼ばれる。「私の集団」と「もう一つの集団」という二分法的な親族の宇宙において、平行イトコと交叉イトコが重要なのは、これが婚姻規則と関わるからだ。私が「もう一つの集団」に属する誰かと結婚しなければならない、というルールは、例えば父系出自――ないし母系出自――の条件下では、「私が結婚すべきなのは交叉イトコである」かつ「私は平行イトコと結婚してはならない」ということを意味する[17]。

さて、マプーチェの場合はどうか。結論から言えば、マプーチェの親族名称体系は、一方においてはドラヴィダ＝

イロクォイ型に似ており、親族の世界が真二つに分かれる双分制的な要素が含まれているが、他方では、そこから外れていくような別のアイデアも見出される。この微妙な点は、イトコ間の婚姻の規則に関して明瞭に現れている。マプーチェの人々は、一方では平行イトコ間の結婚を望ましくないとし、(父方・母方に関わらず)交叉イトコの間の結婚を望ましいものとする。しかし他方では、交叉イトコについて、ドラヴィダ＝イロクォイ型とは明らかに異質の考え方も存在するのである。

第一に、交叉イトコの名称の問題がある。マプーチェ語で交叉イトコはムナだが、実はムナとは「近い」という意味を持つ形容詞でもある。「もう一つの集団」を対極として捉える双分制の考え方からすれば、これは矛盾を孕んだ言葉といわざるをえない。双分制のもとでは、世界は真二つに分かれるが、もしも交叉イトコが「近い」ものと捉えられるのであれば、マプーチェの親族の世界は、「もう一つの集団」よりも「遠い」ような、第三の集団のカテゴリーを想定していることになる。

第二に注目されるのは、この親族名称体系が(かつてレヴィ＝ストロースが論じた)「母方交叉イトコ婚」を示唆する要素を含んでいることである。というのは、男性を起点とした場合の「母方オジの娘」に限って、「ムナ」と並んで、「ニュケントゥ」という別の名称が使われるからである。ニュケントゥは、すでに見たように「母方オバ」と同じ名称でもあるが、他方で「潜在的な妻」という意味も持っている。ニュケントゥは、明らかに母方交叉イトコ婚を推奨する名称であり、実際人々もそれを意識しているのだ。レヴィ＝ストロースがかつて『親族の基本構造』で論じたように、父方交叉イトコと母方交叉イトコを区別し、後者を結婚相手として推奨するような親族体系——以上、男性からみての話であるが——は、世界が真二つに分かれて相互の間で婚姻関係が結ばれるシステムではなく、三つ以上の親族集団の間で婚姻がなされるシステムと関わっている。[18] このようにみると、「母方オジの娘」がムナともニュケントゥとも呼ばれる、というマプーチェの親族名称体系の中の一見些細な事実は、実は社会構造上の、スケールの大きな問題と関わっていることがわかる。簡潔にいえば、マプーチェ親族の社会身体は、双分制のように「自分たちの集団」と「もう一つの集団」の二つで完結する閉じた社会モデルと、母方交叉イトコ婚を通じてむしろ外部集団に向かって開かれた社会モデルとの間で揺れている、と言うことができるだろう。こうした外に向かっていくベクトルは、次に見るように、ある意味で人間的世界を超えてゆくものでもある。

(4)祖先とピューマ

(3)では母方交叉イトコの名称という細部に注目したが、この(4)では、「ラク」という、マプーチェ親族名称体系の中でも一番不思議な名称について考えてみたい。この名称はいくつかの要素を含んでいる。

ラクとは、第一義的には、父方祖父と孫の間の相互的な名称である。しかし、マプーチェの親族名称体系においては、表にもある通り、「ラク」関係にある者同士はお互いを「兄弟《ペニ》」、「姉妹《セヤ》」と呼び合うこともできる、という慣習が存在する。祖父と孫がお互いを兄弟姉妹として呼びあうというのは、不思議な感じのすることである。

ここで、この呼び方は、もしラクという言葉の別の意味を知るなら、より自然なものに見えてくるだろう。実はラクという言葉には、「名前が同じ人」という意味もある。そして、マプーチェの人々は現実に、父方祖父と同じ名をその孫《ラク》に好んでつける傾向があるのだ。このことによって、マプーチェの人々の間では、二つの名前が世代ごとに交互に繰り返されるということが実際にしばしば見出される。

このことの延長線上で、ラクの第三の意味にも言及しておかなければならない。ラクを複数化すると「プ・ラク」という言葉になるが、これは、マプーチェ語で「祖先たち」を意味する言葉である。つまりラクという言葉には、祖先からの親族の連続性――正確に言えば、一世代を隔てた「断続的な連続性」――の意味も含まれていると考えられるのだ。

しかし、話はこれで終わりではない。ラクという名称の周辺には第四の、かなり意外な意味が隠れている。マプーチェ語では〝l〟の音を〝ll〟の音と置換可能なものとする傾向が存在するが、このルールをラクに適用すると「リャク」になる。そして、このリャクは、マプーチェの人々がピューマに言及するときに使う言葉なのである。ピューマは、3.3でも触れたとおり、家畜を襲い人間を殺すかもしれない、マプーチェたちの恐るべき敵である。なぜそのピューマが、よりにもよって「祖先」と事実上同じ言葉で呼ばれるのか。このパラドックスは、マプーチェの独特の思考形態に踏み込んでゆくと、いくぶん了解できるものとなる。私が調査した地域の有力なマプーチェの多くは、「ピューマの魂」を継承する者たちと考えられており、彼ら自身によれば、今日でも、彼らが儀礼を行ったり、儀礼的対話を行ったり、夢を見たりするときには、彼らの内部でこの「ピューマの魂」が作動しているのだと言われる。また、かつて彼らが頻繁に戦争を行っていた頃には、戦闘儀礼によって自らの魂をピューマの形に変え、敵地まで飛ばして、敵を食い散らしたとも伝えられている。一言でいえば、「ピューマ」は、森の中に住んでいて、時に彼らの家畜を襲ってくる敵であると同時に、彼らの祖先であり、そして、彼らが最も力強く活動するときに作動する、彼ら自身の魂でもあるのだ。[19]

マプーチェの親族名称体系はこのように、最初に掲げた一見退屈な表からは想像もつかない、ダイナミックな思考と多様な可能性を内包したものである。もちろん、動きに富んでいるとはいっても、それが一つの親族名称体系としておおかた首尾一貫した形で機能することで、彼らの社会関係――そこにはピューマのような動物も入ってくる――を整序していく働きをも担っている。マプーチェの社会身体を考えることとは、こうした状況を厳密に受け止め、その首尾一貫性と複雑性・運動性とをどちらにも偏らずに把握することなのである。[20]

以上、マプーチェの親族名称体系をマプーチェ的社会身体の「脱＋再イメージ化」の一端として捉え、その諸部分が社会身体の他の側面とどのように通じ合っているのかを眺めてみた。確かに親族名称というのは、現代の我々からみれば遠いテーマではある。しかし、それを社会身体の「脱＋再イメージ化」という形で一般化して考えれば、こうした検討に今日的意味を見出すこともできるのではないだろうか。現代世界における我々も、様々な社会的な地位や役割――家庭や職場や学校などにおける様々な地位・役割のほか、スーパーに行けば買い手になり、電車に乗れば乗客になり、病院に行けば患者になり、旅行すれば観光客になる、等々――の間を行き来しており、そうした地位や役割は、我々自身が一部をなすところの社会身体の「脱＋再イメージ化」であると考えることができる。社会身体の「脱＋再イメージ化」のそうした諸平面は一体どのように形成され、それは社会身体の全体――ないしその諸部分――とどのように関わっているのか。こうした問いは、確かに、現代世界の人類学において、一つの重要な切り口になりうると思われる。

5.4 社会身体のダイナミクス

社会身体を身につけること――ヴィゴツキーと小さな増分

すでに見たように、〈社会〉・〈文化〉からイメージへと焦点を移動することは、社会的現実を動きや揺れの可能性の中で捉えることでもある。こうしたことは、現代世界の文脈において社会身体の問題を考えるとき、特に重要になってくる。端的に言って、我々は、変化することを、学ぶことを日々強いられている。居住地や仕事が変わったり、体調や心境が変わったり、また周囲の状況の変化があったりして、自分が参与する社会身体は変わってゆくし、また、絶えまない技術革新、知識体系の変化、社会文化的状況の変化などの中で社会身体が大局的に変容したり分岐したりする。そのたびに、新たな社会身体——あるいは新たに変容した社会身体——を身につけることが必要になってくるのだ。[21]

社会身体を身につけることはどのように成し遂げられるのか。「反復によって身につけるのだ」という答えがすぐ思い浮かぶが、それは答えとして不十分である。「畳の上の水練」が無益なのは誰もが知っている。水泳を学ぶということは、実際に水に触れ、現場で指導してもらい、他の人が実際に泳いでいる様子を見たりしながら、プールの水と身体との物理的関係のイメージ平面——我々の筋感覚において生きられるイメージの平面——の上で練習を重ね、次第に「プールで泳ぐ人」の社会身体に加わってゆくことにある。

あるいは幼児が母語を習得する過程を考えてみよう。例えば日本語でいえば、名詞は様々な助詞と結びつき、動詞・助動詞は活用するから、実際に幼児が耳にする言葉は常にヴァリエーションの中にある。それは単語帳を記憶するような単純作業では全くない。彼らは、たえず変化する、生きた言葉の全体を繰り返し聴く中で、特定の部分を単一の言葉として同定すると同時に、その言葉が変化する規則を推察しなければならない。そうやって一度体得したルールは、適宜修正されつつ、他の無数の言葉や言い回しを学ぶのに活用されていくだろう。一言でいえば、子どもたちはそうやって、日本語のイメージ平面に内在する秩序を自ら発見し、それを体得する中で、日本語話者の社会身体に参与してゆくのである。

一般的にいえば、こうした社会身体の学びの過程を最も鋭く捉えたのは、4.4でも触れた心理学者レフ・ヴィゴツキーの、「最近接発達の領域」の理論であるだろう。[22] 彼は子どもの学びについて論じる中で、学習における決定的瞬間が、子どもと周囲の人々との間の相互交渉の中に存在することを指摘した。ヴィゴツキーによれば、「共同のなか、指導のもとでは、助けがあれば子どもはつねに自分一人でするときよりも多くの問題を、困難な問題を解くことができる」。そして彼は、そこでの「一人で解きうる問題の範囲」と「助けがあるときに解きうる問題の範囲」の間の差異を、「最近接発達の領域」と呼んだのである。[23] 最近接発達——つまり最も近距離への発達——とは、いわば能力の微小な増分のことであり、これを本節の議論ではΔxと表記しておこう。このΔxが可能になるのは、まず人間が学ぶという潜在能力を持っていること、次にこの潜在能力を引き出す上で他者からの「助け」が刺激になりうること、の二つからである。なお、ヴィゴツキーはこの最近接発達の理論では、媒介者としての「他者」を強調しているが、彼の理論的枠組の全体から言えば、学びには、周囲の人間のみならず、周囲のさまざまな「事物」——道具や言葉、また、遊びなどの媒介物——も決定的な形で関わりうる。[24]

こうしたことを総合していえば、ヴィゴツキーが論じたのは、学びという行為における小さな増分Δxは、本質的に、人々と事物の両方を含めた意味で、「社会的」な性格を持つものだということである。この意味では、学ぶことと社会身体に加わることはほぼ同義だといえる。

学習とアイデンティティの増分（レイヴとウェンガー）

ここで、社会身体への参加についてさらに掘り下げて考えるため、人類学者ジーン・レイヴと教育学者エティエンヌ・ウェンガーが、ヴィゴツキー理論の深い影響下で著した『状況に埋め込まれた学習』(1991)に言及しておきたい。これは、一九九〇年代以降の人類学に深い影響を与えてきた著作だが、ここでこの本を社会身体への参加に関する理論として読んでみようと思う。[25] 二人の著者はこの本において、メキシコの先住民社会における産婆術の習得から、アフリカの仕立屋の技術習得、現代アメリカの海軍における操舵法の習得、肉加工職人の技術習得、さらにはアルコール依存者の自助グループにおける断酒の学習まで、多種多様な場における人々の学びの過程を考察し、その過程を「正統的周辺参加」という言葉で特徴づけた。これが社会身体の理論とどのように関わりうるのかを、とりわけ最近接発達Δxに注目しつつ、事例とともに見てゆこう。

レイヴが自ら調査したリベリアの仕立屋の事例では、そこに弟子入りした者の修練は、上から俯瞰的に構造化された教育カリキュラムに従って進むというより、新弟子を取り囲む人々との関係の中で、学んだ技能の増分Δxが徐々に積み重ねられる形で進む。レイヴとウェンガーは、この小さな学びの積み重ねのプロセスが、「見習い」としての正統的かつ周辺的な身分からだんだんと中核的な作業に参加していくことであることから、それを「正統的周辺参加」と呼んだ。この概念が「正統的周辺参加」であり、「正統的周辺学習」でない点は重要である。言うなれば、レイヴとウェンガーはここで、学びの小さな増分Δxの積み重ねが、知識や技能の増大を意味するだけでなく、学ぶ者自身の小さな変化Δi――ここでΔiの変数iとしてidentityの最初の文字を取ってみる――の積み重ねでもあることを強調しているのである。これは、学ぶことと社会身体に加わることは同一であるという考えの別の表現にもなりうるだろう。

ところで、レイヴとウェンガーの『状況に埋め込まれた学習』においてもっとも重要な概念の一つは、「脱中心化」である。[26] 著者たちがこの本で努めて避けようとするのは、学びの過程をアプリオリに体系的なもの、いわば「中心」志向的なものと見なして把握することである。この脱中心化のアイデアを発展させながら言えば、学ぶこととは一般に、状況の多元的な広がりの中で、周囲の人々や事物と相互交渉しつつ、学びの小さな増分の多様なベクトル——その多次元性を示すためにこれをΔx、Δy、Δz……と表記してみよう——の重ね合わせを行っていくことだと考えられる。例えばマヤ人の産婆の家に生まれた少女の場合は、薬草の見分け方や使い方（Δx）、出産の補助やマッサージのための手の動かし方（Δy）、また祭式のために必要な一連の知識（Δz）など、各々の場面で各々の軸に従った学びを達成しつつ、それらの個々の学びのベクトルの合成が、産婆になってゆくプロセス（Δi）を構成することになるだろう。海軍の操舵手の場合も、初心者は一方でワークブックと演習問題など文字を通じて学びつつも（Δx）、他方では測深儀や望遠鏡の扱いなどを学び（Δy）、それらを読み取って海図に書き込んでゆく仕方を学び（Δz）、やがて様々な行動を組織化することを学び、さらに現場での訓練を経る中で、操舵手になってゆく（Δi）。アルコール依存者の自助組織であるアルコホーリクス・アノニマスの場合には、アルコール飲料についての知識やアルコールについての組織の規定を学ぶだけでなく（Δx）、古参メンバーたちの自らの断酒の実践についての語りを学び（Δy）、そしてそれを自分自身の断酒の実践に結びつけることを学び（Δz）、そうした一つ一つのステップが「断酒者になってゆく」（Δi）ことを意味する。[27]

このように脱中心的な見方をするならば、学校のようにカリキュラムを作り、それに従って学習が行われるように綿密に計画された組織を扱う場合にも、部分的にせよ応用することができるはずである。そもそもカリキュラムと一言で言っても、学びの中身は科目によって、単元によって異なるし、そこでの最近接発達（Δx、Δy、Δz……）の方向性も異なっている。さらに、学校という場所はそれ自体、人々と事物との全体によって形成される社会身体が展開される場所であり、そこでの「生徒になること」（Δi）と様々な学び（Δx、Δy、Δz……）との関係も複雑である。また、そこでは先生も様々な形で学び（Δx、Δy、Δz……）、「先生になる」過程（Δi）を重ねている。[28] このような意味で、あらゆる場所において、「社会身体に加わること」の民族誌的な把握は興味深い過程であると言える。

以上の理論的準備のもとで、次にアメリカの映画作家フレデリック・ワイズマンの、アメリカ軍の新兵訓練に関するドキュメンタリー映画《基礎訓練》(*Basic Training*, 1971)を取り上げてみたい。この映画は、軍隊という中心化の傾向が著しく強いはずの場所での学びさえ、結局は脱中心的・多方向的な学びによって支えられていることをよく示すからである。

《基礎訓練》ワイズマン

《基礎訓練》は、ベトナム戦争末期の一九七〇年、ケンタッキー州フォートノックス陸軍基地（映画の中でこの固有名は示されないが）で集中的に撮影された映像に基づく映画であり、徴兵制度下での新兵訓練の様子を捉えた、初期ワイズマンの代表的な作品である。[29]

この映画を通じてワイズマンが提起する問いは、単純明快なものである。平凡な若者たちが、一体どのようにして「兵士」――言い換えれば、「国家のために自らの命を危険にさらし、敵を殺害する人間」――になるのか。その答えは簡単ではない。確かに軍隊は学校以上に法や規則が明瞭な場所であり、それに違反すれば厳しい懲罰が待っている。映画の冒頭部分で、上官は入隊したばかりの若者たちに対して次のように演説する――「言われる通りに行動すればトラブルはない。反対すればトラブルになる。反抗しようと思う人もいるだろうが、もう遅い。君たちはもう軍隊にいるのだ……」。その中で新兵たちは規律を学び、必要な知識を学び、武器の使い方を習得してゆく。映画の冒頭では、返事の仕方、歯の磨き方、歩き方など、身体の動かし方の一つ一つが訓練の対象となることが示される。自己の身体を根本から作り直すことがそこで行われるのである。

しかし、そうした知識や技能の習得は、先ほどの問いに対する答えの半分でしかない。「命令」によって、すべてが縦の関係で律されているようであっても、その関係が実際に機能する仕方はもっと複雑である。縦の関係といっても、軍隊の階梯上の距離によって緊張度の度合いには差があり、教練の場でも、そうした関係に従って、いくぶんリラックスした斜めの関係のような雰囲気が現れることもある。もちろん、一番重要なのは、寝食を共にして、一緒に知識や技能を学び、（映画の中でも繰り返し出てくるように）常に一緒に隊列行進する、同僚の兵士との横の関係である。実際、彼らがいざ戦場に行き、「自らの命を危険にさらし、敵を殺害する人間」になる時、それを根底から支えるのは、知識でも技術でもなくて、こうした兵士同士の同朋意識なのである。

訓練が進み、内容もより実戦に近い形になって臨場感を帯びてくると、そうした事情はさらに明瞭に現れてくる。現在進行形のベトナム戦線から一時帰国した先輩兵の話を聞いたりする中で、新兵たちは、これは遊びではない、明日は自分も戦場に送り込まれるかもしれないとの感を強くしてゆく。その中で彼らが自覚してゆくのは、戦場に放り込まれたら、ともかく仲間と力を合わせて「自己保存」のために必死で戦わねばならないという事実――「相手も怖いから殺そうとしてくる、こちらも相手を殺さねば殺されてしまう」という事実の自覚――である。「死んでゆく敵兵を銃剣で支えるのは容易ではない」、「捕虜を捕まえたら、顎をつかんで頭を棍棒で殴れ。捕虜は死ぬかもしれないが、そうやっておとなしくなる」、といった知識を彼らは身体全体で学んでゆくのだ。しかし、そうはいってもこれは訓練である。時折、高まった緊張感から一瞬間解放されて、皆で笑い出したりもする。《基礎訓練》では、すべての新兵がこうした「兵士になること」の過程をトラブルなく通過していくわけでは決してないこともありありと示される。隊列行進が一人だけうまくできないため、連帯責任を負わされた同僚たちからいじめに遭い、食事も喉に通らずにノイローゼ気味になる者。また、戦闘訓練という「他者を攻撃する」ことが許される行為のなかで、心の中にあった攻撃性がむき出しになってしまい、自分を抑えきれなくなる者。別の場面では、小さな規律違反を犯した黒人の兵卒に対して、上官が「規則に従って罰を受けた方がいい、不満があるからといって軍法会議の裁定を求めると、あとで経歴にも響く」と諭すと、この黒人の兵卒は反論して、「自分は名誉なんかいらない、自分の人生がほしいだけだ、アメリカは自分の国じゃない」と言う。とはいえ、大多数の兵士たちが、多かれ少なかれ実戦を模擬した訓練をこなすようになっていくのも確かだ。最後の基礎訓練の修了式の場面では、訓練を終えて満足げな兵士たちの間に、最初にノイローゼ気味になっていた兵士の顔も見える……

《基礎訓練》が鮮やかに描くのは、軍隊という最も垂直的な構造をもつ組織においても、それが実際に機能するためには、斜めの関係や横の関係が決定的に重要なことである。そうした社会的な――社会身体的な――学びの過程で、人々は様々な知識や技能を習得する（Δx、Δy、Δz……）とともに、「兵士」となってゆく（Δi）。しかし、新兵たちの中で生まれる変化（Δx、Δy、Δz……およびΔi）が企図したものとずれている場合には、上官たちは対応を余儀なくされるし、またその対応の結果がいつも上首尾に終わるとは限らない。レイヴとウェンガーは、「正統的周辺性というのは、権力関係を含んだ社会構造に関係している複雑な概念である」と述べる。[30] ここで彼らが言及している「権力関係」は、単なる支配従属の関係ではなくて、むしろ晩年のミシェル・フーコーが論じたような、自己と他者の力を整序する関係としての権力関係――固定的でもあれば可動的でもありえ、抑圧的でもあれば創造的でもありうるような力の関係――のことであるだろう。[31] 軍隊はもちろん、原理的には固定的かつ抑圧的な権力関係が展開する場所である。しかしそれでも、そこにある種の創造的な部分があるからこそ、新兵たちは「兵士」という社会身体を――多くの場合、不承不承ではあれ――主体的に身につけてゆくのだ。

5.5 イメージ・力・社会身体

以上、本書の前半部――第1章から本章まで――では、イメージの人類学の基礎理論の構築を行ってきた。次章以降の後半部では、そうした基礎理論を土台に、20世紀の古典的人類学の遺産を改めて吸収しつつ、より具体的な形で現代世界への人類学的アプローチを考えることにする。しかしその作業に移る前に、前半部の内容をとりまとめるとともに、いくつかの補足的な考察を行っておきたい。

「イメージの人類学」というと、日常用語としてのイメージ――心の中のイメージ、あるいは、視聴覚映像のようなもの――の問題を扱うものという印象を与えるかもしれない。しかしながら、私が本書で企てているのは、人類学そのものを、いわば「民族誌的フィールドワークを直接ないし間接の基盤としたイメージの学」として再構築することである。ここで「イメージ」とは、1.2で述べたように、「Xに対する現れ」のすべてを指すものであり、例えば、石と石が衝突する際の相互的な「現れ」、オジギソウに触れる指のオジギソウへの「現れ」、神経系を持つ生物にとっての感覚的イメージの「現れ」、話し言葉や書き言葉のイメージ、そして数式のような高度に抽象的な記号のイメージなどの全てを含む。本書の立場から言えば、イメージの根本的な特徴はイメージが「脱＋再イメージ化」することであり、そこから「イメージ平面」の多層性や「再イメージ化の照り返し」というアイデアも生まれてくる。第4章の冒頭では、カーペンターに依拠しながら、イメージの現れは時間・空間の中で起こるのではなく、時間性・空間性と不可分な形で起こるのだという考え方を提示したが、これも、現代世界の人類学を本格的に考えていくうえで重要になっていくアイデアだと思われる。

さて、本章で私は「社会身体」というもう一方の中軸的概念を提出したわけだが、これは、イメージの定義を参照しついえば、「Xに対する現れ」の「Xに対する…」の部分に特に関わってゆくものであると言ってよい。イメージの概念と社会身体の概念がどう交叉するのかをみるために、ここで、ヒュームの喩えに再び戻って、私が「ボートを漕ぐ二人の者」の一人であるとして考えてみよう。一方では、私に対しての、川の水・ボート・櫂の現れ（＝イメージ）があり、また、もう一人の漕ぎ手が櫂を動かす力の現れ（＝イメージ）がある。もう一方では、私の相棒の漕ぎ手に対しての、川の水やボートや櫂の現れ（＝イメージ）があり、また、私が櫂を動かす力の現れ（＝イメージ）がある。社会身体とはこうした現れが組み合わさったものにほかならない。ここでもし、私が相棒と一緒にボートを漕いでいるときの、「Xに対する現れ」の「X」とは何かと問うなら、その答えは見方次第であるだろう。つまり「X」は、どの角度から考えるかによって、私個人の身体とも、相棒と私の身体の連合とも、私と相棒とボートが形成する社会身体とも、また私と相棒とボートと川の水が形成する社会身体とも見ることができる。定義が曖昧なのではない。社会身体の概念は、考察対象を実体化するためにあるのではなく、考察行為と考察対象の再帰的関係の中でのみ意味を持つものなのである。

　私はいま「ボートを漕ぐ二人の者」について考察する中で、「力」（ないし「力の現れ」）という言葉をほとんどイメージという言葉と重なり合うものとして用いた。実際、「現れ」としてのイメージは常に何らかの意味で「現れる」だけではなくて「作用する」ものでもある[32]（この意味で、本書の全体を通じて、イメージと力という言葉を入れ替えることは、多くの場合可能である。もちろん、各々の文脈において当該の言い方をした方が常識的に理解しやすいことはあるが）。高いところから転げ落ちてきた石は、下方にある石に衝突して、そのイメージ＝力が下方の石を動かしたり割ったりする。お花畑に広がる花の香りは、香りのイメージを生み出すだけでなく、抵抗しがたい力――いうなれば権力性――とともに昆虫を引き寄せる。赤ちゃんから発せられた泣き声の音声的イメージは、同様に、抜き差しならない権力性とともに親に迫ってくる。もちろん、イメージが事実上何の作用も生み出さない場合もある。昆虫のフェロモンは雌雄関係においては強力な力を発揮するが、私には何の効果も及ぼさない。逆に私が目の前の昆虫をいくら怒鳴りつけたところで、昆虫は私に対して聞く耳を持たない。イメージの作用は、受け手の側がその表れをどんなイメージ平面の上で受け止めるかに依存しているのであり、言い換えれば、受け手が周囲の世界と営んでいる社会身体のあり方に依存しているのである。[33]いずれにせよ確かなのは、「イメージ」と「力」は連続的に繋がったものであり、多くの場合、両者は表裏一体だということである。もしこのような言い方が概念的に不明確であるなら、「イメージ＝力」を合わせた全体を、スピノザ哲学の用語を使って、「感受《アフェクティオ》」という一つの言葉で言い換えても良いかもしれない。[34]

　さて、本書の後半部の議論を念頭に置きながら、「ボートを漕ぐ二人の者」のイメージについてもう少し敷衍しておこう。二人の漕ぎ手・ボート・川の水からなる社会身体で働く様々な力は、相棒と私の身体・精神の状態によって、異なった種類の関係性の中に置かれうる。例えば、もし相棒と私がボートを漕ぐのに習熟していれば、様々な力が連合してボートは滑るように動いてゆくが、もしも私たちが不慣れであるなら、櫂を動かす力のベクトルはお互いに、また川の水のそれとも衝突して、エネルギーの無駄ばかりが生じてしまう。また、もし相棒と私の意志が微妙にずれているならば、やはりエネルギーが相殺されてしまうだけでなく、各々の漕ぐ力（＝イメージ）が不快感とともに相互に現れて、「ボートを漕ぐ二人の者」の力の求心性は低下していくだろう。もちろん、すべてを機能的に考えるのは間違っている。ボートはいつも全力で漕がねばならないわけではなく、お互いに力をセーブしながら、景色を楽しみながら漕ぐこともできる。「ボートを漕ぐ二人の者」における社会身体のこうした様々なあり方は、社会身体一般を考えるうえでもヒントになりうるだろう。

次章から始まる本書後半部では、いわゆる「未開」社会の研究を主軸の一つとする20世紀の古典的人類学を再訪するところから議論を始めるが、そこでは、こうした社会身体の存在様態――そこにおける諸力の相互関係――の問題が本質的な形で現れてくることになる。20世紀前半以来、人類学者は世界各地の様々なフィールドにおいて、様々な「他者」と出会ってきたが、そうした出会いの最も重要な意義は、西欧近代における社会身体とは根本的に異質な社会身体を現場で観察し、その存在様態に関する記述と考察を辛抱強く積み重ねてきたことだったと思われる。

第6章と第7章では、こうした20世紀人類学の遺産を振り返りつつ、社会身体の存在様態のヴァリエーションを、ディナミスム、アニミズム、アナロジスム、客体化された〈自然〉という四つの概念によって把握していく。これらは、イメージの人類学において、その基礎理論と対比する形で、実践的な理論を構成するものと言ってもよいかもしれない。そうした議論を踏まえ、本書終盤の第8章と第9章では、この四つの自然観についての考察を背景にしつつ、様々な具体的事例を参照しながら、現代世界における人類学について考えてゆくことになる。

注

1　本書第7章の言葉でいえば、これは「アナロジスム」の自然観から「客体化された《自然》」の自然観への移行の、最初の透徹した表現の一つである。

2　本節全体はホッブズ『法の原理』（田中浩他訳　岩波書店　二〇一六年［原著一六四〇年］）および『リヴァイアサン』（『世界の名著28　ホッブズ』永井道雄責任編集　中央公論社　一九七九年　所収［原著一六五一年］）によっており、直接引用部分は前者の一四一頁および後者の一五六頁にある。なお、通常ホッブズの body politic は政治体と訳されるが、ここではホッブズがこの語に与えている身体的イメージを受け止めつつ、あえて「政治身体」と直訳することにする。なお、国家を身体として捉える見方は中世の自然法思想に由来するが、ホッブズはこの巨大な身体を非本質主義的に、一種の人造機械と見なしている点で、やはり自然法思想と一線を画している。

3　フランスの人類学者ピエール・クラストル――彼については6.4で触れる――はホッブズ哲学を正面から受け止めた少数の人類学者の一

人である。

4 『リヴァイアサン』、第13章。

5 この時期は第1次アラン・ガルシア政権(1985-1990)の末期であり、この頃、次期大統領選挙の筆頭候補と目されていたのは作家のマリオ・バルガス・リョサであった。バルガス・リョサを破って無名候補アルベルト・フジモリが大統領になるのは翌一九九〇年のことである。付け加えれば、ここで登場するトゥパク・アマルー革命運動は、一九九六年、フジモリ政権下のペルーでリマ日本大使館占拠事件を起こすことになる。

6 私がこうした状況を経験したのが、主にウカヤリ川の水上交通によって外界と繋がった、アマゾニア熱帯雨林の中の小都市（プカルパ）と村（ヤリナコチャ）であったという背景は、おそらく考慮する必要がある。大都市や幹線道路沿いの町であったなら、状況は異なっていたかもしれない。

7 ヒューム「人間本性論」（『世界大思想全集 哲学・文芸思想篇8 出版の自由・統治論・人間本性論』所収）、河出書房、一九五五年［原著一七三八年］。引用部分は二四二頁および二八一頁。

8 この段落の冒頭で述べたように、これはヒューム自身の思想から外れた読み方だと思われる。というのは、彼自身は「ボートを漕ぐ二人の者」の間のコンヴェンションを二つの主体の間の関係として考えていたと思われるからである。私がここで述べている、「二人の人間の身体」を周囲の事物とまとめて一つの塊としてみる考え方は、ヒューム的というよりスピノザ的なものである。

9 社会についてのこのような考え方は、ブルーノ・ラトゥールが論じたように、明白な形ではガブリエル・タルド（8.3を参照）の社会学に由来するものであると言えよう(Bruno Latour, *Reassembling the Social*, Oxford University Press, 2007)。ただしここでの私の考察は、前注でも述べたように、より根底的には（ホッブズ哲学とも深く関わる）スピノザ哲学を念頭に置いたものである。

10 『社会学と人類学Ⅱ』（有地亨他訳 弘文堂 一九七六年）、引用は二五頁および六九頁。

11 『バリ島人の性格――写真による分析』（外山昇訳 国文社 二〇〇一年）、四三頁。

12 ベイトソンはこうした点を、「バリ――定常型社会の価値体系」という論文で、後に新たな視点から文章で論じている（『精神の生態学』改訂第二版 佐藤良明訳 新思索社 二〇〇〇年［原著一九七二年］）。

13 この点はおそらく、ベイトソンとミードが用いた写真および16mm映画フィルムが音声を欠いていたという、一九三〇年代の技術的限界と切り離せないだろう。例えばベイトソンは、一九五〇年代以降に展開する「論理階型」についての思索において、「脱＋再イメージ化」の問題の次元に当たる問題を正面から取り上げている取り上げている（本書の8.5では、こうしたベイトソンの思索にも触れるはずである）。この観点からは、一九六〇年代に彼が書いたバリに関するもう一つの論考「プリミティブな芸術の優美と様式と情報」（『精神の生態学』所収）も興味深い。

14 モーリス・レーナルトは、対をなす親族名称で呼び合う関係が、その関係を構成する個人に潜在するものであることを、透徹した考察によって論じた。「祖父と孫、おじと甥、おばと姪といった同等関係にある者、母と子、父や直系の男と息子などの二元的関係にある者は、ただひとつの用語でまとめられる。［……］カナク人は認識という次元で知性の働きによって物事をとらえるのではなく、情緒的な反応によって直接に了解するのであり、二人の人物の一方ずつを記憶にとどめるのではなく、第三のものを心にとめる。この第三のものは、それに充てられた呼称から分かる。この第三のものはひとつの実体をなす人物である。母方のおじと甥、祖父と孫などは、われわれの目からすればどう見ても二人であるが、カナク人の目にはひとつの同質的な全体をなすのである」。この考えは、後述するマプーチェの親族名称を考えるうえでも参考になる。（M・レーナルト『ド・カモ』坂井信三訳 せりか書房一九九〇年［原著一九四七年］、一七一－一七二頁）。

15　実際、「父の兄弟」は、マジェとチャウの結合形である「マジェチャウ（オジ父）」と呼ばれることもしばしばある。これに対し、「兄弟の息子」（これもマジェ）は「マジェフォトゥム（オイ息子）」とも呼ばれる。つまり「マジェ」は実は「マジェチャウ（オジ父）」と「マジェフォトゥム（オイ息子）」の省略形であると見ることもできる。とすると、「マジェ」という名称では、（1）で述べた対称性の原則と、「同性の兄弟を同一化する傾向」が共存していると考えることもできるわけである。

16　例えばR・M・キージング『親族集団と社会構造』（小川正恭他訳 未来社 一九八二年）を参照。

17　なお、こうした場合一般に「交叉イトコ」というのは緩いカテゴリーであり、文字通りの「父方オバの子供」「母方オジの子供」と結婚しなければならない、という意味ではない。

18　クロード・レヴィ＝ストロース『親族の基本構造』（福井和美訳 青弓社 二〇〇〇年［原著一九四九年］）を参照。端的に言えば、母方交叉イトコ婚が推奨される場合、理念的には、親族集団は「妻を与える集団」からの妻の婚入と、「妻をもらう集団」に向けての妻の婚出の反復が想定される。つまり、そこには三つないしそれ以上の数の集団が介在することになるのだ。これは双分制――および父方・母方両方の交叉イトコ婚の選好――とは全く異なった社会モデルということになる。

19　マプーチェ的思考にも垣間見られる、南米先住民独特の「祖先＝敵」というアイデアは、E・ヴィヴェイロス・デ・カストロがブラジルの先住民アラウェテに関する有名な民族誌の中で、鮮やかに分析されている (Eduardo Viveiros de Castro, *From the Enemy's Point of View: Humanity and Divinity in an Amazonian Society,* The University of Chicago Press, 1992 およびE・ヴィヴェイロス・デ・カストロ『インディオの気まぐれな魂』近藤宏・里見龍樹訳 水声社 二〇一五年を参照）。マプーチェは、ヴィヴェイロス・デ・カストロが議論の対象としているトゥピ＝グァラニー諸族には属していないが、アイデアの類似性は明らかだと思われる。

20　ただし、第3章で述べた一九九〇年代初頭のマプーチェ社会の状況のもとで考えるなら、以上の分析は、マプーチェ社会の現在というよりも、むしろ過去の現実に向かったものである。人々は日常的にはスペイン語を話し、スペイン語の親族名称を使うのであり、マプーチェ語の親族名称の重要性は、儀礼的対話を行う知者たちを除けば、かなりの部分薄れている。婚姻に関する規則なども、年配の世代は覚えているものの、若い世代ではそれに違反する例が多くある。しかしいずれにせよ、親族名称体系が、依然としてマプーチェ的社会身体の重要な一部をなしていることも確かである。

21　田辺繁治の『生き方の人類学』（講談社、二〇〇三年）は、このような視角から人類学の全体を根本的に再構築する企てであり、そこでは、田辺自身のタイでの長年の民族誌的調査の成果が、レイヴとウェンガーの実践コミュニティ理論、ウィトゲンシュタインやミシェル・フーコーの著作の解読などと有機的に組み合わされて、新たな人類学的思考の領野が切り開かれている。以下の議論は、この田辺の仕事からの明らかな影響のもとにある。

22　ここでは中村和夫が提案する訳語に従う（『ヴィゴーツキー心理学完全読本』新読書社 二〇〇四年）。

23 レフ・S・ヴィゴツキー『思考と言語』、三〇一―三〇四頁。引用は三〇二頁。付言すれば、こうした考え方は、プラトンの『メノン』で無学な少年がソクラテスの「助け」で幾何学の問題を解く一節にまで遡ることができる。

24 ヴィゴツキイ「子どもの発達における道具と記号」（『記号としての文化――発達心理学と芸術心理学』柳町裕子・高柳聡子訳 水声社 二〇〇六年 所収）を参照。

25 ジーン・レイヴ、エティエンヌ・ウェンガー『状況に埋め込まれた学習――正統的周辺参加』（佐伯胖訳 産業図書 一九九五年）を参照。なお、「学習」という言葉は学校教育を強く意識させるものであり、ここではそれよりも広い社会的コンテクストを念頭に置いているので、learningという用語については、「学習」を適宜「学び」という言葉に置き換えている。また、本節の記述が田辺繁治の議論を暗黙の前提としている関係から、community of practice の訳語としては、田辺が用いる「実践コミュニティ」を用いた（『状況に埋め込まれた学習』では「実践共同体」が訳語となっている）。

26 以下、『状況に埋め込まれた学習』、75頁。

27 こうした事例におけるx、y、z等は一般には独立変数ではない（代数学的にいえば線型独立ではない）。小中学校等での学習で、諸教科の学習や社会生活、クラブ活動など、多様な学びが複雑に連動していることを思い浮かべてもよい。

28 レイヴとウェンガーは「すべての人は、変化しつつある共同体の将来に対して、ある程度は「新参者」と見なすことができる」と指摘している（一〇五頁）。

29 映画《基礎訓練》(*Basic Training*)は、ワイズマンのプロダクションのウェブサイト(http://zipporah.com)より個人観賞用DVDを比較的安価で入手可能である。

30 『状況に埋め込まれた学習』、一一頁。

31 たとえば「自由の実践としての自己への配慮」（『フーコー・コレクション 6 生政治・統治』小林康夫・石田英敬・松浦寿輝編 筑摩書房 二〇〇六年 二九二―三三六頁）を参照。

32 エマヌエーレ・コッチアの『感性的生』(Emanuele Coccia, *La vita sensibile*, Il Mulino, 2010)は、自然と人間をめぐるイメージの生を透徹した文体で論じた、きわめて重要なイメージ論である。しかしながら、物の地平（存在論）とイメージの地平（微小存在論 microontologia）を分けて、イメージが媒体に何の変化も与えずに広がり、増殖するものとして捉える点において（つまりイメージと力を完全に峻別してしまう点で）、彼の議論は厳密さを欠いているように思われる。本書の「脱＋再イメージ化」の理論は、まさに物がイメージ化すると同時に、その作用力を保持しつづける事態を考察しようとするものである。

33 しかし、認知動物行動学者マーク・ベコフによれば、動物が異種間でコミュニケートを樹立することは必ずしも珍しいことではない（『動物たちの心の科学』高橋洋訳 青土社 二〇一四年）。その意味では、イメージ平面の差異を絶対的なものとして捉えるのは誤りであろう。

34 スピノザのアフェクティオ(affectio)には幾つもの訳語があるが、ここでは「感受」という言葉を使ってみる。感受は、熊野純彦がベルクソンの『物質と記憶』の翻訳（岩波文庫 二〇一五年）で affection の訳語として用いている言葉であり、これをスピノザの affectio に――いわば遡及的に――転用することを考えた。なお、ここでの「感受《アフェクティオ》」という言葉は、例えば「感受性」というような心的色彩の強い言葉とは異なり、身体が受け止めるものをまるごと含んでいる。

第6章　自然のなかの人間

本章と次章では自然について考える。

その第一の理由は、〈文化〉と〈社会〉の概念を外して人類学の問題を考えるとき、あたかも空いた場所を埋めるようにして出てくるのが、自然——および身体——のテーマだからである。実際、本書の前半部で樹立した理論的地平から、改めて古典的人類学の遺産を眺めてみると、そのかなりの部分は自然と人間の関係についての理論として蘇ってくることがわかる。こうした読み直しを行う中で、古典的人類学を現代的人類学に広く役立てるための方途も見出されていくだろう。

自然はまた、人類学において一九九〇年代以降に大きく進展してきた問題領域でもあった。本章と次章の私の議論は、特にフランスの人類学者フィリップ・デスコラによる「自然の人類学」の議論に大きく負うことになる。デスコラは、大著『自然と文化を超えて』(2005)や編著『イメージの創生場』(2010)で、人類の様々な社会における自然と人間の関係のあり方を、アニミズム、トーテミズム、アナロジスム、自然主義という四種類に大別し、それらの内的構造と相互関係を体系的に論じた。[1] 大ざっぱには、本章が最初の二つに対応し、次章が後の二つに対応すると言うことができる。ただし、はっきり述べておきたいが、私がここで行うのはデスコラ理論の忠実な紹介ではない。デスコラの仕事への敬意は失っていないつもりである。しかし私は、私自身の仕方で彼の理論的枠組をとらえ直し、中身を組み替え、別の仕方で組織化することに十分な意義があると考えた。それゆえここでの議論は、最終的には、デスコラ理論の全体的枠組から相当に離れたものである。[2]

議論に入る前に、ここで私が自然という言葉で何を理解しているのかについて述べておきたい。自然という言葉は、一般的には、「自然」対「文化」、「自然物」対「人工物」という風に人間的なものと対立させられた形で使われることが多いが、このような見方がイメージの人類学と両立しえないことは明らかである。本書では、自然と文化、自然物と人工物を対立させるのではなく、むしろ文化や人工物を含めて、あらゆる「現れ」を含みこむ広義の自然――究極的にいえば、人間も文化も人工物も自然から出てきたものに過ぎない――、あらゆるイメージの総体としての自然について考えるということになる。

こうした全体的視野のもと、本章ではアニミズムとディナミスムについて考察する。これらは一見すると我々の社会から最も遠いところにある考え方であるようにもみえる。しかし、後述するように、それらは現代世界の人類学的考察にとっても根本的な重要性を持つものである。

6.1 ディナミスム――自然の力を感じること

宗教概念を脱中心化する（タイラー）

あらゆる「現れ」の総体としての自然を、〈文化〉と〈社会〉のメガネを外して直接的な考察の対象とすること。このように課題を立ててみると面白いことに気がつく。人類学が〈文化〉と〈社会〉を理論的道具として研究対象に向かっていく以前の、黎明期の人類学者たちは、確かに自然のイメージ的な現れに直接的に焦点を当てて考察を行っていたのだ。例えば、エドワード・B・タイラーは『原始文化』(1871)で、霊的なもの――生と死、呼吸や影、魂が脱け出るような経験、動物の生死、さらには植物や物体に籠もった魂など――に関する未開人の経験を、明らかなエンパシーとともに書き綴っている。彼はそこから、「少しも宗教概念を有しない」と断罪されてきた未開人の中にも、高度な宗教とひそかに通じた宗教的思考が確かに存在すると論じる。そして「根源に遡って、宗教とは霊的存在者を信ずるという、最少限度の定義を下す」という目的のもとで、「アニミズム」の概念を提起するのである。ここからもわかるとおり、タイラーがアニミズム概念を作った目的は、キリスト教を暗黙の基準にした宗教観を脱中心化し、未開人と同時代人を連結するためであった。[3]

『原始文化』の影響のもと、世界の諸民族の自然をめぐる態度について民族誌的データが検討されてゆく中で、タイラーが提起した宗教の「最少限度」というアイデアは、その後さらなる脱中心化を被ることになる。中でも重要だったのは、R・H・コドリントンが一八九一年の著作でメラネシアの「マナ」の概念について詳しい報告を行ったことであった。そしてこの報告に続く形で、世界の様々な地域において、アニミズム的信仰――何らかの人格化された対象に向かうものとしての――には明らかに帰着しえないような信仰が議論されてゆく。それは、不特定的な形で物事の間に分散する、呪的な力に関するものであった。こうした方向での最初の理論化を行ったのはR・R・マレットであり、彼は「前アニミズム的宗教」と題された一九〇〇年の論文で、人々の中に「畏れ」(Awe) の感情を引き起こすような、しかしアニミズムとは明らかに異なる「超自然的なもの」をめぐる宗教について論じている。[4]

空間に充満する力(ファン・ヘネップ)

マレット以降の「前アニミズム」の論者の一人としてここで特に注目しておきたいのは、有名な『通過儀礼』(1909) の著者でもあるアルノルト・ファン・ヘネップである。彼は『通過儀礼』を著す前、『マダガスカルにおけるタブーとトーテミズム』(1904)、『オーストラリアの神話と伝説』(1906) という二つの大きな民族学的著作に取り組んでいたが、その中で、マレット以来の前アニミズムに関する議論に基づき、呪的ないし神秘的な「力」についての宗教的思考を、「ディナミスム」という用語——「力」を意味するギリシア語のデュナミスに由来する——を用いて考察していた。[5] ファン・ヘネップの儀礼論そのものも、実は「力《デュナミス》」の研究から儀礼研究へと焦点を移行させた彼自身の研究プログラムに即して理解することで、その意義がよりよく見えてくる。

『通過儀礼』の冒頭でファン・ヘネップは、「文明という言葉を最も広く解釈した場合、その程度が下がるにつれて、聖界が俗界を支配する度合いが強くなるのが認められる。われわれが知っている比較的未開な社会においては、〝聖〟界の支配はほとんどすべてに及んでおり、例えば出生、分娩、狩猟などは、その大部分の側面が聖界に帰するような行為である」と書く。ここで彼が言う「聖」なる世界とは、後段でそれが「呪的世界」と言い換えられていることからもわかる通り、一言でいえば、「力《デュナミス》が充満した空間」のことであるといって良いだろう。[6] そのあと彼は、タイラー以来の未開宗教に関する研究の蓄積に言及しつつ、人類社会に見られる多様な宗教的思考には、霊魂・動植物の力・神といった(何らかの意味で)人格的な力に向かう宗教的思考である「アニミズム」と、そのような人格的な形としては現出しない力に向かう宗教的思考である「ディナミスム」、という二つのタイプが含まれていることを指摘する。この点を念頭に置きつつ様々な儀礼を眺めてみると、神や祖霊、精霊といった人格化された霊的存在に向けて行われる「アニミズム」的な儀礼も多くあるが、他方でそうした明示的な対象が存在しない「ディナミスム」な儀礼も意外に多くあることに気がつくのである。[7]

さて、通過儀礼とは何だろうか。それは、ある空間を「通過」するために行う儀礼である。ファン・ヘネップは、空間を自由に移動するということは比較的新しい現象であり、人類の多くの社会では「ある世界を出て別の世界に入る」ためにはしばしば呪術＝宗教的行為が必要であったことを指摘する。空間は「力《デュナミス》」を含んだものであり、とりわけ「境界」と見なされるような場所を通過するには儀礼が必要とされたわけである。ファン・ヘネップはこのように、空間的な（字義通りの意味での）通過の儀礼に言及した後で、時間的な通過の問題に焦点を当て、通過儀礼——様々な社会に住む人々が人生の諸段階を通過するときに行われる儀礼——について、民族誌文献を縦横に引用しながら詳細に検討してゆく。このような検討の中でファン・ヘネップが繰り返し指摘するのは、時間の中の通過が、常に分離・過渡・再統合の三つの段階を踏むことである。たとえば「子ども」が「大人」として公認されるための成年式の儀礼であれば、最初に儀礼の参加者を「子ども」の時空間から分離するための儀礼が行われねばならず、そのあとの過渡的な時空間において行われる成年式独特の儀礼があり、そして最後に「大人」の時空間に再統合されるための儀礼が行われなければならない。

　通過儀礼が分離・過渡・再統合の三段階の儀礼から成るというこの理論は、その後多くの事例によって確認されただけでなく、ファン・ヘネップが分析の対象としていた通過儀礼の枠を越えて、儀礼一般を分析する場合にも広く援用されるようになった（この点は8.5で改めて取り上げることになる）。振り返ってみれば、ファン・ヘネップのこの儀礼論がこれほどの成功を収めたのは、それがどんなタイプの宗教にも特定化する必要のない、ディナミスムの理論に基づいているからであろう。自然から、あるいは時空間から、人々が何らかの「力」を感じているならば、人々は儀礼を行うことが必要になるのである。

「力《デュナミス》」と叙述語の世界

　ディナミスムは最少限度の宗教理論であり、ある意味でもっとも根強い「宗教」と言えるかもしれない。何の信仰も持たない人でも、お正月におせち料理を食べたり、物事の区切りとなる出来事に特別な感慨を持ったりする。出産や死といった出来事が独特の大きな力を持っているのも、おそらく、自然ないし時空間の「力《デュナミス》」を受け止める力が、人間の中の何か根源的なものと関わっているからである。アニミズムを縁遠いものと感じる人でも、自然に漠然と潜在する力を畏れるディナミスム——個々の歴史的・民族学的形態というより、その根底にあるアイデアそのもの——に何となく共感を感じることは多いのではないだろうか。ファン・ヘネップは『通過儀礼』の結論部分で、「集団にとっても、個人にとっても、人生というものは風解と再構成、状況と形態の変化、および死と再生の絶え間ない連続である。（……）そして、いつも越えて行くべき新しい敷居がある」と書いている。[8] 自然と

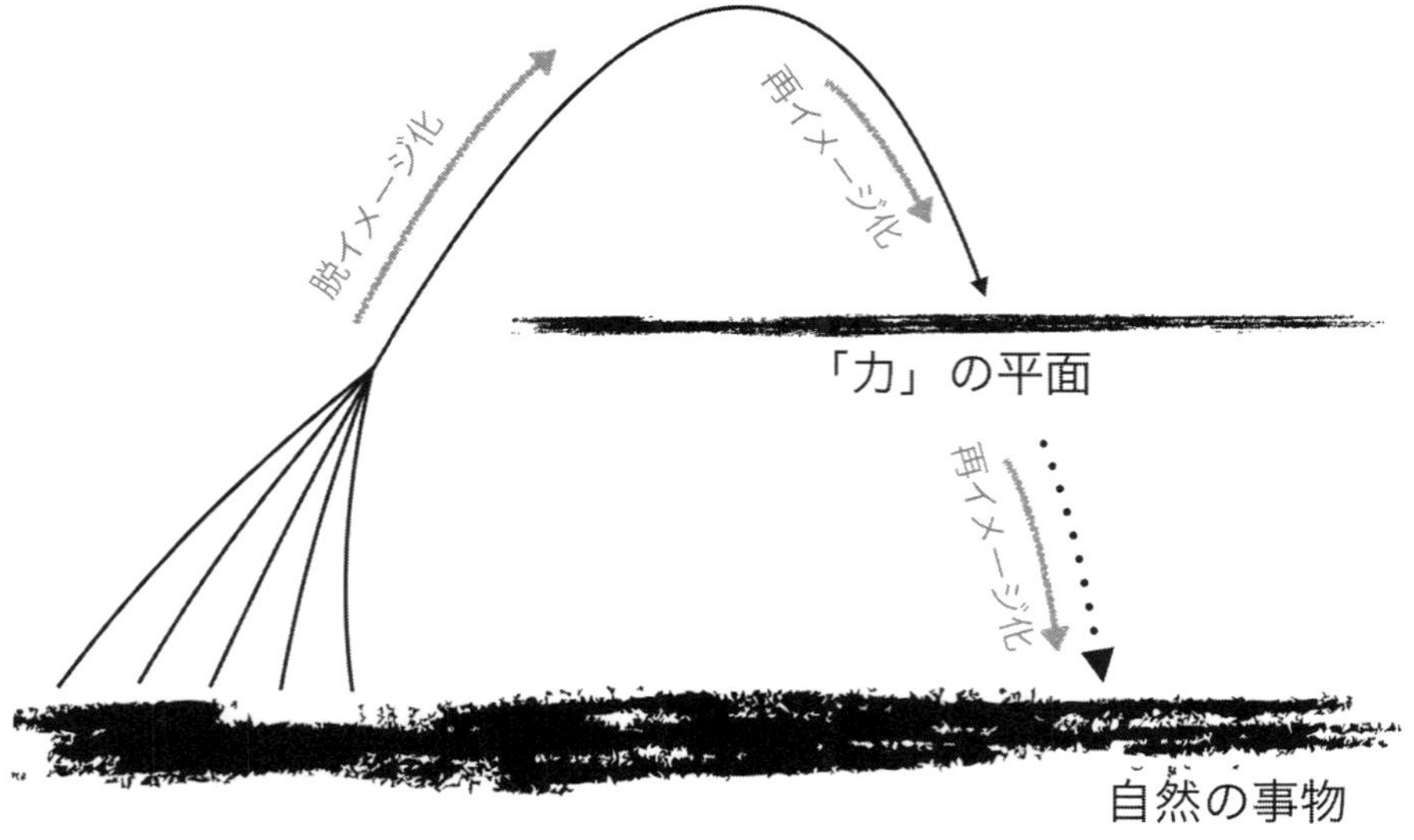

ディナミスム

は——そしてその中の人間そのものも——様々な力の現れであり、そうした様々な力の全体的効果のもとで、死と再生が、人生そのものが、生起していく。ディナミスムとは、そうした力の全体的効果をある単一のイメージのもとで「脱＋再イメージ化」して捉えるものだと言えるだろう（図を参照）[9]。

ディナミスムについては、ここでもう一つ考え合わせておきたいことがある。「神」を意味するギリシア語の「テオス」という言葉について、西洋古典学者のW・K・C・ガスリーが——ドイツの西洋古典学者ヴィラモーヴィッツを引用しつつ——述べている、次の説明である。

> 「神」に当たるギリシア語——テオス（theos）をとってみよう。プラトンの宗教観を理解しようとする場合、宗教または哲学の学徒であるわれわれは、彼が多神論者であったか一神論者であったかの問題を重く見る。しかし、このmonotheist とか、polytheist という言葉はともに、ギリシア語の語形をしているが、実は近代になって、ギリシアにはなかったこの近代的な分け方をさももっともらしく装うために、造語されたものである。（…）彼［ヴィラモーヴィッツ］の言うところでは、プラトンの神について語る場合に心に浮かぶギリシア語のテオスは、本来、叙述語の意味をもつものである。すなわち、ギリシア人は、キリスト

教徒やユダヤ教徒のように、始めに神の存在を断言し、次いで「神は善である」とか、「神は愛である」などと言って、その属性を列挙していったのではなかった。むしろ彼らは、人生の過程や自然の事物の中の喜ばしいもの恐ろしいものに強く感動し畏怖したから、「これは神である」とか「あれは神である」とか言ったのである。キリスト教徒は「神は愛である」と言うが、ギリシア人は「愛はテオス(すなわち「神」)である」と言う。[10]

このような説明を読むと、(ファン・ヘネップの意味での)アニミズムとディナミスムの区別は、絶対的な差異というよりも、主語としての「テオス」と叙述語としての「テオス」という、「力」を捉える観点の違いに似たものであるかのようにも思えてくる。その意味で、ディナミスムは確かにアニミズムを必ずしも必要としないが、アニミズムをディナミスム的に生きることは可能であるとも言えるだろう。

6.2 アニミズム――「多」へと向かう世界

自然の中に住まう様々な「人々」

以上、ファン・ヘネップのディナミスム概念を発掘しながら、人間が根源的に持つ自然の「力《デュナミス》」を感じる能力のようなものについて考えてきた。この「力」を感じる経験は、一方では叙述語的な部分をしばしば色濃く保持してきたものの、他方では名詞化されて、特定の霊的存在に向かう信仰として概念化されてきた。先に述べたように、タイラーは、未開と呼ばれる人々の思考にしばしば見出される、そうした名詞化された信仰のある種の形態をアニミズムと呼んだ。タイラーによれば、アニミズム的思考においては、人間の霊魂《アニマ》は眠りや病気や死、夢や幻覚などによって身体から抜け出すと考えられ、さらに、そうした霊魂が他者や動物や事物の中に入ったり、さらにそれが影や呼吸といったものと類比的に捉えられたりする。[11] これは一般化に過ぎた説明ではあるが、動植物を始めとする事物の魂が人間の魂と通じ合っているという考え方は、確かに世界各地の民族誌に頻繁に見出されるものである。

アニミズムというこのタイラーの用語を近年になって復権させたのはフィリップ・デスコラである。彼はエクアドルの先住民アチュアルのもとで民族誌的研究を行うなかで、アチュアルの人々が、植物や動物の大多数を人間と同じような反省的意識と意図を持つ「人々」として捉えていることに深く印象づけられる。彼らにとってそれらは、人間同様に感情を持ち、魂(霊魂)を持って、同種の「人々」や他種の

「人々」とコミュニケートするものである。もちろん万物が一様に魂を持つのではない。もっとも十全な意味で「人間」であるアチュアル自身を頂点として、周辺の諸民族や非先住民のエクアドル人、川の精霊や動物たち、栽培植物たち、死霊たちといった順に、「人間としての度合い」は低下してゆく。さらに、昆虫や魚の大部分、雑草やコケやシダ、砂利、小川となると、森に住む「人々」の相互的なコミュニケーションの外に置かれて、単に各々の物として識別されるだけである。この自然の中の存在者の階梯の一番下までくれば、ある意味では近代的世界観における物質的な自然に近い考えがあると言えなくもないだろう。しかし、全体としてみれば、「アニミズム的」と呼びうるような、独自の自然観に支えられた世界であることは疑いえない、とデスコラは論じる。[12]

このように自然の中に多種多様の「人々」が住んでいるという状況は、デスコラの師であったレヴィ＝ストロースが『やきもち焼きの土器つくり』(1985)の中で生き生きと描いていたものでもあった。熱帯雨林の先住民の考えに従えば、森に住む動物たちや、ある種の植物たちは、もともとは人間と同じ起源から出てきたものであり、だから一種の「人々」である。そしてこの「人々」は、現在も様々な形で（狭義の）人間たちと絶え間ない交流を続けている。そのような交流関係は、面白いことに、森の中で水平的に広がっているだけでなく、垂直的次元にも広がっている。なぜなら、人間たちは地上で暮らしているが、その上には樹上で生活する他の「人々」――サルやナマケモノなどのような動物たち――の世界が広がっており、また人間の下には地下世界で暮らす「人々」――あるいは地下で暮らすと想定されている神話的存在――がいるのである。そうした中で、階下に住む人々が階上の住人から思わぬ影響を受けることもある。例えば人間の排泄物は、実は地下の「人々」にとって迷惑なものであって、彼らの頭を汚して禿にしてしまうのだ、と考える人々もいる。しかし他の人々は、人間が生み出す爪の切り屑は、その匂いが狩猟に役立つということで、地下の「人々」によって喜ばれるのだと主張する（そして彼らのために、人間は切った爪を集め、供物として置いておいたりするのだ）。同様の関係は、天空においても幾層にもわたって展開するとする考え方もあり、例えば流星は、（上の階に住む）動かない星たちが生んだ排泄物なのだ、と述べる人々もいる。[13]

このような、自然が多種多様な「人々」によって棲まわれている、という認識から出てくる一つの重要な帰結は、彼らの狩猟・漁労・採集・耕作などの活動は、単なる自然の搾取のようなものではないということである。それは、自然に棲まう「人々」との絶え間ない取引を基盤とするものなのだ。自然は受動的な対象ではなく、人間は自然に棲まう様々な存在と対話する中でその生活を営まなければならない――これがアニミズムの根本的な自然観である。[14] そしてデスコラは、こうした考え方がアチュアル人のみならず、南米の熱帯雨林に広く見られること、さらには、自然環境の全く異なる極北地方を含めて北米大陸にも広がっていることを指摘する。それだけではない。ベーリング海峡を越えて、シベリアから東南アジア、そしてオセアニアに至るまで、自然の中に様々な「人々」を見出す考え方は、きわめて頻繁に見られるのである。[15]

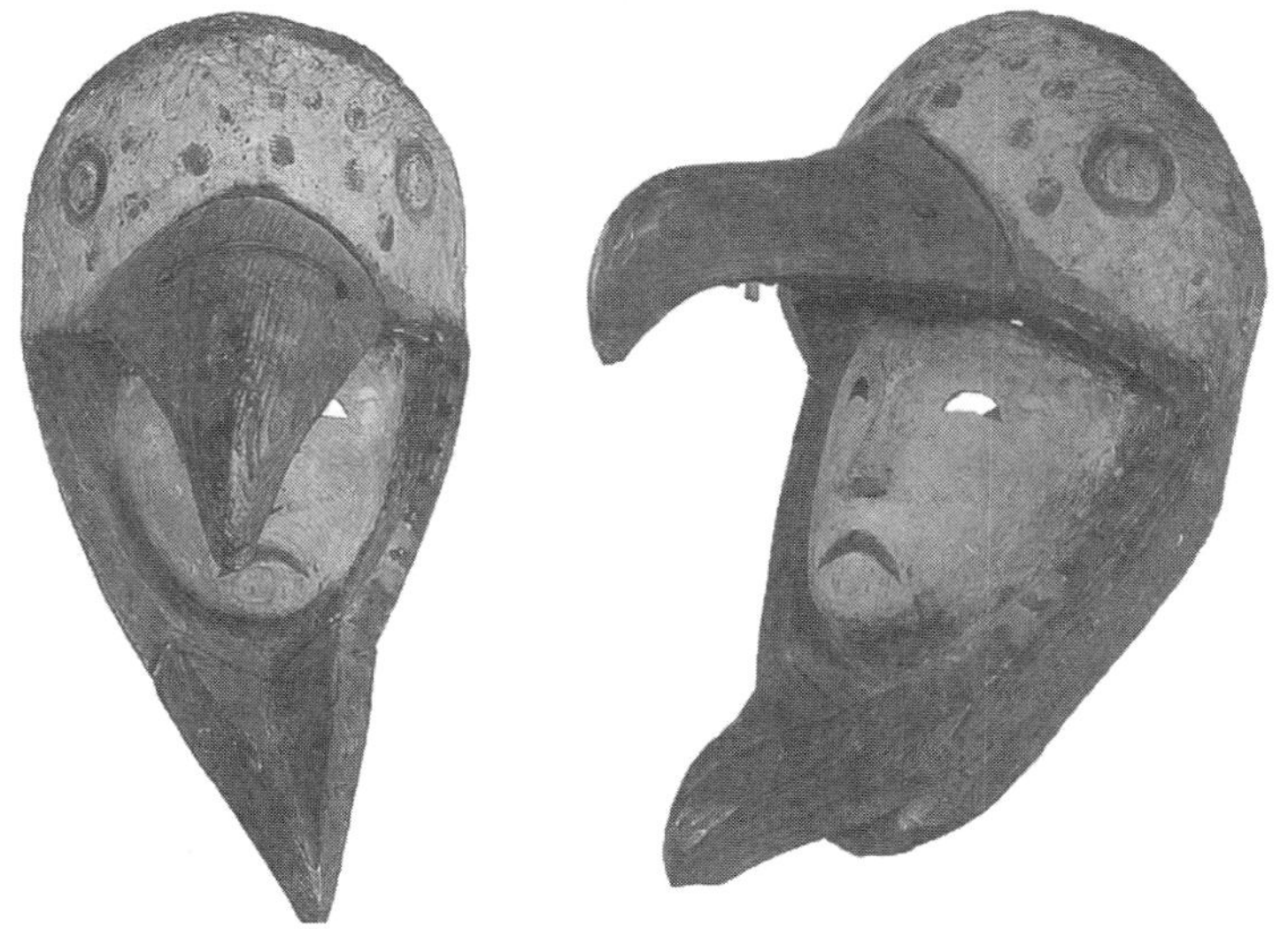

ユピック（アラスカ）の仮面（19世紀）。水鳥のくちばしの奥から現れるのは「人」である。
所蔵: Phoebe A. Hearst Museum of Anthropology, University of California (no. 2-4597).
(Philippe Descola (dir.), *La fabrique des images*, p. 26.より)

多自然主義（ヴィヴェイロス・デ・カストロ）

アニミズム的なアイデアは、そうした考えを持つ人々が作った多種多様な仮面によって見事に表現されている。例えば、アラスカのユピックの人々が作った水鳥の仮面では（図を参照）、大きく開けたクチバシの奥に人間の顔が潜んでいるが、これはいうまでもなく、鳥という外見の内奥に「人」がいることの端的な表現である。

この水鳥の仮面の念頭に置きながら、次にE・ヴィヴェイロス・デ・カストロがその有名な論文「宇宙論的ダイクシスとアメリカ大陸先住民の遠近法主義」において、主にアメリカ大陸の先住民に関する広範な民族誌文献を参照しつつ行った理論的発展について触れておこう。[16] 自然の中の多くの存在が「人」であるとするならば、例えばこの水鳥の具体的な姿は、鳥の内奥にいる「人」にとって一種の衣装のようなものである。しかし、その「人」があくまでもこの水鳥の身体の中に棲んでいるという意味では、それは単なる衣装ではなくて、その「人」が世界の中に存在している「位置」を示すものであり、それを通して世界を眺めるところの「視野」を示すものであり、そして、それを通して世界と交わるところの

北アメリカ北西海岸のクヮクヮカワク（クワキウトル）の儀礼用仮面。
所蔵: American Museum of Natural History（no. 16/8942）.（Philippe Descola (dir.), *La fabrique des images,* pp. 28-29より）

「身体」そのものである。鳥の姿をもつ「人々」は鳥の〈社会〉を形成し、熊の姿をもつ「人々」は熊の〈社会〉を形成し、そうした多種の〈社会〉の内外で関係が営まれることになる。例えば鳥の〈社会〉では親族や婚姻の関係が結ばれるとともに、他種の〈社会〉の「人々」を捕食したり、またそれらの「人々」によって捕食されたりするわけである。

　アニミズム的世界とは、このように様々な衣装＝身体＝視野を持った「人々」が、それぞれの位置から自然を眺めているような世界である。ここで大事なのは、一方では様々な視野のもとで自然が様々な仕方で存在していること——ヴィヴェイロス・デ・カストロはこのような状況を「多自然主義」(multinaturalism)という言葉で表現する——であるが、他方で同時に、そうした視野の背後にいる「人々」は決して異種の存在ではなく、「人」としての同一性によって貫かれているということである。[17] こうした考えの一つの根拠はもちろん神話であり、レヴィ＝ストロースも述べていたように、様々な種類の動植物が同じ起源を持つということである。しかし、ヴィヴェイロス・デ・カストロが論じるように、「人」がその身体＝衣装を変えるという変身の可能性は神話的過去のみならず、現在においても存在する。

　変身の可能性は二つの場面で現れる。その第一は、死である。「人」は死によって身体＝衣装から切り離され、空間を

彷徨い、やがて別の身体＝衣装を身にまとって現れることになる。人間にとって死者の魂が非常に危険であるとみなされるのもそれが理由であり、ヴィヴェイロス・デ・カストロが書くように「死ぬことは動物に、あるいは、姻族や敵のような身体的他者に変わること」なのである。第二の場面は、シャーマニズムや集合的儀礼である。なぜならそれらは、「人々」が（死を経由することなしに）自らの身体＝衣装を取り替えるための、至高のテクニックだからである。おそらく、北米大陸北西海岸の儀礼用の入れ子式の仮面は、こうした身体の変容を最も見事に示すものの一つである。例えばクヮクヮカワクの仮面では、横向きの魚の頭の形をした仮面がパカッと割れると、中から鳥の頭が顔を出し、そしてその鳥の頭が割れると、その奥から人間の顔が現れてくるのである（前頁の図を参照）。

世界の多元性

　このような変身の可能性は含まれているものの、その一つの瞬間が「死」そのものであることからも窺われるように、それはある特別な瞬間――まさに「死」にも匹敵するような瞬間――を経ることによってのみ、実現しうるものである。アニミズム的な世界観は、根本的には、自然が様々な身体＝衣装に対して様々にイメージ化するという、世界の多元性に深く基づいている。さらにいえば、この多元的な世界は、ただ単に横に並んでいるのではなくて、しばしば鋭く対立し合っており、いうなれば、異なる身体＝衣装を身にまとった種々の「人々」が一種の潜在的な戦争状態の中で相互の関係を営んでいる。その一つの理由は、様々な自然の総体は、食うものと食われるものの関係を一つの重要な軸として成り立っているからである。人間の社会とジャガーの社会は根本的に対立しており、まかり間違えば人間とジャガーの戦争が始まる。また人間の社会が「森の主」を軽んじれば、人間は「森の主」は人間に復讐して、食糧を枯渇させるだろう。そこには、様々な社会の上に立ってそれらを調停するような至高神は存在せず、また、それらの関係を平和裡に運ばせるような予定調和も存在しない（次頁の図を参照）。

　アニミズム的世界観のもとで生を営んできた人々自身が、これと全く同じような多元的な世界観をもとにして、彼らの政治的世界を形成してきたことは不思議ではない。そうした人々の多くは、小規模な社会集団を基本的な政治単位とし、相互に一定の距離を置いて散らばり、広域的な戦争が生じたり、あるいは権力の集中が生じたりするような事態を絶えず避ける傾向を示してきた。ピエール・クラストルはこのようなタイプの社会を「戦争へと向かう社会」と呼んだが、それは、実際に戦争を行うか否かを別として、そうした社会に働

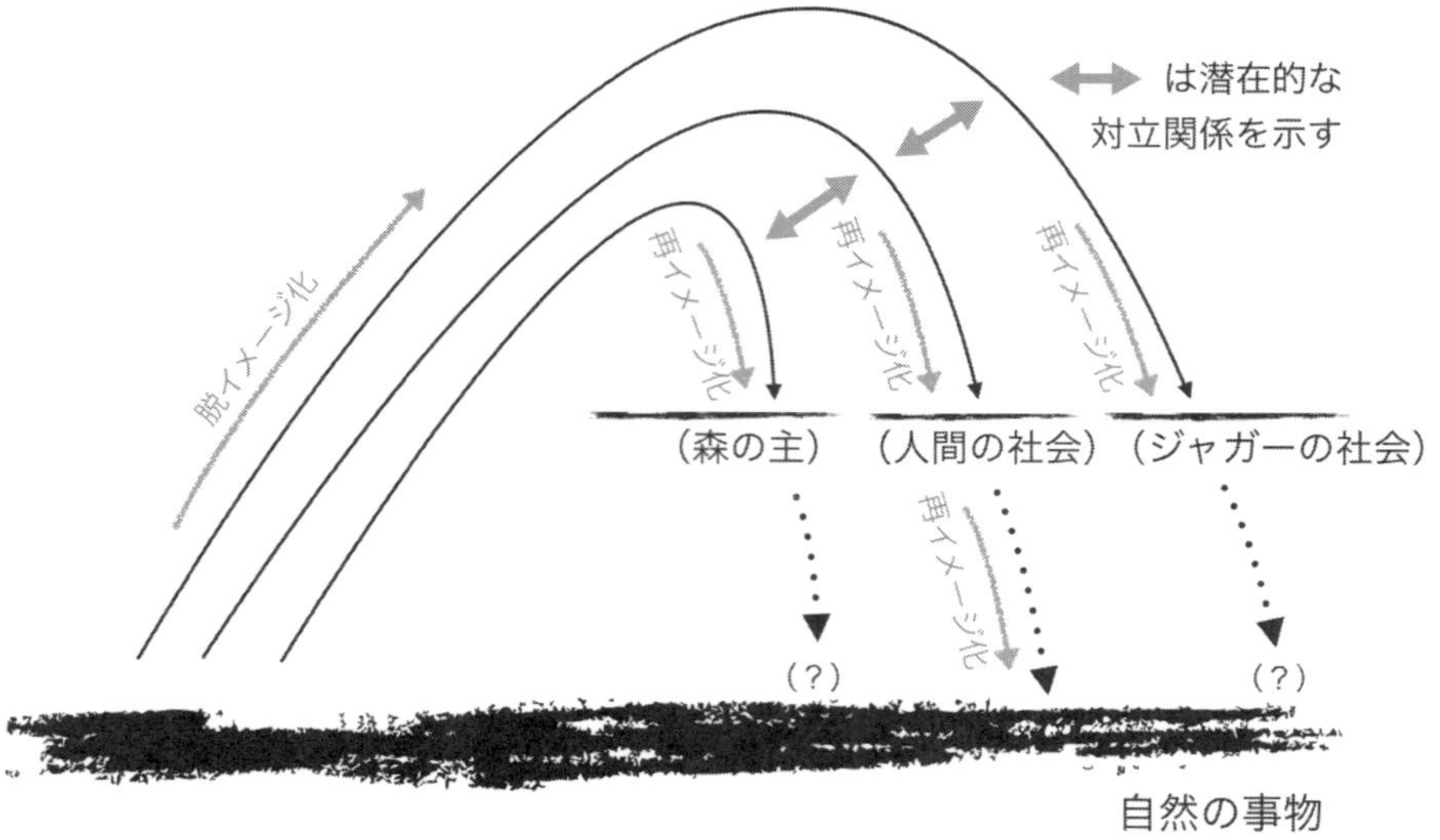

アニミズム

いている政治的遠心力が潜在的な——時に顕在的な——戦争状態と表裏一体であるからである。[18] ここからもう一度、自然の中の「人々」の諸関係に立ち戻って考えるならば、アニミズムの多自然主義的世界とは、自然の中に住まう多種多様の「人々」が、そうした「戦争へと向かう社会」を営んでいる世界であると言うことができる。この点については6.4でさらに掘り下げることになるだろう。

6.3 自然の力と対話する

アニミズム的世界における「低生産」（サーリンズ）

さきほど、アニミズム的世界における生業活動（狩猟・漁労・採集・耕作など）は、自然に棲まう「人々」との取引を基盤とすると述べた。人類学者マーシャル・サーリンズは『石器時代の経済学』（1972）で、世界各地からの民族誌的文献の綿密な検討をもとに、そうした生業活動が実際にどのように営まれてきたのかを鮮やかに論じている。

サーリンズがこの本の最初の二章で、民族誌的資料を巧みに援用しつつ説得的に示すのは、狩猟採集や焼畑農耕を生業としてきた人々——アニミズム的信仰が多く見られるのはこうした人々のもとであるが——の暮らしぶりが、見方によっては相当にゆとりのあるものであったことである。[19] 以下、孫引きになるが、サーリンズによる一連の味わい深い引用を繰り返しておきたい。例えば、民族学者グジンデの民族誌によれば、南米大陸最南端に住んでいた漁労民のヤーガンは食糧を貯蔵したりしなかったが、その理由は「一年中、海はほとんど限りない気前の良さで食べ物を与えてくれるからである。一般に、誰も飢えの危険を前もって考慮する必要はなく、必要なものをほとんどどこでも豊富に見つけることができる」。だから、彼らはまた、持ち物を大事に保管することもなかった。「だれも整理したり、折りたたんだり、乾かしたり、きれいにしたり、きちんと積み重ねたりしない。誰も自分の持ち物に執着せず、なくしてしまったら、また容易に補充するのである」とグジンデは書く。

　人類学者ポスピシルの民族誌によれば、西ニューギニア（現在のインドネシアのパプア州）のカパウクの人々は、「人生でのバランス感覚をもっているので、労働は一日おきにしか行なわない。『失った力と健康をとりもどす』ために、労働日のあとには休養日がつづくわけである」。ポスピシルは続ける。「余暇と労働との、この単調な交代をもっと魅力的にするために、カパウク族は、そのスケジュールに、ずっと長い休日期間（ダンス、訪問、魚釣り、あるいは狩りなどですごす）をくみこんでいる。したがって、朝、農園に行くのはごく一部の人々で、他の人々が『休暇』をとっているのがふつうみられる情景である」。

　人類学者カーネイロは、アマゾニアの焼畑農耕漁労民クゥイクルの人々の生活ぶりについて次のように述べる。「クゥイクル族が、全生産サイクルにわたって、剰余食物を生産できることには、なんの疑いもない。目下のところでは、一人の男は、自立生計のために一日三時間半——園圃で二時間、漁撈で一時間半——働いているにすぎない。一日のうちで残りの起きている一〇ないし一二時間を、クゥイクル族の男たちは、ダンス、レスリング、非公式のなにかのレクリエーション、あるいはのらくら暮しで、大方過ごしている」。カーネイロの見るところ、「一日もう半時間、農業に精を出せば、相当のマニオックの剰余が、一人でも生産できることだろう。ところが、現状では、こうした剰余を生産するなんのいわれも、いつかはそうするだろうというなんの徴候も、クゥイクル族にはないのである」。

　様々な民族誌的資料をもとにサーリンズが導き出す結論によれば、狩猟採集民において「食物を獲得して、準備するための、一人当りの平均日労働時間は、四、五時間にすぎない」。焼畑農耕民でも同じような傾向が観察され、さきほどの説明にも見られるように、もっと働けばはるかに多くの生産を行うことができる状況にあるのに、たいていの場合、人々はそうしたことに何の関心も持たない。それにしても、この構造的な「低生産」を一体どう受け止めたら良いのか。まず浮かんでくるのは、「食糧生産の技術の進歩にもかかわらず、我々がなぜ彼らよりも長い時間労働に従事するのか」という問いだが、これはとりあえず脇に置いておこう。ここで考えたいのは、サーリンズのいう「低生産」が、（我々の側からみてそのように見えるだけではなく）彼ら自身にとっても低生産なのか否か、ということである。[20]

例えば、アマゾニアの先住民クイクルについての先ほどの描写では、「一日もう半時間、農業に精を出せば、相当のマニオックの剰余が、一人でも生産できる」と書かれていた。しかし、これをアニミズム的自然観というコンテクストの中に置き直せば、これが机上の空論であることも見えてくる。マニオックというイモ類の植物は、単なる搾取の対象ではなくて、ある意味で植物の形をした「人々」である。だから、イモを生産するということは、そうした「人々」との良好な関係を維持しつつ、彼らの産み出すものを消費させてもらうということなのだ。同様に、狩猟採集民が狩りの獲物を乱獲したりしないのは、乱獲が将来の獲物の枯渇を招くことを計算しているからではなくて、そうした動物の姿をもった「人々」との良好な関係を維持するためである。なお急いで付け加えれば、ある動物種や植物種がそれぞれ「人々」と考えられるのではなく、例えば「動物の主」とか「森の主」とかいった存在が、それぞれの配下の生き物たちを統括していると考えられる場合も多い。デスコラがアチュアルの事例で述べていたように、自然の中に存在するあらゆる動物・植物がそのまま「人々」と見なされるわけではないから、全ての対象について「アニミズム的」な考え方を機械的に当てはめるのは正しくないと思われる。

肝要な点は、生業活動の対象物が何らかの意味で力を持った主体——あるいは主体の一部——として考えられているとき、そこではそうした主体の力と対話する必要が出てくることであり、すると、そこではもはや資源利用についての抽象的な計算のようなものは成り立たなくなることである。アニミズムのみならず、ディナミスム的な自然観のもとでも、また次章で論じるアナロジスム的な自然観のもとでも、こうした自然の力を受け止めたり、それと対話したりすることはありうるから、「低生産」の問題は必ずしもアニミズムのみと結びついたものではない。いずれにせよ、自然観とはこのように、単なる頭の中の問題ではなくて、（我々の枠組で言えば）重要な経済的帰結をもたらすものでもある。

労働と権力

さて、ここで『石器時代の経済学』におけるサーリンズの

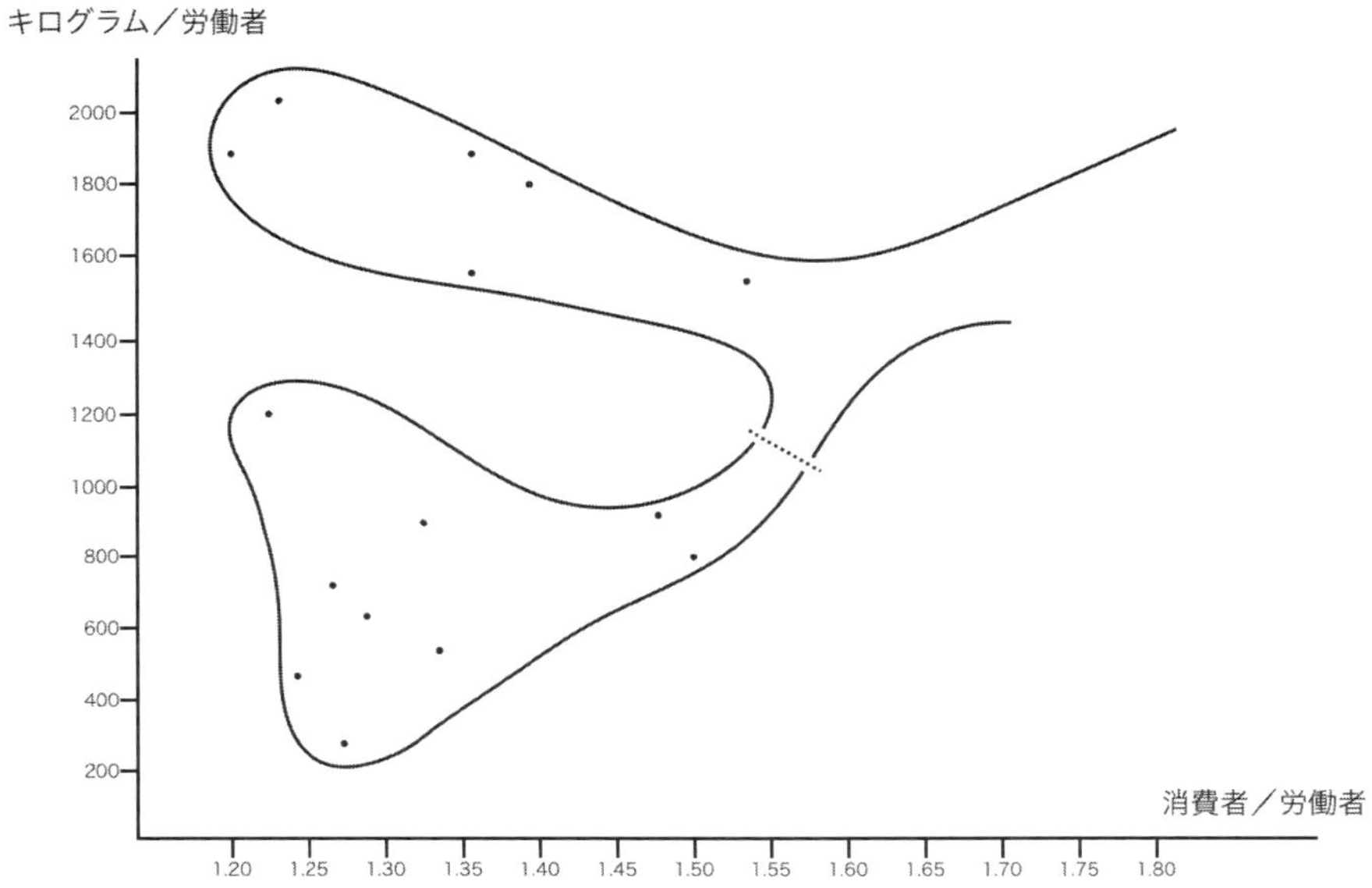

カパウク社会におけるサツマイモの生産（サーリンズ『石器時代の経済学』法政大学出版局 p136にもとづいて作図）

議論をもう少し追っておかねばならない。というのは、先ほど紹介した内容は、サーリンズの議論の最初の部分でしかなく、彼はそのあと、民族誌的資料に基づく問題のより緻密な検討を行なって、きわめて意味深い結論を導いているからである。この検討において重要な役割を果たすのは、さきにも出てきた西ニューギニアのカパウクの事例である。ポスピシルの先ほどの描写を読む限りでは、カパウクの人々の状況はアマゾニアのクイクルのケースとまったく同様にみえるが、実は微妙な違いがある。このことを端的に示すのが上のグラフである。

カパウク社会における生産の単位は世帯であり——一夫多妻が可能なので、複数の妻と子どもたちを含む場合もある——、各々の世帯は基本的には、その世帯の必要を満たす分だけ働くことが人々の労働の基調になる。グラフはこのことを前提に、各々の世帯に焦点を当て、横軸に世帯内の「消費者／労働者」の比率、縦軸にその世帯での平均の労働量を取って、各世帯の位置を点で示している（労働量は生産したイモの量に比例すると仮定して「イモの重量／労働者」が取ってある）。さて、先ほどの「各世帯がその世帯の必要を満たす分だけ働く」という原則に従うと、グラフの左側の「消費者／労働者」の値が小さい世帯——家族の成員の大部分が成人している場合など——では、その値がより大きな世帯——家族に未成年の子どもが多くいる場合など――に比べて、労働量は少なくなるはずである。ところが、グラフをみると、奇妙なことが起こっていることがわかる。「消費者／労働者」の値が小さい世帯が明確に二つのグループに分かれており、下のグループは一般原則にほぼ従っているのだが、上のグループはそれに反している。上のグループに属する世帯は、明らかに、必要以上に働いているのである。さらに、このグラフの元になっているデータによれば、カパウク社会では、実はまったくの「低生産」とは言えない状況が存在する。幾つもの世帯が、生活のために必要な消費量をはるかに超えて働いているため、それが村全体の総生産量を顕著な形で押し上げているのである。

　こうした状況の背景にあるのは、ニューギニアやその周辺地域に広く見られる「ビッグマン」と呼ばれる政治制度である。ビッグマンとは、自らの労働によって作物や豚などの財を蓄積してゆき、それをもとに借財や婚資の肩代わりをしたり、また儀礼の際に散財したりして、他の人々に対する影響力を強めてゆくことによって、次第に政治的リーダーシップを握ってゆく人のことである。グラフに表れている必要量を超えて働く世帯とは、このビッグマンの世帯やそれと密接に関連する世帯なのであり、他方で、もう一つのグループの世帯は、そういった政治的野心とは無関係な人々なのである。

ビッグマンの存在は、先述の通り、社会全体にもある変化をもたらしている。それは、カパウクの事例では、おおまかには「低生産」の傾向にあるものの、社会全体としてそこから抜け出す傾向も存在している、ということだ。ビッグマンの権力は、ビッグマン自身が身体を資本にして獲得した、手作りの権力であるが、それは既に一種の実質的な強制力をはらんでいる。これは、例えば狩猟採集民に見られるような政治的リーダーシップよりは明らかに強いものであり、そして、このような権力関係が存在する社会において、同時に、社会全体が「低生産」から脱出する傾向がいくぶんか見出されるというサーリンズの指摘は、自然と人間の関係を考えるうえで、きわめて意味深長なものであるだろう。

　フランスの人類学者ピエール・クラストルは『国家に抗する社会』の中で、自らが研究してきた南アメリカ低地の先住民社会――それらはまさにアニミズム的自然観を特徴とする社会であるが――西欧文明と比べた上で、次のように述べている。「西欧文明は確かに、その黎明の時代から二つの公理によって導かれてきたと思われる。すなわち、第一の公理は、真の社会は、国家という庇護者の影の下でこそ自己を展開するとする。そして第二の公理は、次の定言命令を与える。すなわち、労働せねばならない、と」[21]。ここでクラストルが定言命令というカント哲学の用語を用いつつ述べているのは、西欧文明において、「労働せねばならない」という命令があたかも人間存在にとっての絶対的所与であるかのように考えられていること、そして、この定言命令が、西欧文明が非常に古くから国家という政治形態のもとで存在してきたという事実と表裏一体であるということである。次節で述べるように、クラストルの議論にはある種の単純化がある。しかし、サーリンズが見出した政治権力と生産活動との関係を考えるなら、クラストルの上の言葉がきわめて重要な問題を突いたものであることも確かなのである。

6.4 「戦争へと向かう社会身体」

クラストルは、南アメリカ先住民のアニミズム的な世界の中に、西欧の国家社会とは根本的な差異があることを指摘して、それを「国家に抗する社会」と呼んだ。しかし、「国家に抗する社会」とはいったいどんな社会なのだろうか。「国家に抗する」とはどういうことを意味するのか。クラストルが四十代で亡くなる少し前に書いた「暴力の考古学」は、そうした点に関する彼の考察を、未開社会における戦争という厄介なテーマに正面から立ち向かいつつ、「戦争へと向かう社会」という概念に結晶化させた論文であった。

「（アラスカからフエゴ島の）アメリカ人であろうとアフリカ人であろうと、大草原のシベリア人であろうと島々のメラネシア人であろうと、オーストラリアの砂漠の遊動民であろうとニューギニアの密林の定住農民であろうと、これらの未開民族はいつも、熱狂的に戦争に没頭する者たちとして紹介されるのである。…未開社会は暴力的な社会である。未開社会が持っている社会としての本質的なあり方は、〈戦争―へと向かう―社会〉である」とクラストルは言う。[22] ハイデッガーはかつて、「死へと向かう存在」という言葉によって、人間存在というものがその到達点である死を前提としていること、人間存在が無限ではなく有限であるということこそが人間存在の根本的条件を規定しているという事態を概念化してみせたが、クラストルの言い回しは明らかにこれを意識したものである。彼が「戦争へと向かう社会」という言葉によって述べようとしたのは――それが正しいかどうかはともかく――「未開」と呼ばれる社会が、その到達点としての戦争を前提として存在しており、戦争こそがそうした社会の存在条件を規定している、ということなのだ。

ところで、ここでクラストルが言及している「戦争」が、我々が通常考える戦争とは同じでないことは指摘しておく必要がある。我々が知っているのは国家間の戦争や国家内の内戦だが、それらはいずれにせよ国家という大怪物《リヴァイアサン》を前提とした戦争である。これに対して「未開」社会は一般に、数十人から数百人、ないし、せいぜい数千人程度の人々の集まりを単位とし、恒常的な形では決して一つの大きな集合体をなすことがない（戦時において一時的に結束することはあるにせよ）。そして、クラストルの議論に従えば、「未開」の社会が小規模な集団であり続けるのは、それらの社会がまさに一つの集合体としての大怪物《リヴァイアサン》の形成に向かうことを本来的に拒絶しているからであり、そしてこの大怪物《リヴァイアサン》の形成を未然に防ぐような、いわば根本的な社会的遠心力の現れが、かつて世界中の「未開」社会に広く見られた「戦争」なのである。だから、ある意味でこの「戦争」においては、実際に戦闘を行うかどうかはさほど重要なことではない。細分化された小さな社会集団が、顕在的にせよ潜在的にせよ、相互に戦い合うような状況が永遠に続くことで、そうした一連の小さな集団は一つの権力——国家への道を辿りうるような——のもとにまとめ上げられるという事態を常に免れる、というわけである。

　こうした「戦争へと向かう社会」における人々の生のあり方をより具体的に考えるため、ここである有名な民族誌映画を紹介しておきたい。アメリカで民族誌映画のジャンルを確立したロバート・ガードナーの傑作《死鳥》(*Dead Birds*, 1964) である。[23]

《死鳥》（ガードナー）

『死鳥』は、ガードナーが人類学者カール・ハイダーらとチームを組み、民族誌的フィールドワークをもとに作った民族誌映画であり、西ニューギニアの山岳地帯に住むダニという人々が行う戦争を主題としたものである。オランダ植民地政府が山岳地帯の諸民族を「平定」する前に撮影されたこの映画は、ダニの戦争を現在進行形で展開していく形で捉えたものであり、クラストルが「暴力の考古学」で提起した問題を具体的な形で考えるための格好の素材といえる。

映画に出てくるダニの二つの政治的連合体——一〇〇〇人から五〇〇〇人規模の集団——は、境界地帯をはさんで数年間も緊迫した状態にあり、両者の間ではつねに戦闘が生じる危険があった。戦闘の理由は、生存競争でも、征服でも、物資の奪取でも、捕虜の獲得でもなく、「失われた均衡を回復するため」である。ダニの考えに従えば、自分たちの集団の誰かが敵によって殺されると、その死者の魂は森の中をさまよい、しばしば彼らの村に現れて、村人たちに病気や死をもたらしたり、豚を死なせたりする。死者の魂を満足させる唯一の方法は、敵に対して復讐戦を行い、敵の誰かを殺すことなのだ。しかし、そうやって敵を殺せば、もちろん敵の集団は、全く同じ理由で戦争を仕掛けてくるのであり、対立する二つの連合体は、こうして終わりなき復讐戦を続ける運命になる。ハイダーの解説によれば、実際には数年の内に両者が対立に疲れてきて、戦闘の焦点をずらす機運がうまれるのだが、その結果はといえば、今度は別の集団と戦闘状態に入ることである。ダニの戦争は、宗教的・儀礼的体系に支えられた戦争であるという意味で、確かに儀礼的戦争と呼びうるだろう。しかし儀礼的であることと死者を生むことが矛盾するわけではない。それどころか、この儀礼的戦争は確かに死者を生み出すことが目的だと言える。

しかしながら、『死鳥』という民族誌映画が貴重なのは、このような言葉の上での描写によっては伝えにくい「未開」の戦争の現場感が映像を通じて伝わってくることだ。ダニの人々は誰も悪条件で戦うことは好まないから、戦闘が実際に開始するのは、せいぜい数日に一度であったりする。戦闘が始まっても、雨が降り始めると、「結った髪や羽飾りが台無しになるのを嫌って」戦闘が中止になったりする。本格的な戦闘が続いても、そこで実際に死者が出るのは稀である。なぜなら、彼らが戦闘で用いる矢は、近距離から敵の体の急所に命中させないと致命傷にはならず、通常は一日に負傷者が数人出る程度だからだ。そして、ついにどちらかの側に一名でも死者が出ると、両側とも戦闘をその時点でストップさせる。戦死者を出したグループはその死者を弔う儀礼を行う必要があるし、他方の集団はその成果を死者の魂に報告して、勝利を祝う踊りを踊ることになるからである。ちなみに、戦闘以外の場面で死者が出た場合でも、その死者は戦死者とみなされ——なぜなら実際の戦闘と並行する形で、呪術的なレベルでの戦闘も進行しているから、事故死は敵の呪術によって引き起こされた戦死の一形態なのだ——、戦場での死者とまったく同様に扱われることになる。

『死鳥』が見事に描き出すのは、逆説的にも、常に戦争を行い「殺し合い」をしているダニの人々が、一つ一つの「死」をこれ以上ないほどに尊重する人々でもあることである。死者が出ればつねにその一名の死者のために全員で念入りの葬礼を行う。そして、その一人の死者の魂を満足させるために、それぞれが自らの命を危険にさらしながら全連合体を挙げて新たな戦闘に入る。まさに個々の「死」が重いものであるからこそ、次の「死」が生み出されるのである。ダニの戦争は、明らかに、生存のための戦争でもなければ、権力の獲得のための戦争ではない。ハイダーによれば彼らの土地は肥沃で、さらにそこに水路を張りめぐらせることで、主食のサツマイモを非常に効率よく生産する。飢えに苦しむ人は誰もおらず、労働時間は短い。病気も少ないために多くの人が高齢まで生き永らえる。ダニの人々はしかし、そうした好条件を土台に何らかの形で富を蓄積して大文明のようなものを築くかわりに、敵の村を征服することが目的ではない戦争に、多大な時間を費やすのである。「未開」の戦争は大怪物《リヴァイアサン》の形成を未然に防ぐような装置であり、いわば根本的な社会的遠心力の現れであるというクラストルの考えは、ダニの戦争に見事に合致するものであるようにみえる。

クラストルは、「未開」と呼ばれる社会について、またそこにおける「戦争」について、彼以前の誰もが思いつかなかったような鋭い仕方で議論を行った。彼の説明が、ダニの戦争のように南アメリカ大陸以外の事例を考えるうえでも大きな有効性を持っていることも間違いない。それを認めた上で、しかし、クラストルの「国家に抗する社会」や「戦争へと向かう社会」の概念には注意して受け止めるべき側面もある。

南米研究者であった彼はこれらの概念を、自らが調査したグアヤキやヤノマミを含む、アンデス高地以外の南アメリカの先住民諸社会の政治組織を一般的に特徴づけるものとして提起した（これに対して、アンデス高地で展開した国家社会は対極をなすものであった）。しかし実際には、デスコラも指摘する通り、アンデス高地を除く地域に焦点を絞っても、南アメリカの先住民の政治組織にはかなり大きな振幅があり、クラストルの理論が当てはまるようにみえる事例も多いが、そうでない事例もまた多く見出される。[24] この事実をどう受けとめたら良いだろうか。

誤りはおそらく、クラストルが彼の問題を〈社会〉という実体的な対象に内属するものとして提起した点にあったと考えられる。たとえばクラストルが調査した、パラグアイの狩猟採集民グアヤキの人々にしても、それは具体的な「一群の人々」としてクラストルのフィールドで生活していたのであり、〈グアヤキ社会〉がそこに実在していたわけではない。クラストルが出会ったのは具体的なグアヤキの社会身体であって、グアヤキ社会の本質ではない。つまるところ、「国家に抗する社会」、「戦争へと向かう社会」は、第5章で提起した言葉を使えば、「戦争へと向かう社会身体」の問題として捉えるべきなのだ。

ある人々の集まりにおいて、戦争に向かう社会身体の脱中心的な力と、国家に向かう社会身体の求心力が同時に存在しているというのは実際にはごく普通のことである。クラストルが調査した狩猟採集民グアヤキのようなケースでは前者が著しく強くなるのに対し、同じ南アメリカの低地でも、後者がより前面に出てくるような状況も存在しうることになるだろう。このようにして、「国家に抗する社会」、「戦争へと向かう社会」を〈社会〉の問題ではなく社会身体の問題として考えるとき、クラストルの考察は、単に「未開」の社会についてだけでなく、広く人間の社会的な生を考える上で応用可能なものになってくる。

ミシェル・フーコーがその講義『社会は防衛しなければならない』の中で論じていたのは、まさにそうした、「未開」の世界の外におけるクラストル的な問題だったと思われる。少し長くなるが、この点を具体的に見るため、中世から近代にかけてのヨーロッパにおける権力の様式について述べたフーコーの言葉を、端折りながら引用してみよう。

> 中世全体を通して、そして近代への入り口期には、国家の成長および発展にともなって、戦争の実践と制度とが際だった目に見える変化を遂げるのが見られました。(…)戦争の実践と制度は、次第に、中心権力の手のうちに集中してゆきました。少しずつ、事実においても権利においても、唯一国家権力だけが、戦争を開始することができ、戦争の道具を操作することができるようになったのです。つまり戦争の国家化が起こったのです。それと同時に、この国家化によって、社会から、人間対人間や集団対集団の関係から、ひとが日常的戦争とでも呼びうるようなもの、また実際に「私的戦争」と呼ばれていたものが、姿を消すことになったのです。(…)社会全体から、中世の時代には社会を全面的に横断していた好戦的関係が一掃されたのです。そのことは、社会や法律や国家がこのような戦争のなかでの休戦のようなもの、あるいは勝利の最終的な決着のようなものであることを意味してはいない。法律は和平ではない。なぜなら法律の下で、戦争は最も正規なものまでをも含む、あらゆる権力メカニズムの内部でフルに作動し続けているからである。[25]

フーコーがここで描いているのは、中世および近代初期のヨーロッパで依然として存在していた、「国家に抗する」ような多方向的なベクトルが、戦争の国家化という求心的なベクトルと衝突する中で、いうなればベクトルの分解が起こり、ある部分は「最も正規な」戦争の中で飼い慣らされるとともに、別の部分は、もはや戦争とは異なる、しかし潜在的には戦争の継続であるような形態における力の表出へと姿を変えてゆくような状況である。[26] このように見ることで、クラストルが概念化した「国家に抗する」社会身体、そして本章で見てきたアニミズム的な世界の「多」へと向かう世界は、現代世界の生における重要な部分とも確かに通じ合っている、と考えられるのである。

注

1　Philippe Descola, *Par-delà nature et culture*, Gallimard, 2005：*La fabrique des images*, sous la direction de Philippe Descola, Musée du Quai Branly, 2010.

2　本書の議論とデスコラ理論の差異は多岐に渡る。誤解を避けるために、それらを以下に明確に述べておこう。①本章のアニミズムについての議論では、デスコラの概念を土台としつつも、その解釈については、ヴィヴェイロス・デ・カストロの議論をより重視し、そこから（デスコラが議論していない）アニミズムの政治的・経済的側面に大きく踏み込んでいる。②トーテミズムについての彼の議論については、それを使わずに、代わりに、私自身の立場からディナミスムという別の概念を導入した。③第7章のアナロジスムについての議論は、デスコラ理論を土台としつつも、（デスコラが議論していない）アナロジスムの経済的・政治的側面も合わせて論じる中で、この概念の理論的可能性をさらに拡張しようと試みた。④デスコラが自然主義と呼ぶものについては、これを「客体化された《自然》」という言葉で置き換え、デスコラの説明とはいくぶん異なる理論的位置づけを行うと同時に、アナロジスムと「客体化された《自然》」の連続性という、デスコラ理論においては原理的に存在しない問題を提起した。⑤全体として言えば、デスコラ理論では四つの「存在論」が一つの構造をなし、かつ相互に峻別される構成になっているが、私はこれとは全く別の仕方で四つの自然観を位置づけ、それらの間の連続性や重なり合いを強調している。

3　E・B・タイラー『原始文化』比屋根安定訳 誠信書房 一九六二年、九六―一〇〇頁。タイラーが論じたのは、ここからも分かるとおり、西欧近代文明とそれ以外の文化・文明に優劣をつけたり、それらを序列化したりすることではなく、むしろ両者が不可分であり、前者は後者との関係においてのみ十全に理解できるということだった。この点については E. B. Tylor, *Researches into the History of Mankind and the Develpment of Civilization* (Estes and Lauriat, 1865) の冒頭をも参照。

4　Codrington, *The Melanesians*, 1891; R. R. Marett, "Pre-animistic Religion," *Folklore*11 (2), 1900. このほか、イロコイ族の血を引く民族学者J・N・B・ヒューイットが、「オレンダ」というイロコイ語の概念をベースに、人々や物事の中に潜む神秘的な力への信仰について論じた「オレンダと宗教の定義」も重要である(J. N. B. Hewitt, "Orenda and a Definition of Religion", *American Anthropologist* 4(1), pp. 33-46, 1902)。

5　特に *Mythes et légendes d'Australie*, pp. LXXXI-XC.

6　ファン・ヘネップ『通過儀礼』（綾部恒雄・綾部裕子訳 岩波書店 二〇一二年）、一二頁および二五頁。

7　ここで、英語文献に由来する animism とフランス語文献に由来する dynamisme——および後述の analogisme——のカタカナ表記を並べて使い、アニミズム、ディナミスムという風に「ミズム」と「ミスム」を共存させるのは確かに望ましいことではない。しかし、「ディナミスム」を英語風に「ダイナミズム」と読み、また「アニミズム」をフランス語風に「アニミスム」と読んで無理に統一するのも不自然だと考え、それぞれ原語に忠実に書くことにした。

8　ファン・ヘネップ『通過儀礼』、二四二頁。

9　付け加えれば、構造主義はこの自然の力というテーマを、記号論的水準に還元して説明する中で、ディナミスム的思考の手触りを見失ったのではないだろうか。ここで念頭に置いているのは、レヴィ＝ストロースの「マルセル・モース論文集への序文」における「浮遊するシニフィアン」の概念や、メアリ・ダグラスの『汚穢と禁忌』における危険の概念の解釈などのことである。

10 W・K・C・ガスリー『ギリシアの哲学者たち』(式部久・澄田宏訳 理想社 一九七三年)、一九―二〇頁。

11 E・B・タイラー『原始文化』、一〇〇―一〇七頁。

12 Philippe Descola, "Le regard sur la nature des indiens d'Amazonie," *La Recherche*, n°292, novembre 1996, pp. 19-67; Philippe Descola, *Par-delà Nature et Culture*, Gallimard, 2005.

13 『やきもち焼きの土器つくり』(渡辺公三訳 みすず書房 一九九〇年[原著一九八五年])、四〜七頁および一六五―一六八頁。

14 こうした点は、人類学者ティム・インゴルドが一連の論文で魅力的な形で論じたことでもある(Tim Ingold, *The Perception of the Environment*, Routledge, 2000のPart Iの諸論文を参照)。

15 Philippe Descola, *Par-delà nature et culture*, chap. 1. デスコラに従うなら、これに対して非アニミズム的な自然観が広がっているのは、大雑把には、ヨーロッパ、アフリカ大陸、オセアニアということになる。

16 Eduardo Viveiros de Castro, "Cosmological Deixis and Amerindian Perpectivism," *Journal of Royal Anthropological Institute* (N.S.) 4, 469-488, 1998.

17 ここで「相対論」(relativism)と「視野論」(perspectivism)を区別しておくことが必要である。例えば「文化相対論」では、ある文化の中に住まう人々は、他の文化の中に住まう人々とは何も共有していない。これに対して、「視野論」では、物事は視野のずれによって全く違う風に表れてくるが、物事自体は様々な視野によって全て共有されている。視野論としての「多自然主義」においては、「多なる自然」は、その土台にあるはずの「一なる自然」――それは後述するように変身および死においてダイレクトに現出もする――と不可分に結びついているのである。

18 クラストル『暴力の考古学』毬藻充訳 現代企画室 二〇〇三年。

19 以下、『石器時代の経済学』(山内昶訳 法政大学出版局 一九八四年[原著一九七二、一九七六年])による。引用部分は四四頁、七三頁、八二頁。なお、「低生産」(underproduction)は、邦訳書では「過少生産」となっているが、議論の都合上、より中立的な言葉に変更した。

20 以下の議論は、ティム・インゴルドのサーリンズ批判に触発されて、それを発展させたものである(Tim Ingold, *The Perception of the Environment*, Routledge, 2000, chap. 4)。

21 ピエール・クラストル『国家に抗する社会』(渡辺公三訳 水声社 一九八九年[原著一九七七年])、二四一頁。

22 ピエール・クラストル『暴力の考古学』(毬藻充訳 現代企画室 二〇〇三年)、九―一〇頁。クラストルの「戦争―へと向かう―社会」("société-pour-la-guerre")の概念は明らかにハイデッガーの「死へと向かう存在」という概念のフランス語訳("être-pour-la-mort")を意識したものであり、クラストルの訳書でもその表記が尊重されているが、以下では煩雑さを避けるため「―」を略して書く。

23 Robert Gardner, *Dead Birds*. Documentary Educational Resourses (http://www.der.org/)よりDVDが入手可能。以下の記述では、カール・ハイダーによる関連ブックレットも利用している(Karl G. Heider, *The Dani of West Irian: An Ethnographic Companion to the film Dead Birds*, Warner Modular Publications, 1972)。

24 Philippe Descola, "La chefferie amérindienne dans l'anthropologie politique," *Revue française de science politique*, 38(5), 1988, pp. 818-827。

25 ミシェル・フーコー『社会は防衛しなければならない コレージュ・ド・フランス講義一九七五―一九七六年度』石田英敬、小野正嗣訳 筑

摩書房 二〇〇七年。クラストルとフーコーがまったく同時期に、きわめて類似した思考の地平を切り開いていたのは興味深いことである。

26　ここでフーコーの「政治とは、他の手段によって遂行される戦争なのだ」という言葉を思い起こしてもよい（ミシェル・フーコー『性の歴史Ⅰ 知への意志』渡辺守章訳 新潮社 一九八六年［原著一九八四年］、一二一頁）。この「政治」に、8.2で言及する「政治経済学」を含めて考えるのは有益なことであろう。

第7章 アナロジーと自然の政治

前章では、自然の力と対話する仕方をディナミスムとアニミズムという二つのタイプに分けて眺めたが、これらとはいくぶん異なった方向の自然観も存在する。それは、自然における様々な力を、様々な事物がもつ力の間に一種の照応関係を見出してゆくことで、より組織された形にまとめ上げていくような考え方である。デスコラは『自然と文化を超えて』(2006)の中でこうした考え方を「アナロジスム」と呼び、その後、パリのケ・ブランリ美術館で彼自身が企画した展覧会のカタログ『イメージの創生場』(2010)において、このアナロジスムのアイデアをより豊かなものとして発展させた。[1]

アナロジスムは様々な意味で興味深い概念である。それは、人類学者がアフリカやポリネシアなど世界の様々な地域で行ってきた民族誌的研究の多くと呼応するだけでなく、我々にとって身近な、日本、中国、インドなどの宗教的・思想的伝統とも関連している。アニミズムの多方向的な世界と比べると、以下で見るように、アナロジスムのより調和的な類似性の世界は、物事を――そして人々を――一つにまとめあげるような、積極的な政治的意味も持っている。[2] なお、第6章においては三つの節をアニミズムをめぐる議論に充て、本章では三つの節をアナロジスムをめぐる議論に充てて、この二つの自然観を特に重視したが、それは、20世紀の古典的人類学が「未開社会」や「伝統社会」について積み重ねた様々な発見のうちの多くが、実はこの二つの自然観と関わるものだからである。

ところで、アナロジスムは非西欧世界だけに存在したのではない。それはヨーロッパの古代から中世にかけての支配的な自然観でもあり、そもそも「存在のアナロジー」というアイデア自体が、アリストテレス主義を基盤とする、ヨーロッパ中世のスコラ哲学に由来するものである。本章の最後の節で取り上げるのは、この西欧世界を舞台にして、17世紀の科学革命の時代に現れ、近代世界の広がりとともに世界に普及していった、「客体化された〈自然〉」とでも呼ぶべき自然観である。[3] これはもちろん、今日我々が、好むと好まざるとに関わらず、その中で生まれ、育ち、生きてきた自然観にほかならない。

7.1 自然のなかの照応関係

アナロジスムの概念(デスコラ)

まずは、『イメージの創生場』(2010)におけるデスコラ自身のアナロジスムの説明を見てみよう。

> アナロジスム的存在論は、諸存在の特異性を繰り返し経験する中で、執拗に照応関係を用いることで、多様なものの増殖から来る無秩序の感覚を和らげようとする。それぞれの物は固有であっても、それを他の物に結びつけ、さらにそれを別のものに結びつけるような特性を見出すことはできる。そうやって、世界の経験の諸側面が、アナロジーの連鎖によって再び織り合わされるのだ。ある食べ物、体のある部分、ある季節、ある色、ある動物、それらはすべて個別で特異だが、しかし、それらを熱さ／冷たさ、乾き／湿り、昼／夜、男性／女性といったものに連関させることで、結び合わされる。[4]

デスコラはこのようなアナロジー的な連結の考え方がヨーロッパ、東アジア、南アジアから西アジア、南北アメリカ、アフリカなどの歴史上の諸文明の中で様々な形で示されてきたことを指摘する。様々なアナロジー的連結のうちでも中心的な位置を占めるのは、大宇宙《マクロコスモス》と小宇宙《ミクロコスモス》の照応、つまり、宇宙全体と人間の身体の照応というアイデアであるだろう。この照応関係は、一つの宇宙図の中に多種多様なものが描き込まれる形で具体的に表現されることもあれば、山水画のように象徴的な形で暗示的に表現されることもある、とデスコラは論じる。

> アナロジスム的思考の中心的特徴の一つは、マクロコスモスである宇宙と、ミクロコスモス、つまりミニチュア世界としての人間の照応関係というテーマを様々に発展させることである。(…)大宇宙《マクロコスモス》と小宇宙《ミクロコスモス》のアナロジーを描くもっとも単純な方法は、直接身体の上に図像化したり、身体の各部分に反響するような宇宙的記号を、大宇宙《マクロコスモス》と線で結ぶことである。(…)反対に、人間と世界の照応関係を、世界の中の、人間の様々な心境と調和するような事物によって示すこともできる。これが、中国的美学が選んだ、精妙で暗示的な道である。山水画と呼ばれる風景画の中では、孔子が「心ある者は山に心魅かれ、知ある者は水を愉しむ」と言ったように、精神が、心が開花するのだ。[5]

アナロジスム的な世界観は、西欧においてもルネサンス期までは社会の広い階層において支配的であった。民衆はもちろん、知識層においても、アリストテレスから中世のスコラ哲学まで、そして占星術やルネサンスの新プラトン主義まで、アナロジーは支配的な哲学的アイデアであったのである。ミシェル・フーコーは、『言葉と物』の第二章「世界という散文」で次のように書いている。

> 16世紀末までの西欧文化においては、類似というものが知を構成する役割を演じてきた。テクストの釈義や解釈の大半を方向づけていたのも類似なら、象徴のはたらきを組織化し、目に見える物、目に見えぬ物の認識を可能にし、それらを表象する技術の指針となっていたのもやはり類似である。世界はそれ自身のまわりに巻きついていた。大地は空を写し、人の顔が星に反映し、草はその茎のなかに人間に役立つ秘密を宿していた。絵画は空間の模倣であった。そして表象は——祝祭であるにせよ知であるにせよ——つねに何ものかの模写にほかならなかった。人生の劇場、あるいは世界の鏡であること、それがあらゆる言語《ランガージュ》の資格であり、言語がみずからの身分を告げ、語る権利を定式化する際のやり方だったのである。[6]

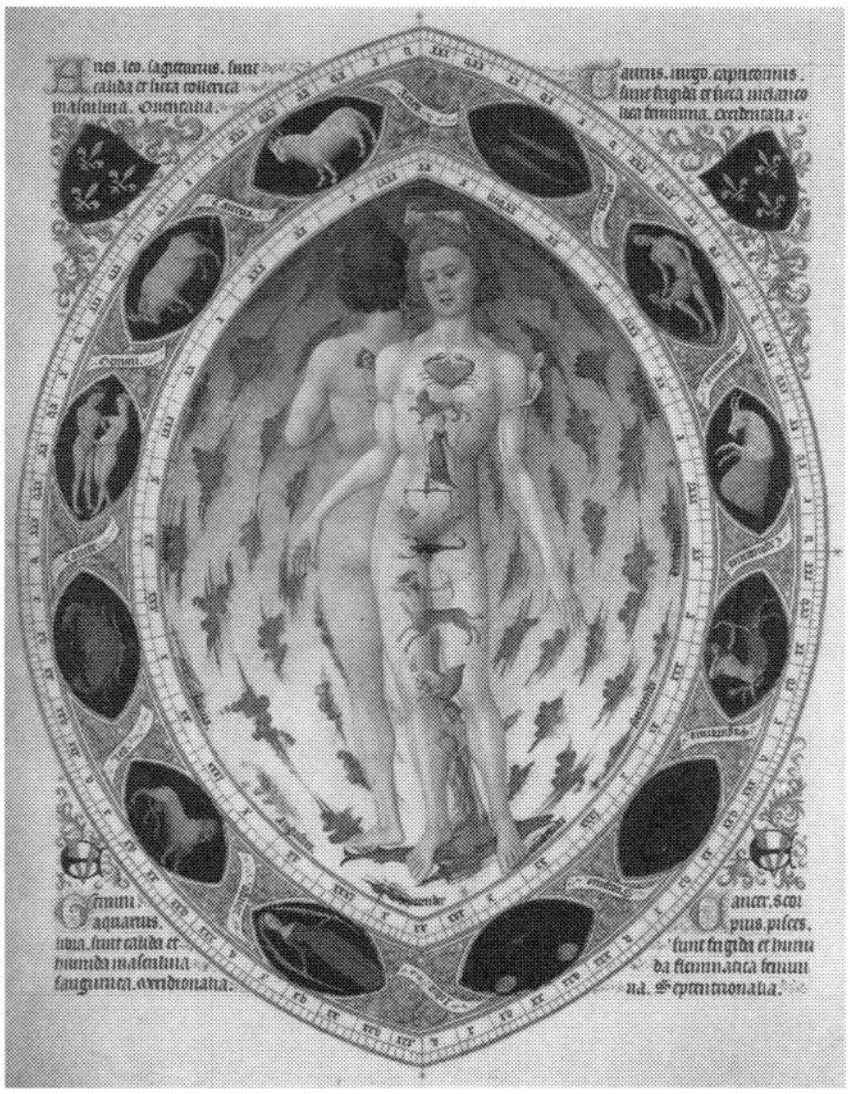

『ベリー公のいとも豪華なる時祷書』(15世紀フランス)の挿絵の一つ。黄道十二宮（十二星座）を人間の身体に対応させる。(Philippe Descola (dir.), *La fabrique des images*, p. 173より)

アニミズムにおいては、様々な存在者がバラバラな方向を向いている世界がある劇的な形で結びあわされる瞬間が「変身」であった。デスコラによれば、アナロジスム的世界におけるその対応物は「キマイラ」（怪物）である。精神《アニマ》が異種の身体を継時的に身にまとうのではなくて、怪物の身体のなかに異種の存在者の身体が同時的に組み合わされるのだ。

> アナロジー的存在論の古典的イメージは（…）キマイラであり、つまり、異なった種の属性の組み合わせでありながら、解剖学的にはある首尾一貫性を持っている存在である。（…）キマイラは、要素の異質性と連結の首尾一貫性

フォン（ベナン）の彫像(19世紀末)。人間とサメのキマイラ。(Philippe. Descola (dir.), *La fabrique des images*, p. 169.)

という、アナロジスムを定義する二重の特徴を、一つの図像の中に最も効率的な形で埋め込むのである。[7]

アナロジスムと政治権力

デスコラのアナロジスム論自体は、彼が「アナロジー的存在論」と呼ぶものの基本原理を説明するにとどまっている。しかしここでは、前章の議論を踏まえながら、その政治的・経済的帰結にまで踏み込んで考えてみよう。アナロジスムが典型的には、アジアやヨーロッパ、アフリカなど、歴史的にみて国家レベルの社会が継続的な形で存在した地域に広く見られること、他方で、狩猟採集民や焼畑農耕民など、小規模の自律的な集団を形成する傾向のある社会においてアニミズム的な考えが支配的になることは偶然ではない。アニミズム的自然観が、多様な力が各々のベクトルに従って多方向に発散していく世界であるとするなら、アナロジスム的自然観は、アニミズム的な一種の戦争状態を「調停」して、ある統合された世界に向かって——いわばアナロジーの平面とでも呼ぶべきイメージ平面に向かって——まとめ上げてゆくものである。ただし、アナロジスムについて根本的に重要な点は、この「まとめ上げてゆく」仕方は、アニミズム的な多方向性を完全に否定するのではなく、むしろ諸存在が差異化してゆく力（＝イメージ）を尊重しながら、それらを別のレベルで束ねてゆく、という精妙な仕方であることである。しかしいずれにせよ、それが一つの方向に向かって力を束ねてゆく仕方であることは変わりない（次ページの図を参照）。

こうした傾向は、世界のあらゆる地域において王権の原初的な形態をなすところの、神聖王権と呼ばれる政治システムのもとで、端的な形で表現される。アナロジスムにおける大宇宙《マクロコスモス》と小宇宙《ミクロコスモス》、宇宙全体と人間の身体の照応関係については先に触れた通りだが、アナロジスム的表象においてしばしば見られるのは、そこでの「人間の身体」が、あらゆる人間の身体というよりは、王のような特別な存在の身体によって代表されるということである。大宇宙《マクロコスモス》と小宇宙《ミクロコスモス》の相互関係は、もはや個別的にコントロールされるのではなく、王の身体の

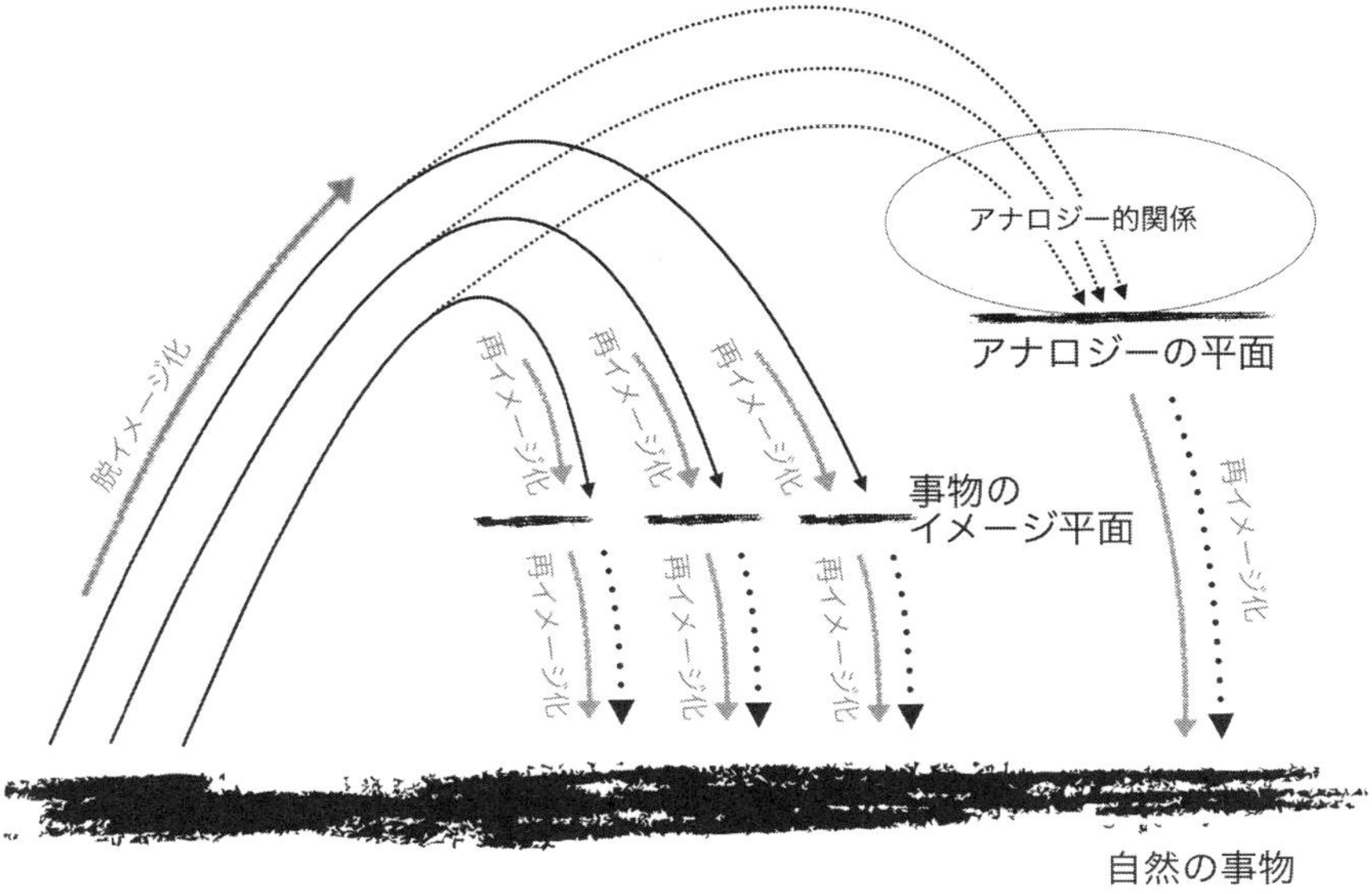

アナロジスムと「脱+再イメージ化」

みを経由してコントロールされる。次の記述は、皇帝インカの身体と首都クスコに関するものだが、そこで見てとれるのは、大宇宙《マクロコスモス》と小宇宙《ミクロコスモス》の照応関係が、インカの身体とインカが住まう首都クスコ——それらはまさにインカ帝国という大怪物の表象である——によって媒介され、そこに自然の力の全てが懸かっているという宗教的信念である。

　インカは強烈な力を持つ神聖な存在であり、もし彼の足が地面に触れれば災いがおこると信じられていたから、輿に乗せて運ばれたのである。［…］このような神聖な存在であるインカは、たいせつな作物の実りや、国土の安全を保

ワマン・ポマ・デ・アヤラ『新しい記録と良き統治』(1615)より。新年(夏至)の祭礼におけるインカ皇帝。

障する力を持つと考えられてあがめられ、世界のさまざまな様相に均衡を与え、世界を照らす生命の根源と見なされた。

「クスコ市内の諸地区や、そこに住む多種多様な民族の住居の配置をよく見ると、そこにはインカ帝国の全体が、鏡にうつし出されたかのように、世界図に描き出されたように表現されている」とエル・インカ・ガルシラソは言っている。クスコはタワンティンスーユ［インカ帝国］の中心であり、また縮図であった。[8]

7.2 垂直性と水平性

クック諸島ラロトンガ島の「神＝棒」
（Philippe Descola (dir.) *La fabrique des images*, p. 181より）

ポリネシアの「神＝棒」

それにしても、アニミズムの多方向的で「多自然的」な世界と、大宇宙《マクロコスモス》と小宇宙《ミクロコスモス》が神聖王の特別な身体を経由して連結される世界との間には、大きな断絶があるように感じられる。この二つの自然観の中間を行くような考え方は存在するのだろうか。あるいは、前者が後者に移行するというような現象は生じうるのだろうか。こうした点を考える上で示唆的なのは、『イメージの創生場』でデスコラが挙げている、クック諸島（ポリネシア）の「神＝棒」と呼ばれるものである。

デスコラによれば、これは「一人の祖先のもとに諸世代が出自の線で結ばれている様子を、無駄のない洗練された形で示し」たものである。ここで、このように祖先からの出自の繋がりを直線として表現することが、必ずしも人類普遍のものではないことは指摘しておく必要があるだろう。例えばアマゾニア先住民のアニミズム的世界観のもとでは、第4章でも触れたように、人間はつねに周囲の諸存在との混じり合いの過程にあると考えられるから、系譜に従って数世代の人々を一列に並べるという発想は生じにくい。ポリネシアと同じ太平洋地域でも、ニューギニアなどのメラネシア地域では系譜の重要度は低く、人々の系譜関係に関する知識も浅いことが知られている。クック諸島の「神＝棒」が8世代にも及ぶ系譜関係を表象しているのは、クック諸島を含むポリネシアにおいて、メラネシアのビッグマンとは異なり、「首長」が系譜関係に基づいて高い地位を与えられる政治制度が発達した——さらにはハワイのように「神聖王」が出現するケースもあった——こととおそらく無縁ではないのである。これまでも見てきたように、人々がいかに束ねられる／束ねられないかという問題と、自然の中の諸存在がいかに束ねられる／束ねられないかという問題は、常に連関し合っている。とすれば、この「首長」をめぐる政治制度は、そうした「束ね方」について考えるうえで格好の素材であるだろう。

首長制と円錐クラン

まずは概略的な説明から始めよう。人類が歴史的に構成してきた様々なタイプの社会は、権力の集中度を基準にして「バンド」、「部族」、「首長制」、「国家」という言葉で分類することができる。「バンド」や「部族」は数家族から数十家族といった小規模な集団が（平時には）独立して暮らしているような社会であり、他方で「国家」は多くの場合、人口数万人以上の大きな規模の社会を形成し、しばしばインカ皇帝のような、政治権力と宗教的権力を兼ね備えた神聖王を上に戴く社会であった。「首長制 chiefdom」はこの中間に位置するタイプの社会であり、そこでは「首長 chief」がかなり高い政治的・宗教的地位を安定的な形で保持し、広範囲の地域集団の上に立つことになる。

ところで、こうした首長制の構成原理の一つとしてよく知られているのは「円錐クラン」と呼ばれる制度で、ポリネシアをはじめ、アジアやアフリカ、アメリカ大陸などの様々な地域で見られたものである。円錐クランとは、一言でいえば、「年長の子は年少の子よりも地位が高い」等のルールを世代を超えて適用することにより、広範囲の親族関係を整序する制度である。例えば系譜上でイトコ同士であれば、その父母のキョウダイ関係によって、また二次イトコや三次イトコであれば祖父母や曽祖父母のキョウダイ関係に遡って、地位の高低が決まる。この原理に従えば、系譜が記憶されている限り、かなり広範囲の親族に関して上下関係を明瞭に決めることができ、そしてこの上下関係で最上位に位置する者が代々、首長の地位に就くことになる。先ほどのクック諸島の「神゠棒」も、まさにこのような文脈において、神から祖先へ、祖先から現在の首長へ、という系譜的なラインを透明な形で表現したものと考えられる。円錐クランは、すぐれてアナロジスム的な制度である。なぜならそこでは全ての人が親族関係によって結ばれており、それゆえ相互に類比的な存在だからだ——ここで類比的というのは、地位の高低がある以上は同一ではないが、しかし地位の比較が常にできるという意味で本質的に類似した存在である、ということにほかならない。

ただ、こうした親族関係における地位の高低は、モデル上は明瞭であるものの、現実上は様々な問題をはらみうる。もし低い地位にある者が大きな経済的実力を持ち、周囲の人々に影響力を持つなら、「年長の子は年少の子よりも地位が高い」という原則が疑問に付される可能性も出てくるだろう。この可能性は系譜関係が遠いほど大きくなることは容易に想像できるし、また、系譜関係は実際には複数のルートで辿れることも多いから、系譜に関する異説を唱えて地位の逆転を狙う可能性も存在している。力のベクトルを束ねるアナロジスム的な体系の下には、ある意味でアニミズム的な、多方向に発散する力のベクトルが顔を出す可能性が潜んでいるのである。

グムサとグムラオ（リーチ）

イギリスの人類学者エドマンド・リーチの名著『高地ビルマの政治体系』(1954)は、こうしたアナロジズム的な力の求心性とアニミズム的な力の発散性との間の緊張関係を見事に描いた民族誌的著作である。[9] リーチによれば、調査当時のカチン山地では、谷間で稲作を行う「シャン」の人々と山地農業を行う「カチン」の人々が混在する形で暮らしていた。そこでの政治形態も様々だった。シャンは国家社会を形成しており、それは時に百個以上の村を含む規模に達することもあった。他方カチンは、シャンを模倣するようにして階層的で比較的規模の大きい政治組織を形成する場合もある一方、わずか四世帯の村が完全独立を主張するなど、無政府的な傾向を示す場合もあった。カチンの人々は、前者のようにシャン的な王権を目指して階層的な社会を志向する傾向を「グムサ」と呼び、後者のように無政府主義的で平等主義的なタイプの社会を「グムラオ」と呼んでいた。リーチが民族誌で焦点を当てるのは、まさにこの両者の関係である。

では、グムサではどのような形で階層性が生み出されるのだろうか。それは一方で、先ほどの円錐クランにも似て、「(末子を除き）長子から出生順に順位が決まる」という原理に基づく親族関係の整序である。カチンの場合、これに「ただし末子は長子よりも高い地位に置かれる」という原則が付け加わるのだが、基本的な仕組みは円錐クランと同じといって良いだろう。さて、もう一つの重要な階層化の仕組みは、婚姻に基づくものである。二つの親族集団の間で婚姻が結ばれると、嫁を与えた集団――「マユ」と呼ばれる――は「主人」とみなされ、嫁を受け取った集団――「ダマ」と呼ばれる――は「家来」とみなされる。それゆえ、グムサの理想に従って高い地位を保持しようとする集団は、他の集団に嫁を与えることで優位を保とうとするのである。これらに加えて、全ての者の上に立つ首長の地位を目指すものは、シャンの王たちを模倣し、全世帯を巻き込んだ儀礼において決定的な役割を演じることで、地位の高さを印象づけようとする。

とはいえ、リーチによれば、こうしたグムサ的な企ては、常にグムラオ的な理念によって突き崩される可能性をはらんでいる。グムラオの考えに従えば、系譜関係が一定の地位の差を生み出すことはあるにせよ、それは同一親族の間での、程度の差にすぎないものである。婚姻による「マユ」と「ダマ」の上下関係もさほど実質的意義を持つわけではなく、また儀礼においても首長の特別な役割が期待されるわけではない。従って、カチンの首長がシャンの王のような一段高い存在になることはありえない。他方、グムラオの側にも弱点があるとリーチは指摘する。程度の差にすぎないとはいえ、系譜関係や婚姻関係によるヒエラルキーの発生という理念自体はそこで承認されているからだ。だから、カチン的世界においては、グムラオ型社会の中からグムサ型社会が生じる可能性と、グムサ型社会の中からグムラオ型社会が生じる可能性が、つねに共存しているのである。

ところで、カチンと隣り合わせで暮らしているシャンの国家は、なぜカチンとは異なって、階層性を安定した形で保つことができるのだろうか。リーチによれば、両者の違いは、グムサのシステムにおける地位の高低が（姻族も含めた意味での）親族関係の中から出てくるのに対して、シャンの王侯の地位は貴族や平民と本質的に分離されていることにある。この点は、婚姻に関してきわめて明瞭に現れてくる。シャンの王侯は、他の王侯や貴族や平民から多くの妃を得ることで政治的地位を固めるのだが、それができるのは、シャンの王侯は被支配者の親族ではないからである。これに対し、もしグムサの首長がそれを行おうとすれば、「マユ・ダマ」の原理に従って、被支配者の「家来」の立場に置かれることになってしまう。

このグムサとシャンの違いは、実は、王権にもとづく国家レベルの社会と、（円錐クランを基盤とするような）首長制の間にある決定的な差異を示すものである。マーシャル・サーリンズが論じたように、世界各地の様々な王権について、その王家の起源をめぐる神話伝承を調べてみると、不思議にも、王とはどこでも何らかの意味で外来者——天から降りてきたのであれ、よそから突然現れたのであれ——と考えられてきたことがわかる。サーリンズが言うように、「王権は社会の外部から出発する」のであり、王とは本来的に「外来王」でなければならないのである。[10] 「外来王」は外来者であるからこそ、（インカ皇帝にみられたような）社会の内部者たちが決して近づけないような超自然的な力にアクセスを持つ存在として認められうる。もちろんそれが広く信じられるためには、その「外来者」が王であるという保証が、要請されるのであるが。

フランスから来たマプーチェの「王」

ここで、私が調査したマプーチェの政治的世界が、その歴史の中で、ある意味でカチンの状況に似た部分を含んできたことにも触れておきたい。南アメリカ南部に居住するマプーチェは、インカ帝国をはじめとする国家社会が栄えたアンデス高地とも、アマゾニアの先住民社会とも異なる部分を持っている。マプーチェは平等主義的な傾向を強く持っていたが、もう一方で、広範囲に影響力を及ぼす大首長たちもかつては存在しており、実際そうした首長たちが連盟してスペイン軍と戦ったおかげで、16世紀から19世紀まで独立を維持していたのだった。

自然の諸力に関しても、マプーチェの社会にはある種のアナロジー的な考え方が存在する。第3章でも述べたように、マプーチェの家・村の儀礼場・火山は美しい類比関係を形成しており、カマリクン儀礼を始めとする彼らの儀礼は、そうした類比関係を援用して、世界をより正しい秩序に戻すものとして理解できる。また、毎回のカマリクン儀礼において最大の供犠獣である牛と馬を提供した人は、以降ロンコ――文字通りには「頭」を意味する――と呼ばれて一目置かれるようになるのであり、儀礼と政治的リーダーシップとは結びついている。

とはいえ、マプーチェの首長は過去においても、他の人々と全く別格の、王のような存在ではなかった。マプーチェの儀礼体系も、広域の連盟関係のもとで行われる儀礼（現在は行われていない）から、幾つかの村が集まる儀礼、親族単位の儀礼、家族の儀礼など、様々なレベルの儀礼が相似的な形で併存しており（相似的というのは、そこで行われることは基本的に類似していて、規模や手順の複雑さが異なるだけだからである）、どれかのレベルが決定的に優越するということはない。この点、インカ皇帝とは異なるのであり、そこでの水平性は「国家に抗する社会」のタイプの社会を想起させる部分を確かに持っている。

このような状況は、19世紀中葉、チリの軍隊によってマプーチェが「平定」される前夜に起こった、ある奇妙な出来事にも象徴的な形でみることができる。16世紀以来独立を保ってきたマプーチェだが、19世紀に入ると、近代的装備を整えたチリ軍を前にして、未曾有の苦境に陥ることになる。そうした中で大首長たちが考えた苦肉の策は、チリ国家に対抗し、「マプーチェ王国」を立ち上げることだった。しかし、大首長たちの間の関係は水平的なものであり、その中の誰かを「王」にすることは不可能だった。そこで彼らが白羽の矢を立てたのは、当時この地方を訪れていた一人のフランス人冒険家であった。大首長たちは一八六一年、このフランス人を「王」として国家の樹立を宣言する――しかしわずか二年後には、このフランス人がチリ軍に捕えられ、それを契機に「マプーチェ王国」は崩れ去ってしまう。アナロジスム的な基盤が堅固でない場所で、国家という大怪物を一気に作り上げるのは不可能なことだったのである。

7.3 アナロジスム的な経済

家《オイコス》の経済(グードマン)

第5章ではアニミズム的世界観のもとでの経済活動について論じたが、アナロジスム的世界観のもとでは経済活動はどのように立ち現れてくるのだろうか。この問いに関して重要な手がかりを与えてくれるのは、アメリカの人類学者スティーヴン・グードマンの仕事である。グードマンは若い頃、ハーバード大学でMBAを取得し、人類学のほかに経済学と経営学の学問的訓練をも受けたが、一九六〇年代に初めて行ったパナマ奥地の農村でのフィールドワークはそうした彼を深く印象づけることになる。パナマの農民たちが自らの経済活動について語っていたことは、ある首尾一貫した経済のヴィジョンを表現していたが、それはグードマンが大学で経済や経営について聞き知ってきたこととはまったく異質なものだったのだ。

パナマの農民たちは、自らの経済活動の根本的な基盤は「家」にあると考えていた。「家」とは、ギリシア語で言うと「オイコス」だが、この「オイコス」を運営することが「オイコノミア(家政)」と呼ばれること(もちろんeconomyという言葉はここから来ている)を考えると、この「家」をめぐる経済は、経済というものの何か根幹的部分と関わっていることが予感されるだろう。グードマンは、このパナマでの調査や、後にコロンビアで行った調査をもとにして、この「オイコス」の経済が、実際にきわめて重要な問題を提起していることを明らかにしていった。[11]

より詳しく見てみよう。パナマの農民たちがグードマンに力説したのは、経済活動の源泉は、大地が彼らに与えてくれる力にある、ということであった(この力は、究極的には神に由来する)。大地に由来する力が作物に蓄えられ、そして力はさらに、その作物を食べる人の中に蓄えられる。そしてその力が、人々が農作業を行うための力になる。こうした力のサイクルが彼らの生産活動をなすわけだが、そうした活動の基盤は彼らにとって、個人でも村でも何らかの組織でもなくて、「家」であった。その意味では、彼らにとっての経済とは、各々の家において大地から受け取る力の流れを管理することであり、それが「家政」だったのである。そして、彼らによれば、この家政における根本的な技術は「節約」――これはeconomyという言葉のもう一つの意味である――である。彼らはガラクタも決して捨てず、つねに何かの再利用の方法を見つけようとするのであった。

パナマの農民たちは、貨幣を使って売買も行っていたが、しかし彼らは、現金で購入するものは贅沢品であり、それにこだわりすぎるのは悪徳であると見なしていた。彼らにとっては、都市の人々が利潤を生み出すのは、一種の神秘であった。彼らにとって真に力を与えてくれるのは、あくまでも「家」の中で生み出されたものだけだったのである。付け加えれば、グードマンはこのパナマでの調査ののち、同様の考え方をコロンビアの農村においても見出し、その中で「家」の経済について考察を深化させている。

多様な力の集合としての富

「力」という言葉は、本書でのディナミスム、アニミズム、アナロジスムについての議論で繰り返し使ってきた言葉であった。パナマやコロンビアの人々は、この力の概念を、正確にどのように捉えているのだろうか。例えば、大地の力、様々な農作物や家畜の力、人間の力というとき、それぞれの力は同じ意味なのか、それとも違う意味なのか。違うとしたらどのように違うのか。これは自然観について考えるうえで決定的に重要な点だが、グードマンの答えは明解である。パナマやコロンビアの農民たちにとって、大地から引き出された力は家の経済に関わる様々な事物のうちに存在しているわけだが、それらの様々な事物が内包する力は、異なった尺度の中にあると彼らは考える。それらの力は、もちろん相互に関わっているが、しかし別の尺度で測られる――これは明らかにアナロジスムの経済なのである。

> 私は人々が力の数量について語ったり、収穫を力の量と比べたり、他の物を測るのに力の量を用いることを聞いたことはなかった。もちろん彼らも数えることはする。収穫高、必要な種子、労働日数、今後必要な労働日数、歩幅単位や身長単位による仕事量、仕事を終えるための作業数、貯蔵した食物が何日持つか、家畜の数が何頭か、等々を彼らは計算する。それぞれは別々の尺度で測られる［…］。農村地域では、（貨幣のような）最終的な物差しもなければ、（利潤のような）収支決算もない。ある家の富とは、力が様々な形で具体化したもの (different embodiments of strength) の総体であり、それ自体が多様なものなのである。[12]

グードマンは、自らがパナマやコロンビアで見出したこの

「家」の経済という考え方は、歴史的には植民地時代のスペインに起源を持つものであり、それはまた、中世ヨーロッパを経て、古代ギリシアにまで遡りうるものである、と論じている。つまり、パナマの農民たちが語っていた「経済」は、その言葉の語源である「オイコノミア」、つまり家政とそのまま繋がっていた、というわけである。実際、パナマの農民たちの経済思想は、アリストテレスやクセノフォンの経済や政治に関する著作と対照することでよりよく理解されてくるだろう。ミシェル・フーコーは、そうした古代の文献に基づきながら、古代ギリシアの家庭《オイコス》が単に家を指すのではなくて、「一つの活動領域の全体、ある生活様式、ある倫理的秩序を示すものである」と指摘していた。そして、フーコーによれば、「土地所有者の生活は、適切に自分の所有地の面倒を見ているなら、まず自分自身にとって良いものである。ともかくこの生活は耐久力の訓練、身体の鍛錬となり、それが身体に、身体の健康と力強さに良いのである」[13]。こうした文章を読めば、パナマの農民が「家」に与えていた特別な重要性、また土地が彼らに与える力などは、確かに一つの固有の生き方と関わっていることが感じられてくるだろう。

　経済人類学者カール・ポランニーはかつて、アリストテレスやトマス・アクィナスの経済思想が中世の都市経済に及ぼした影響は、「後代のアダム・スミスやディヴィッド・リカードゥが19世紀の世界経済に及ぼした影響にも比較できるほど大きなものであった」と指摘した。このアリストテレスから中世に至る哲学的伝統は、アナロジーをその存在論の基盤とするものであり、彼らの経済思想もその意味で、アナロジスム的な性格のものと言ってよい。グードマンがラテンアメリカの農村で出会ったのは、そうした大伝統の生き残りだったのだ。[14]

アナロジスムと特定目的貨幣（ポランニー）

　ところで、ポランニーがアリストテレスやアクィナスに共感を示したのは不思議ではない。というのは、彼自身の経済人類学もアナロジスム的思考に基づくと考えうるものだからである。以下、ポランニーの貨幣論をもとに、この点を掘り下げて考えてみよう。[15]

　ポランニーが貨幣について行った根本的な指摘は、人類史的観点からみた場合、貨幣の本来の姿は「特定目的貨幣」であった、ということである。我々が今日使っている貨幣——ポランニーの言う「全目的貨幣」——は、支払い手段、価値尺度、計算手段、富の蓄蔵手段、交換手段といった様々な目的に用いることができるが、歴史を遡ると、むしろそれぞれの用法に即して別々の貨幣が用いられる、という方が普通のことであった。例えば古代バビロニアでは、計算貨幣として

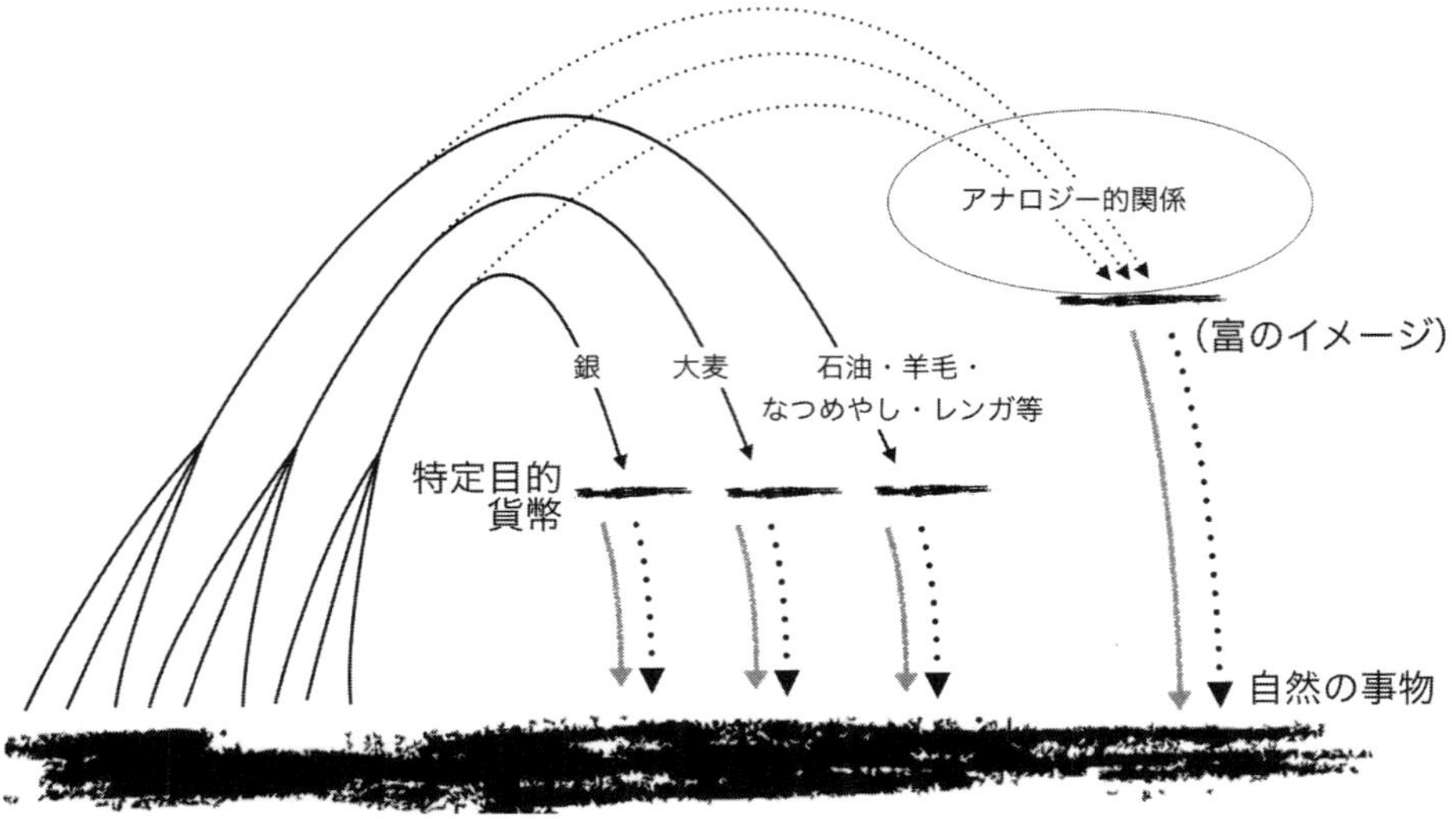

古代バビロニアにおける特定目的貨幣（ポランニー）

は銀、支払い手段としては大麦、交換手段としては石油、羊毛、なつめやし、レンガなどが用いられていたという具合である。確かに、近代国家におけるように貨幣が十分に行き渡っておらず、国家による貨幣の価値の保証も不十分な中では、その場その場の状況に合った価値物を貨幣として用いる方が明らかに合理的である。古代バビロニアのように、事物の価値が複数のイメージ平面に「脱＋再イメージ化」する状況においては、それが全体として形成するような、一般的な「富のイメージ」とでもいうべきもののイメージ平面の存在はむしろ潜在的なものと言えるだろう（上の図を参照）。逆にこの一般的な「富のイメージ」が全目的貨幣によって表現され、国家がそれを全面的に支えるならば、特定目的貨幣のイメージ平面の方が弱まっていくことになるはずである。

ポランニーに戻るならば、彼がなしとげたのは、ある意味で全目的貨幣の存在によって不可視になってしまったような、物事の価値についての思考を回復することであった。その企ては、価値の「脱＋再イメージ化」のシステム一般として貨幣を捉えることだったと考えることもできるように思われる。実際彼は次のように述べている。

我々は貨幣という物をあまりにも狭く考えがちである。しかし、これが貨幣そのものであるといえるものはなにもない反面、適当な領域から選ばれたものであれば、どんなものでも貨幣として機能するのである。実は、貨幣とは言語や文字や度量衡と同様な、一つのシンボル体系なのである。[16]

貨幣の本質的な機能は、何かの物が別の物の価値を表すということである。「どんなものでも貨幣として機能する」ということは、そうした価値の表現の可能性が、「狭く考え」なければ、あらゆる物同士の間に存在しているはずだ、ということである。つまりポランニーは、世界のなかの様々なものが、価値関係の中で緩く反響し合っている、という状況を想像しているのだ。ここで、「緩く」と言ったのは、アナロジスム的世界においては、あらゆる物が相互に異なりつつ類似しているからである。一つの言葉は厳密には他の言葉によって代替できないが、しかし他の言葉を使って同じようなことを言うことはできる。同様に、アナロジスム的な価値論においては、一つの物の価値は他の物の価値によって代替できないが、しかし同じような価値を他の物によって示すことはできる。こうしてみれば、「特定目的貨幣」と「全目的貨幣」の間にあるのは、単なる機能的な差ではないことが分かってくる。貨幣が複数あるということは、世界を同一性に還元するのではなくて、類比性のもとに保つことなのである。[17]

マリノフスキは『西太平洋の遠洋航海者』において、「クラ」交換のパートナーが一生にわたり、定期的に腕輪と首飾り——まとめてヴァイグァ（クラの財宝）と呼ばれる——を交換する体系について詳細な記述を行った。ヴァイグァは、腕輪と首飾り以外のものとは交換しえず、また一度手に入れたものは必ず手放さねばならないから、どうみても貨幣とは見なしえない。しかし、それでもそれが貨幣のように見えるのはなぜだろうか。それは、ヴァイグァがそれとは交換できない他のたくさんの価値物と、ひそかに響き合っているからである。そしてその響き合いは、マリノフスキが生き生きと描くように、確かに比類なく最高度のものなのである。

彼らは、ヴァイグァを、それ自体このうえなくよいものと考えているのであり、換金できる富とか、金目を含んだ装飾品とか考えているのではない。いや、権力の道具としてさえ考えていない。ヴァイグァを所有することは、それ自体うれしいこと、心の安まること、ほっとすることなのである。彼らは、ヴァイグァを何時間も眺めたりいじったりする。さわっただけでも、それに含まれたよい力がいろいろな状況下で伝わってくるのである。[18]

7.4 客体化された〈自然〉

アナロジズムの曖昧性と客体化された〈自然〉

アナロジズムの一つの重要な特徴は、自然についての他の三つの考え方と連続し、それらと重なり合ったり溶け合ったりするという点である。中国における気の概念やインドにおけるプラーナの概念に見られるように、自然の力がディナミスム的な力として、そして同時に、アナロジズム的な全体を形成するものとして理解されるケースは多い。アニミズムとの関係においても、その遠心力は理念的にいえばアナロジスムの全体性と対立するものだが、現実においては、様々な存在がある時にはアニミズム的な遠心力のもとで、別の時にはアナロジスム的な求心力のもとで理解されるというケースは少なくない。それゆえに、7.2で見たカチン山地におけるグムサとグムラオの間の揺れにもあった通り、あたかも液体と固体が混じり合った相転移の状態のように、遠心的な力と求心的な力とが綱引きを行なっているような状況が存在しうるのである。アナロジスム独特のこの曖昧性は、自然の人類学にとって核心的な重要性を持つものである。本節では、客体化された〈自然〉とでも呼ぶべき、これまでの三つとは異なる第四の自然観を扱うが、ここでもアナロジスムとの連続性や重なり合い——アニミズムやディナミスムも無関係ではないとはいえ——を考慮することが鍵になってくる。

客体化された〈自然〉とは、典型的に言えば、17世紀の科学革命の前後から発達し、やがて世界中に普及してゆく自然科学的なものの見方のことである。次ページの図にもあるように、この客体化された〈自然〉においては、自然の様々な事物（人間の身体をも含む）は何らかの装置を通じて観測されたり、記録されたり、さらにデータ処理されたりして、客体化された形で把握されることになる。この自然観のもとでは、そのように客体化装置を経て把握された自然こそが真の意味での自然であると理解される。これは、我々自身が小学校の頃から学校教育を通じて親しんできた客観主義的な自然観（ないし現実観）であって、だから我々にとって一番ありふれた自然観でもある。しかし、私が本書を通じて用いている自然概念——第6章冒頭で述べたように、それは幅広く、かつ多様な振幅を許容する概念である——に比べると、その意味はきわめて狭く特殊なものでもある。そのような理由から、以下では、この客体化された意味での自然を一貫して〈自然〉とカッコに括って表記することにする。

客体化された〈自然〉の出現とともに起こるのは、図にも表れているような、一種の現実の二重化である。我々は日常生活において、自然の様々な現象を、我々の身体を通じて直接的に、我々の主観性（関心、意図、欲望など）と切り離せ

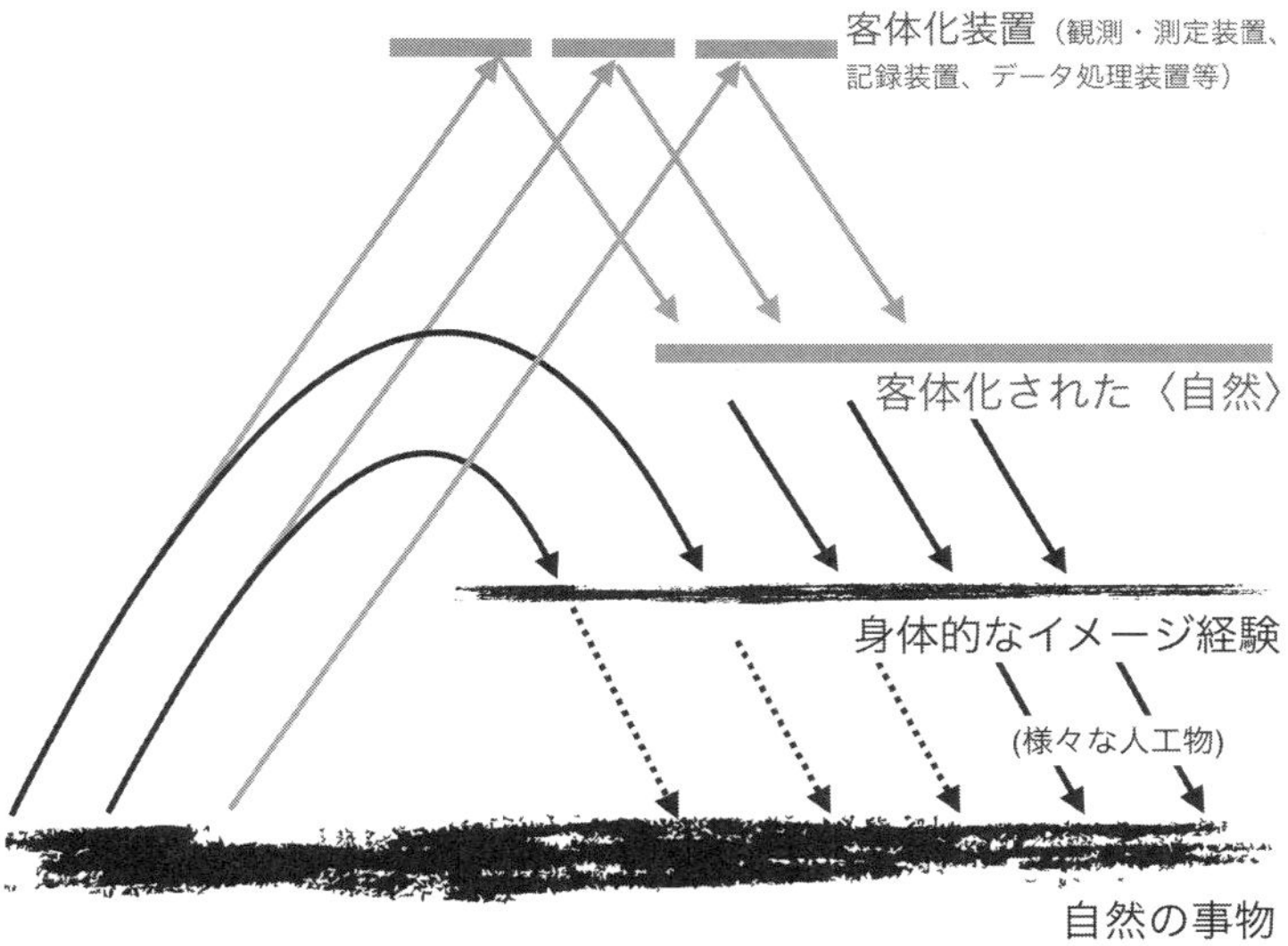

客体化された〈自然〉

ない形で経験しているが、同時にそれとは別次元で、客観的な現実——カメラのレンズが捉える客観的な視覚像、顕微鏡や望遠鏡のレンズを通して把握される微小な世界や遠方の世界の視覚像など——というものが存在していることを知っている。例えば、我々は春の陽気に喜びを感じたり、何日も降り止まない雨に憤りを感じたりするが、それとは別に、一連の気象観測装置によって厳密に把握される、我々の主観性とは無関係であるところの気象現象というものが存在することを知っている。さらに我々は、様々な客体化装置を通じて観測され、記録され、データ処理された結果が、科学的な理論や数式と結びつけられることで、ある独特の確かさを備えた客観的知識が生成されていることを知っている。こうした自然観の中で生きる我々は、天候について喜びや憤りを感じるのは人情だがそれはあくまで主観的な問題であること、「本当に起こっている」のは客観的に観測される気象現象の方であることに納得している。この最後の意味においては、近代において次第に確立されてゆくのは、単に現実の二重化のみならず、客体化された〈自然〉のイメージ平面での出来事こそが真実であり、直接的な身体的イメージ経験の方はむしろ騙されやすいものである、という一種の真実性のレベルの差異でもある。確かに、そのことで身体による直接的経験の重要性が減るはずはないが、それでも、それはある種の否定の中に押し込められざるをえないのだ。[19]

このような考え方は、どんな背景のもとで西欧近代において支配的となったのか。すでに見たように、近代初期までのヨーロッパにおける知のシステムを支配していたのは、アナロジスム的な「類似」のアイデアであった。つまり客体化された〈自然〉がアナロジスムの中から出てきたことは間違いない。そこで、今みた図を、7.1で掲げた図と見比べてみよう。両者二つの図は大まかな形状において確かに類似している。両者の大きな違いは、①アナロジーの平面が客体化された〈自然〉によって取って代わられたこと、②アナロジーにおけるイメージ化の過程は、第3章で述べたところの多層的なイメージ化の一種であると考えられるのに対して、客体化された〈自然〉におけるイメージ化は、すでに述べたように、一連の客体化の装置を経由して得られる、特殊なタイプのイメージ化であること、である。アナロジスムにおいては、様々な物事の本質の中にひそかに含まれている調和的な要素が反響しあって、自然にアナロジー的全体が形成されることが想定されていた。これに対して客体化された〈自然〉においては、物事のイメージは〈自然〉のイメージ平面の上にダイレクトに写しとられ、そのうえで、科学がこの平面上でそうした物事を律する法則を発見してゆくことになる。アナロジスムにおける、事物のイメージとアナロジーのイメージの関係は、ある意味で、カチン山地におけるグムサとグムラオの間の揺れのように政治的なものだったが、客体化された〈自然〉の中では、直接的経験のイメージと客観的な〈自然〉のイメージの関係は認識論的なものだと言ってよい。

一七世紀オランダにおける視覚の革命

以上の説明は、客体化された〈自然〉を近代科学と表裏一体のものであるかのような印象を読者に与えたかもしれないが、本当はもう少し注意深い言い方が必要である。自然を客体化する契機は、おそらく、どの場所、どの時代においても存在してきたはずであり、それは経験の普遍的可能性の一部であるとも言えるからである。とりわけ、世界各地において発達を遂げた歴史上の諸文明が、各々の形で自然を客観的に捉え、そして操る知識や技術を高度に洗練させたことは周知の通りである。そうした知識や技術の中には、ユークリッド幾何学、古代ローマの建築技術、イスラム科学のように、近代科学が成立していく中で、その基盤的部分を形成していったものも多い。とはいえ、概略的に述べるならば、これらの近代以前の高度文明のもとで一定の範囲で形成された客体化された〈自然〉のイメージは、それ自体においては、支配的なアナロジスム的なイメージの中に、部分的に溶解されつつ、内包されていたと考えるべきだろう。それゆえ、近代科学における、〈自然〉の全体がアナロジスムと通じ合う身体的なイメージ経験から決定的な形で乖離していくという事態は、やはり特殊なものである。このような現実の二重化は一体どのようにして生じたのか。もちろんこれは、人類学の範囲を大きく超えた問いであり、以下で述べるのは大ざっぱな素描でしかない。しかし、近代および現代の世界について人類学的考察を行うための準備としては、有意義なものでありうると思う。

　この問題に関し、最初に手がかりとしたいのは、17世紀オランダ絵画にみられる視覚上の革命を論じた美術史家スヴェトラーナ・アルパースの名著『描写の芸術』(1983)である。17世紀は科学革命の世紀であり、まさに客体化された〈自然〉のイメージ平面が確立してゆく時代だが、オランダはこの時代に政治・経済・軍事・自然科学・哲学・芸術など様々な領域で目覚ましい進展を見せた国であった。この国が、顕微鏡や望遠鏡やカメラ・オブスクーラ等の光学装置の製作技術において、ヨーロッパ中で高い名声を博していたのもそれと無関係ではない。

サーンレダム《ハールレムのシント・バフォ聖堂の内部》(1636年)

　視覚的な客体化装置としての光学装置は、ホイヘンスやレーウェンフックのような科学者たちの研究の土台となったのみならず、デカルトやスピノザのような哲学者たち――彼らは科学者でもあった――にとって根本的な思考の支えにもなった。さらに、フェルメールに代表される同時代のオランダの画家たちは、レンズに深い関心を抱いて、「見る」という行為を根底から作り直す中で彼らの絵画作品を生み出していった。特に重要だったのは、先にも触れたカメラ・オブスクーラという、外界の像をピンホールを通して暗い部屋《カメラ・オブスクーラ》の中に映し出す装置である。[20] 17世紀オランダの画家たちは、このカメラ・オブスクーラが生み出す視覚的イメージに強く惹かれ、それを直接間接に利用しながら著しく写実的な絵画を描いていった。独特のフレッシュさに彩られたそれらの絵画は、先行するルネサンス期のイタリア絵画――線遠近法によって場面を知的に再構成しつつ描いたもの――とは大幅に雰囲気の異なるものであった（上の図を参照）。

　アルパースは『描写の芸術』で、17世紀オランダの知的世界——科学、哲学、芸術など——に共通してみられたのは、レンズを通して現れる現実の像こそが真実であると見なす、まったく新しい態度であったと指摘する。我々の先ほどの問いは、近代世界において、客体化された〈自然〉のイメージ平面がどのようにして支配的地位を確立していったのか、というものだったから、この指摘は決定的に重要である。アルパースの文章を引いておこう。

フェルメール《赤い帽子の女》(1665〜66年頃)
女性の帽子や服、椅子の光の反射は、肉眼による視覚像よりも、光学装置が作り出すイメージに忠実に描かれたかのようにみえる。

> 科学史家によれば、レンズは古くから知られていたが、それは真実を歪めるもの、欺くものとみなされていた。それが信用を得るにいたったのは、17世紀になってからである。事実、オランダで経験的観察が重視されるようになったのは、この現実のおびただしい表象が信頼に足るものだということが認識されてからのことである。オランダ絵画を理解するうえで重要なのは、カメラ・オブスクーラが生み出す像の性格とかそれを利用したことにあるのではなく、むしろこの装置に信頼をおいたという事実である。[21]

光学的に客体化された〈自然〉のイメージ平面に真っ直ぐに向かい、そこから新しい形で世界の真実を見出そうとすること——この態度は画家たちのみならず、顕微鏡や望遠鏡を使って新しい発見を積み重ねていったオランダの科学者たちが徹底的な形で実践したものであり、またデカルトやスピノザのような哲学者が透徹した形で表現したものでもあった。もちろん光学装置は客体化装置の一部でしかないが、いずれにせよ、これ以降オランダ、イギリス、フランスを始めとするヨーロッパ諸国で積み重ねられてゆく、客体化された〈自然〉に関する発見の積み重ねは、次第に、もはや後戻りできないような変化を生み出してゆくことになる。そうした中、客体化された〈自然〉のイメージ平面は比類ない堅固さを獲得し、ついには直接的な身体的イメージ経験の平面よりも上位に位置付けられるものとなったのである。

なお、絵画については付言すべきことがある。絵を描く行為が画家の主観に内在するイメージに向かう代わりに、光学装置によって客体化された形で現出してくる現実のイメージに向かうことは、絵画の主題という側面での17世紀オランダ絵画における根本的な変化とも連関するからである。それまでの西洋絵画では、宗教や神話や歴史の中から――つまり画家自身があらかじめ持っていた主観的現実のイメージの中から――主題を選ぶのが定石であった。これに対してオランダの画家たちは、市民社会の成立という社会状況を背景に、庶民の日常生活の中の些細な場面を描いた風俗画や、人物がほとんど不在であるような風景画といった、従来の絵画の常識に背を向けた、新しいジャンルを積極的に切り開いていったのだ。風俗画のジャンルにおいて、この時期のオランダの画家たちが、日常生活の諸場面を清新な、開かれた視点から見つめ直し、それをカンヴァスの上で絵画として結晶化させていったのはとりわけ興味深い。[22] それは、見方によっては、人類学の――あるいはイメージの人類学の――遠い先駆けと考えられなくもないからである。[23]

活版印刷術と「自然という書物」の改訂

以上、17世紀オランダを引き合いに出したのは、イメージの人類学という観点からみて、それが最も印象的な瞬間を示していると思われたからである。しかし実際には、客体化された〈自然〉のイメージ平面の樹立の過程が、もっと長い歴史的時間にまたがるものであるのは言うまでもない。そこで次に、少し時代を遡り、ルネサンス期に発明されてからヨーロッパの知的世界に根本的な影響を与えてきた、活版印刷術という客体化装置についても見ておくことにする。

グーテンベルクが活版印刷術を発明する以前に、それに多かれ少なかれ似たものがあったのは確かである。そもそも世界各地で発明された様々な文字は、言葉に関する客体化装置であると言ってよいし、また中国を中心とする東アジア地域においては、木版印刷というさらに洗練された客体化装置が発明され、すでに普及していた。しかしながら、ヨーロッパの活版印刷術がそれらと一線を画すものだったことも間違いない。様々な文字や木版印刷は、各々の技術的・社会的条件のもとで新たなイメージ平面を創出していったはずだが、それらの客体化装置が作り出した思考の地平はアナロジスムの引力圏を大きく抜け出すことはなかった。これに対し、活版印刷術は（歴史学者エリザベス・アイゼンスタインが述べたように）[24]「自然という書物」をいわば根本的に改訂して、客体化された〈自然〉のイメージ平面を確立していく基盤となったのである。[25]

活版印刷術は15世紀半ばにドイツで発明されるとまたたく間にヨーロッパ各地に普及してゆき、ルネサンスの人文主義、キリスト教における宗教改革、科学革命、そして国民国家の成立といった、ヨーロッパの近代を形成していく出来事の全ての重要な前提となっていく。こうした変化による影響の全体は、アイゼンスタインが論じたように、「印刷革命」という名にふさわしいものであった。

自然についての知に焦点を絞って述べるならば、活版印刷術の普及のなかで、それまでヨーロッパ各地で手書きされ、大方は眠ったままになっていた知識が、書物の形で大量に複製されて広がるようになった。そのおかげで、人々はそうした知識の総体を一気に閲覧できるようになり、さらに、その刺激のもとで生み出された新たな考察や新たな発見が、再び印刷物を通じ、ほぼ現在進行形で各地で共有されるようになる。次にみる天文学者ティコ・ブラーエの事例は、印刷術という客体化装置が、いかにして客体化された〈自然〉の基盤となっていったかを鮮やかに示すものである。

ティコ・ブラーエの場合——印刷術と天文学

天文学者ティコ・ブラーエ（1546-1601）の事例は、印刷技術が科学的知識の生産にもたらした革命的意味を具体的に想像するために有益である。ブラーエによる膨大な天体観測データの蓄積は、コペルニクスによる地動説の理論化と並んで16世紀の最も重要な自然科学上の出来事であり、それはケプラーやガリレオの仕事を通して、17世紀科学革命の頂点たるニュートン物理学の成立の土台となったものである。しかし不思議な点が一つある。ブラーエの仕事は、望遠鏡がいまだ存在していなかった時代になされたものだった。では、何がそのような画期的な仕事を可能にしたのだろうか。

アイゼンスタインは『印刷革命』において、コペルニクスからブラーエへ、そしてケプラーへという天文学の進展が、望遠鏡ではなく印刷術の普及を背景としてなされた過程を緻密に示している。[26]まず、ブラーエの仕事の前提になったのはコペルニクス（1473-1543）の仕事であるが、これ自体が印刷術の時代の産物であった。コペルニクスは、古代ギリシア語の学術書が次々と刊行される中で、古代の天文学者プトレマイオスの『アルマゲスト』を自分の手元に置き、それをじっくり検討する中で、自らの理論を樹立していったのだ。実際、彼の有名な『天体の回転について』（1543）は、『アルマゲスト』の各章、各節を、自らの新理論を織り込みつつ練り直した形になっている。ティコ・ブラーエの時代になると、学術書の入手はさらに容易になっており、彼はプトレマイオスの著作とコペルニクスの著作、それらに基づいて推算された表、また数学的データの表などを手元に置いて、この二人の天文学者の理論を詳細に比較検討した。その結果として彼は、惑星の運動の真相に迫るためには、着実な観測の積み重ねを実行するしかないという確信に到達する。ブラーエはその後、この観測の積み重ねを実行に移すのであるが、実はそこでも印刷術が深く関わってくる。ブラーエは、大変な苦労と莫大な出費を代償にして、自らの天文台に印刷所と製紙工房を併設し、そこに50人を超える助手を雇って、空前のスケールの天文観測の共同研究の拠点を作ったのである。印刷術の力を全面的に利用したこの大研究プロジェクトを、科学社会学者のブルーノ・ラトゥールは次のように描写している。

ティコ・ブラーエは（…）、前もって印刷した同じ星図をヨーロッパ中の天文学者に送ってそこへ書き記すように求めて、彼らからの観測結果をも集めた。（…）様々な時と場所におけるすべての観測結果がひとまとめにされ、要約されて示されるならば、力強い蓄積のサイクルが姿を現わしはじめる。もしも、同一のブラーエが、同じ場所にいながら、彼自身と同僚によって行われた最新の観測結果だけでなく、活版印刷によって安価に提供されるようになったすべての古い天文学書をも収集することが可能であれば、正の循環がますます速くなる。彼の精神が突然に変化を遂げたのではない。彼の目が突然に古い偏見から自由になるのではない。以前の誰よりも夏の空を注意深く観測しているわけでもない。彼は、夏の空＋自分の観測＋同僚の観測＋コペルニクスの書物＋プトレマイオスの『アルマゲスト』の多くの版とを一望のもとに見て考えた最初の人物である。長いネットワークの始点と終点に座り、不変で結合可能な可動物と私が呼ぶものを生み出した最初の人物である。[27]

こうしてブラーエは、望遠鏡がなくても、活版印刷というテクノロジーを巧みに活用し、多くの人の肉眼の観察を（ラトゥールの用語でいえば）「力強い蓄積のサイクル」に引き入れ、客体化された〈自然〉を表出させてゆく手続きを作り出したのだ。こうした手続きがその後の科学者たちによって継承され、発展させられていったのはいうまでもない。

ラトゥールは上の引用の最後の文の中で、「不変で結合可能な可動物」(immutable and combinable mobiles) という言葉を用いているが、これはブラーエの仕事の性質を理解するうえでも有益な概念である。印刷された星図の上にブラーエの同僚の天文学者たちが記した観測データは、三つの性質を備えている。つまり、①観測所は移動することができないが、観測所で観測されて星図の上に記入されたデータは、「可動的なもの（動かしうるもの）」である、②それは単に可動的であるだけではなくて、移動の過程で変容することのない「不変な」データである、③共通の図を土台とすることで、データとして相互に「結合可能な」形のものでもある。このような「不変で結合可能な可動物」としての科学的データが各地に現れ、ブラーエの指揮のもとで、天体観測をめぐる物事のネットワークの中に入っていくことで「力強い蓄積のサイクル」が生まれてくるのである。[28]

ラトゥールは、近代科学の強さの源泉はこうした手続きを土台とする「力強い蓄積のサイクル」——近代科学が知識を組織的かつ再帰的に積み上げていく仕方——にあると考えた。彼が好んで取り上げる18世紀末の地理学の事例を見てみよう。一七八七年七月、フランスの調査船アストロラーベ号の船長ラペルーズは、当時はまだ定かでなかったサハリンの地形について知るために、太平洋北部沿岸のとある砂浜に上陸する。そこで彼は地元に住んでいる数人の中国人と出会い、その一人が砂の上に描いた図を手がかりに、サハリンが半島ではなくて島であることを知る。ラペルーズはこのことを自分自身で確証することはできなかったが、それを支持する多数の情報があると判断し、調査結果を使者に託して本国に送る。そしてそれから十年後、イギリス船ネプチューン号がサハリンに来て、ラペルーズの調査を土台としてサハリンの地理的情報をさらに詳細に把握することになる。総括すれば、一七八七年七月まで、ヨーロッパの地理学者たちの知識は、サハリンの地形に関し、明らかに現地の中国人よりも劣ったものだった。しかしその十年後には、この中国人たちが与えた知識をもとにして、彼らよりも厳密かつ豊富な知識を形成していたのである。何がこの違いを生み出したのだろうか。それはヨーロッパ人たちの、「不変で結合可能な可動物」が可能な知識を生み出そうとする一貫した営みであり、そしてそれを実現するための、様々な人々やモノたち——ヨーロッパ諸国の調査船や調査団員たち、そこに積み込まれた計測機器や様々な参考文献、また調査団のパトロンである国王など——の組織的な動員であった。[29]

付け加えれば、客体化された〈自然〉のイメージ平面は、単に知識が形成される場所であるだけではない。それは、イメージを生産する場所でもあり、そこから発せられるイメージは我々の身体的イメージ経験の一部をなしている。客体化装置によって把握される気象は科学的に研究されるだけでなく、天気図が作られ、天気予報が出されて、それらは我々の日常経験の一部をなしている。確かに天気予報は完全に正確ではないし、台風の進路に至っては大雑把な予測ができるだけだが、それでも、天気図や台風情報は我々にとって現実の空模様に匹敵するほどの現実感を持ったものである。気象のような不確定性の大きい現象でなければ、客体化された〈自然〉についての知識はずっと確実なものとなり、そうした知識に基づいて、橋やトンネルが作られ、自動車や飛行機が作られる。今日においては、物質をナノの次元まで制御する技術が発達しつつあるのも周知の通りである。あたかも客体化された〈自然〉は、存在しうる限りのあらゆる領域に実体として広がっているかのようだ。

二重化のもとでの人間の生――17世紀オランダ絵画から人類学へ

しかしながら、そこに、ある根本的な亀裂が存在し続けていることに疑いはない。人間の身体が生まれ、成長し、老い、そして死んでいく存在である限り、その身体の上に広がる、直接的な身体的イメージ経験が、客体化された〈自然〉のイメージ平面に完全に同化されることはありえない。このイメージ平面の解消しえない二重性をどのように考え、またどのように生きたら良いのか――おそらく、近代におけるあらゆる重要な哲学的・芸術的企ては、この問いと関係づけることができるだろう。そしてまた、究極的には人類学という学問の存在理由もまた、この問題に関わっていると思われる。

ここで、17世紀オランダ絵画にもう一度戻ってみたい。先ほど私はオランダ絵画と同時代の自然科学の共通点を強調したが、厳密に言えば、自然科学における〈自然〉の位置と、オランダ絵画における〈自然〉の位置は異なっている。オランダ絵画は一方で、客体化された〈自然〉を清新な形で描写するのだが、他方でその描写は、それが芸術表現であるがゆえに、究極的には画家の身体的イメージ経験と無関係なものではありえない。このように考えるなら、17世紀オランダの「描写の芸術」における芸術上の賭けは、客体化された〈自然〉を表現することにあったのではなく、客体化された〈自然〉の絵画的描写を通して経験の全体性を獲得するという、それよりもずっと深い問題にあったことが理解されてくる。[30]

ツヴェタン・トドロフはその著書『日常礼賛』(1993)において、まさにそのような角度から、17世紀オランダの風俗画家たちの芸術的探究について論じている。彼らは、西洋絵画におけるそれまでの伝統を断ち切って、人々の卑近な日常に積極的に向かってゆくだけではなく、それを一つの絵画表現として結晶化させていった。野卑な、あるいは道徳的に疑わしいような日常の一場面も、それが客体化された〈自然〉として絵画の中で生き生きと描かれることで、単なる現実の模写が持ち得ないような、絵画としての真実ないし美を獲得する。トドロフの言葉を引こう。

> 美は、卑俗な事物の彼方や、その上にあるのではなく、卑俗な事物のまさしくそのただなかにあるのであり、事物から美を抽出し、全ての人にそれを明らかにするためには

眼差しを向けるだけで十分なのだ。オランダの画家たちは、束の間、ある恩寵──少しも神からやってくるものではなく、少しも神秘的なところのない恩寵──に触れられたのであり、そのおかげで物質にのしかかるのろいを払いのけ、物が存在するという事実そのものを享受し、理想と現実を相互に浸透させ、したがって人生の意味を人生そのものの中に見出すことができたのである。(…) 彼らは生活の隅々にまで美が浸透しえることを発見したのである。[31]

17世紀オランダ絵画をこのような角度から捉えるとき、私が先に予感として述べた、それが人類学の先駆けであるということの意味は、より明瞭になってくるのではないだろうか。もちろん、絵画的探究と人類学的探究は異なる方向性を持つものであり、だからこれは緩い意味において述べているに過ぎない。人類学は経験的な科学として生まれたのであり、第一義的には、客体化された〈自然〉の構築に貢献しようとする様々な企ての一つとして位置付けるべきものだろう。そのことを述べたうえでしかし、人類学がこの客体化された〈自然〉に対して、オランダ絵画にも似た独特の曖昧な態度を保持してきたことも確かだと思う。一方で人類学は、客体化された〈自然〉が持つ解放力を利用して、新しい眼差しのもとで人間の様々な生のあり方を眺めようとする。しかし他方で人類学は、自然科学のように客体化された〈自然〉のイメージ平面に着地するのでもなく、むしろ経験そのものを徹底的に大事にしようとする。このような営みを通じて、20世紀の古典的人類学は、その最も充実した諸瞬間において、地球上のあらゆる人々のもとで、美や真実が生活の隅々にまで浸透しうることを発見してきたのだと思われる。

以上、前章と本章において、ディナミスムやアニミズム、アナロジスム、客体化された〈自然〉という四つの自然観について論じてきた。私の考えは、最初の三つによって古典的人類学の成果を継承するとともに、それらを客体化された〈自然〉と適切な形で組み合わせる中で、現代世界の人類学の中で古典的人類学の遺産が有効活用されるのではないか、というものである。これは、上述の客体化された〈自然〉における経験の二重性の問題とそのまま関わっている。ディナミスムやアニミズム、アナロジスムの自然観は本来、世界の様々な場所で生きた人々が、直接的な身体的イメージ経験に深く依拠する中で引き出してきたものである。だからそれらの自然観の基本的な考え方は、近代世界における身体的イメージ経験ともどこか通じる部分を持ったものでもある。それゆえ、近代の二重化した世界における我々の経験は、古典的人類学が積み重ねてきた知見によって、思いがけない形で光を当てられる可能性を持っている。このことは次章以降で具体的に見ていくことになるだろう。最後に、本章の締めくくりとして述べておきたいのは、レヴィ＝ストロースが、ある意味でこうした視角を先取りする議論を展開していたことである。

レヴィ＝ストロースは、四巻にも及ぶ大著『神話論理』(1964-71)を通し、南北アメリカ大陸の先住民の神話を、バロック期から古典期にかけての西洋音楽における音楽形式——パッサカリアやフーガ、主題と変奏、ソナタなど——をひそかに参照しながら検討していった。というのは、音楽に精通していた彼は、先住民の神話の構造が不思議なことに西洋音楽の音楽形式と酷似していることに強く印象付けられていたからである。彼は『神話論理』四巻を書き続ける中で、こうした神話と西洋音楽の構造上の類似が偶然の一致ではないことを理解してゆく。『神話論理』最終巻(1971)の「終曲」と題された文章の中でレヴィ＝ストロースが論じるのは、西洋世界において科学的思考が広がり、神話的思考が信憑性を失った時に、神話は姿を変えて、二つの異なる形に分化しつつ引き継がれていったということである。つまり、一方では音楽が、「意味」の代わりに「音」を用いて神話的構造による語りを引き継いでいったのであり（ここからバロック音楽から古典期における様々な音楽形式の存在が理解できる）、他方で、神話がかつて担っていた「意味」の語りは、神話的構造を持たない語りの形式、つまり小説という形式が引き継いでいったのだ。

つまるところ、音楽と文学が神話の遺産を山分けしたかのように、万事が進行した。このうちフレスコバルディからバッハを経て近代のものとなった音楽は神話の形式をひきついだのに対し、それとほぼ同時期に生誕した小説は、形式を削がれた神話の残滓をひとまず奪取したのちに対称性の束縛から解かれ、おのれを自由な物語に変ずる手段を見いだしていった。そうみるならば、十七、十八世紀から今日にいたるまでの時をつらぬく音楽と小説文学との相互補完的な特性もよりよく理解できるだろう。[32]

現代からみれば、レヴィ＝ストロースが神話の後継者と見なしている西洋近代の音楽そのものが、多くの人にとっては縁遠いものであるかもしれない。とはいえ、神話的語りの遺産をもっと緩い形で捉えるなら、それが今日もなお力を失っていないことはあきらかだろう。小説、演劇からポピュラー音楽、映画、ドラマを経てコンピューターゲームまで、緩い意味での神話的語りは様々な形で続いている。[33] レヴィ＝ストロースの豊穣な考察は、多くの人類学者が「西欧」と「非西欧」、「伝統」と「近代」といった対立に拘泥していた時代に、そこから全く自由な思考空間で自らの感覚を研ぎ澄まし、遠くの事物の間の意外な反響関係を聴き分けるところから生まれてきたものであり、それは今日のイメージの人類学にとっても示唆的なものであり続けている。

注

1 Philippe Descola, *Par-delà nature et culture*, Gallimard, 2005 ; *La fabrique des images*, sous la direction de Philippe Descola, Musée du Quai Branly, 2010を参照。なお、前章で「ディナミスム」という表記を選んだ基準に従い、ここでもデスコラの原語に忠実に「アナロジスム」というフランス語風の書き方にした（この場合、「アナロジズム」と英語風に書いても大差はないのであるが）。

2 第6章冒頭の注でも述べたように、アナロジスムの政治的および経済的側面における議論は、デスコラ自身の議論からは離れて、本書独自の形で展開するものである。

3 やはり第6章冒頭の注で述べたように、これは本書独自の言い方であり、デスコラ理論における「自然主義」にほぼ対応する。

4 Ph. Descola (dir.), *La fabrique des images*, p. 165.

5 Ph. Descola (dir.), *La fabrique des images*, p. 174.

6 ミシェル・フーコー『言葉と物』渡辺一民・佐々木明訳 新潮社 一九七四年、四二頁。

7 Ph. Descola (dir.), *La fabrique des images*, p. 165 および p.172.

8 フランクリン・ピース、増田義郎『図説インカ帝国』小学館 一九八八年、九二～九三頁および七九頁。後者は18世紀の文書から直接採られたものだが、スペインによる植民地支配のもとでも、クスコが依然としてその神聖性を保持していたことがわかる。

9 エドマンド・リーチ『高地ビルマの政治体系』関本照夫訳 弘文堂 一九八七年。

10 マーシャル・サーリンズ『歴史の島々』（山本真鳥訳 法政大学出版局 一九九三年［原著一九八五年］）、一〇五頁。

11 Stephen Gudeman, *Economics as Culture: Models and Metaphors of Livelihood*, Routledge & Kegan Paul, 1986; S. Gudeman and A. Rivera, *Conversations in Colombia: The Domestic Economy in Life and Text*, Cambridge University Press, 1990; S. Gudeman, "Vital Energy: The Current of Relations," *Social Analysis* 56(1): 57-73 2012.

12 S. Gudeman, "Vital Energy," p. 66.

13 ミシェル・フーコー『性の歴史Ⅱ 快楽の活用』（田村俶訳 新潮社 一九八六年［原著一九八四年］）、一九四頁。フーコーの場合、家政やそこでの節約は（性的な意味を含め）自己統御や節制というテーマと結びついてゆく。

14 カール・ポランニー『経済の文明史』（玉野井芳郎、平野健一郎編訳 筑摩書房 二〇〇三年）、二六一頁。

15 ポランニー「貨幣使用の意味論」（ポランニー『経済の文明史』に第三章として所収）。

16 「貨幣使用の意味論」、八一頁。またカール・ポランニー『人間の経済Ⅰ 市場社会の虚構性』（玉野井芳郎、栗本慎一郎訳 岩波書店 一九八〇年）の第9章も参照のこと。

17 湖中真哉によるケニアの牧畜民サンブルの民族誌『牧畜二重経済の人類学』（世界思想社、二〇〇六年）は、ポランニーの貨幣論に触発された優れた経験的研究の一つである。そこでは、サンブルの人々が現地通貨と並んで牛などの家畜を対内的な貨幣として用いる様子を詳細に描かれるとともに、後者が前者によって代替できない状況が明快に論じられている。

18　B・マリノフスキ『西太平洋の遠洋航海者』（増田義郎訳 講談社 二〇一〇年）、四〇九頁。

19　この「二重性」のアイデアは、ミシェル・フーコーの『言葉と物』（渡辺一民・佐々木明訳 新潮社 一九七四年）における議論――特に第9章前後――を背景にしている。なお、身体的なイメージ経験はそれ自体がイメージ平面の多重性を孕みうるから、「二重化した現実」を民族誌的に考察する場合は、（客体化された〈自然〉を含めて）「多重化した」現実と考える方が適切かもしれない。

20　写真術が発明されるのは19世紀だが、カメラ・オブスクーラは光学的原理においては写真機と同質である。写真とカメラ・オブスクーラの映像に忠実に描かれた絵画の違いは、光学的に捉えた外界の像を化学的に定着したか、絵の具で描いて定着したかの違いだけだと言える。

21　S・アルパース『描写の芸術』第二版（幸福輝訳 ありな書房 一九九五年）、七八頁。

22　厳密にいえば、17世紀オランダ風俗画については、図像学的研究が示してきた寓意の問題もここで同時に言及されなければならないが、これについては後段の注30で触れることにする。

23　この点で特に興味深いのは、ナッサウ家のマウリッツが17世紀半ばに組織したブラジル調査隊――当時、オランダはブラジル北東部に植民地を持っていた――の事例である。この調査隊についてアルパースは、「注目すべきことは、ブラジルにおけるオランダの記録が言語によってでなく、絵画的手段によってなされた点であろう」と述べた（『描写の芸術』、一六三頁）。実際、画家たちが新大陸の風景や事物や人々を徹底的に写実的に描いた多数の絵画やデッサン――しかも油彩や水彩の場合、当然、白黒ではなくカラーである（！）――は、それを見る者に、あたかも17世紀のブラジルに忽然と迷い込んだかのような稀有の印象を与えるものである（P. J. P. Whitehead, *A Portrait of Dutch 17th Century Brazil: Animals, Plants and People by the Artists of Johan Maurits of Nassau,* North-Holland Publishing Co., 1989）。

24　E・アイゼンスタイン『印刷革命』別宮貞徳監訳 みすず書房 一九八七年［原著一九八三年］、第7章を参照。

25　なお、アンドルー・ペティグリーは、15世紀から16世紀にかけてヨーロッパで流通した出版物の主要部分は、高価な学術書ではなく、暦や祈祷書やパンフレット、ニュース冊子や騎士道小説など（ルターによる宗教的なパンフレットも含め）、一時的ないし庶民的な消費のためのものだったと論じている。活版印刷術は、一方では客体化された〈自然〉のイメージ平面の確立に決定的な形で寄与したが、もう一方では、アナロジスムを組織的に増殖させたものでもあったと考えられる（A・ペティグリー『印刷という革命』桑木野幸司訳 白水社 二〇一五年）。

26　アイゼンスタイン『印刷革命』、第9章参照。

27　ブルーノ・ラトゥール『科学が作られているとき――人類学的考察』（川崎勝・高田紀代志訳 一九九九年［原著一九九一年］）、三八三～三八四頁。

28　科学と技術はしばしば一括りにして扱われるが、近代の技術的知識については少し注意が必要である。技術史家のユージン・ファーガソンは、活版印刷術のおかげで設計図などの図が複製されて普及し、それによって近代における機械の飛躍的発達が促されたことを指摘する。しかし彼がそれと同時に指摘するのは、技術における印刷されたイメージは、科学における図などとは異なった形で技術者たちによって生きられてきたということである。ファーガソンによれば、技術者にとってはモノとの直接的でイメージ的な関係を無視することができない。紙の上の設計図をベースとしつつも、それを技術的に実現するのにはもう一つ別の、決定的に重要なステップがある、という点は見逃せないのである（E・S・ファーガソン『技術屋の心眼』平凡社 藤原良樹・砂田久吉訳 二〇〇九年）。

29 ラトゥール『科学が作られているとき』、三六五頁以下。

30 17世紀オランダの画家たちが、一方では日常の何気ない場面を極めて写実的に描きながらも、同時にそこに寓意を重ねて合わせていたのは、図像学的研究が詳細に示してきた通りである。カンヴァス上に描かれている光学的イメージの具体性・現実性と、絵画に込められた寓意の意味内容との不思議な共存は、オランダ絵画が過去から受け継いだアナロジスム的遺産と、そこから抜け出ようとする力との間の綱引きとして理解できるようにも思われる。

31 ツヴェタン・トドロフ『日常礼賛——フェルメールの時代のオランダ風俗画』塚本昌則訳 白水社 二〇〇二年、一七〇～一七一頁。トドロフはこのオランダ風俗画にみられる、現実に向けての独特の態度を、彼らと同時代を生きた哲学者に言及しつつ、「スピノザ主義」とも呼んでいる（一二〇頁以下）。

32 レヴィ＝ストロース『裸の人2』（渡辺公三他訳 みすず書房 二〇一〇年）、八二〇頁。

33 ここで、世界中に大きく普及したアメリカ合衆国のポピュラー音楽が、20世紀を通じ、特にアフリカに由来する口頭的な音楽的伝統によってその活力を維持していたことも想起しておくに値する。

第8章　近代性をめぐる人類学

本章と次章では、現代的問題をイメージの人類学の枠組のもとで考えるための概念的道具を提供したい。この第8章が焦点を当てるのは、「近代」と呼ばれるものに関する問題である。

「近代」ないし近代性の概念には、何か根本的に人類学とうまく噛み合わないところがある。20世紀の古典的人類学の立場からすれば、その理由はほとんど自明である。古典期の人類学者の営みとは、一般的に言えば、人間的現実の真実が近代的世界の枠内で論じられることを拒否し、積極的にその外に向かって出ていくことだったからである。では現代的人類学についてはどうか。一九九〇年代前後から人類学の学問的枠組が変容し、「近代／非近代」の二項対立のようなものが疑問視されてゆく中では、理屈の上では、近代性は民族誌的・人類学的考察の有意義な対象として浮かび上がってくるはずである。しかし、研究の現場からみれば、「近代性の人類学」というものには、どこか面白味を欠いた部分がある印象は否めない。

その原因は、近代性なるものが本来的に理論的なイメージ平面を中核とするものだからではないだろうか。人類学は民族誌的フィールドワークという行為を基盤とし、身体的なイメージ経験に密着した場所で考察することを得意とする。これに対し近代性は、第7章で「客体化された〈自然〉」が示していたような形で、身体的経験とは別のイメージ平面の上に存在するものである。こうした状況は、社会学のように理論的モデル化の中に経験的データを回収してゆくタイプの学問にとっては取っつきやすいが、現実の具体性に徹底的にこだわって議論を立ち上げようとする人類学にとって扱いにくいものである。

それでは、現代世界の人類学は、結局のところ、社会学に吸収されてゆくべきものなのだろうか。問題の鍵は、どこに議論の中軸を置くかという点にあるだろう。もし我々が人類学の現代的問題を近代性そのものを中心に議論するべきであるなら、確かに人類学的アプローチがその本領を発揮すべき場所はない。しかし、第7章の最終節の議論を念頭に置いて言えば、近代的世界の問題の中心は近代性の中にあるのではなく、むしろ近代性と直接的な身体的イメージ経験の地平との間での経験的二重性にある、と考えることができる。そのような視角においてであれば、現代世界の人類学は確かに重要な知見を生み出しうる学問だと言える。近代性に向かうベクトルのみならず、近代性の中にうまく収まらないベクトルや近代性の外に向かって飛び出してゆくベクトルをも積極的に捉えてゆくこと。本章のタイトルが「近代性をめぐる人類学」となっているのも、このような理由からである。[1]

もちろん、「近代性をめぐる」議論を行うためには、まずは本書で私が近代性という言葉で何を指しているのかを明らかにしておかねばならない。そこで8.1と8.2では、本章の議論を行うために最低限不可欠と思われることを整理した。それに続く8.3では、19世紀末から20世紀初頭にかけて活躍した社会学者ガブリエル・タルドの仕事を紹介する。タルドの先駆的な諸考察は、近代性とその外部とを同時に考察するための重要な理論的基盤となりうると思うからである。そうした準備の上で、本章の最後に二つの節で、近代性をめぐる人類学の可能性について考察を行う。

読者は、第8章の後半から——第9章もそうだが——民族誌的研究の紹介が次々に記述に織り込まれていくのを見て戸惑うかもしれない。本章と次章でこのようなスタイルを採用したのは、論じる内容が人類学の現在に関わってゆくものである以上、上から俯瞰するような書き方は望ましくないと思ったからである。私は、現代的人類学が問うべき問題がどんなものであるのかをそれらの事例研究とともに考えようと思った。ここで取り上げる一連の事例——必ずしも人類学的研究に限らない——は、あくまでも私の主観的基準によって選んだものである。取り上げるべき事例が他にも数多くあるのはもちろんである。ここで私が行おうと思ったのは、集合の外延的定義のような形で実例を次々と並べていくなかで、読者自身が同時代的な人類学を発見してゆくための手がかりを提供することである。

8.1 国民国家の下での社会身体

西部劇の世界

近代性をめぐる人類学を具体的なイメージとともに考えるために、映画の話から始めたい。取り上げるのは、数々の名作を生んだハリウッド映画の巨匠ジョン・フォードの監督作品であり、彼が晩年に撮った西部劇《リバティ・バランスを射った男》(1962)である。

かつてハリウッド映画の花形ジャンルの一つだった西部劇

は、今日では、多くの人にとって過去の遺物のようなものかもしれない。先住民を悪者と決めつけるような白人本位の映画など興味ないと思う人もあるだろう。しかし、ジョン・フォードの監督による一連の名作——例えば西部劇の最高傑作として名高い《駅馬車》(1939)や《アパッチ砦》(1948)——を実際に見れば、そうした批判が必ずしも当たっていないことはすぐわかる。根本的な対立はしばしば、白人と先住民の間にあるのではなく、19世紀後半に西部への拡張を続けていたアメリカ東部の「近代国家」と、その枠の外で生きていた西部の「フロンティアの人々」(そこには白人開拓者と先住民の両方が入る)の間にあるのだ。[2] 18世紀にイギリスから独立したアメリカ東部は、近代的な法・政治・経済・軍事制度を備え、キリスト教的道徳のエートスに彩られた国民国家であった。これに対して、西部劇が好んで描いた西部のフロンティアは、東部的な法・政治・経済・道徳がいまだ通用しない——それゆえに人々自身が自分たちの命と生活を守らなければならない——荒々しい世界、けれども東部が既に失ってしまった素直な喜びや生命力に満ちた世界であった。それと同時に、西部はまた、東部から伸長してくる「近代国民国家アメリカ」によって次第に併呑されていくべき世界でもあったのである。

《リバティ・バランスを射った男》

一九六二年に制作されたこの映画は、フォード監督にとっても遅い時期の作品であり、すでに退潮しつつあった西部劇というジャンルへの挽歌のような作品といってよい。映画冒頭の場面では、舞台である西部のシンボーン町はすでに東部と鉄道で直接結ばれており、人々は新聞を読み、合衆国の政治情勢にも通じている。これはもはやフロンティアではなく、そこには「西部」の片鱗すら残っていないようにみえる。この映画は、フラッシュバックの手法を用いて過去の地層を掘り出してゆくように進む、いわば過去形の西部劇であり、「西部」という歴史的現実に関する、映画による反省的考察——もちろん映画としての楽しみも十二分にある——であるのだ。

上院議員ランス（ジェイムズ・スチュアート）を乗せた汽車が、西部のシンボーン駅に到着する。20世紀の初め頃のことである。シンボーン町は、その25年前に東部から来たランスが立身出世した場所であった。ランスは東部の大学で法律を修めたあと、新天地を求めて西部にやってきたのだが、シンボーン町の近くで、乗り合い馬車の乗客とともに、無法者リバティ・バランスの一味による強盗に遭遇する。瀕死の怪我をしたランスは幸い地元の人々によって救われるが、法学者の彼がそうした中で痛感したのは、法律というものが西部ではまったく機能していないことだった。シンボーンの人々の生活の安全を実際に保障していたのは、司法制度ではなく、皆から一目置かれる拳銃の名手トム（ジョン・ウェイン）という一人の人間だった。トムの前では、悪党リバティ・バランスも、悪態をつきながらも引き下がらざるをえなかったのである。

ランスはしかし強情な男で、東部出身の法律家としての自負のもと、そうした西部の現実を受け入れることを拒み続ける。そしてシンボーンの人々に文字を教えたり、民主主義の考え方を教えたりと、社会変革の努力を少しずつ積み重ねてゆく。ランスは孤立無援というわけではなかった。町で新聞『シンボーン・スター』をただ一人で刊行していたピーボディが彼の重要な協力者となる。町には他にも、東部とのつながりにこそ未来があると予感し、近代化によって生活を向上させることに希望を抱く人々がいた。トムの許嫁であったハリーも、文字を読めるようになりたいとひそかに思っていたことから、ランスが開いた文字学習の授業に休まずに参加するようになる…。

そうした中、ランスの精力的な活動に触発されて、町の人々は次第に新しい世界――文字、新聞、聖書、法、学校、民主主義等――に引き込まれていった。とはいえ、ここは西部である。悪党リバティ・バランスは依然としてシンボーン町に度々侵入して暴力を振るっており、これに対して西部的な英雄トムは身を挺して人々を守りつづけていた。トム自身は、そうした中で、自分が少しずつ時代から取り残されてきているとも感じていた。ランスの活動に対する人々の関心は高まってきており、自分の許嫁だったハリーの心が次第にランスに向かっているのにも気づいていたからだ。そのような折、国政選挙が実施されることになり、ランスはシンボーン町の人々から議員候補に推される。しかしそこに、シンボーンの人々と敵対する地主たちに雇われたリバティが立ちはだかり、ランスはリバティと拳銃で直接対決することになる…。

この続きは読者の楽しみとして取っておこう。映画の結末は、映画冒頭での語りの現在に戻って、上院議員ランスとその妻であるハリーが汽車に乗ってワシントンへの帰途につく場面である。そして、結末部分のさりげないエピソード――これが実はこの映画のタイトルとも関係するのだが――は、西部が東部によって併合されても、西部的な世界が人々の心の一部に依然として生き続けていたことを示すのである。

《リバティ・バランス》はこのように西部劇であるとともに、「国家以前」の状態にあった19世紀後半のアメリカ西部が国民国家アメリカに統合される過程で、人々が経験したはずの戸惑いや魅惑や揺れを寓話のように描き出した作品である。この映画はまた、近代的な法・政治・経済制度が決して自動的に普及していったのではなく、鉄道や新聞などの交通通信技術の発達と連動しながら、徐々に浸透していったものであることも鮮やかに示している。以下でも見るように、こうした一連のことは、18世紀から20世紀にかけての時代に世界中のあらゆる場所で生起した、近代国民国家の形成という出来事にほぼ共通して見られるものである。その意味で、《リバティ・バランス》が描くシンボーンの人々の経験は、近代という時代に世界の様々な地域の人々によって生きられた経験の全体に通じるものだと考えうるだろう。

出版物による社会身体の形成――「想像の共同体」(アンダーソン)

そもそも近代国民国家とは一体どのように生まれ、どのようにして広がっていったのか。政治学者ベネディクト・アンダーソンが『想像の共同体』(1983)において解明しようとしたのは、まさにこうした問題だった。我々は今日、この「国民《ネーション》」という考えをごく普通のものとして受け止めているが、考えてみればこれはかなり不思議なものである。[3] 国民を構成するはずの人々が実際に一つの場所に集合することなど決してないにも関わらず、国民というものは、相互に水平的に結びつけられ、他の諸国民から区別されるような、一つの共同体として人々の頭の中でありありと想像される。人は時にこの国民のために進んで自らの命を投げ出すことさえある。アンダーソンによれば、「国民とはイメージとして心に描かれた想像の政治共同体」なのであり、「いかに小さな国民であろうと、これを構成する人々は、その大多数の同胞を知ることも、会うことも、あるいはかれらについて聞くこともなく、それでいてなお、ひとりひとりの心の中には聖餐《コミュニオン》のイメージが生きている」のだ。[4]

国民がひとつの想像の共同体として成立する上での決定的要因は、アンダーソンによれば、同時性の意識の誕生である。無数の、散り散りに離れて住んでいる人も、何らかの形で「いま」を共有できるなら、国民として一つになることができる。とはいえ、テレパシーで繋がるわけではない以上、人々がお互いに結び合うためには何かの媒介《メディア》が必要である。国民国家が最初に形成された18〜19世紀に、そうした媒介の中核を担ったのは出版物であり、とりわけ新聞だった。活版印刷術の出現がヨーロッパの知的世界のみならず(7.4参照)、社会的にも非常に大きな影響を及ぼした出来事であることはいうまでもない。印刷術は発明当初から、高価な学術書の刊行のためのみならず、ニュース冊子や宗教的な内容のパンフレットなどの大量生産にも利用されていたし、[5] その延長線上で、やがて新聞という強力なメディアが各地に出現していく。無数の人々が毎日欠かさず同一の新聞を手にとって読むという集合的行為は、空前の規模で、彼らの頭のなかに共通の「いま」という時間を生み出していった。「この新聞をいま、数千から数百万の人々が同時に読んでいるのだ」ということをひそかに意識しながら新聞を読むこと――この行為を、アンダーソンは「儀式」という言葉で形容する。それは各自が自分の家で無言で行う奇妙な儀式であるが、同時に、そうした個人個人を心の中で国民という巨大なものに一気に結びつける力強い儀式でもあるのだ。[6]

『想像の共同体』では、ナショナリズムの歴史に関し、18世紀以降に南北アメリカやヨーロッパ、そしてそれ以外の地域において、時代の流れの中で、ニュアンスの異なる様々な国民国家が形成されていった様子が論じられている。アンダーソンの想像の共同体(imagined community)という概念は、イメージの人類学という観点からは、これは「メディアを通じたイメージ平面の共有」という角度から理解しうるものであろう。もちろん近代以前にも、(例えば聖書やコーランのような)書物を土台にした超地域的なイメージ平面の共有は存在した。とはいえ、印刷された書物や新聞――それは実際、最初の大量生産による工業製品であった――があってこそ、同時性の意識のもとで人々が同一のイメージ平面を緊密な形で共有する国民という新しい社会身体の形式が可能になったのである。

アンダーソンの議論を多少自由に拡張して考察を続けるならば、20世紀に現れた様々な視聴覚メディア――映画、ラジオ、テレビ等――は、印刷メディアと並行しつつ想像の共同体を新たな形で発展させていくものであった。もちろん、各々のメディアには各々の特徴や長短があり、それらは想像の共同体の性質にも影響を与えてゆくことになる。例えばラジオの電波は、新聞が届かない遠隔地の村々にも届くとともに、文字を知らない人々にも音声でメッセージを伝えることで、新聞によっては不可能であったような形で想像の共同体を普及させたはずである。また、20世紀中葉まで、ニュース映画が与えていた強烈な現実感は、厳密に同時的ではないにせよ、新聞やラジオよりもはるかに鮮やかな形で人々の心の中に想像の共同体のイメージを刻み込んでいっただろう。後に現れるテレビはそこに時間的同時性という要素を加えてさらに強力な効果を及ぼすことになる。付け加えれば、通信技術の高度な発達のもとで、想像の共同体がアンダーソンが論じた古典的な意味のそれとは異なった形に変容してゆく状況もやがて生まれていく。放送衛星を用いたテレビの配信は、もはや国民とは別のレベルの「グローバルな想像の共同体」のようなものを形成していくものだった。インターネットは想像の共同体をさらに変質させ、そこでの「想像の仕方」や「共同体のあり方」を根本から組み替えるものである。いずれにせよ、近代において、（拡張された意味を含めた意味での）想像の共同体――あるいはイメージ平面の共有のあり方――は、国家や政治の問題と表裏一体の形で存在してきたのだと考えられる。

近代国家における社会身体の訓育（フーコー）

とはいえ、近代国家における国民は、人々の頭の中で想像されるだけではない。人々は国民のイメージを自らの精神の中に刻み込むだけでなく、自分たちの身体――ないし社会身体――を国民にふさわしい形で働かせることを要請される。《リバティ・バランス》に戻るなら、自分の命を自分で守ってきた拳銃の名手トムの身体は、東部的なアメリカ国民の社会身体から相当に隔たっていたのであり、東部的世界が西部に浸透していくということは、トムのような人々の身体を訓育して、ランスが体現するようなアメリカ国民の社会身体――新聞を読み、法を守り、市民社会のもとでの自由を信じる身体――に参加させていくということである。近代国家は、（こうした辺境地域も含めた）国土に住む人々の全体を十分に機能的な社会身体として訓育することではじめて、富国強兵という集合的目標を目指すことができるのである。

ミシェル・フーコーがその有名な著作『監獄の誕生』(1975)で論じたのは、まさにこうした意味での近代的身体の訓育の問題であった。[7] フーコーは、ヨーロッパ諸国において、18世紀末から19世紀初頭にかけての時期に、国家による人々の身体の扱いが劇的に変化したことを、まず犯罪者の扱いという観点から論じる。犯罪者に対する処罰は18世紀半ばに至るまで、公に行われる身体的な処罰を基本としていたが、18世紀末の頃から、身体刑の軽減という顕著な傾向がみられるようになる。犯罪者はむしろ、刑務所において様々な日課をこなし、その中で自らの身体を訓練し規律を身につけることが求められるようになるのである。フーコーによれば、こうした変化は刑務所の中だけで起こっていたことではなかった。規律・訓練というテーマは、同じ時期に、軍隊や学校、工場や病院などさまざまな場所で一様に展開されていたのである。

『監獄の誕生』で、フーコーが細かく論じている通り、こうした身体の訓育には共通のパターンがある。人々を適切な形で区分して空間の中に張り付けること。人々の身体の動きを時間割によって細かく定め、全身の各部分の運動を習慣化すること。段階的にカリキュラムを組むことで訓練が最適な形で進むようにすること。一人一人を効果的な形で監視し、逸脱者に対する処罰――その目的はあくまで矯正である――を細かく定め、さらに全体的な評価の場としての試験の場を設けること。フーコーはこうした過程をもっとも効率良く実現する装置として、イギリスの哲学者ジェレミー・ベンサムがその普及のために尽力した、「パノプティコン」(panopticon)という建築物について印象的な形で論じた。パノプティコンとは「遍在する視線」という意味であり、刑務所であれ工場であれ、その中にいる人々が「見られている」という自己意識を持つような仕組みのことである。フーコーは、こうした視線の内在化によって、規律化の行為自体が人々の内側から自発的に行われるようになり、それによって効率的な統治が可能になることを論じたのであった。[8]

5.4で取り上げたワイズマンのドキュメンタリー映画《基礎訓練》は、こうした規律・訓練のプロセスを明白な形で示してくれる一例である。実際この映画は、(当時まだアメリカ合衆国で機能していた)徴兵制に基づく基礎訓練であり、富国強兵を目指す近代国民国家の文字通りの存立基盤をなす制度の映像的描写であった。とはいえ、このような過去の徴兵制の事例を参照せずとも、義務教育における我々自身の経験を振り返れば、フーコーが述べていることの内容は十二分に理解することができよう。実際、我々は生まれた時は国民でもなければ近代人でもない。我々の一人一人は、小学校に通うという経験を通じて「国民」になることを本格的に学んでいくのだ。それぞれが決まった教室に張り付けられ、時間割に従って行動のパターンを決められ、カリキュラムに従って訓練が進められ、訓練の成果は定期的に行われる試験を通じて、また運動会をはじめとする様々な行事を通じて確認される。そうした中で、我々は近代国家が国民に要求している最低限の必須条件が何であるのかを知らず知らず了解し、そうした条件と整合的な形で生活を営むための思考上・身体上の習慣を身につけるのである。

以上を前提とした上で、しかし規律・訓練が近代国民国家における社会身体の必要十分な説明ではないことも述べておかねばならない。近代的社会身体はルールに従って労働することを基本とするが、そうした労働が基本的には個人的自由のもとでなされるのも近代社会——いわゆる近代市民社会——の根本的な特徴である。この自由の側面をどう考えたら良いのか。実はこの問題は、ミシェル・フーコー自身が『監獄の誕生』を書く中で自覚し、その後に考察を発展させていったものだった。[9] これは、大雑把にいえば経済の問題と関係するものである。この点をよりよく理解するためには、それに先立って、〈社会〉の客体化という問題を考察しておかねばならない。

8.2 客体化された〈社会〉——経済学と存在論

〈自然〉の客体化から〈社会〉の客体化へ

7.4で見たように、近代という時代は、自然の全体が客体化装置を経て、客体化された〈自然〉のイメージ平面上で把握される時代である。人間が自然の一部をなすものである以上、人々の集合体としての社会も、それと同様に客体化されて「客体化された〈社会〉」として把握されうるはずである。先に見たように、ティコ・ブラーエは、あらかじめ印刷した星図をヨーロッパ中の天文学者に送ることで、圧倒的に豊富な天体観測データを手に入れた。これと同様に、あらかじめ印刷した調査票を国民の一人一人に送り、集めたデータを総合すれば、社会についての客観的な全体像が得られるだろう。

歴史的にみれば、〈社会〉を客体化して捉える手続きそのものは――〈自然〉を客体化して捉える手続きもそうだが――西欧近代で始まったものではない。徴税や徴兵を目的とした人口調査は世界各地の古代国家で行われており、センサスという言葉自体も古代ローマの人口調査に由来するものである。ヨーロッパにおいても、すでに中世から初期近代の時代に国家レベルないし都市レベルでセンサスが実施されていた。しかしながら、18世紀後半以降の西欧諸国で生起したのは、それ以前とは明らかに一線を画すような、きわめて組織的で周到な形での〈社会〉の客体化である。

この18世紀後半というのは、フランソワ・ケネーの『経済表』(1758)やアダム・スミスの『国富論』(1776)が刊行された時代である。それらの著作は、人々の集合体としての「国民」を客体化された〈社会〉として科学的に探求しようとするものだった。欧米の諸国家はこれらの著作が大まかに代表するような視野のもとで、人口調査を積極的に実施し、さらにその結果を印刷して公刊するようになったのである。イアン・ハッキングは、彼が「印刷された数字の洪水」と呼ぶこの現象――それは19世紀を通じて大きく加速していった――を次のように鮮やかに表現している。

> 数字データへの熱狂はアメリカ合州国のセンサスを見るとよく分かる。合州国の最初のセンサス［一七九〇年実施］はそれぞれの家族に四つの質問をするだけのものだった。しかし一〇〇年後の第一〇回目［一八九〇年実施］には、様々な調査票を用いて一三〇一〇もの質問を、人、企業、農場、病院、教会などに対して行ったのである。この三〇〇〇倍の増加は劇的である。しかし印刷された数字の増加ははるかに多く、三〇〇〇〇〇倍かそこらはあっただろう。[10]

このように、近代国民国家は、国民という現象を科学的に捉えて管理していく技術が練り上げてゆく過程を本質的な形で含みつつ成立していった。この過程は、人々が「想像の共同体」を意識していく過程、また、教育や兵役を始めとする様々な文脈での規律・訓練化の過程と並行して起こったのである。フーコーは、このように科学的客体として捉えられた人々の集まりを「人口」と呼び、コレージュ・ド・フランスにおける講義を通じて、近代国家のもとでの「人口」を統御する技術——フーコーのいう「統治」の技術——の発展について論じていった。[11] こうした〈社会〉の客体化技術の発達の歴史において決定的な契機となったのは、18世紀半ばのフランス重農主義の経済思想の出現である。

重農主義に当たるフランス語の原語は「フィジオクラシー」(physiocratie)だが、これは文字どおりには「自然による支配」を意味する。ここでフーコーの議論を半ば離れ、本書第7章の議論を踏まえて述べるなら、重農主義者たちのこの「自然による支配」という言葉には、ある種アルカイックな意味と、その後近代的統治技術の原点となってゆくような先進的なアイデアの二つが独特の興味深い形で圧縮されていると言うことができる。

アルカイックな意味の方から見てみよう。重農主義者たちが力説したのは、経済の原動力は自然の生産力にあるというアイデアであり、従って彼らは、重農主義という訳語の通り、農業を国家の経済活動の中心に据えるとともに、商業や工業は非生産的な活動であるとしてそれらを軽視した。今日では奇妙に響くものの、こうした考えは実は、ヨーロッパ中世から続いてきた経済思想——本書の7.3でみた「家(oikos)」の経済がまさにそれである——を継承するものである。[12] その意味で、重農主義は確かにアナロジスム的な考えを原点とするものであった。しかしここで、重農主義を「家(oikos)」の経済と並べてみると、類似性とともに、両者の著しい差異も明らかになるだろう。「家」の経済は、中南米農村においてもそうであったように、あくまでも世帯の中で機能する「家政=節約」(oikonomia, economy)であった。これに対して重農主義では、ケネーの『経済表』が示すように、「国民」という巨大な単位の全体的活動が「表」の形でまとめられて数量的に分析される。人々が必要とする食糧、人々の労働による生産物、人々の出生と死といったものが、全体的な数量として計算され、その全体を上手に管理することで食糧難を防ぎ、国家の富を増やしていくことが企てられるのだ。重農主義が成し遂げたのは、「家政」ではなくて、政治体を単位とする「政治経済学」(英語で言えばpolitical economy)の樹立であった。

ここで、「自然による支配《フィジオクラシー》」という言葉の先進的な意味が問題になってくる。ここからフーコーに戻りつつ述べるなら、重農主義者の姿勢はこの「支配」という言葉の理解においてきわめてラディカルであり、彼らは、経済政策を自然の摂理に調和させるというアナロジスム的な主張から新たな一歩を踏み出して、いわば、客体化された〈自然〉のイメージ平面からの、経済政策の直接的支配を主張したのである。国家の主権者は「自然による支配」に従って国民を統治すべきであり、従って、統治はもはや主権者の恣意に左右されるべきではない、というわけだ。これについてフーコーは次のように考察する。

> 政治経済学が発見するのは、統治実践そのものに固有のある種の自然性です。統治行動の諸対象に固有の一つの自然本性があるということ。（…）この自然本性という観念は、政治経済学の出現に伴って全面的にその意味を転換することになります。（…）自然本性、それは、統治性の行使そのものの下で、それを貫き、その中を流れる何かです。（…）もし統治実践がそうした自然本性を覆したり、それを考慮に入れなかったり、自らが取り扱う諸対象に固有のものとしてのそうした自然性によって定められた諸法則に逆らったりすることがあれば、ただちに、統治実践にとってのネガティヴな結果が起こることになります。[13]

つまり重農主義が決定的な形で切り開いたのは、国家の統治というものは、客体化された〈自然〉ないし〈社会〉についての分析に厳密に従ってなされなければならない、という考えだった。[14] もちろんそこで、「人口」を形成する人々の諸身体は規律・訓練化されていることが前提だが、そのうえで、それらの諸身体は、自然の中における諸物体の運動と同じように自由に運動することができ、その中から統治実践が従うべき自然本性が現出してくる。こうした「自然による支配」の考え方は、やがて近代の自由主義的な政治経済学の基本的な考え方となってゆくものである。先に言及した「印刷された数字の洪水」——まさに客体化された〈社会〉を描写するものとしての——という現象が生じたのは、基本的には、こうした（根本的に近代科学的発想に基づく）「自然による支配」を適切な形で行うためだったと考えられる。

その後この流れの延長線上で起こった重要な出来事としては、19世紀半ばの、アドルフ・ケトレによる統計学的な社会分析法の発明が挙げられるだろう。ベルギー王立天文台長だったケトレは、人間集団を数量的に把握するために、それまで確率論や天体観測の誤差の解釈において用いられていた正規分布（ガウス分布）という数学的概念を転用し、それが人間に関する統計データをかなりうまく説明することを示した。[15]

〈社会〉についてのこのような統計学的アプローチ——ケトレはそれを「社会物理学」と呼んだ——がやがて獲得していく重要性は、今日我々が知る通りである。平均ＢＷＨや平均収入のような統計量は現実には、客体化された〈自然〉のイメージ平面の上にある数字であり、どんな具体的現実に対応するものでもないが、しかしある種の実体的なイメージを持つものである。それは、「人口」を統治する側にとってのみならず、その「人口」を構成する我々の一人一人にとっても、あたかも具体的現実と同様に触知可能なものであるかのように存在しているのである。

総かり立て体制（ハイデッガー）

ここで、次のような疑問が浮かんでくるかもしれない。一体なぜヨーロッパの近代において、〈自然〉や〈社会〉の客体化が、あたかも何か制止しがたい力に導かれるようにして、それ自体の確固たるイメージ平面を構成していったのだろうか。すでに述べたように、〈自然〉や〈社会〉の客体化そのものは、他の地域・他の時代にも生起したのだが、それらの場合、客体化の過程がアナロジスム的自然観から完全に自立することはなかった。西欧に現れた近代性の独特な性格はまさにこの点と関わっている。その特異性は、ラトゥールが述べていた「力強い蓄積のサイクル」からも（7.4を参照）、ハッキングによる「印刷された数字の洪水」という言葉からも、またフーコーが描写する統治の〈自然〉化からも、明らかに感じとることができる。

この点においては、哲学者マルティン・ハイデッガーの技術論が言及されるべきだろう。それはラトゥールやフーコーが議論を展開した際に彼らの脳裏にあったはずの議論であり、〈自然〉や〈社会〉の客体化に関する人類学的理解を深めるうえでも有益なものだと思われる。ハイデッガーの存在論的な議論は、上記の問いの「なぜか」という問いに直接答える代わりに、ある意味で、問いそのものを別次元に持っていくものである。[16]

技術に関するハイデッガーの考察において核心に位置するのは、「総かり立て体制」(das Ge-Stell) という概念である。[17] ハイデッガーによれば、近代の科学技術は、世界にあるすべてのものを「徴用して立てる」ものである。それは一方で、石炭や鉱物が採掘され、河川の流れを利用して水力発電が行われるというような自然からの直接的な徴発のみならず、より一般に、物事を徴発する（「かり立てる」）目的性のもとで物事を「表象化して立てる」ことの全体をも含むものである。近代においては、そうした表象化による小さな「立てる」動きが集まり、連なることで、一つの全体としての「総かり立て体制」が形成されている。[18] ハイデッガーによれば、総かり立て体制においては、すべてのものが究極的には「徴用して立てる」方向へと導かれるために、もはや「物が物として現れる」ことはまったく妨げられてしまっている。「総かり立て体制が自己に集中しつつかり立てるはたらきは、内部で循環しつつ駆動する働き《トライベン》〈Treiben〉の集まりである。総かり立て体制とは駆動の総体《ゲトリーベ》〈Getriebe〉なのである」と述べられているように[19]、総かり立て体制は、絶え間なく、すべてを巻き込んでゆくものであり、もちろん人間そのものもそこに巻き込まれ、常に「かり立て」られるのである。

ハイデッガーがここで述べている、総かり立て体制における表象化は、本書の枠組における、客体化された〈自然〉のイメージ平面への「脱＋再イメージ化」に当たるものと考えて良いだろう。ハイデッガーの概念化は、そうした「表象化して立てる」というイメージ化が群れをなし、相互に連動しながら、全体として駆動していく事情を捉えたものと言える。ところで、ハイデッガーの思索が精妙なのは、総かり立て体制の現れを近代という時代に位置づけると同時に、「立てる」こと自体は、人間の歴史において本来的にあったのみならず、自然そのものの現れの中にもあると考える点である。彼によれば、自然がそれ自体「立てるはたらき」（例えば自然が岩石を産み出すこと）を持つからこそ、人間の「立てるはたらき」（例えば石段を作ること）が可能になるのであり、そこからさらに、一定の条件のもとで、あらゆるものが「徴用されかり立てられる」ような可能性も立ち現れてくるのだ。このことを深く反芻するならば、総かり立て体制が自己自身を解き放つ可能性もまた、それ自身の中に最初から含まれていたはずであることを直観することができる。こうしてハイデッガーは、我々が科学的言語から自由であるような内省を貫き、「立てること」を本当に根底から捉え直すことによって、原初的な「立てるはたらき」が閃光のように立ち現れうる、と論じる[20]。

西洋哲学史の全体を根底から批判し、古代ギリシアの思索が残した様々な手がかりを頼りに哲学そのものを再構築する企てを行ったハイデッガーの考察は、形こそ異なれ、やはり西欧近代的思考から抜け出そうとしてきた人類学にとって示唆的なものである。しかしそれを述べたうえで、人類学的な視野から、このハイデッガーの議論について前向きの疑問を二つほど立てておきたい。第一に、ハイデッガーの概念化に従えば、あたかも全てが総かり立て体制に巻き込まれ、それを免れずにすむものは一切ないかのようであるが、この点は経験的にみて疑問がある。人類学が民族誌的フィールドワークという方法を通じて様々なケースの中で見出してきたのは、求心力の存在するところには、それがどんなに強力であれ、そこから逃れるような遠心力が常に存在するという現実だからである。第二の疑問は、第一の点とも直接関わるが、我々自身の存在が、本当にハイデッガーが考えるように完全に総かり立て体制の内部に位置しているのか、ということである。

第7章の最後に私が論じたのは、直接的な身体的イメージ経験の平面が、究極的には、客体化された〈自然〉のイメージ平面には還元されえないということだった。そのことの最終的根拠は、我々が代替不能な身体——確かに部分的にはますます代替可能になってきているとしても——を持つ存在だという、否定しようのない事実にあるだろう。ハイデッガー自身は総かり立て体制から脱け出る方途を徹底的な内省に見出していたわけだが、人類学的考察を考慮しつつ捉え直すならば、「身体の中に住まう人間」はそもそも、不可避的に、どこかで「かり立て」の連鎖からはみ出している。そこからハイデッガーが論じるのとは違う方向の議論を立てることも可能ではないだろうか。こうした問題意識は、第9章における自然と身体に関する議論にもつながっていくはずである。

8.3 タルド主義の可能性

他者の思いを模倣する

近代性をめぐる人類学——客体化された〈自然〉が支配的地位にあるようなイメージ的体制のもとでの人類学——とはいかなるものか。言い換えるなら、客体化された〈自然〉のイメージ平面をもう一度、身体的イメージ経験の平面に結びあわせてゆくような人類学は一体どんな内容のものでありうるのか。これについては、本章の終わりの二節（8.4および8.5）で、具体例を交えつつ考察していくつもりである。それに取り組む前に、本節では、19世紀末から20世紀初頭にかけて活躍したフランスの社会学者ガブリエル・タルド(1843-1904)の一連の独創的なアイデアを眺めてみたい。タルドの社会学は、経済学や考古学、法学や政治学、道徳や哲学、さらには生物学や物理学といった様々な分野と通じ合う面を持った、一種の〈社会〉を超越する社会学であると言ってよい。一連の独創的な概念道具によって〈社会〉の内側と外側とを通底させるタルド社会学は、時代的制約がないわけではないが、イメージの人類学が近代性の問題に取り組む上で貴重な示唆を与えるものである。

まず、彼の基本概念の一つである「模倣」(imitation)から出発しよう。『模倣の法則』(1890)の第1章からもわかる通り、これはタルドの壮大な自然哲学的ヴィジョンと深く関わった概念である。タルドは社会学者であったけれど、社会現象を何か特別な対象と考えるのではなく、むしろ生物一般や物質一般の世界における諸現象と同じ仕方で理解されるべきものとして考えた。タルドによれば、物質界・生物界・社会界の広大な領域に何か共通のものを見出しうるとすれば、それは「物事が反復する」ということであり、そしてそれが物質界では振動、生物界では遺伝、社会界では模倣の形で現れることになる。模倣は、こうした全体的展望のもとで、社会学が扱うべき中心的現象として位置付けられるのである。なお、タルドがここで反復や模倣を、同一的なものの繰り返しとしてではなく、常にヴァリエーションを内包した反復として理解していることは強調しておく必要がある。[21]

模倣という言葉が通常は他人の行為を意図的に真似することを意味するのに対し、タルドの模倣概念では、非意図的な模倣、ほとんど反射的な模倣がそこに広く含まれる。彼は『模倣の法則』の「第二版への序文」(1895)で、「私が模倣と呼ぶのは、それが意図されたものであるかないか、あるいは受動的なものであるか能動的なものであるかにかかわらず、精神間で生じる写真撮影のことである」と説明する。[22] 言い換えれば、模倣とは、①主体と客体が不分明であるような場所において、②一瞬のうちに生起する、③本質的にイメージ的な現象である、ということであり、この考えを土台にして、「個人」対「社会」、「主体」対「客体」、「存在」対「生成」といった二項対立から自由な場所で社会現象を理解する可能性が切り開かれるのである。

タルドは『模倣の法則』で、こうした視野のもと、生業・生活上の技術や身体の使い方やファッションから、言語や宗教、政治や法や経済を経て、道徳や芸術まで、様々な事例をとりあげながら、人間の行動がどのように社会的に反復されるのかを検討してゆく。そこでの中心的なアイデアの一つは、我々は他者を外側から模倣する方が内側から模倣するよりも先だと考えがちだが、事実はその反対だということである。私が他人の行動を外的に模倣するとき、実はその直前に、当の行動を引き起こしているところのその人の欲望や信念が、私の内面にイメージとして先に侵入してきている。[23] これは具体的に考えればすぐに了解できることだろう。夏の暑い日にアイスクリームを美味しそうに食べている人を見て、自分も食べようと思うとき、私は「アイスクリームを食べる」という行為を外的に反復するのではない。そうではなくて、アイスクリームを食べている人の内側でいま生きられている欲望のイメージが私の中に飛び込んできて、私を内側から動かすのである。また我々は、自分が尊敬する人や好意を持つ人が何かの本を手にしているのを見て、「自分もその本を読んでみようかな」と思ったりする。それは、その人がその本について抱いている信念(＝その本に価値があると信じていること)ないし欲望(＝その本を読み続けたいと思っていること)が、いきなり私の中に飛び込んできて、私を内側から動かすからである。

模倣という行為の根底に信念や欲望の動きを見ることは、なぜある社会的行為が繰り返されたり、他方でまた変化したりするのかを根本から考え直す助けにもなるだろう。タルドは、そうした視野のもとで、「慣習」と「流行」という一見正反対の現象を統一的に理解すること――これは確かに人類学者には思いもつかないアイデアだが――を提案する。次に見るように、タルドから見れば、慣習も流行も信念・欲望を模倣する行為であるという点で違いはなく、だから両者は合わせて考えるべきものである。

たしかに未開人がおこなっている法的・宗教的儀式を考えてみると、部族の旧習こそが彼らの正義であり、宗教こそが彼らの真実であるが、そのような彼らが先祖を模倣しようとする意識や意欲は、現代の労働者やブルジョワが、新聞で読んだことを反芻したり主人や隣人の部屋で目にした家具を購入したりすることをつうじて、隣人や経営者、ジャーナリストを模倣しようとする意識や意欲とくらべて、さほど劣るわけではない。[24]

慣習と流行のどちらが支配的になるかは、タルドによれば、模倣の対象が「過去」に向かうか、それとも「他者」に向かうかによって決まる。「もし祖先がきわめて創意にあふれているばあい、あるいは祖先が同時代人にくらべて創意があるばあい、模倣欲求はもっぱら過去だけに向かうことになる。反対に同時代人が祖先よりも創意があるばあい、模倣欲求はしだいに同時代人や外国人へと向かうことになる」のだ。[25]タルドに従えば、このどちらが強いかは社会・時代によって異なるものであり、さらにいえば、同じ時代・同じ社会の内部でも、分野によって傾向性の度合いが様々に異なっていたりするものである。

第1章でも見たとおり、慣習――あるいは習慣――の概念は、文化・社会の概念を下から支える、古典的人類学の中心概念であった。これに対してタルドは、慣習と流行はつねにその両方を視野に入れて考える必要があると考える。彼の見るところ、一見すると慣習が支配し、流行が排除されているように見えるところでも、流行への力は消えたのではなく、その時点でストップしているだけである。慣習と流行を二者択一とするのではなく、慣習への力と流行への力という拮抗する二つの力の共存的関係としてみるタルドの考え方は、人類学を現代的に再構築していくうえで大いに示唆的なものであるだろう。

「会話」の多層性――会話・書物・新聞

模倣の概念は、タルド社会学の理論的アイデアの基礎をなすものだが、これを踏まえたうえで、焦点をタルドが晩年に出版した『世論と群衆』(1901)と『経済心理学』(1902)という二つの著作に移してみたい。政治と経済について総合的に論じたこの二つの著作は、近代性をめぐる人類学にとって特に有益な考察を含むものである。例えばタルドは、政治や権力の問題を主題とする『世論と群衆』で、近代国家の政治過程における新聞の役割について詳細に論じているが、それは8.1で見た『想像の共同体』におけるアンダーソンの考察を80年余り先取りするものである。タルドは新聞が引き起こす独特の、ある意味で奇妙な効果について次のように指摘する。

> 読者は、日ごろ読んでいる新聞から、ほとんど抵抗しがたいほど説得的な影響をうけているにもかかわらず、それをふつうは意識しない。（…）きょうのだと信じて新聞をひらく。そしてむさぼるようにあるニューズを読む。そのうちに、その新聞が一ヶ月前のだとか、きのうのだとか気づく。するとたちまち、新聞の魅力は消えてしまう。（…）このことからも、われわれがたくさんの人々と共通の感情を持っているという無意識の幻想こそ、われわれの活発な好奇心の源であることがはっきりする。[26]

人々がこのような「共通の感情」を持つ可能性は、タルドによれば、活版印刷術の誕生によって最初に切り開かれたが、それがとりわけ決定的に重要となったのは、18世紀末のフランス革命期に新聞の数が激増して以降のことであった。ただしタルドは、新聞が本領を発揮するためには印刷術の出現と発展では十分ではないことも鋭く指摘する。鉄道や電信技術の発達によって全国各地に新聞が配達される仕組みが整備されなければ、人々が同時に同じ新聞を読むということは成立しえないからである。実際、タルドによれば、フランス革命の頃に発行された新聞は読者がパリに限られた未成熟なものであり、新聞はいまだ、フランス革命そのものを動かす大きな力にはならなかった。「一七八九年の大革命が開始されたときの公衆精神の傾向にみられた抽象的で世界主義的な特徴は、世論の教導者として書物が新聞に立ち優っていたことに由来する」と彼は述べる。[27]

「新聞を読む」という行為は、アンダーソンの『想像の共同体』では基本的に黙読の行為として捉えられていたが、『世論と群衆』では、むしろそれは人々の間で日常的に営まれる「会話」へと広がってゆくものとして考察される。タルドにとって、新聞を皆が毎朝読むことよりさらに重要なのは、その日その日の新聞記事の内容がいろんな場所で人々の共通の話題になるということである。人々の話題は、新聞が普及する以前は、空間的に見れば各々の町、各々の村でまったく異なっており、時間的に見れば同一性の強い話題がそれぞれの場所で続いていたと考えられる。これに対して、新聞の出現によって、人々の会話は地域を超えて共通のものになるとともに、時間的に見れば、新聞記事に従って、毎日毎日違う話題が人々の会話に上るようになる。新聞を読んだ人もそうでない人も、誰もがそうした会話に巻き込まれ、新聞の引力圏に引き込まれていくのだ。[28] イメージの人類学にとって、新聞によるイメージの生成から会話によるイメージの生成へと視野を多層的に広げていくこのタルドの思考の運動は、きわめて示唆的なものである。アンダーソンの考察は印刷言語のイメージ平面上にとどまるものだったが、タルドの考察ではそれがさらに、身体的なイメージ経験の平面に引き戻されて議論されているからである。

ところでタルドはなぜ会話というものに特別な関心を抱いたのだろうか。彼自身によれば、それは会話は社会関係の形成において特別な重みを持つ行為だからである。「だれかを最大の注意力で観察するのは、決闘のときをのぞくと、その人としゃべっているときである」と彼は言う。いかにも19世紀風の面白い説明だが、ともかく彼は、会話の中には、生死をかけて闘う決闘にも似た一種の緊迫感が含まれていると考えるのだ。では、その緊迫感とは何か。ここで会話の問題は先ほどの模倣の問題と結びついてくる。「会話するとき人びとは、会話のおかげで、抗いがたい、しかも無意識の動作で、たがいに意志を伝えあう。それゆえ会話は、模倣の、つまり感情や思想や行動様式の伝搬の最も有力な動因である」[29]。会話の過程とは、水面下において、人々の欲望や信念が伝染したり、ぶつかり合ったりする場にほかならない。そしてタルドが社会学者として興味を抱いたのは、個々の会話における欲望や信念の模倣のレベルを越えて、たとえばある地域で行われる会話の総体を想像し、その下部で蠢く様々な信念や欲望を全体として考えることであった。[30]

グラフの中の欲望と信念

新聞から会話へと焦点を移動させるタルドの思考の運動に似たものは、彼の経済に関する考察にも見られる。先述した通り、近代ヨーロッパにおいては、センサスを始めとする組織的な社会調査を通じて客体化された〈社会〉のイメージ平面が樹立されてゆき、さらにケトレによる統計学の確立を通じて、そうした客体化された〈社会〉はますます実在物のような意味合いを帯びていった。ところで、ケトレが行なったのは、統計データを正規分布のグラフと重ね合わせて〈社会〉全体の状態を近似的に捉えることだった。これに対してタルドの経済学的考察は、統計データをまったく別の仕方で眺め、その下部にある人々の具体的な経験を把握するところから始まる。

タルドは、統計データのグラフを眺める際に、データが安定している水平部分よりも、上昇や下降の変化が見られる部分——例えばある国のある時期に出産や結婚、あるいは犯罪や訴訟が著しく増大したり、あるいは減少したりしていること——に注目すべきだと主張する。なぜなら、そうした数値の変化は、何らかの信念や欲望が広がったり、あるいは廃れたりしたことを示している可能性があるからである。データの水平的な部分についても、タルドは、ケトレやその後継者たちのようにそこに〈社会〉の標準的な指標を見出そうとはしない。タルドによれば、それはむしろ相反する欲望や信念が拮抗した一種の均衡状態を表現するものなのである。例えば、ある国のある時期にチョコレートの消費が一定量で続いている場合、そこに読み取るべきなのは、人々のチョコレートの平均的需要ではなくて、人々のチョコレートに対する欲望がそれと競合する欲望と均衡した状態が続いているということである。こうしたアイデアの延長線上で彼が夢想するのは、「ひとつの国のあらゆる動産を一軒一軒しらみつぶしに、動産の種類ごとに調べ、各年の数量的変化にかんして正確かつ完全な明細目録をつくること」である。「それが実現されれば、その目録はわれわれの社会の実に見事な写真となるだろう」と彼は言う。仮にそのような「数量的変化」に関する「完全な明細目録」が存在するならば、その社会における様々な対立する欲望、対立する信念の総体を、写真のように直接的な形で丸ごと把握できる、とタルドは考えたのである。[31]

タルドは、社会全体における欲望と信念の蠢きを数量的に考察していく学問を「経済心理学」と呼び、『世論と群衆』とならぶ最晩年の著作である『経済心理学』(1902、全二巻)でその組織的な記述を行った。[32] この著作は、経済学史にも精通していたタルドが、信念と欲望についての考察を土台とする彼独自のヴィジョンのもとで、労働、貨幣、資本、価格について、同時代の最先端の経済学理論も視野に入れつつ、踏み込んだ全体的検討を行ったものである。そこでのタルドの考察の独創性——今日性と言ってもよいだろう——は、彼がどのような商品を中心的な事例として経済の問題を考えたか、という点にも現れている。アダム・スミスは『国富論』でピンの生産から議論を始め、マルクスは『資本論』で鉄・小麦・布等についての考察から価値についての議論を始めた。タルドは『経済心理学』で、それとは対照的に(全く意外にも)書物を最も典型的な商品として想定したうえで自らの理論構築を始めている。

よく考えてみれば、これは見かけほど理不尽な考えではない。書物は、アンダーソンも触れていたように、最初の大量生産による工業製品であった。つまり書物は少なくとも15世紀のヨーロッパ世界において、確かに何よりも先に大量生産されるべき最重要の商品だったのである。おそらく我々は、スミスやマルクスが持ち込んだ誤った理論的前提を脱するところから始めるべきなのだ。人類学的観点からタルドの議論を擁護するなら、日常生活の必需品が経済分析の中心にあるべきだという考えは、おそらく二重に間違っている。第一に、市場経済が生活の全体にいまだ浸透していない場所では、日常生活の必需品の多くは自給されるべきものであり、必需品であることは市場交換の対象になることと多くの場合対立する。古典的人類学の交換論においても、マリノフスキが『西太平洋の遠洋航海者』で描写したクラの財宝にも代表されるように、主役となるのはしばしば日常の生活必需品の範疇には属さないものであった。第二に、今日の我々の経済活動――例えばスーパーに行って食品を買うこと――を振り返ってみよう。我々は確かにそこでいつも生活必需品を買っている。しかし、我々がそこで行なっているのは、奇妙にも本を読むのに似た行為だとも言える。加工食品はもちろん、生鮮食料品にまで生産地や品質、場合によっては生産者や生産方法や調理方法についての情報が付けられている。我々は今日、書物を買うようにして生活必需品を買うことをたえず促されているのだ。

タルドの経済理論では、例えば人々の購買意欲――購買への欲望――のような、経済学では単に「需要」として単純化されて捉えられがちなものも、このような視野のもとで、よりダイナミックな形で考察されることになる。タルドは書物について、一冊の書物は他の書物に対抗して出版されると同時に、他の書物とともに出版されると論じた[33]。具体例で考えてみよう。ある一冊の料理本が出版されるとき、その本は、既に出回っている多数の料理本と競合する状況に置かれる。しかし他方で、もしその本を買った人が「この本を買って良かった」と感じるなら、その人が別の料理本を購入する可能性も生まれるだろう。書物がジャガイモと異なるのは、ジャガイモを食べるという行為が私に対して及ぼす影響がおおよそ身体的なものにとどまっているのに対し、本は私の精神の中の――料理本の場合には身体の中も含めて――様々な欲望や信念と新たな結びつきを形成して、それらを広げてゆく可能性を持っていることだ。そしてもしも、このような書物をめぐる経済の方をむしろ典型的なものだと考えるならば、そこからは、以下に見るように、人間の経済活動についての、通常の経済学的世界観とは全く異なった全体的ヴィジョンが出てくることになる。

発明的過程としての経済

商品としての書物を掘り下げて考えるならば、実はどんな商品も、多かれ少なかれ、かなり複雑な内実を与えられて存在していることが了解されてくる。書物は、特定の人を著者名に掲げてはいるが、その中身は、著者が出会った様々な既存の書物や様々な人々との関係の中で、著者が信念や欲望を膨らませていった結果として生まれたものである。究極的に言えば、書物の中の文章を構成する一語一語は、気の遠くなるような昔からその言語を用いて生活してきた人々の様々な経験や発見を土台として、今ある形で存在しているものである。[34] よく考えてみれば、これは書物に特有のことではない。ご飯やパンを食べるという我々にとって単純極まりない日常的行為にしても、新石器時代以来の米や小麦の栽培化や品種改良、耕作法や調理法の変化、さらに、米や小麦の社会的価値づけ、流通ルートの形成などと結びついたものであり、またご飯やパンを食べる習慣やそれらについての嗜好も、複雑な歴史的経緯の中で形成されてきたものである。それは、一言でいえば、人間がその営みの中で生み出してきた様々な物事の結び合わせの積み重ねによって存在しているものなのだ。タルドは、こうした物事の結びあわせを「発明」(invention)と呼び、それこそが経済についての考察の核心に据えられるべきものだとする。

> 発見ないし発明は、それ自体きわめて多様ではあるが、結局のところ、次の共通の特徴を持っている。つまりそれらはみな、二つのアイデアの精神的な出会い、つまり、才気と意欲のある精神のもとで、それまで相互に無関係で無用であった二つのアイデアが交差して、相互に緊密に結び合わされることである。(…)この出会い、この豊穣な結合は、当初は見過ごされがちな、脳の奥底に隠れた出来事であるのだが、まさにそこからある産業の革命が生まれ、ひいては地球全体の経済的変容が起こるのだ。[35]

「二つのアイデアの出会い」――ある素材とある技術、ある技術とある用途、ある商品とある潜在的な購買者、そうした様々なものを結びつけるのが「発明」であり、タルドによれば、それこそが経済活動の根本をなすものなのだ。そして、そこから彼はまったく独自の「資本」(capital) の概念をも案出してゆく。タルドによれば、経済学で通常使われている資本の概念は、資本の物質的部分のみを捉えたものであり、資本の精神的部分を見逃している。資本の運動の本当の原動力は、物質的資本ではなくて精神的資本なのだ。[36] では精神的資本とは何か。それは「一群の発明であり、それを作った人々から知的反復が広がっていく中で利用者に届き、利用者がそれを活用できるようになったもの」である。もちろんタルドも、貨幣などの物質的資本が不可欠であることは承認する。しかし、経済活動において本当に鍵となるのは、物質的資本を手にいれること以上に、物事の結びつきの総体としての精神的資本を持つことである。そして、この物事の結びつきの総体としての精神的資本を手掛かりにして、タルド主義的に経済活動そのものを根本から捉え直すならば、客体化された〈自然〉ないし〈社会〉としての経済の領域を、現実の生におけるイメージ経験の全体と切り離さずに考えることができるであろう。[37]

8.4 イメージの政治、イメージの経済

前節で見たように、タルド社会学は、近代性を特徴づける「客体化された〈自然〉」のイメージ平面の問題を、直接的な身体的イメージ経験の平面に引き戻しながら考察することを可能にする。タルドの著作自体は、19世紀的なエッセイ風のスタイルで書かれており、ある種時代がかったものである点は否定はできない。しかし理論的次元においては、その学問的ヴィジョンは人類学的考察と確かに親和的なものであり、人類学者が民族誌的フィールドワークを通じて実際の問題を考えてゆくうえで、重要な手がかりを与えてくれるものであるように思う。

本章の残りの二節では、こうした議論も念頭に置きながら、近代性をめぐる人類学における本質的問題が何であるのかを、一連の具体例を前面に出す形で考えてみたい。この8.4では映画や広告写真・映像といった、20世紀に普及した視聴覚メディアに関連する素材を事例研究の形で取り上げてみる。8.1ではアンダーソンの『想像の共同体』に拠りつつ印刷メディアと政治の関係について考え、さらに前節では、新聞を読むという行為が人々の会話へと広がっていくことについてのタルドの考察に触れた。だが、今日の世界において印刷ないし文字メディアと並んで見逃せないのは、映像メディアが持つ甚大な影響力である。映像が形成するイメージ平面は、人々の直接的な身体的イメージ経験の平面と、あるいは人々が生きる社会身体と、一体どのように関わり合っているのだろうか。

映画による主体の形成

本節でまず取り上げるのは、メディア人類学のパイオニア的研究の一つとして知られる、人類学者サラ・ディッキーの『南インドにおける映画と都市貧困者たち』(1993)である。南インドのタミルナードゥ州は、映画産業が高度に発達しているインドの中でも特に映画製作が盛んな地域であり、州都チェンナイにおいて製作される映画の本数は、ボリウッドとして世界的に有名なムンバイをも上回ってきた。そうした中、現地の人々は、映画を見るという経験を一体どのように受け

止めてきたのか。ディッキーは一九八〇年代後半、タミルナードゥ州マドゥライ市を拠点に、映画を見る人々に焦点を当てた民族誌的フィールドワークを行い、さらに映画を製作する人々へのインタビューや上映される映画の内容の検討も行いつつ、映画館の中と外におけるイメージの生について考察したのである。

　この事例を見る前に、その背景にあるタミル民族主義について説明をしておこう。8.1でベネディクト・アンダーソンの「想像の共同体」について論じた際、議論が過度に複雑になることを避けるため、私はあたかも国民《ネーション》と国家が重なりあうかのようにして説明を行なった。しかし実際には、ある国家において、多数派ではない人々が独自のマスメディアを立ち上げ、国家からは外れた形で民族《ネーション》という「想像の共同体」を形成してゆくというケースは歴史上、きわめて頻繁に見られてきたものである。そのような民族主義《ナショナリズム》運動の高揚のもと、国家の一部が少数民族を中心に分離独立を果たしたり、自治権を獲得したり、そうでなくても地域的に大きな影響力を持つようになる場合は少なくない。南インドのタミルナードゥ州はその一例である。広大なインドの国土には数多くの言語が存在するが、中でも南インドは言語的にも文化的にも北インドと大きく異なる地域である。インドという国家の全体は、汎インド的な国民《ネーション》の意識を土台として一九四七年にイギリスから独立を果たしたが、そこで中心となっていたのは北インドのヒンディー語話者の人々であり、南インドの人々は、そのような北インド中心の国家形成の過程に違和感を持つところがあった。南インドの中でもこうした意識がとりわけ強かったのがタミルナードゥ州である。

　こうしてタミルナードゥ州では、インド独立後、民族主義政党が著しい進展を遂げることになる。その過程で生まれたのが、映画産業と政治が二人三脚で発展していくというこの地域独特の状況であった。タミル民族主義政党の重要な支持層が中下層の非識字層の人々であったことから、民族主義の政治家たちは、映画という読み書きを前提としないメディアこそ彼らに訴えかける格好の手段であると考えた。マドラス（現チェンナイ）で製作されるタミル語映画はこのようにして、タミル語話者たちが「タミル人」という集合的主体を想像するための手段となっていったのであった。とりわけ、タミル民族主義政党が州政権を掌握した一九六七年以降、タミルナードゥ州ではタミル映画のスター俳優が州の主導的政治家となるケースが続いていく。中でも傑出した存在だったのは、タミル映画界の大スターM・G・ラーマチャンドラン(1917-1987)であり、ディッキーがマドゥライ市でフィールドワークを行なったのは、彼が人々の高い支持のもとで州首相を務めていた最後の頃であった。[38]

タミルナードゥ州 一九八五—一九八七年

『南インドにおける映画と都市貧困者たち』は、人類学者サラ・ディッキーが一九八〇年代後半にタミルナードゥ州の古都マドゥライで行なったフィールドワークをもとにして書かれた民族誌である。[39] タミルナードゥの貧困層の人々にとって映画はきわだって重要なものであり、ディッキーがマドゥライ市で行なったアンケートによれば、映画館に日常的に通う人は全体の92％に上り、そのうち63％は毎月3回以上通うという状況だった。彼らは新聞を読まず、テレビを持たず、またラジオはフィルムソングを聴くためのものだったから、彼らにとって、映画こそが自分の生活世界の外の物事について知るための主要なメディアであったのだ。とはいえ、「映画を見ること」は現地では下層の人々の娯楽だと考えられていた——映画製作者は一般に上流・中流階級の出身であったのだが——せいもあり、ディッキーが人々に映画について尋ねると、人々は最初は「映画は道徳を退廃させる」と答えたりしていた。しかし親しくなるにつれ、彼らは映画がもたらす良い影響について熱っぽく語るようになった。

ディッキーによれば、貧困層の人々は自分たちにとって身近なテーマを扱った映画を好んだが、しかし彼らの生活があまりに生々しく提示されるような作品は好まなかった。彼ら自身が語るように、映画は、彼らが目の前の現実から逃れ、ファンタジーの世界で遊ぶための手段だったからである。彼らにとって、映画はカーストや階級のような社会問題を考察する場ではなかった。人々は映画の中のドラマを、あくまでも個人のドラマとして受け止め、そこに自分自身の思いを重ねていくことに楽しみを見出していたのである。そうした人々にとって、最大のヒーローはM・G・ラーマチャンドランであった。彼は数々の映画作品の中で、貧しき者に対して慈悲深く、寛大であるとともに、超人的な身体的能力で万事を解決していく人物を演じた。その後ラーマチャンドランは、映画での人気をもとに政治家に転向して州政府首相の座につくが、政治家になっても彼は、映画の中におけるのと同様に貧者に理解のある人物として振るまおうとした。そして人々の側も、映画の中の彼と政治家としての彼を同一人物として受けとめつづけたのである。

マドゥライ市での民族誌的フィールドワークを通じ、ディッキーがもっとも親しく接したのは、マドゥライ市だけでも数千から数万あるというファンクラブの人々であった。ファンクラブの会合では、同じ映画スターを崇拝する若者たち——その多くは20代から30代の男性——が十数人から数十人くらい集まって、スターについて熱心に話をする。ファンクラブの規模は俳優によって異なるが、大スターの場合には州レベルないし国家レベルの組織が存在するほどであった。

特にディッキーの目を引いたのは、ファンクラブの人々が常に自分らの崇拝するスターが「善人」であることを熱っぽく語り、彼ら自身もそれを真似て「善行」を行おうと努める傾向があったことである。彼らは、近所の人たちの手助けをしたり、貧者に食べ物や服などを与えたり、社会奉仕活動を行ったりすることで、少しでも崇拝するスターに似た存在になろうとしていたのだ。M・G・ラーマチャンドランのファンクラブの場合には、選挙時にはファンクラブがそのまま政治組織としても機能していた。

以上、ディッキーの民族誌について述べてみたが、このような概略的な説明だけだと、当の貧困層の人々に対していささかアンフェアな感じもする。詰まるところ、タミル映画は単なる貧困層の苦悩のガス抜き装置に過ぎず、彼らは映画によってスター崇拝に導かれ、民族主義政党に操られているのだ、という印象だけが残るからである。そこで、人々が実際に映画を通して経験したはずのことをよりよく想像するために、調査と同時期に公開された映画作品の一つである《シンドゥー・バイラヴィ》(*Sindhu Bhairavi*, 1985)の内容を具体的に紹介してみたい。これはタミル映画の重鎮K・バラチャンデル(1930-2014)の監督作品で、ディッキーが調査期間中に最も人気を博した一つとして民族誌の中でも詳しく言及しているものでもある。ところで、実際に見て驚くのは、この映画が終始、南インド古典音楽という上流階級の教養文化をテーマとしたものであることである。インド映画の定番である踊りの場面も一切見られない。ある意味、タミルの貧困層の人々が喜んで見たというのが意外に思われなくもない作品である。

ストーリーは、南インド古典音楽の歌手JKB、その妻バイラヴィ、そして独身女性のシンドゥーをめぐるものである。JKBは歌手として全国的な名声を博していたが、家庭生活は上首尾ではなかった。妻のバイラヴィは子どもができないことに悩んでいて、音楽には全く無関心であり、二人の心中は別々だったからである。そうしたある日、コンサートでJKBが、いつものように南インド古典音楽で用いられる古典語(サンスクリット語とテルグ語)で歌っていると、ある女性が突然、会場から発言を求め、「古典語の歌も素晴らしいけれど、タミル語の民謡もぜひ歌ってほしい」と言う。憮然としたJKBが「ではお前が歌ってみろ」と促すと、彼女はおもむろにタミル民謡を歌い始める。「私は歌の歌い方も、勉強の仕方も、学校も知らない。本も手紙も文字も知らない…」という歌詞から始まるこの民謡を彼女は見事に歌い切り、聴衆は拍手喝采を送る。彼女がシンドゥーだった。

JKBは自尊心を傷つけられて憤ったが、内心ではシンドゥーの歌に深く印象づけられ、結局、自ら彼女に会いに行くことにする。二人は会話する中で音楽の深い喜びを分かち合い、やがてその関係はプラトニックな恋愛関係になってゆく。とはいえ、妻のバイラヴィがこの関係を知って自殺を図ったりしたため、ＪＫＢは苦渋の中でシンドゥーと別れる決心をする…。その後物語は二転三転するのだが、印象的なのは、ＪＫＢが悩みに悩んだ末、アルコールに手を出してボロボロになるのに対し、シンドゥーは独身女性という難しい立場にありながら毅然とした態度を貫くことである。最後はシンドゥーが進んで自己犠牲を受け入れて映画は幕を閉じる。

貧困層のタミル人たちが、自分たちとは縁遠いはずのこの物語に共感できた背景には、シンドゥーというキャラクターの巧みな設定があるだろう。映画では、彼女は上流階級に属するものの、私生児として生まれ、世間体のために実母から引き離されて育てられたと語られる。つまり彼女のそうした家族内での位置は、社会の中での貧困層の位置に確かに類比的なものである。そのシンドゥーが古典音楽の名歌手の前で、「本も手紙も文字も知らない」タミル民衆の歌を見事に歌う場面は、人々を深く感動させたであろう。タミルの下層の人々はおそらく、この映画を見ながら自分たちの日常生活ではありえない世界を夢見て息抜きをすると同時に、自分たちが、映画の中で言及されているタミル民衆の一部であることを感じていったのである。

ディッキーの民族誌からも読み取れるように、タミルナードゥ州における政治と映画の結びつきはあまりにも明白である。しかし他方で、この《シンドゥー・バイラヴィ》のような、緻密なストーリー展開と音楽の美しさを織り合わせた良質の映画作品を、単なるタミル民族主義のイデオロギーの産物と割り切ってしまうとしたら、それは、いささか頭でっかちな解釈だと言えるだろう。映画は、古典音楽を扱ったこの作品が想像させるように、貧困層の人々に、彼ら自身の限られた生活圏の中では触れることができない世界についての経験を提供し、広い意味で、彼らを新しいものの考え方、新しい生き方に導き入れるものでもあったはずである。おそらく、「映画を見ること」の民族誌的研究は、映画の中の経験と、それを受け止める側の人々の映画の外の経験、そして映画を見てそれについて語る経験、といった様々な経験の層の間の複雑な反響関係について、あくまでも多面的に考えていくことが必要なのだと思われる。

「未来の自分」を想像する

第一の事例が政治とイメージの関係についてのものであったとすると、第二の事例は経済とイメージの関係をめぐるものである。タルドは『模倣の法則』で、慣習と流行という二種類の模倣について論じていたが、近代性をめぐる人類学においては、慣習の問題のみならず、流行の問題をも考察しうる視野が不可欠であるだろう。19世紀中葉に詩人ボードレールが看破したように「近代的《モダン》であること」は流行に敏感であること――あるいは、もしそのような言い方が軽薄ならば、変化に敏感であること――とどこか切り離せないからである。[40] そのような見通しのもとで、ここでは広告映像について考察してみたいと思う。

広告映像とは、複製技術を用いつつ、人々が慣習とは異なるものを取り入れていくように促す洗練された手段である。広告写真の中の男女のモデルの華やかなイメージは我々を魅惑するが、そこで宣伝されているものを実際に購入しても、その通りのことが実現できるわけではない。広告映像のイメージ平面は、身の回りの現実のイメージ平面とは明らかに別の場所にある。それでは前者は後者とどのように関わりあっているのだろうか。我々は前者を通して一体、何を経験しているのだろうか。

広告写真のイメージとしての性質については、イギリスの作家ジョン・バージャーが一九七〇年代初めに展開した興味深い議論がある。街頭の様々な広告は、確かに人々の注意を引くためにお互いに競合し合っている。バージャーはしかし、それと同時にそこには次のような共通のメッセージがあることを指摘する。つまり「あるものをもっと買って、自分自身や生活を変えてみる」こと、「たとえお金を使って貧しくなるにしても、その購入によって我々がある豊かさを獲得できる」こと、広告の中に「変身して人もうらやむほどになった人々を登場させることで我々自身にもその変身を迫る」こと。[41] こうした意味で、バージャーによれば、あらゆる広告は密かに、人々に対して束になって同じ呼びかけを行なっているのだ。

個々の広告映像が購買に向けて誘っていることは、我々の誰もが知っている。しかし、広告をめぐる全体的状況――広告があらゆる場所にあり、人々は広告が提案する想像的な空間に遊び、時には広告の提案に乗るという全体的な状況――を我々が十分に意識することはほとんどない。バージャーは、この広告のシステムは、人々をある種の未来に向けて誘ってゆく時間的な装置なのだとする。ただしその未来は、現実そのものの中の未来というよりは、本質的には広告のイメージに内包されたファンタジー的な未来と言うべきものである。

広告は、未来形で語る。しかしその未来への到達は果てしなく先へ延ばされる。それではどのようにして広告は、その広範な影響を及ぼす説得力を保つのだろうか。広告が説得力を失わないのは、広告の真実性が、その広告の約束することが本当に実現するかによって判断されるからではなく、〈見る者＝購買者〉に与える幻想がどれだけ有効性を持つかによって判断されるからである。広告は本質的に、現実とではなく白昼夢と結びつく。[42]

タルドの「慣習」と「流行」の理論を想起しつつ言えば、我々の生きている世界では、流行が慣習に優越する場面がきわめて頻繁に見出される。バージャーの議論を通して考えてみれば、この状況は、我々があらゆる場所で広告映像に取り巻かれているという事実と深く関わっていることがわかるだろう。こうしたことを念頭に起きつつ、次に、アメリカのドキュメンタリー映画作家フレデリック・ワイズマン——すでに本書の5.4で彼の別の映画も取り上げた——が製作した映画《モデル》を取り上げてみよう。

マンハッタン　一九七九年

ドキュメンタリー映画《モデル》（*Model*, 1980）は、マンハッタンにあるモデル事務所に焦点を当てて作られた作品である。[43] 一九七九年に撮影されたこの映画は、モデルの選抜から始まり、広告写真やコマーシャルフィルムの撮影、さらにはファッションショーまで、事務所に所属する男女のモデルたちと彼らを取り巻く人々の様子を緻密に映し出してゆく。映画を通じ、モデルたち自身が広告映像の製作過程をどのように生きているかを知ることは、広告映像やそれを動かしている経済について様々なことを考えさせてくれる。

映画ではモデルの新規採用のための面接の場面が何度も出てくるが、これは確かに《モデル》の最も重要な部分の一つである。どんなに容貌やボディスタイルが美しくても、一定以上の身長がなければ絶対に採用できないとスタッフは説明する。そうでないとファッショナブルな洋服を着た時の効果が半減するからだ。あるモデル志望者は、顔立ちとしては美人型ではあるが、十分に長身ではないので、「洗練された女性よりもエイボン化粧品のような親しみやすいイメージを狙うように」とアドバイスされる。まずは市場が求めるステレオタイプがあり、それに従って選別が厳密になされ、モデル自身もそうしたステレオタイプに応じる形で自分を作っていくことが求められるのである。事務所にかかってきた電話では、注文主が、テレビ番組のため、「アメリカ風アップルパイ」のようなごく標準的なモデルを送ってくれ、と求めていたりする。

《モデル》の中心部分を占めるのは、広告写真やコマーシャルフィルムの撮影場面である。スタッフは延々と同じ場面の撮影を繰り返し、モデルの表情や身体の動きが素晴らしい輝きを示すような一瞬間を追い求める。なぜなら、最終的に写真やコマーシャルとなるのは、その一瞬間の映像だけだからである。撮影の休憩時間にモデルが示す、極度の緊張で疲れきった表情は、広告自体とはまったく無関係なのだ。言うなれば、モデルたちが生み出すイメージは、現実というよりも現実の中に一瞬間だけ顔を出したファンタジーに近いものである。それはモデル自身にとっても一瞬の姿に過ぎないのであり、だから、《モデル》の中に出てくるアンディ・ウォーホルが指摘するように、「モデルたちは実生活ではラフな格好しかしない」のだ。モデル事務所の社長が映画の結末部分のインタビューで述べていることは印象的である。「モデルは高給だとは思わない。採用されるモデルは候補者のほんの2～5％で、そのモデルのうち、数か月以上続くのはさらに一握りにすぎない。モデルのキャリアーは長くても男性で20年、女性で10年だ…」。

《モデル》には、事務所やスタジオ内の場面と並行する形で、街頭の風景のショットや、街頭での撮影シーンなども数多く組み込まれているが、これらも非常に興味深いものである。華やかなモデルたちの街頭ロケを遠くから好奇心や羨望とともに見守る人々、また、逆に何の関心も示さない人々。最新流行のファッションとは対照的な、安物衣料品を山積みにした店。さらに、モデルがそのような安物衣料品を模した服でクールさを演出することもあるし、また街頭でプラカードを掲げてデモ（？）をするモデルたちもいる——これは実はコマーシャルのための演出である。とはいえ、他方で、本物の街頭デモを行っている、普通の人たちも出てくる。映画の端々には、サイレンを鳴らしながら街角を通り過ぎる救急車が登場するが、それは、広告映像の撮影の世界とは別の、人々の生死に関わるような現実の世界があることを我々に思い起こさせるのである。

《モデル》が示している現実は、一方では、バージャーの議論を強くサポートするものである。広告映像の中の世界は、モデル自身にとってさえ一種の白昼夢であるのだ。しかしもう一方で、《モデル》の丹念な映像的描写——広告映像とモデルの関係、広告映像とそれを眺める人々の関係、また広告映像とニューヨークの街角の関係——の全体をじっくり眺めていると、広告映像のイメージ平面と実生活のイメージ平面の関係には、実際にはバージャーが述べている以上に複雑なニュアンスが含まれうることも想起されてくる。

確かに我々は、広告の総体が作り上げるシステムについて十分には自覚していない。しかし、我々が広告映像を眺める時、そこには多くの場合、「これは広告である」という枠をつけて眺めるという、ある種の冷めた行為が含まれている。我々は確かに広告の世界を自分の現在と直結した未来として捉える場合もある——おそらくバージャーが広告論を展開した一九七〇年代にはこの傾向は現在よりもはるかに強かっただろう[44]――が、もう一方で、我々はそれをあくまでも枠の中の白日夢として半ば相対化しながら生きることができる。これは確かに掘り下げて考えてみるべき問題である。

8.5 枠をめぐる問題

我々は広告を見るとき「これは広告である」という「枠」をつけてそれを眺める。同様に、映画を見るときは「これは映画である」という「枠」がある。タミルナードゥの貧困層の人々も、映画をファンタジーのような息抜きのできる世界として、実生活とは区別していた。「枠」とは何だろうか。そしてとりわけ、「枠」は近代性とどのように関わるのだろうか。この二番目の問いは、近代性をめぐる人類学においてきわめて重要なポイントであると思われる。事実、振り返ってみれば、7.4で見た「客体化した〈自然〉」のイメージ平面は、「これは科学である」という枠が樹立されることによって初めて明確な形で成立するようになったものだと言うことができるだろう。同様にして8.1と8.2の議論は、近代において「国家」や「経済」の枠に相当するものがいかに成立してきたか、という問いに関するものだったとも言える。とすれば、近代における客体化という手続きは、枠の樹立という行為と表裏一体のものとして理解できるのではないだろうか。

ここで、さらに考慮しておくに値することがある。スポーツや観光――より正確に言えば、今日我々が親しんでいるような形でのスポーツや観光――という現象は、近代イギリスにおいて初めて出現し、それ以来世界のあらゆる場所で好んで実践されるようになったものである。その意味で、スポーツや観光は、確かに近代特有の社会現象であるということができる。ところで、枠の問題はこの二つの社会現象においても顕著な形で現れている。19世紀イギリスにおける近代スポーツの誕生という出来事は、端的に言って、「これはスポーツである」という枠の確立を本質とするものであった。単なる殴りあいのようにも見える行為も、ルールを定めて枠を作ることで「ボクシング」というスポーツになる。全く同じようにして、球技や陸上競技をはじめ、様々なスポーツのルールが定められ、様々な枠が作られていったのであった。同様のことは観光についても指摘できる。19世紀イギリスを原点とする近代観光が、例えば伝統的な意味での巡礼と根本的に異なっているのは、まさに観光が「これは観光である」という枠を持つことによってである。観光する人は「これは観光である」、言い換えれば、「これは自分の人生の中でカッコに入った部分であり、いわば仮の部分である」ということを自覚しており、それが観光を観光たらしめていると考えられる。[45] 確かに結果としてみれば、観光が人生に大きな影響を及ぼすことはしばしばある。しかしその場合も、観光が枠の中における「仮の部分」の行為であったからこそ、衝撃的な経験になるはずのものとの出会いが可能になったのだと言えるはずである。[46]

枠の内と外――「力《デュナミス》」はどこに存在するか

枠の問題を考える上で特に参考になるのは、グレゴリー・ベイトソンの『精神の生態学』に収められた「遊びと空想の理論」という論考であるだろう。[47] 彼がそこで最初に挙げる例は興味深いものである。動物園でサルを観察していると、二匹の小ザルが「咬みつきっこ」をしながら遊んでいる。子ザルたちが、闘いのようにみえるが闘いではない相互行為をきわめて自覚的に行なっているのは明らかであった。ベイトソンによれば、そこでみられたのは、動作によって「噛みつき」を表現しながら、同時に「噛みつき」でないことをも表現するというメッセージの二重性であり、それが相互的に発せられることで、「これは遊びである」という枠《フレーム》が維持されていたのである。ベイトソンは、この考察の延長線上で、様々な事例に言及しながら「遊び」についての考察を深化させてゆく。彼が挙げている中でも人類学にとって興味深いものの一つは、ラドクリフ＝ブラウンによるアンダマン諸島の民族誌から引き出した停戦儀礼の事例である。アンダマン諸島では、戦争状態にあった二つの集団が停戦に入る際、停戦儀礼を行うことによって区切りがつけられる。この停戦儀礼では、「これは儀礼である」という枠《フレーム》の中で、まずはゲスト側がホスト側に対して激しい敵意を表現し、その後にはじめて停戦に向けた儀礼的手続きが行われるのだ。ただし、この過程にはリスクも存在する。ベイトソンによれば、平和を目的として行われた儀礼的攻撃が、時に「本気」の攻撃と受け止められてしまい、そこでまだ戦争状態に逆戻りすることもあるのである。[48]

ところで、ベイトソンはこの議論で「遊び」と「儀礼」を結びつけているが、これは注意深く考えるべきテーマである。私は先ほど、近代性との関連において枠の問題を出してきたが、儀礼といえば人類学の最も古典的な主題であり、近代性の対極にあるもののようにも見える。しかし他方で、儀礼が枠と関わる行為であるのは直感的にも納得のいくことである。儀礼は、正確にいって、どのような形で枠と関わっているのか。また儀礼における枠は、「遊び」における枠と同じなのか違うのか（ベイトソンは同じだと考えていたようだが、あとで述べるように私は違うと考える）。もし違うのならば、どのように違うのか。

この問題を論じるためには、ファン・ヘネップに由来する人類学的儀礼論をきちんと踏まえておくことが必要である。ファン・ヘネップの儀礼論についてはすでに6.1で言及したものの、そこでは文脈上の理由から、通過儀礼については簡単に触れただけだった。そこで、まずはこの点を補足したうえで、上で述べた問題に改めて取り組むことにしたい。

通過儀礼の三つの段階

ファン・ヘネップは『通過儀礼』（1909）の中で、世界各地の民族誌的文献を検討しつつ、通過儀礼の構造について緻密な分析を行なった。その中でも有名なのは、様々な種類の通過儀礼の中に一貫して分離・過渡・統合の三つの段階を見分けうるというアイデアである。ここでは、このファン・ヘネップの議論に由来する人類学的儀礼論――以下、ごく教科書的な説明になるが――について、通過儀礼の代表ともいえる「成年式」、つまり「子ども」が「大人」として社会的に認められるための通過儀礼を例にしながら、ミニマムな説明を行うことにしたい。

「分離」とは、通過儀礼の参加者が、以前の社会的地位から分離される、通過儀礼の第一段階のことである。成年式の儀礼であれば、儀礼参加者はそこで、一連の儀礼的手続きによって、「子ども」の地位から切り離される――例えば、何らかの象徴的な形で「子どもであった自分」の死が暗示され、儀礼の参加者はもはや後戻りできないことが表現される。第二の「過渡」の段階では、儀礼の参加者たちは儀礼前の社会的地位をもはや持たず、いまだ儀礼後の社会的地位も持っていない。成年式であれば、もはや「子ども」ではなく、いまだ「大人」ではない、宙ぶらりんの状態にある。彼らはそうした中で、「大人」になるための知識を学んだり、様々な試練を乗り越えたりして、この段階を乗り切らなければならない。最後の「統合」は、儀礼参加者が新しい地位を獲得して儀礼を終える段階であり、成年式であれば、「大人」として再生し、社会に再統合される手続きのことである。これは喜ばしい出来事であり、多くの場合、新たに「大人」となった儀礼参加者は祝祭的な雰囲気のもとで人々によって迎えられる。

なお、このファン・ヘネップの儀礼論をめぐっては、のちに人類学者ヴィクター・ターナーが『儀礼の過程』（1966）という本の中で提起した「コムニタス」の概念にも言及しておくべきだろう。ターナーが特に注目したのは儀礼の三段階のうちの「過渡」の段階である。儀礼の過渡期の「儀礼前の社会的地位をもはや持たず、いまだ儀礼後の社会的地位も持っていない」状態とは、儀礼参加者が社会的役割から解放される状態――この特別な状態はしばしば、参加者全員が同じ衣装を着せられたり、あるいは裸にされたりすることによって表現される――であるが、ターナーはそうした場面において、人間同士の無媒介的な出会い、そこでのお互いの平等性といった現象が前面に出てくることを指摘した。彼はこの状態をコムニタスと呼びつつ、儀礼の中で人々が生きる経験を鮮やかに描きだすとともに、厳密な意味での儀礼の外でも、そうしたコムニタス的な経験がしばしば現れることを論じた。これは、単に通過儀礼についての理論を精緻化するだけでなく、人類学的な儀礼論の射程そのものを大きく広げる議論であったと言うことができる。[49]

儀礼が「これは儀礼である」という枠を前提とする行為であることは、以上のような記述からも改めて確認できる。では儀礼は「遊び」と同じと考えて良いだろうか。議論を厳密に行うため、ここで遊びという言葉の意味をもう少し限定しておこう。ここでいう遊びとは、真の現実が「遊び」の枠の外にあることを認めたうえで、枠の中の一種の仮定法的時空において行われる活動のことを指すことにする（ベイトソンの議論における遊びもこの意味であると考えられる）。この厳密な意味において、スポーツや観光は、確かに遊びとして位置付けることができる。

もし遊びをこのように定義するなら、儀礼は遊びの中には入らないだろう。6.1で触れたように、ファン・ヘネップが論じたのは、儀礼はディナミスムの概念と関連づけることでよりよく理解できるということであった。儀礼の時空は、人々が生きる世界の全体が内包している「力《デュナミス》」と関係しており、そうした力は、人々が日常生活の中で扱っている事物の力よりもずっと強い真実性を備えたものである。人々が儀礼を行うのは、儀礼の枠の中においてこそ、そうした本物の「力」を操ることができるからなのだ。これに対して遊びでは――例えばスポーツや観光においては――本当の現実は枠の外にあるのであり、枠の中の現実はあくまでも一時的で仮のものにすぎない。この意味で、儀礼と遊びは、枠の内と外の関係において逆転した関係にあると言える。

さて、特にスポーツや観光を具体的に念頭に置きながら、遊びを儀礼と対比してみるならば、別種の差異も見えてくる。スポーツの試合が行われるとき、試合という〈枠〉は人々の行為に先立って客体化された形で存在しており、通常は〈枠〉そのものが試合によって脅かされることはない。同様に観光においても、「これは観光である」という〈枠〉はあらかじめ客体化された形で存在している（ここで、〈枠〉として角カッコで括っているのは、この客体化のニュアンスを込めてのことである）。これに対し、とりわけ非近代的な文脈での儀礼においては、枠の客体性は必ずしも明らかなことではない。例えば3.1で私は、マプーチェの儀礼的宇宙における、「草葺きの家／儀礼場／ビジャリカ火山」の相似的関係について述べた。つまり、マプーチェの人々が儀礼場に集まって寝泊まりして行う、カマリクン儀礼という最も大規模で形式ばった儀礼と、毎朝起きて草葺きの家の東側にある扉を開ける——そして東方にあるビジャリカ火山を眺める——という小さな日常的行為は、ある意味では本質的に同一の行為であり、そして両者は、大小様々の、それらと相似的な儀礼的行為によって連結されている。マプーチェ的な生においては、スポーツや観光とは異なり、どこまでが儀礼でどこからが日常なのかという線引きは、本来的に不可能なのだ。[50] このことはディナミスムの考え方の論理的な帰結であるとも言える。儀礼の中で起こる出来事は儀礼の外での出来事よりも強い「力」を持つ。とすれば、儀礼の中で起こることは、結局は、常に儀礼の枠を超えて人々の生の全体に広がっていく可能性を持つのであり、つまり、枠の内と外は究極的には繋がっていると言える。

「遊び」における枠の問題も、従って、儀礼における枠の問題と対照しながら注意深く考えねばならない。とりわけ、枠を一般的に考える場合には、我々はスポーツの試合の延長線上で、あたかも最初から〈枠〉があってその中で遊びが行われるかのように考えてはならないのである。ベイトソンが触れていた動物園の二匹の子ザルは、ルールブックに従って「咬みつきっこ」をしていたのではなく、そこでの相互行為は、枠の内と外の境界が必ずしも安定的ではない形で行われていたはずである。より細かく言えば、彼らの「闘いのようにみえるが闘いではない行為」において、枠と行為は、（論理的には異なったレベルにあっても）イメージ的には同じレベルにあり、子ザルたちは遊びの行為と枠の確認とを同時的に行うことによって——そのことによってのみ——枠を維持していたはずである。[51] アンダマン諸島の停戦儀礼の事例において、枠の中の暴力行為が枠の外の暴力行為（＝戦争）と混同される危険が含まれていたのも、まさにこれと同様の状況を示すものと考えうるだろう。

こうした認識を前提としたうえで、本節の以下の部分では次の問いを考えてみたい。スポーツの試合のように〈枠〉が客体化された形で存在している状況において、それにもかかわらず〈枠〉の客体性が緩むような可能性は本当にないのだろうか。〈枠〉の中の「一時的なもの、仮のもの」の中に隠れていた「力《デュナミス》」が何か予想外の形で〈枠〉の外に出てゆき、ある意味で〈枠〉そのものの客体性を曖昧にしてしまうような事態は存在しないのか。

スポーツと「イリュジオ」

「これはスポーツである」という枠の境界線を明確に引くことで純粋な身体的競技の時空を確保する――スポーツは、このような基盤のもとで、「するスポーツ」および「みるスポーツ」として、19世紀以来、飛躍的な発達を遂げてきた。スポーツというものが引き起こす独特の熱中を、社会学者のピエール・ブルデューにならって「イリュジオ」と呼んでみるのは有益かもしれない。「イリュジオ」とは、英語の illusion と同様に「幻想」や「錯覚」を意味するとともに、語源的には「遊びの中」を意味する言葉である。[52] ブルデューは、人々がゲームに熱中し、あたかも「もはや遊びではない」ようにしてゲームを生きる事態をこのように名付けたのだった。[53] イリュジオは、自分がやっているのが枠の中の行為であるにもかかわらず、たとえ一時的にではあれ、あたかもそれが人生の重要な出来事であるかのようにその行為を生きることを可能にする。スポーツが呼び起こす喜びや憤りや感動の多くは、おそらくこの現象と関わっているだろう。

もう一方で、スポーツの試合は明らかに通過儀礼に似た面を持っている。個人スポーツであれ集団スポーツであれ、対戦者は試合の前には一定の地位を持ち（リーグ戦であれば前節までの順位が決まっているし、トーナメント戦であれば現段階での勝ち残りの地位にある）、試合後には別の地位がある（新たな順位、あるいは勝者ないし敗者という地位）。試合中というのは、まさに〈もはや「子ども」ではなく、いまだ「大人」ではない〉のと同じような宙ぶらりんの状態、生と死の間を彷徨うような状態である。こうした試合中の空間に、とりわけ応援する人々の間にコムニタス的なものが生まれる――皆で一丸となって応援する――のは、我々の日常的な経験である。オリンピックなどの国別競技を通じ、スポーツが国民国家という「想像の共同体」と結合してゆくことも、スポーツの通過儀礼的な性格を考慮すれば納得のいくことである。

スポーツと儀礼のこうした関係からは、スポーツの中の行為が容易にディナミスムと結びつくことも理解できる。スポーツの試合では、必ず偶然的な要因が介入するから、誰もが自然に、その偶然を左右する力――そういうものがあるとして――に頼ろうとする。スポーツは基本的には非宗教的な活動であるから、そうした力は、一般的には、何かの存在には特定化できないような、試合の場に内在している「力《デュナミス》」によっていると考えられるだろう。スポーツ選手が縁起を担ぎ、何か儀礼的な動作をしたりするのも、こうした「力」との対話の結果であるわけである。もちろん、人により、あるいは場合により、そうした「力」との対話により安定した形を与えるために、内心においてそれを宗教的信念と関係づけることもあるだろう。こうした場合、スポーツはアナロジスムと結びつくことにもなる。

こうしたことを前置きとして、次に、フランスの人類学者クリスティアン・ブロンベルジェによる、ヨーロッパのプロサッカーにおけるサポーターについての民族誌的研究を取り上げてみたい。

マルセイユ 一九九三年

ブロンベルジェは一九八五年から一九九三年にかけて、ヨーロッパのプロサッカーに関する綿密なフィールド調査を行って、サッカーをめぐる人々の情熱を多層的に論じた『サッカーの対戦』(1995)という民族誌的著作を出版した。[54] これは、スタジアムを埋める数万人規模のサッカーファンたちを中心に、選手や審判やクラブ関係者など様々な人々に行った、長短のインタビュー、様々な参与観察、そして量的調査に支えられた分厚い研究であり、デュルケームとモースに由来するフランス民族学の伝統の最良の表れの一つと言えるかもしれない。記述の中心はフランスリーグの中でも特に熱狂的なファンの存在で知られるオランピック・ド・マルセイユ(以下マルセイユないしOMと略)であるが、ブロンベルジェはイタリアのクラブチーム(特にナポリ、ユヴェントス、トリノ)に関しても調査を行い、本の中で頻繁に言及している。ちなみにブロンベルジェが調査していたマルセイユは、一九九三年にフランスのクラブチームとして初の欧州チャンピオンとなっている。

『サッカーの対戦』には、マルセイユやナポリのスタジアムやファンの様子を捉えた多数の写真が収められているが、それらを眺めるだけでも、ヨーロッパのプロサッカーの試合における濃厚なコムニタス的要素が伝わってくる。とりわけダービーなどの重要な試合では、テイフォ(高熱病チフスに由来するイタリア語)と呼ばれる熱狂的応援がスタジアムを特異な雰囲気で包んで行く。チームカラーのユニフォームやマフラーやペインティング、太鼓をはじめとする様々な楽器、さらには、ウルトラと呼ばれる熱狂的サポーターたちが持ち込む紙吹雪や発煙筒。スタジアムは確かに、日常とは異なった儀礼的な雰囲気を漂わせた場所である。

しかし、これをただ儀礼に似たものとして捉えるのでは、サッカーをめぐる人々の情熱の本質的部分を見落とすことになるだろう。サッカーチームは、チームとして独自の歴史や伝統を持つとともに、様々な背景や性格の選手によって構成されている。チームを支持するサポーターたちも多様である。国内の地域的対立や階級的対立が、サポーターの情熱をある程度社会的に条件づける部分はあるが、しかし個々のサポーターが自分の熱狂の対象であるクラブと営んできた「運命的な」関係はそれぞれ固有のものである。さらに、サッカーの情熱は時間の中で常に変化するものでもある。チーム自体の状況や対戦相手によって——歴史的関係もあれば戦術的関係もある——個々のサッカーの試合の意味合いが変わってくる。そうした多様性や動きの中で、人々が一つの情熱を共有する姿が捉えられねばならないのだ。

マルセイユのホームスタジアムの様子は、こうした集合性と多様性の共存の一端を示すものである。北側バックスタンドにはマルセイユ市北部に居住する若者の熱狂的サポーター（ウルトラ）たちが陣取り、「北部OMサポーターの歌」を歌う。南側バックスタンドでは、市の南部に居住する若者たちが陣取り、やはり彼らの歌を歌う。両側のメインスタンドでは、既婚者の収入の多い人、自由業の人など、静かに観戦するタイプのサッカーファンが座る。バックスタンドで始まったウェーブがメインスタンドでストップする等、試合中もスタジアムの各場所は異なった反応を示す。サポーターたちは、一方では一丸となってゲームの一瞬一瞬を追うのだが、同時に、他方ではそれぞれの力点の置き方に従って応援するのである。

こうした点をより細かく見極めるため、ブロンベルジェは一九八七年に、当時のマルセイユのスター選手だったベルとジレスの二人についての人気調査を試合中のスタジアムで行っている。ベルはカメルーン出身のアフリカ人ゴールキーパーであり、人を驚かすような、ファンタジーのあるプレーで南北のバックスタンドの若者たちによって強く支持されていた。とりわけ市の北部は移民の第二世代——アルジェリアなど北アフリカの出身が多い——が多い地域であり、彼らに希望を与えてくれるベルに向けては、北側バックスタンドから熱烈な声援が送られていた。これに対してフランス人ミッドフィルダーのジレスは卓越したゲームメーカーで、彼を高く評価していたのはメインスタンドの人々であった。中間管理職、中小企業の幹部、職人などが集まる東側メインスタンドの人々がとりわけジレスに高い共感を抱いていたのは不思議ではないだろう。ただし、これはあくまでも統計的に現れてくる全体的傾向であって、サポーター個人個人について見れば、社会的背景がその好みを決定していると言うことはできない。ブロンベルジェが強調するように、スタジアムが「ふだんとは別の自分」を生きる場所となり、日常生活における自分とはかけ離れたキャラクターの選手を熱っぽく応援することも、決して稀ではないのである。

もちろん、彼らが一致して願うのは、自分が応援するチームの勝利である。サッカーの試合では何が起こるかわからない。とりわけ決定的な対戦においては、チームが生と死の間をさまよう中で、人々はスタジアムの空間を、一体となって集合的に生きる。それは、儀礼のように真剣であると同時に遊びのような要素も含んでいる。[55] ブロンベルジェによれば、

1993年6月、チャンピオンズリーグ決勝戦の試合前、ノートルダム・ド・ラ・ガルド寺院に赴いて聖母マリアに祈るマルセイユのサポーターの若者たち（Christian Bromberger氏提供）

マルセイユでも、またイタリアのチームでも、サポーターたちが三々五々、試合前に町の守護聖人にお祈りにいくという行動が見られた。彼らは敬虔なキリスト教徒なのだろうか？マルセイユのある熱狂的なサポーターのブロンベルジェへの答えは興味深いものだった。「僕は無神論者だ。でも、マルセイユの試合の前には神に祈りを捧げるんだ。」

サッカーの試合がもたらすイリュジオの中で、人々はサッカーの枠の中の現実を、あたかも現実の全体であるかのように経験する。それは、儀礼におけるディナミスムの現れのようなものを経験する場であり、またキリスト教におけるアナロジスムの現れのようなものを経験する場でもある。ベルとジレスについての人気調査の結果からも分かるように、スタジアムの中で生きられる情熱的な空間は、スタジアムの外の日常生活と無関係ではない。確かに、サッカーは日常生活とは別枠の「遊び」であり、その中での独特のイリュジオが生きられているという面も重要である。けれども、この「遊び」には、それが情熱的に生きられるイリュジオであるがゆえに、「遊び」の枠に収まるとは言い切れない面もある。サッカーの、そしてスポーツの持つ独特の力は、まさにこのような枠の曖昧性にあるのかもしれない。

内と外の逆転？

サッカーのイリュジオは、基本的には、「これはサッカーである」という枠を人々が明確に意識する中で出現するものである。しかし、最後に検討してみたいのは、ほとんど誰もが儀礼的空間の枠の存在を意識していなかったにも関わらず、気がつくと一つの国の全体が儀礼的空間の枠の中に入っており、そして、知らぬ間にそこから抜け出していった、一つの出来事である。一九八八年秋から一九八九年の正月にかけて日本にいたほとんどの人が主にマスメディアを通じて経験した、昭和天皇の崩御のことだ。そこで忽然と立ち現れてきたディナミスム的なもの、アナロジスム的なものを、一体どのように理解したらよいのだろうか。まずは事実関係を整理しておこう。

皇居 一九八八—八九年

一九八八年九月一九日、昭和天皇が皇居内で倒れたという急報が全国を駆けめぐる。翌九月二〇日の新聞各紙では、朝刊で昭和天皇の「ご容態急変」と報道されたあと、夕刊では「ご病状深刻」「ご重体」という文字が特大の見出しで掲げられる。戦前から始まって六二年間も続いていた「昭和」という元号は、多くの人にとって西暦と同じくらいに不動のものであったから、その昭和の時代の象徴である天皇に死の瞬間が迫っているという突然のニュースは、多くの人にとって大きな動揺を与えるものだった。九月下旬、昭和天皇の容態が連日、新聞の第一面で報道される中、最初に起こった意外な出来事はいわゆる「記帳ブーム」であった。天皇の回復を願う思いを伝えるため、皇居ほか全国六カ所に設けられた記帳所に、わずか一週間のうちに二〇〇万人以上の人が駆けつけたのである。それまでは天皇に特に愛着を持っていなかった、あるいは、天皇の存在をあまり意識していなかったと自認する人々が大挙して記帳所に馳せ参じたのは確かに不思議な感じのする出来事であった。

二週間ほどの異様な興奮状態が過ぎて一〇月に入る。その頃から徐々に顕著になっていったのは、「自粛ブーム」と呼ばれる第二の現象であった。「昭和天皇がご闘病中であるのだから」ということで、各地の秋祭りや、スポーツ大会などの派手な行事が次々と中止されてゆき、実施された場合も祝祭的な要素は一切、消し去られていった。日本の国全体が、文字通りタブーがかかったような重苦しい雰囲気に支配された。昭和天皇の病状に好転は全く見られなかったから、崩御が時間の問題であることは誰にとっても明白だった。この状態は一一月、一二月と続いた。そして不安の中で一九八九年の正月が明けたあと、一月七日についに昭和天皇崩御の報が伝えられることになる。

一月七日の新聞紙面は興味深い。同じ第一面に、「昭和」の死と翌日の「平成」の誕生、昭和天皇の崩御と明仁親王の即位という、全く対照的なニュースが並存している。そして翌一月八日に「平成」への改元が行われ、新しい時代が始まることになる。それとともに「自粛ブーム」は解け、日本の社会全体は奇妙な解放感を経験していった。そして「自粛ブーム」のもとでは完全にタブーだった天皇制についての論議も再び自由に行われるようになる。

考えてみるとこれは奇妙なことである。もしこれが親族の誰かが逝去したのであったなら、一月七日の崩御の後、服喪

『朝日新聞』1989年1月7日夕刊

期間が始まっていたはずである。しかし、実際には崩御は、日本社会全体において、明らかに喪明けに似た解放感とともに経験された。実際、人々はすでに服喪期間に酷似した、「自粛ブーム」の長いタブーの期間を過ごしたあとのことであった。最初のニュースから崩御の日までの流れの全体を反省的に考えてみれば、人々が喪に服したのは、昭和天皇個人の死に対してではなく、むしろ「昭和」という時代（＝元号）に対してであったことが推察できる。「自粛ブーム」は、少なくとも結果からみれば、人々が自分自身の中での「昭和」を葬るための、自発的な服喪儀礼として機能したのだと考えられる。

服喪儀礼は通過儀礼の一種であり、となれば再び、ファン・ヘネップのディナミスム論が想起されてくる。我々は一方で客体化された〈自然〉に慣れ親しみ、日常生活において、大半の人は基本的にはその中で暮らしている。しかし他方で誰もが、明日、予想もしない出来事が起こるかもしれないことを知っており、その意味では、自然は、世界は、確かに「力《デュナミス》」を持つ主体であり続けている。平成時代のみを知る人には分かりにくいかもしれないが、そうした「力」が与えるひそかな不安に対して、「昭和という時空」は多くの人々にある種の安心感を与えるものであった。戦前の時代から、敗戦、高度成長、安保闘争、オイルショックを経て一九八〇年代のバブル景気まで、様々な出来事を「昭和という時空」は生き抜いてきていた。その「昭和という時空」からある日突然追い出され、まだ名前すら持たない時空——「平成」という元号名が公表されたのは一月七日の報道によってであった——に移行するには、確かに、自発的な形ではあれ「通過」のための儀礼的行為を行うことが必要だったと考えられる。このようにみるなら、「記帳ブーム」と「自粛ブーム」は、昭和天皇個人や天皇制という社会制度よりも、まずはディナミスムと深く関わる出来事——ファン・ヘネップの意味で「通過」に関わる出来事——として理解できるように思われる。

しかし、同時に、そこにアナロジスム的な要素が介在していたことも指摘しなければならない。これには二重の意味がある。第一に、天皇は人類学的に見れば「神聖王」（7.2を参照）の一種であり、現代天皇制もアナロジスム的な自然観を起源とするものである。仮に「記帳ブーム」や「自粛ブーム」が多くの人々にとってディナミスム的儀礼として経験されたとしても、それらが天皇を焦点としてなされた以上、その行為はどこかアナロジスム的なニュアンスを持たざるを得ない――その多くは、マルセイユのサポーターにとってのキリスト教のように、枠の中の行為であったかもしれないけれども。第二に指摘しておきたいのは、それとは別レベルで、近代国民国家を含め、一般に国家というものは究極的にはアナロジスム的な制度だということである。例えば、日本国憲法が天皇を「日本国民統合の象徴」として定めているのは、国民国家としての日本が成立するためには「象徴」が不可欠であるから、つまり、（この「象徴」が天皇であるべきか否かはともかく）その「象徴」を媒介として日本国民をアナロジスム的に「束ねる」ことが不可欠だからである。[56] とすれば、「記帳ブーム」や「自粛ブーム」という自発的な儀礼が生まれる原因となった、最も正統的なアナロジスム的な神話は、日本国憲法のこの条文そのものだったのかもしれない。

この出来事がとりわけ興味深いのは、60年以上続いていた一つの時代が突如として終焉するという、ある意味では社会が根本から揺り動かされるような事態――誰もが同じようにそれを受け止めたわけではないにせよ――が起こった時に、それまで客体として存在していた〈社会〉が後退し、あらかじめ何の枠も設定されないままに、儀礼的空間が出現したことである。そして新しい時代が平成と名付けられたとき、儀礼的空間は完全に姿を消して、〈社会〉はほぼ元どおりになっていった。「これは儀礼である」という枠なしに儀礼的空間が現れたという事実について熟考するなら、それは我々の社会生活が一時的にとった仮の姿として片付けられるものではないのかもしれない。ある側面から言えば、むしろこの一過性の儀礼的空間こそ、〈社会〉を下から支えている国家のアナロジスムを我々に一瞬間、垣間見せるものだったのだ、とも考えられる。[57]

この考えは、ある意味で、第7章の最終節から続けてきた近代性をめぐる議論について、一つの全体的展望を与えるものになっているだろう。我々は客体化された〈自然〉が、そしてまた、客体化された〈社会〉が、世界ないし社会についての客観的で根底的な真実であると思っているが、論理的に考えれば、この真実性はあくまでも、客体化された〈自然〉ないし客体化された〈社会〉が樹立される中で、その枠内において――あるいはそのイメージ平面上で——確保された真実性である。論理的に言えば、その枠自体の重要性が疑問に付されたとき、その真実性の重要性も後退せざるをえないはずである。もちろん通常の状態では、（枠を外した意味での）自然の生、社会の生は、客体化された〈枠〉の中で問題なく機能しているために、我々は〈自然〉や〈社会〉が客観的実在という「地」であり、その上の「図」として様々な枠の中の空間——スポーツや観光をはじめとして——が存在しているのだと考えがちである。しかし、昭和と平成の間に出現した宙ぶらりんな時空においては、つかの間、普段は確固たるものと見える〈社会〉が、自然と社会がはらむ「力」——そして、一定の範囲で、それを一定の形で整序するアナロジスム——のなかに水没し、その中で、むしろ後者こそが「地」であり前者はその上の「図」なのだという、現実のもう一つの相が確かに立ち現われていたと考えられる。そして、まさにそのような場所において、おそらく近代性をめぐる人類学の根本的な存在意義を確認することができるのである。

注

1　近代性の概念は、一九八〇年代のポストモダン論を経て、今日ではかなり幅広い仕方で用いられているが、以上の記述からも明らかな通り、私は本書でこの概念をその古典的な意味、つまり、歴史的に西欧を起源とする一つの知的および社会的な全体的傾向性として捉えている。本書の用語で言い直せば、それは、客体化された〈自然〉が前景化し、身体的経験の直接性との繋がりをもつ経験の様式（とりわけアナロジスム）が後景に退いた状況と言ってよい（7.4を参照）。たとえば古代文明における数学の顕著な発達が示すように、客体化された〈自然〉の経験様式自体は、西欧近代に特定的なものではない（ヴィクター・J・カッツ『カッツ 数学の歴史』上野健爾・三浦伸夫監訳 共立出版 二〇〇五年）。しかしそれは、西欧近代以外の場所では、つねに多かれ少なかれアナロジスムと浸透しあい、それによって覆われたものであった。これに対して私が近代性と呼ぶのは、客体化された〈自然〉が（その母体とも言える）アナロジスムから自らを断ち切った状況のことである。ただ、7.4で見たように、そのような切断を経たのちにも「二重化した現実」は残り続ける。そしてこれが「近代性をめぐる人類学」の存在理由ということになる。

2　フォード監督による《アパッチ砦》はその好例である。この映画の冒頭で描き出されるのは、白人開拓者と先住民が（敵対関係の中にはあるものの）自己保存のために戦う存在としてお互いに敬意を持ち、その中で平和的関係が築かれている状況である。事態が急変するのは、東部から軍の司令官が着任し、合衆国政府の権威を振りかざして先住民に対する無謀な戦闘を引き起こす時である。それによって白人と先住民の両側に無数の戦死者が生み出されてゆくのだが、映画の最後の場面では、皮肉にも、この司令官は英雄として合衆国政府によって讃えられるのだ。

3 ここでは『想像の共同体』の邦訳に従い、英語のnationという言葉について「国民」という訳語を使っているが、8.4で見るように、「国民」のみならず、民族主義の文脈における「民族」をも意味する。その関係を示すため、煩雑にならない範囲で両方の言葉に「ネーション」というルビを振ることにする。

4 B・アンダーソン『想像の共同体』（白石隆・白石さや訳 リブロポート 一九八七年）、一七頁。

5 この点ではA・ペディグリー『印刷という革命』（桑木野幸司訳 白水社 二〇一五年）が参考になる。

6 『想像の共同体』、五六―五九頁を参照。なお、二〇〇〇年代に生まれ育った人は、この「皆が毎朝同じ新聞を読む」という行為――あるいは「皆が毎朝同じテレビニュースを見る」という行為――が一九九〇年代まで保持していた独特のニュアンスを想像しにくいかもしれない。それは、後でも触れるように、インターネットの普及の中で人々が接するニュース源もニュースの内容も大きく多様化し、アンダーソンのいう「同時性の意識」が変容してきたからである。

7 ミシェル・フーコー『監獄の誕生』（田村俶訳 新潮社 一九七七年［原著一九七五年］）、第三部を参照。

8 なお、ベンサム研究者たちが論じるように、『監獄の誕生』でのフーコーのパノプティコン概念の用法にはベンサム自身のアイデアと齟齬するところがある。この点については後出の注14で述べる。

9 フーコーはこの考察を一九七〇年代後半のコレージュ・ド・フランスでの諸講義において発展させたが、それを書物として刊行することなく一九八四年に亡くなったため、その内容は長く断片的な形で知られるだけであった。二〇〇〇年代にこの時期の講義録――特に『安全・領土・人口』と『生政治の誕生』がここでの議論と直接関わる――が出版されて、その全貌はようやく広く知られるようになった。

10 イアン・ハッキング『偶然を飼いならす―統計学と第二次科学革命』石原英樹・重田園江訳 木鐸社 一九九九年、五頁。なお、センサスの実施年については角カッコで情報を補い、また邦訳書の「10年後の第10回目」のところは、原文を参照の上、「一〇〇年後の第一〇回目」に訂正して引用した。

11 とりわけミシェル・フーコー『安全・領土・人口』高桑和巳訳 筑摩書房 二〇〇七年を参照。

12 興味深いことに、グードマンが中南米農村で「オイコス（家）」の経済に出会ったとき（7.3を参照）、彼がまず想起したのもフランス重農主義の経済思想であった（S. Gudeman, *Economics as Culture*, chaps. 4 and 5）。

13 ミシェル・フーコー『生政治の誕生』（慎改康之訳 筑摩書房 二〇〇八年）、二一〇―二一一頁。

14 フーコーは、近代の統治技術に関するこうした理解の深化のなかで、前節で触れたベンサムの「パノプティコン」についても新たな角度から理解するようになっていった。つまり、それを監視する視線の内在化によって規律化を強制していく建造物と考えるのではなく、むしろ、視線を遍在化させることで人々が自発的により良い行動を選んでいくような社会的ヴィジョンとして捉え直してゆく（M・フーコー『生政治の誕生』八二―八三頁）。フーコーのこの第二の解釈は、ベンサム研究の立場からも、ベンサム自身の思想により近いものとみなされている（Anne Brunon-Ernst, ed., *Beyond Foucault: New perspectives on Bentham's Panopticon*, Ashgate, 2012）。

15 ハッキング『偶然を飼いならす』、第13章を参照。

16 ハイデッガーは、原因の概念が通常、いわゆる動力因に還元して考えられがちであることを批判し、（物事の関係性の中で）何かが誘発されることとして、それを捉え直している。M・ハイデッガー『技術への問い』（関口浩訳 平凡社 二〇一三年）、一一―二一頁。

17 以下では「有るといえるものへの観入――一九四九年ブレーメン連続講演」（ハイデッガー全集第79巻『ブレーメン講演とフライブルク講演』森一郎、ヘルトムート・ブフナー訳 創文社 二〇〇三年、三―九七頁）に基本的に依拠する。das Ge-Stell の「総かり立て体制」という説明的な訳語は、この邦訳に従うものである（das Ge-Stell は、例えば関口浩訳『技術への問い』では、より直訳的に「集―立」と訳されている）。なお、私が以下で用いている「近代」という言葉は、森・ブフナー訳では「現代」と訳されている。私は、ハイデッガーが「総かり立て体制」の時代は一七〇〇年ごろに始まるとしていることを踏まえ（五六頁）、本書全体の用語法との整合性を保つために、（この点においては森・ブフナー訳に従わない形で）ここでは、「現代」ではなく「近代」を使うことにした。

18 ハイデッガーはこの stellen（立てること）の集まりが Ge-Stell（総かり立て体制）となることを、大小の Berg（山）が集まって Gebirge（山脈）が形成されることと類比的に捉えている。

19 ハイデッガー「有るといえるものへの観入」、四四頁。

20 ハイデッガー「有るといえるものへの観入」、七九頁以下。

21 タルド『模倣の法則』（池田祥英、村澤真保呂訳 河出書房新社 二〇〇七年）、三五頁。

22 『模倣の法則』、一二頁。この模倣概念は、神経科学において彼の著作から一世紀の後に発見された「ミラーメカニズム」（1.3を参照）とも関係づけうるものである。

23 欲望と信念はここからタルド社会学のキーワードとなる。なお、『模倣の理論』の邦訳では、タルドの désir という言葉は「欲求」と訳されているが、ここではあえて「欲望」と訳すことにした。欲求は欲望に比べて身体との関わりが強い言葉であるため（生理的欲求とは言うが生理的欲望とは言わない）、タルドが強調する désir の内面性が把握しにくくなると思うからである。

24 『模倣の法則』、二七四頁。

25 『模倣の法則』、四三九頁。

26 G・タルド『世論と群衆』（稲葉三千男訳 未来社 一九八九年）、一三―一四頁。

27 『世論と群衆』、一七―二一頁。

28 『世論と群衆』、八四頁。

29 『世論と群衆』、九一頁。

30 タルドのこうした議論には、確かにミシェル・フーコーが一九七〇年代以降に展開した権力概念を先取りするものがある。フーコーの権力に関する考えについては、例えば、「自由の実践としての自己への配慮」（『フーコー・コレクション 6 生政治・統治』小林康夫・石田英敬・松浦寿輝編 筑摩書房 二〇〇六年 二九二―三三六頁）を参照。

31 以上、タルド『模倣の法則』、一七二―一七六頁。なお、タルドの均衡状態のイメージは、経済学的観点からいえば、いわゆる「クールノー競争」を思い起こさせるかもしれない。実はタルド自身が、アントワーヌ・オーギュスタン・クールノー(1801-1877)の数理経済学的著作を自分の思想に最も影響を与えたものの一つとして挙げていることをここで付記しておきたい。

32 Gabriel Tarde, *Psychologie économique*, tomes I & II, Félix Alcan, 1902. ただし、その理論の輪郭は、彼が一八八〇年代前半に著した二つの論文(“La croyance et le désir”, *Revue philosophique* X, 1880 および “La psychologie en économie politique”, *Revue philosophique* XII, 1881) において既に明瞭な形で提示されている。

33 G. Tarde, *Psychologie économique*, t. I, partie préliminaire, chap. II, IV 等を参照。

34 G. Tarde, *Psychologie économique*, t. 1, 同上。

35 G. Tarde, *Psychologie économique*, t. 1, Livre premier, chap. II, III.

36 G. Tarde, *Psychologie économique*, t. 1, Livre premier, chap. VII. なお、タルドが用いた本来の用語法が、この紹介とは少し異なっていることを急いで付け加えておきたい。タルドは、資本を植物の種と比べたうえで、「胚資本」(capital-germe)と「子葉資本」(capital-cotylédon)という言葉で二つを区別し、またそれを「本質的資本」(capital essentiel)と「補助的資本」(capital auxiliaire)という形で言い換えている。しかしこれらの語彙は、残念ながらその内容を直感的にはイメージしにくいもののように私には思われる。そこで、タルド自身が前者を「精神的な資本」(capital spirituel)と言い換え、また後者を「物質的資本」(capital-matériel)と呼んでいる部分もあることから、導入的な意図のもとで、ここでは「物質的資本」と「精神的資本」という言い方をしておく。しかし、より厳密な考察のためには、タルドの本来の用語に戻るべきであることも強調しておきたい。

37 中川理によるフランス農村の経済人類学的研究には、こうしたタルド主義にも通じる、経済をより広い文脈から捉える視点が見出されるように思われる。例えば「ずれた未来を垣間見る――フランスにおける『組み込み』政策の周辺で」(石塚道子・冨山一郎・田沼幸子編『ポスト・ユートピアの人類学』人文書院 二〇〇八年、二八七―三〇六頁)、「社会をとらえなおす想像力―フランス・プロヴァンス地方の農民の事例」(森明子編『ヨーロッパ人類学の視座―ソシアルなるものを問い直す』二〇一四年 二九―五〇頁)などを参照。

38 タミルナードゥ州における映画については、杉本良男『インド映画への招待状』(青弓社 二〇〇二年)の第4章、S. Velayutham, *Tamil Cinema: The Cultural Politics of India's Other Film Industry* (Routledge, 2008) などを参照。

39 Sara Dickey, *Cinema and the Urban Poor in South India*, Cambridge University Press, 1993.

40 ボードレールによれば、「近代性」(modernité)とは「詩的なものを流行から引き出すこと、移ろいゆくものの中から永遠なるものを引き出すこと」であった(「現代画家の生活」、『ボードレール全集Ⅳ』阿部良雄訳 筑摩書房 一九九二年 所収、三八一頁)。詩人ないし芸術家としての現場感覚から引き出されたこのアイデアは、大まかには、8.2で見たハイデッガーのいう「総かり立て体制」における「駆動する働き」と関連づけうるだろう。

41 ジョン・バージャー『イメージ―視覚とメディア』(伊藤俊治訳 PARCO出版 一九八六年［原著一九七二年］)、一六三頁。

42 バージャー『イメージ―視覚とメディア』、一七九―一八〇頁。

43 映画《モデル》(*Model*)は、ワイズマンのプロダクションのウェブサイト(http://zipporah.com)より個人観賞用DVDを比較的安価で入手可能である。

44 付け加えれば、バージャーはこの一九七〇年代初頭の本の中で、「東欧の多くの人々にとって、西側のそうした広告イメージは彼らに欠けているものの象徴である。広告とは自由選択をあらわすと一般に考えられているのだ」と述べている(『イメージ』、一六二頁)。つまりバージャーに従えば、冷戦下の東欧諸国では、多くの人々が西側の広告映像を(白昼夢ではなく)「もし事情が許すなら、自分の現在と直結した未来になりうるもの」として想像していたと考えられるのである。

45 もちろん、これと全く同様にして、人類学の土台である民族誌的フィールドワークという行為も、「これはフィールドワークである」という枠に基づいて行われる行為だと言える。その枠の内と外がひそかにコミュニケートしてしまうあたりに人類学独特の冒険が存在するのだと言えるだろう。

46 山下晋司は『観光人類学の挑戦』（講談社 二〇〇九年）で、「暮らすように旅する」「旅するように暮らす」という、従来の観光の定義には当てはまらないタイプの観光が増えてきていることを論じた（第7章ほか）。そこで言及されている様々なタイプの事例を枠の概念とともに再考察するのは有意義な作業だと思われる。

47 グレゴリー・ベイトソン「遊びと空想の理論」（『精神の生態学』改訂第二版 佐藤良明訳 新思索社 二六〇—二六五頁）。邦訳で「フレーム」となっている言葉を、ここではすべて「枠」と言い換えている。なお、ベイトソンの「遊び」の概念の有効性に気がついたのは、中川理「地域通貨のリアリティ——南フランスのSELの事例から」（春日直樹編『貨幣と資源』弘文堂 二〇〇七年 所収）の議論のおかげである。

48 このアンダマン諸島の事例については、ベイトソンの記述とラドクリフ＝ブラウンの原著である『アンダマン島人』の内容の間には多少のずれがあるため (A. R. Brown, *The Andaman Islanders*, Cambridge, 1922, pp. 134-5 および pp. 238-9)、ここでは後者も参考にしつつ整理した。

49 以上の内容は人類学における通過儀礼の一般的理解に属するものである。参照すべき原典はアルノルト・ファン・ヘネップの『通過儀礼』（綾部恒雄・綾部裕子訳 岩波書店 二〇一二年［原著一九〇九年］）とヴィクター・ターナーの『儀礼の過程』（冨倉光雄訳 新思索社 一九九六年［原著一九六六年］）である。

50 宗教学者ミルチャ・エリアーデはかつて、古代的世界には「世俗的」活動というものは存在しない、と論じたが（M・エリアーデ『永遠回帰の神話』堀一郎訳 未来社 一九六三年、四一頁）、私がここで述べているのはそれと同一のことである。

51 認知動物行動学者マーク・ベコフによれば、多種多様な動物が遊びに熱中するが、彼らは、遊びの意図を表現する動作（犬のプレイバウはその一例である）をしばしば行うことで遊びの中の行為であることを表現する（M・ベコフ『動物たちの心の科学』高橋洋訳 青土社 二〇一四年、特に第4章を参照）。

52 illusio の〝il〟が「中」(in) から、また〝-lusio〟が「遊び」(ludo) からくる。ラテン語の illusio という言葉の意味は、すでに語源を少し離れて揶揄や皮肉や欺瞞などを意味するようになっているが、いずれにせよ、これらの意味がどれもメタメッセージと関わる点が指摘できる。

53 ピエール・ブルデュ『実践感覚1』（今村仁司・港道隆訳 みすず書房 一九八八年）一〇五—一〇八頁。ブルデュー理論の文脈では、このイリュジオは彼が「場」(champ) と呼ぶものの中で生起する一種の熱中として位置付けられる。

54 Christian Bromberger, *Le Match de football: Ethnologie d'une passion partisane à Marseille, Naples et Turin*, Éditions de la Maison des sciences de l'homme, 1995.

55 この後者の側面ゆえに、ヨーロッパ諸国では、スタジアム内外での常軌を逸した激しい敵意の表現も、しばしば（直接的暴力と明確に一線を画している限り）「これはサッカーの話だから」と大目に見られるところがなくもない。『サッカーの対戦』でも写真入りで紹介されているように、一九八七年にナポリがイタリアリーグで初優勝し、サッカーと現実の両方の世界での積年の鬱憤を晴らしたときには、ナポリのサポーターたちは他の全チームの棺桶を作って「葬式」を上げたのだった。Bromberger, *Le Match de football*, pp. 278-283.

56 これは近代国家日本だけの問題ではない。国民／民族と象徴の関係については、E・ホブズボウム、T・レンジャー編『創られた伝統』（前川啓治・梶原景昭他訳 紀伊国屋書店 一九九二年）を参照。

57　イタリアの哲学者ジョルジョ・アガンベンが『ホモ・サケル――主権権力と剥き出しの生』（高桑和巳訳　以文社　二〇〇三年［原著一九九五年］）で鮮やかに論じたのも、本書の立場から解釈しつつ言えば、こうした近代国家の根底に潜んでいるアナロジスム的構造であると思われる。しかし同時に指摘しておきたいのは、アガンベンの場合、アナロジスムそのものを解体していくような社会身体のあり方が全く視野に入っていないことである――この点で彼はフーコーの場合（6.4を参照）と大きく異なっている。例えば、インドという基本的にはアナロジスム的な世界をフィールドに、しかしアナロジスムに囚われることなく権力関係の深い層にまで人類学的考察を及ぼした田辺明生の『カーストと平等性―インド社会の歴史人類学』（東京大学出版会　二〇一〇年）は、アガンベンよりはるかに魅力的な理論的展望を示しているように思われる。

第9章　自然と身体の現在へ

第6章から前章まで、人類学やその周辺分野の著作を参照しながら、自然――社会身体の最も大きな広がりとしての――が組織される様々な仕方について検討してきた。この議論の到達点である第8章後半の議論は、現在進行形の人類学にそのまま通じるものである。この第9章ではその流れを引き受け、人類学において近年なされてきた一連の新たな企てを紹介しつつ、現代人類学の多様な方向性をより幅広く示したい。

まず9.1では、〈文化〉と〈社会〉を引き算するという本書冒頭のアイデアから、最終的にどのような新しい人類学的議論の方向性が現れてきたのかを整理する。そこでの二つのキーワードは、本書の議論でもすでに中心的位置を占めてきた「自然」と「身体」である。ところで、こうした焦点移動は、理論的視角の変化とともに、人類学が考察の対象とする現実の歴史的変化をも反映したものである。それゆえ9.2では、この両者を結ぶものとして、民族誌的フィールドワークの今日的動向について概観してみたい。これは、一九九〇年代の時点（第3章）で停止していた本書における民族誌的フィールドワーク論の今日的発展にもなるはずである。

こうした準備のあと、本章の残りの四節では、自然と身体を主題とする様々な民族誌を紹介しながら、イメージの人類学のパースペクティブを拡張していく。私がそこで論じるテーマの多くは今日的なものであり、今後さらに発展させられてゆくべきものである。それゆえここでは、第8章後半と同様、様々な現実の描写・探究をそれと同じ高さの目線で捉え、断片と断片を連結するスタイルを続けることにする。ここでの文献・テーマの選択は多分に偶発的なものである。読者が本章の記述を刺激として、世界および日本で現在生み出されつつある新しい人類学的研究に向かっていくならば、本章の目的は十分果たされたことになる。

9.1 人類学の新たなヴィジョン

古典的人類学においては、その主たる研究対象として〈文化〉や〈社会〉があり、そしてそれを取り巻く形で客体としての〈自然〉があり、また他方で、〈文化〉や〈社会〉の中で生きる生物学的実体としての〈身体〉があったと考えられる（下の図）。人類学者は、この〈文化〉や〈社会〉を基本的に自律的な全体として想定し、さらに明に暗に〈自然〉や〈身体〉も文化的・社会的に構築されたものとして考えるべきだと主張してきた（図の外向き・内向きの矢印はこれを指す）。例えば、世界の諸民族における自然観は、古典的人類学ではその文化・社会特有の象徴的世界観であるとみなされるのが通例だったが、こうした考えのもとで、〈自然〉はただ〈文化〉の相のもとでのみ考察される。[1] また、例えばマルセル・モースの身体論（5.2）は、身体という一見純粋に生物学的なものの社会的構築性を看破した先駆的仕事と見なされてきたが、（モース自身の考えは別として）こうした見方を徹底させれば〈身体〉は〈社会〉の中に吸収されるもののように見えてくる。

もちろん、文化的ないし社会的な構築主義においても、物理的自然や生理的身体の存在が完全に否定されるとは考えがたい。したがってそこにあるのは、実質的には、自然の物理的本質や身体の生物学的本質を容認しつつ、しかし別次元で〈文化〉ないし〈社会〉の自律性を主張するという、暗黙の二元論的思考だと言えるだろう。他方、より明示的な形で二元論的アプローチが採られる場合もある。例えば古典的な生態人類学では、物理的環境としての自然と〈文化〉・〈社会〉の関係は、現実の二つのレベルをなすもののようにして論じられていたし、また生物学的人類学（自然人類学）では、人間の身体を生物学的に捉えたうえで、それが〈文化〉・〈社会〉と営む関係が論じられることが多かった。[2]

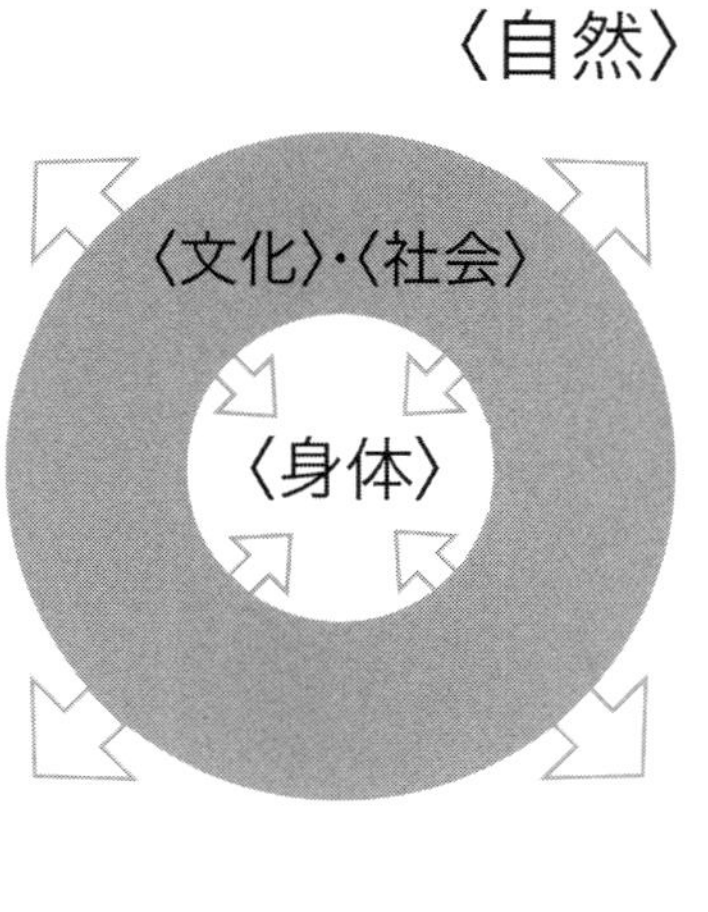

しかし近年の人類学は、第6章・第7章で触れたような自然の人類学の発展のもとで、このような多かれ少なかれ素朴な二元論的思考を根本的に脱却しつつある。人類学の多様な領域でこうした方向性が次第に現れてきた背景としては、メルロ＝ポンティ、フーコー、ドゥルーズらの哲学的著作が、

様々な形で人類学に及ぼしてきた影響があると思われる。[3] それと同時に、科学社会学者ブルーノ・ラトゥールがその一連の著作――『我々は近代人であったことはない』(*Nous n'avons jamais été modernes*)[4] を始めとする――で展開してきた議論のインパクトを挙げなくてはならない。ラトゥールは、ハイデッガーやフーコーの議論をも暗に視野に入れつつ、近代において現れた「自然」――本書でいう客体化された〈自然〉――がそれ自体は実在であるわけではなく、人間とモノとの独特の配置関係の中で構成されてきたものであることを分厚く論じたのであった。

　こうした議論の方向性を考慮しつつ、本書で提起したイメージや社会身体の概念を土台として改めて考えるなら、自然および身体について、先の図とは異なる第二の図（下の図）を描くことができるだろう。もちろん、ここでいくつかの説明が必要である。

　私はこの二番目の図において、イメージ平面の広がりを示す一連の同心円を、最初の図の〈文化〉・〈社会〉のドーナツ形の部分よりも広い範囲に、かつ境界の曖昧なものとして描いている。1.2で述べたように、イメージは「Xに対する現れ」の全てだから――つまり身体の中の全く意識されない部分への「現れ」もイメージだし、動物やあらゆる生物、さらには無生物に対する「現れ」もイメージだから――イメージ

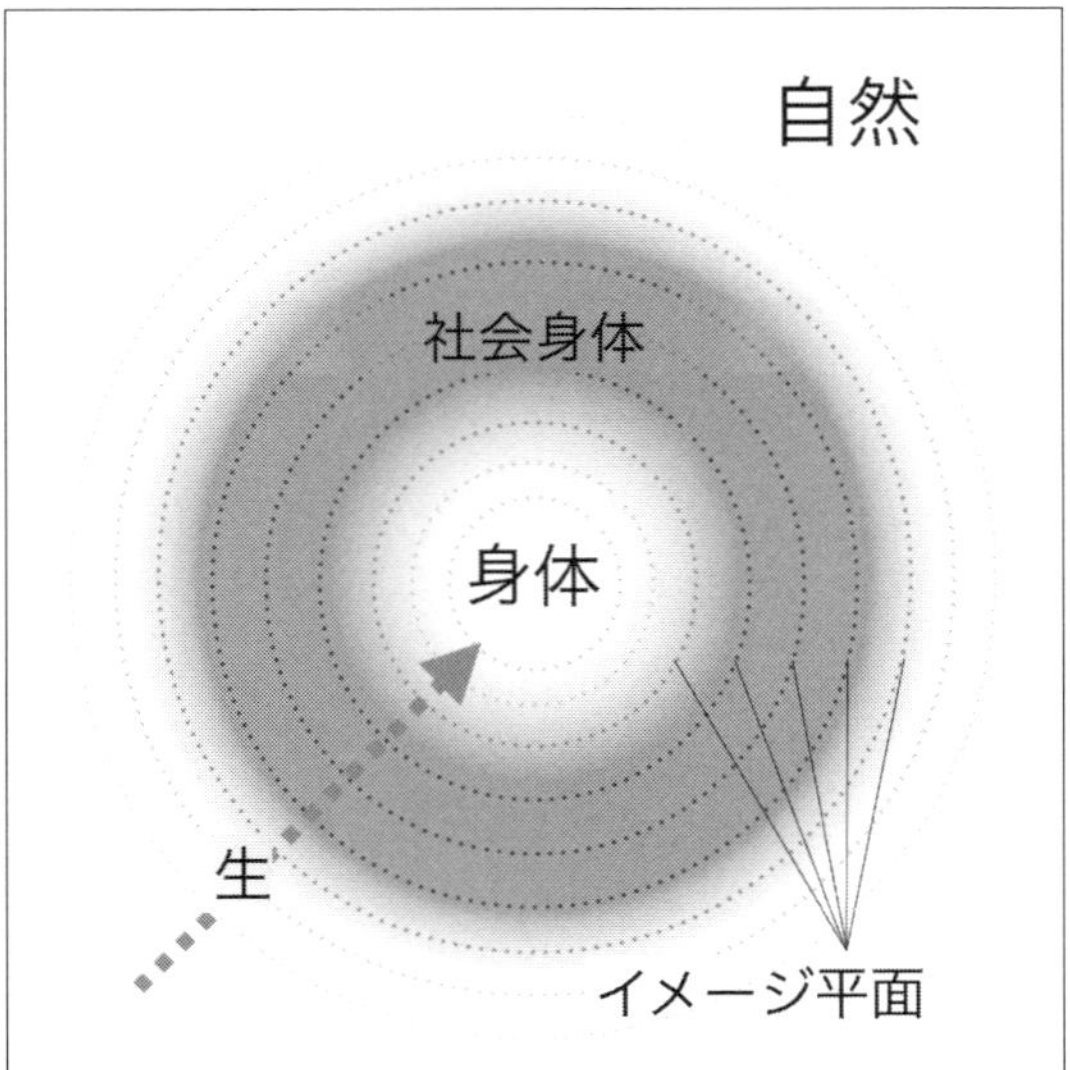

平面は身体の深奥に向かって、また自然全体に向かって、広がっていくものである。ただし、そうしたイメージ平面の広がりは次第に人間にとって見えなくなるので、点線が次第に消えてゆくように描いてある。

　第二に、最初の図で〈文化〉・〈社会〉とした部分には社会身体が位置し、その社会身体（あるいはその内側にある身体）の様々なレベルにイメージ平面が存在して、イメージがその間を行き来していると考える。この二番目の図では自然、社会身体、身体が並列的に書かれているものの、もちろんそれ

らが独立のカテゴリーだという意味ではない。社会身体はそれを縮小すれば身体に、拡大すれば自然に重なるものである。

第三に、二番目の図では、左下から「生」を示す点線を中心に向かう矢印として書いた。この矢印によって示したいのは、身体は本来的に自然の中にあり、自然によって生を与えられているということである。いうまでもなく社会身体も同じである。

第四に、もし読者が、最初の図における〈文化〉・〈社会〉が静止状態にあるように感じ、二番目の図の社会身体が何か動きを含んでいるように感じたとすれば、それは望ましいことである。実際、社会身体は、それ自体の状態としても、またそれをどのように捉えるかによっても、密度や方向性を絶えず変化させているものである。さらにいえば、もし〈文化〉・〈社会〉が本質的に「反復されるもの」であったとすれば、社会身体は、あとで議論の対象になる通り、本質的に「反復されるもの」と「一回性のもの」の間にあると言うことができる。

なお、念のために付け加えれば、この図では一つの身体を中心にイメージ平面が同心円状に広がる形で描かれているが、これは明らかに単純化した書き方である。まず、イメージ平面が等間隔の同心円として描かれているが、実際にはイメージ平面は様々な振幅や揺れを含み、また局所的に生まれたり消えたり、強まったり弱まったりするはずである。また、図の中心には一つの身体が置かれているが、もちろん自然の中には無数の中心がある――この点は、あらゆる生物や無生物の身体・物体が中心になりうると考える本書の立場からして、明白なことであろう。[5]

9.2 民族誌的フィールドワークの変容

人類学における以上のような方向性の変化は、実は、民族誌的フィールドワークという作業の内容上の変化とも連関したものである。人類学が変わったからフィールドワークが変わったのか、それともフィールドの現実が変わったから人類学が変わったのかは、単純に決めることはできないだろう。おそらくその両方の側面があると思われる。ともかく、現代的人類学におけるフィールドワークが、総体的にみて、古典的人類学のそれと相当に毛色が違うものになってきたことは間違いない。

そこで本節では、民族誌的フィールドワークの方法をめぐって一九九〇年代前後から現れてきた一連の新たな方向性を整理することにする。考察の素材として取り上げる事例は、本章の9.3以降で詳しく紹介することになる一連の民族誌的研究である。それゆえ本節は、フィールドワークの方法について考察すると同時に、9.3以降の内容に向けての導入の役割をも果たすことになる。

フィールドの境界

現代の民族誌的フィールドワークにおいてまず指摘できるのは、フィールドの境界の問題である。「フィールド」というと、ある限定された場所ないし人間集団を想像させるが、前章で既にみた事例でも、フィールドの状況はそれとはかなり異なるものであった。タミル映画をめぐる民族誌では、研究対象の範囲は地方都市の映画ファンからマドラスの映画制作者たちへ、そしてさらにスクリーン上の世界にも広がっていた。サッカーの民族誌では、数万人の観客を収容するスタジアムそのものが一種のフィールドであったほか、マスメディアを通じて不特定多数の人々に広がる様々な情報も考察の対象になっていた。

フィールドの境界が曖昧になっていく傾向は、本章で取り上げるいくつかの事例でさらに顕著なものとなる。9.6では、人類学者トム・ベルストルフによる『セカンドライフの思春期』(2008)という民族誌を事例の一つとして取り上げる。これは二〇〇〇年代後半にアメリカ合衆国を中心に大流行したインターネット上のヴァーチャル世界である「セカンドライフ」の研究である。このフィールドの境界を定めるのは二重の意味で困難である。第一に、このヴァーチャル世界の中で人類学者が出会うのは人間ではなくてアバターであり(一人の人間が複数のアバターを扱っている場合もある)、そして、個々のアバターの背後には、オフラインにおけるユーザーの実生活が見えない形で存在している。第二に、「セカンドライフ」には最盛期には数十万人が参加していたが、人類学者(のアバター)が出会うことのできるアバターはごく限られた数に過ぎず、そもそも人類学者と同時にアクセスしていない人も多い。

ところで、こうしてフィールドの境界が際限なく遠ざかっていくような状況が、実は古典的な民族誌的フィールドワークにもあったことは想起しておくべきである。マリノフスキは『西太平洋の遠洋航海者』で、トロブリアンド諸島の一角を調査拠点としながらも、その近海に大きく広がるクラ交換のネットワークを考察対象として定めた(2.1を参照)。「セカンドライフ」の境界線はサイバースペースの彼方に消失していくものだったが、クラ交換のフィールドの境界線もまた水平線の彼方に消えていくものだったのであり、この例に限らず、フィールドの境界の無際限さは古典的人類学の調査においても存在していた問題である。おそらく、タミル映画やサッカーやヴァーチャル世界のフィールドが、クラのフィールドと異なるのは、境界の曖昧さというよりも、境界の質であると思われる。現代のフィールドでは、境界の「内」と「外」の区分がますます実体性を欠いたものになってきている（これは既に第3章のマプーチェの事例でも確認したことであった）。研究上の手続きとしてフィールドの境界線を定めるのは有益なことだが、いずれにせよ、境界線の「内」を考えることがすなわち「外」を考えることでもある、というのが現代のフィールドワークなのだ。

9.6では人類学者ステファン・ヘルムライヒによる『異海』(2009)という民族誌も紹介するが、この研究におけるフィールドは、もはや境界線で囲まれた「領域」ではなく、人類学者が物事の繋がりを追いかけながら様々な対象を追っていく「多数の線の連なり」になっている。そこでの第一義的な研究対象は、深海微生物を研究する生物学者たちの研究活動だが、ヘルムライヒは彼らを追いかけながら、海底の泥を分析するラボや研究者たちの学術的な会合の場に向かったり、調査船に乗って深海の海底に降りたり、無人で海底から計測データを集めるネットワークについて考察したり、さらには、バイオテクノロジー産業の人々や生物探査に反対する先住民などの言動をも追いかけたりしてゆく。ヘルムライヒのこのかなり実験的な企てが、[6] 旧来の優れた民族誌に匹敵する内容的な分厚さを獲得しているか否かは、議論の分かれるところかもしれない。しかし、そうした種々雑多なものの集まりをあえて一つの民族誌の対象として提示する彼の企てが、現代的人類学の一つの面を示していることも間違いないだろう。

ところで、フィールドの境界が非実体的なものならば、フィールドの範囲が広かろうが狭かろうが、状況は質的には変わらないことになる。ヘルムライヒはそこで範囲をどんどん拡大する方向で進んだが、それとは正反対に、範囲を極端に狭めて、例えば、ある個人の身体を一つのフィールドと捉え、それを徹底的に掘り下げるような民族誌的記述の可能性も存在する。9.3ではこうした考え方の前ぶれとも言える『ボディ・サイレント』(1987)という本を取り上げる。著者のロバート・マーフィーは、ブラジル先住民を研究する人類学者だったが、学者としてまさに円熟期を迎えるという時期に突然、自らの四肢が次第に麻痺してゆくという事態に襲われる。彼はそれを「アマゾン奥地で私が経験したのにも劣らず奇妙で不可思議な世界」と捉えて、[7] そこで立ち現われてきた自分自身の経験について考察したのである。9.3と9.4ではこれ以外にも身体障害に関する著作を取り上げるが、そのことの意義は、現代的人類学の対象はもはや〈文化〉・〈社会〉のドーナツ型の領域ではなく、社会身体なのだ、と考えることによって素直に了解できるはずである。

「反復されるもの」と「一回性のもの」

第二に考えるべきなのは一回性の問題である。『ボディ・サイレント』でマーフィーが自ら描く四肢麻痺は、徐々にではあるが、一回的な形で、彼の身体の上で進行していった出来事であった。現代の人類学では、こうした一回的な過程を考察することがきわめて頻繁になってきているし、また「反復されるもの」を「一回的なもの」として捉え直すことも重要になってきている。〈文化〉ないし〈社会〉についての人類学が、基本的には「反復されるもの」についての研究だったのと対照的である。

例えば9.5では、現代ペルーに関する三つの民族誌を扱うが、そのどれもが「一回的なもの」に関わったものである。アンソニー・オリヴァー＝スミスの『犠牲となった町』(1986)は、ペルーの雪崩災害とその後の復興過程における人々の社会的生を追った民族誌だが、これが一回的な過程の描写であることは言うまでもない。マリソル・デ・ラ・カデナによる『大地存在』(2016)は、ある先住民指導者とその息子の生の軌跡を追うことを通して、アンデス高地の先住民が経験してきた歴史的過程を描いたものであり、ここでも一回性は民族誌の本質的部分をなしている。三番目に扱う、ペニー・ハーヴェイとハンナ・ノックスによる『道路』(2016)は、二〇〇〇年代における二つの道路建設計画に関し、現場でそれに関わったエンジニアと住民の両方に焦点を当てて描いた、やはり一回的な過程に関する民族誌である。あらゆる物事が変化の相のもとにある現代において、人類学が「反復的なもの」の描写から「一回性のもの」の描写に向かっていくのは、ある意味で自然なことども言える。

しかし、ここでも過去の人類学と今日の人類学を安易に対立させて考えるべきではないだろう。古典的人類学の営みにおいても「一回性」は常に存在していた――人類学者が実際にフィールドで出会うのは、いつも固有名詞を持つ人々であり、いつも彼らが行う一回性の出来事であった。例えば毎年繰り返されるような儀礼でも、参加者は毎回微妙に異なり、背景となる社会的・自然的状況（例えば天候不順、社会不安、人々の健康状態など）も異なり、また各個人にとっての儀礼の経験の意味も毎回異なるものだった。そうしたフィールドデータが、〈文化〉・〈社会〉の概念に基づく民族誌的・人類学的論文に変換される際に、「反復されるもの」の面が強調される傾向があっただけである。裏返して言えば、現代的なフィールドワークで人類学者がフィールドで出会う「一回性のもの」についても、その中で「反復されるもの」の重要性を過小評価してはならないだろう。実際それゆえにこそ、記述が「一回性のもの」に向かう場合にも、人類学者が息の長い民族誌的フィールドワークを行い、何らかの意味でフィールドで「反復されるもの」を把握することが重要であり続けるのである。

以上を前提としたうえで、現代のフィールドワークの対象における一回性に、どのような意味で反復性には解消できない重みが含まれているのかを改めて問わねばならない。この観点から先ほど述べた現代ペルーの三つの民族誌を眺めると、次の点が指摘できるだろう。つまり、そこで共通してみられるのは、そこで扱われる一回性が、直接の民族誌的対象の不可逆的変化だけでなく、それを取り囲むもっと大きなもの、つまり国家や自然の不可逆的変化とも深く連関している、ということである。「図」が動くだけでなく、「地」もまた動くということ――おそらくこの認識が、不可避的な形で、民族誌の重心を一回的なものに傾けてゆくのではないだろうか。この一回性と反復性の問題は、現代的人類学における決定的に重要な問いであり、この点は「おわりに」の末尾でもう一度触れることになるだろう。

「人間」から「(人間＋)自然」へ

第三に指摘すべきことは、〈文化〉・〈社会〉のドーナツ型の領域を扱っていた時代とは異なって、現代の民族誌的フィールドワークの対象が人間に限定されるのではなく、人間を含む様々な事物の全体に向かっていることである。マーフィーが描く身体障害者としての自身の生において、家族との関係と同じくらいに重要なのは、例えば家の中の階段、道路の段差、車椅子といった様々なモノとの関係である。また、ベルストルフが描く「セカンドライフ」の世界においては、人々――ないしアバター――は、何よりもまず様々なヴァーチャルな事物との関係の中で彼らの生を営んでいる。さらに、ペルーに関する三つの民族誌では、アンデスやアマゾニアの大自然――雪崩を起こす山、先住民に力を与える山、頻繁に氾濫を起こす川等――が人間に勝るとも劣らない重要さを持つ存在であるし、ハーヴェイとノックスの道路の民族誌では、エンジニアによる高度な技術的な作業（土壌の採取と分析の過程など）も詳細な記述の対象になっている。

古典的人類学において、モノは多くの場合、〈文化〉ないし〈社会〉の一部をなす表象として扱われるだけだった。現代的人類学がモノとの直接的な関係に注目するようになった背後には、おそらく先ほどの一回性の問題があるかと思われる。生が大部分「反復されるもの」と感じられる場合、人間を取り囲むモノの意味は安定しており、従って、モノについての考察は、モノの表象についての考察によっておおよそ代表することができた。これに対して、もし生が不可逆的な変化の中にあるならば、モノの意味は一瞬一瞬の、モノとの直接的な対峙に即して問われなければならない。あらゆるものが「かり立て」られてゆく状況――ハイデッガーが「総かり立て体制」と呼んだ状況（8.2）――においては、人類学的考察は〈文化〉・〈社会〉のドーナツ型の領域に安住するのではなく、世界の事物の全体に向かうと同時にそれを構成する人間や事物との一つ一つを眺めることが求められるだろう。そうした中で、民族誌的フィールドワークは、一言でいうなら、人間的世界を取り囲む、広義における――あらゆる人間的・人工的なものを含めた意味での――自然的世界に向かっていくのである。

広義の自然が究極的な主題になるという点に関し、9.6で取り上げる民族誌『核半島』（1989）は、一つの興味深い先駆けであると言えるだろう。人類学者フランソワーズ・ゾナベントは、一九八〇年後半、原子力施設が集中するフランス北部のノルマンディー半島で民族誌的フィールドワークを行なった。そこでの研究手法は、再処理工場の従業員と周辺住民に対してインタビューするという古典的なものだったが、現場でゾナベントが繰り返し出会ったのは、原子力をめぐるテーマに関する独特の沈黙だった。この沈黙を作り出したものは、究極的に言えば、原子力というものの得体の知れない巨大な力だったと言えなくもない。原子力発電は、最も近代的な技術の一つであると同時に最も深く自然的なもの――結局のところ、原子力施設での核分裂は自然現象の一種であり、太陽で起こっている核融合とも類似した現象である――であって、その意味でこれは確かに自然をめぐる民族誌でもあるのだ。

他方、9.6の最後に取り上げる社会学者のフィリップ・ヴァニーニとジョナサン・タガートの民族誌『グリッドを離れて』（2015）はこれと興味深い対比をなすものである。二人の著者が民族誌的フィールドワークの対象としたのは、カナダの各地において、グリッド――つまり電力やガスの供給網――に依存することなく、ソーラーパネルや風力・水力発電等によってエネルギーを自給しながら暮らす人々である。著者たちが繰り返しフィールドで見出したのは、「グリッドを離れる」という行為が彼らのライフスタイルを変え、彼らの自然全体との関係を本質的な形で変化させる様子であった。そこに見出されるのは、ノルマンディー半島の人々とは全く対照的な形で、やはり自然と向き合う生のあり方である。

現代世界における不可量部分

『グリッドを離れて』という民族誌は、フィールドワークの方法が人類学の通常のそれと大幅に異なっている点でも興味深い。研究対象であるオフグリッドの生活をする人々はカナダ各地に住んでいるが、彼らはコミュニティを形成して暮らしているわけではなく、彼らの個人宅に住み込んで長期間の調査を行うなどという行為はそもそも不可能であった。[8] そこでこの本の主著者であるヴァニーニは、それに代わりうるような調査方法を二つの方針を立てて考案した。第一の方針は、各戸への訪問は短期のものとするものの、代わりにカナダ全州にわたる、可能な限り多くのオフグリッド世帯への訪問を重ねることである（実際、一〇〇前後の世帯への訪問を実現している）。ヴァニーニとタガートの民族誌的調査はこうして、調査自体は一回的な性格のものでありながら、徹底的に一回性を反復するものとなったのだ。第二の方針は、各々の訪問でのインタビューをすべて映像で録画することであり、それゆえ彼は映像制作の経験のある大学院生のジョナサン・タガートと共同で調査を行なうことにした。こうして、一回的な形で行われたインタビューは、映像として記録されることで、調査後に何度も反復して参照可能なものになった。[9] こうしたヴァニーニのフィールドワークの方法は、誰もが採用できる方法ではないが、しかし現代世界におけるフィールドワークを考えるうえで大いに示唆的なものである。なぜなら、二重の意味で「一回性を徹底的に反復する」というこの方法は、マリノフスキの民族誌的方法の対極にありつつも、同時に民族誌的現実の不可量部分《インポンデラビリア》に接近する優れた方法であると思われるからだ。

　これに関連して、一九九〇年代以降の人類学において影響力をもった方法論的アイデアである、アメリカの人類学者ジョージ・マーカスが提唱した「多地点民族誌」(multi-sited ethnography) について触れておきたい。マーカスは、一九九〇年代におけるポストモダン的思潮の流行のもとで、複数の場所の連結を積極的に追っていくような民族誌的調査の手法を開拓しなければならないと論じ、ある場所から別の場所へ、「人々」や「物」や「メタファー」や「プロット、ストーリー、アレゴリー」等々を追って移動していく、新種の民族誌的フィールドワークを行うことを提唱した。[10] その議論は必ずしも明晰なものではなかったし、また、単に人々・物・メタファー・プロット等を追うだけの調査では、マリノフスキ的な――不可量部分《インポンデラビリア》の把握に向かう――フィールドワークの深みを獲得しえないことをマーカスが十分に自覚していたとは思えない。[11] とはいえ、一九九〇年代以降の人類学において、民族誌的フィールドワークが何らかの根本的な再考を求められていたことも確かであろう。現代においては、調査者が生の現場を長い期間共有し、そこで反復されるものを次第に身体化していくという方法を実現するのは必ずしも容易ではない。また、仮にその努力を延々と続けても、必ずしも有意義な結果が得られない可能性もあることが予想される。今日、人々の生はますます絶えざる変化の相のもとに置かれ、個人性に強く彩られたものとなる一方、グローバルに広がる科学技術的事物によっても深く浸透されているからである。我々の生における不可量部分《インポンデラビリア》は、もはや身体的な深みの中には存在せず、むしろ、我々の生を取り囲むネットワーク的なものを通じて拡散してしまっているのかもしれない。一体それをどのようにして拾い集めていったらよいのか。一回性と反復性をどのように組み合わせて考えたらよいのか。おそらく、現代世界で民族誌的フィールドワークを企てる者は、それぞれのフィールドの文脈の中でこれらの問いに主体的に答えていくしかないだろう。

9.3　脱身体化と再身体化

以上のような全体的展望のもとで、本章のこれ以降の部分では、自然と身体を主題とする様々な文献——人類学者以外によるものも含まれている——を、ブックガイドにも似た仕方で紹介しながら、今日の人類学における自然と身体の問題性について、具体的に考えてゆく。本節と次節ではまず身体の問題に焦点を当てようと思う。

最初に取り上げるのは『ボディ・サイレント』(1987)である。先にも触れたように、ロバート・マーフィー(1924-1990)は一九五〇年代から六〇年代にかけ、南米のアマゾニア先住民社会の主導的な研究者として活躍した人類学者であったが、一九七〇年代初頭のある日、奇妙な筋肉痙攣を経験する。当初は正体不明の症状だったが、それ以降彼が痙攣から解放されることはなく、やがて、その原因は脊髄にできた「良性」の腫瘍であることがわかった。症状は不幸にも時間とともに悪化してゆき、最終的には四肢が完全に麻痺した状態に陥ってしまう。その彼が、十数年にわたる障害者としての自らの生について論じたのがこの本であった。[12]

マーフィーは、自分の身体がじわじわと不可逆的に全身麻痺に向かっていく、というこの壮絶な経験を、新たなフィールドワークの機会として捉えることにする。そして彼は、足が、手が、そして指が動かなくなっていくという状況にもめげず、アメリカにおける身体障害者の状況に関する社会調査も企てつつ、果敢に人類学的考察を続けたのである。今日からみれば、自分自身の身体的経験に密着した形で、メルロ＝ポンティの現象学も視野に入れつつ展開されるこのマーフィーの考察は、身体の人類学にダイレクトにアプローチしてゆく、きわめて先駆的なものだったように思われる。彼がそこで用いている「脱身体化」や「再身体化」といった独自の用語も、以下で見るように重要な理論的可能性を持ったものである。[13]

マーフィーと脱身体化する身体

『ボディ・サイレント』は、人類学者マーフィーが、最初の筋肉痙攣から長い年月をかけて徐々に進行していった彼自身の身体経験を、人類学的考察と主観的随想を混ぜ合わせながら綴った、異色の民族誌的著作である。民族誌というものは、基本的には、客観主義的に三人称で描かれるのが普通だろう。しかしこの場合、彼が描こうとしている現実は、間違いなく彼自身によって一人称的にしか経験しえないものであった。この本独特の自伝的語りと学問的議論が混じり合ったスタイルは熟慮のうえで選ばれたものである。[14]

マーフィーはこの本で、「脱身体化」(disembodiment)という言葉によって、自らの身体に起こっていった一連の事態を表現する。かつて「私の足」、「私の腕」だったものが、次第に自分から遠いものと感じられてゆき、自分でもそれを「その足」、「その腕」と非人称化して言ってしまうようになること。自分の中にあった心身が一体であるという感覚が崩壊してゆき、徐々にしかし確実に、すべてが「脳へと追い込まれ」ていくように感じられること。ただし、ここで大事なのは、個々の現象ではなくて、それらが連なった過程の全体である。『ボディ・サイレント』が描くのは、単なる体の異状から始まって十数年の年月を経て四肢麻痺にまで至る、息の長い脱身体化の過程——そこでの様々な、生きるための工夫、闘い、悲喜劇、そして考察——なのだ。

脱身体化は全く否定的な過程というわけではない。例えば、自分自身の足や腕が自分から遠く感じられるおかげで、他人が勝手に自分の体を持ち上げたり、転がしたりすることも、屈辱的とは思われなくなる。これは身体の自律性を失うことだが、同時に、家族の助けを含み込んだ形で自分の身体のあり方が再組織されることでもある。マーフィーは、脱身体化と連動して生起しているプロセスを「再身体化」(re-embodiment)と呼んでいる。例えば、最初に再身体化が組織的な形で起こったのは、車椅子の生活が始まったときだった。「車椅子からトイレへ、ベッドへ、あるいは肘掛け椅子へと移るとき、私はまず綿密な計算をした上で選ばれた場所に車椅子を止め、(…) 次に起き上がるための戦術を練る。何を支えとするかを決め、目的のものまで達するのに何歩が必要かを計算する」。もちろん、彼にとっても家族にとってもこれは非常に厄介なことである。とはいえ一番重要なのは、ともかくそうした再身体化を経て彼が生き続けていったことである。

脱身体化と再身体化の過程は、研究者としての彼の生においても容赦なく進行していった。障害は脚の方から始まったので、最初の数年は字を書くこともできたが、やがて手も弱ってくる。タイプライターについては、もともと彼は左右の人差し指で打っていたのでしばらくは支障なかったが、やがて鉛筆の先に消しゴムをつけたものでキーを叩くようになり、さらには、その鉛筆をじかに腕に固定して叩くようになった。『ボディ・サイレント』という本自体も、最終的にはそのようにして書き上げられたのであった。[15]

民族誌の中では、身体の変化だけでなく、そうした身体的変化を原因として起こった社会的関係の問題についても論じられている。身障者となった彼がまず経験したのは、多くの人が、ショックや戸惑いから彼を避けるようになり、次第に彼から遠ざかっていったことである。かつての友人の一人が、「あんなにいい奴だったのに…」と、自分のことを過去形で語っていたことも彼は耳にする。彼はまた、そうした経験を通じ、障害者が自らの障害を恥ずべきことと感じてしまう心理的メカニズムがあることを理解する。障害者は、天罰を背負ったかのような生活を理由もなく強いられる中で、奇妙な論理的逆転によって、あたかも自分がそうした天罰に値する破廉恥な人間であるかのように思ってしまうのである。こうして彼は、障害者となることで多くの友人を失ってしまったのだが、もう一方で、予想もしなかったような新たな出会いも経験することにもなった。一般的な言い方をすれば、以前に比べて社会的に「低い」立場の人々とより親しく交わるようになったのである。学生たちは、彼が教授であるという事実は変わらないのに、気楽に彼の体に触れるなどして、身近な存在として扱うようになる。白人である彼を以前は無視していた黒人警備員もいたわりの言葉をかけてくれるようになり、女性たちもより気楽な付き合いをするようになった。

とはいえ年月の経過の中で、マーフィーの身体は、間違いなく完全な停止に向かって変化していた。「からだが私に詰め寄り、世界がじりじりと私を追い込んでいく。（…）静かにゆっくりと完全な麻痺へ向けて落ちていくことは、子宮の内へと回帰すること、または死んでいくこと――このふたつは同じことだ――に似ているだろう」。この完全な脱身体化は、マーフィーにとって「不思議な自由の経験」でもあったが、その意味についてはやはり、彼自身の説明を書き写す以外にないだろう。「毎晩、暖かい電気毛布に包まれた私の小さな繭の中にもどって、必要最小限のものからなる小宇宙の中に落ち着くことには、独特の安心感と慰めがある。それは紐帯とか義理とか、面倒な社会関係からの絶縁であり、私的で知的な世界への退却である。（…）こうした深い静けさの中にあって、たしかに人は風変わりな自由を見出すことになる」。[16]

以上の要約において、厳密に言えば、私はマーフィーの「脱身体化」と「再身体化」という言葉の概念性を強調すぎているかもしれない。マーフィーは実際、『ボディ・サイレント』で、「脱身体化」と「再身体化」の概念をかなり控えめな形で提示しているだけである。それでも私は、この独創的な概念化は彼の渾身の考察の結晶だと思うし、他方で「脱身体化」と「再身体化」の概念は、本書における社会身体の概念と、有意義な形で組み合わせることができるものである。例えば、マーフィーが自分自身の身体のコントロールを部分的に失い、車椅子を使ったり、家族の助けを得たりして「再身体化」を行ったとき、そこで起こったのは、彼の個人的身体の再身体化であると同時に、彼が生きていた社会身体の再身体化であったと考えることができる。また、彼がかつての友人たちを失って新しい社会関係を獲得したことも、彼の社会身体が脱身体化し、そして再身体化したこととして理解することができる。

ここでさらに、マーフィーの「脱身体化」と「再身体化」の概念と、「脱イメージ化」と「再イメージ化」の概念がどのように関係しうるのか、という問いについても考えてみることにしよう。まず、字面通りに言えば、「脱＋再イメージ化」が（何らかの形で身体が受け止めるところの）イメージの側に関する概念であるのに対し、「脱＋再身体化」は（そうしたイメージを受け止める）身体の側に関する概念であることが指摘できる。事実、「脱＋再イメージ化」は、それが日常的習慣の一部を構成している限りにおいては、身体を特に変化させることなく生起するはずであり、そこにおいて「脱＋再身体化」はあまり関与してこない。しかし他方で、単なる習慣の繰り返しではなくて、何か新しいことを行う場合には、「脱＋再イメージ化」と「脱＋再身体化」が同時に生起することもあるはずである。例えば小学生が読み書きを習うとき、それは文字という脱イメージ化されたものを自分の身体の上で経験する「脱＋再イメージ化」の過程であると同時に、読み書きができる社会身体を形成する「脱＋再身体化」の過程でもある。また、マーフィーが病気の進行の中で、文字を書く方法を次々と変更していったのは、文字を書くという「脱＋再イメージ化」の行為を続けるための一連の「脱＋再身体化」であったと考えられる。このように、「脱＋再イメージ化」と「脱＋再身体化」は一方で区別されながらも、他方で通じ合っている。あるいは、この二組の概念が描写する現象の間にこそ、身体の人類学にとって決定的に重要な問題が存在しているのかもしれない。

こうした問題意識のもとで次に取り上げたいのは、人類学的文献ではなくて、視覚障害に関する自伝的記述である。著者のジョン・ハル（1935-2015）はイギリスのバーミンガム大学で宗教教育を講じていた神学者であり、その著作『光と闇を超えて』(1990)は、四十代後半で完全に失明した自らの経験を語ったものである。[17] ハルの質の高い内省的記述は、失明という経験が引き起こす身体の変化――まさに脱身体化・再身体化と脱イメージ化・再イメージ化の両方に関わるものであるが――がいかなる過程であるのかを、ありありと伝えてくれる。

ハルの経験――視覚を失うこと

ジョン・ハルは十代の頃から目の病気に悩まされていたが、そのころから現れていた網膜剥離が三十代の半ばになって本格的に悪化しはじめる。視野が次第に黒い円で覆われてゆき、手術ももはや役にたたず、そして四八歳の時、彼はついに完全に失明してしまう。『光と闇を超えて』(1990)という著作は、失明後の様々な経験や考察、夢の記述、神学者としての思索などを細かく日記風に綴ったものである。

失明後の経験はしばしばハルを当惑させるものだった。例えば、失明以前に出会った人を思い出そうとするとその人の顔が出てくるのに、失明以後に出会った人の場合には顔が出てこない、という奇妙なことがある。ただし家族のように、失明後にもよく会っている人の場合には、次第に顔の記憶が薄れていくのである。他者とのコミュニケーションにおいても大きな変化があった。人と出会うとき、「握手や抱擁は一つの衝撃になる」と彼は言う。なぜなら、人は突然現れるからだ。他方で、一旦会話が始まると、ハルにとっては会話を維持するために相手の顔を見る必要はない。目が見えない場合には、相手の顔は単に声が出てくる場所でしかないからである。けれども、目が見える人と話す場合には、必要がなくても話し相手に自分の顔を差し向け続けねばならないと彼は言う。なぜなら、そうしないと、目が見える人は無視されていると思ってしまうからである。

目が見えないと、基本的には「体で触ることができ、杖で叩くことができる領域のみが、生活できる空間となる」のだが、このことは空間と時間の感覚を劇的に変化させるものだった。目が見えているとき、空間は一度に見渡せるものであり、その中で物事をコントロールしたり、自分自身を位置づけたり、将来の行動を計画したりすることが自由にできる。しかし目が見えなくなると、例えば移動するときに頼りになるのは「地面を歩く足の感触」だけになる。例えば、いつも同じ速さで歩くことをしなければ、どこにいるかを容易に見失ってしまうのだ。ゆっくり歩いたり、走ったりと時間に緩急をつけたりすることもできない――つまり、空間を見渡すことができなくなるばかりでなく、時間を見渡すこともできなくなるのである。空間内の大きな移動がそれ自体として意味を持つことはなくなった。ハルは失明後にカナダとオーストラリアに行ったが、彼にとってそこでの経験は、「カナダ」や「オーストラリア」という地名と特に結びつくものではなかった。

視覚が欲望を形成する大きな要因であることも、ハルが失明してから気がついたことであった。強い空腹を感じているのに、具体的な食べ物に対する欲望が全然湧かず、どうしても食べ物に近づくことができないという厄介なことが起こったりする。また、性欲を感じているのに、具体的な女性への欲望をどうにも持つことができないという、非常にもどかしい思いを経験したりする。

ただし、失明後の彼の経験を、失明前の経験と比べての欠如としてだけ考えるのは誤りである。例えば、あるとき彼は夜の静かなキャンパスを歩いていて、忽然と、目の前に何かの障害物があると感じた。杖を振り回すと、そこには確かに一本の木の幹があったのだ。ハルはこの出来事をきっかけに、必ずというわけではないが、何か物が近くにある時、自分がそこから「肉体的な圧迫感のようなもの」を感じることができるのに気づくようになる。それは、彼の経験によれば、顔の皮膚によって感じる種類の、聴覚のようなものであった。

失明後のハルにとって、聴覚は、疑いなく周囲の世界を知るための最も重要な手がかりだった。ところで、聴覚が働くのは、視覚の場合と異なり、何かが実際に動いていて音を鳴らしている時だけである。静止していて音を立てないものは彼にとって存在しないに等しい。つまり失明後の彼にとって、存在するものは動いているものだけになったのである。このことをハルは、「私の置かれている世界は、存在の世界でなく生成の世界である」と表現する。

聴覚というものは何か特定のものに向けられて働くものだから、個々の生成を順々に把握していく形で機能する。つまり通常、聴覚によっては、目が見える人が周囲を見渡す時のように、世界を一度に感じることはできないのだ。しかし、あるときハルは、稀に、世界全体が音を立てて立ち現れてくる瞬間が存在することに気づいた。雨が降っている時だ。降り続ける雨は、一帯にあるすべての物の音を鳴らすことによって、思いがけず世界を丸ごと明るみに出してくれる。「一つの全体、わたしに語りかける世界が与えられたのだ。(…)雨を聞いている時、わたしは雨のイメージであり、わたしはそれと一体だった」。

マーフィーの経験の場合、脱身体化・再身体化は、死という究極的な脱身体化に向かって不可逆的に進んでいくものだと感じられる。これに対してハルの場合には、確かに失明という悲劇的な出来事を契機に根本的な脱身体化・再身体化が起こっていくのだが、喪失の経験のみならず、新たな形での世界との関係に向かう面も豊かに読みとることができる(同じことは本当はマーフィーの場合にも言えるのであるが)。実際、多くの人は、ハルの文章を読むとき、むしろ失明後の彼の経験のあり方こそ、ある意味で目が見える人々の経験よりもどこか本来的な人間的経験だと感じるのではないだろうか。その意味で、これは視覚障害を持つ人の特殊な経験であるとともに、そのような特殊性に解消することのできない普遍的な内容を持った経験でもあるのだ。

9.4 身体の人類学に向かって

ところで、ハルの失明後の経験が、私が本書の4.1で扱った内容と不思議に合致する点があるのは興味深いことである。カーペンターによれば、イヌイトの人々は、「空間を形式的単位によって測ることもしなければ、時間を均等に分割することもしない」のであって、彼らが生きる世界は、すべてが絶えず流動している「聴覚的空間」であった。それはまさに「存在の世界でなく生成の世界である」といえる。この思いがけない類似は、一体どこから来るのだろうか。一方で考えられるのは、カーペンターも強調するように、イヌイトの世界が口頭伝承に深く根ざしており、彼らの知が(「見る」ことよりも)「聴く」ことに大きな重点を置いているという点である。もう一方では、極北地方の自然環境もそこに影響していることが想像できる。カーペンターは『エスキモー』で次のように書いている。「冬になると、地平線は遥か遠方に退いて、わずかの間、太陽が地平線の近くを動いて単調な平原の輪郭を描き出す時を除くと、空と大地を分ける線は存在しない。両者は同じ物質からできているのだ。(…)風に押されて地上を走りゆく無数の雪煙のほかには、視線が追うことができるものは何もない。それは底も端もない土地である」。[18] いずれにしても、ハルの自伝的記述とカーペンターが描くイヌイト民族誌の間に明らかに存在する類似性は、社会的ないし文化的なものに焦点を当てていた古典的人類学と、身体についての現代的人類学が、実は深いところで通じ合っている可能性を示唆するものである。

こうした議論の文脈において、今日の主導的な人類学者の一人であるティム・インゴルドの仕事に言及しておくのは正当なことだろう。彼が二〇〇〇年に刊行した重厚な論文集『環境の知覚』は、一九九〇年代以降の人類学における最も重要な著作の一つだと思われるが、ここで紹介するのは、『環境の知覚』の白眉とも言える次の論考である。[19]

インゴルド「止まれ、見ろ、聴け！」

妙なタイトルの論文である。「止まれ、見ろ、聴け！」というのは、実はインゴルドが子どもの頃から見慣れていた鉄道標識（"STOP, LOOK AND LISTEN"）の文句であった。つまり、「線路を横切る際に必ず、止まり、周りを見回し、耳を澄まして、列車が近づいてきていないか確認するように」ということである。インゴルドが指摘する通り、線路の上を列車が轟音を立てて接近してくる、というこのありふれた経験は、考えてみれば不思議なものである。一体どのようにして、目に届く光学的情報と耳に届く音響的情報が結び合わされて単一の経験になるのか。また、この光学的および音響的な情報の結合体は、どのようにして列車という一つの迫り来る物質的存在と重ね合わせられるのだろうか。

インゴルドに従ってこの問いに簡潔に答えれば、次のようになるだろう。目に届く光学的情報と耳に届く音響的情報はそれ自体として独自に存在するのではない。それらは、下手すれば近づいてくる列車に轢かれるかもしれない、というような現場性のただ中で、最初から全体として受け止められているのである。言われてみれば当然の答えでもある。しかしこの考察は、諸感覚があたかも客観的対象として独立に存在するかのように考える誤謬を避けるうえで有益である。インゴルドがこの論文を書いた目的は、部分的には、人類学者デイヴィッド・ハウズらが提唱した「感覚の人類学」（anthropology of the senses）を批判して、それを乗り越えるためだった。ハウズらはこの企てにおいて、諸感覚が文化・社会的に形成されること、また、それらが文化・社会的に異なった重み付けをされることを論じていた。[20] インゴルドは、これに対しジェームズ・ギブソンやモーリス・メルロ＝ポンティの著作に依拠し、また、ハルの自伝的記述やカーペンターの『エスキモー』にも触発されながら、視覚や聴覚が成立する根底にあるような経験にまで遡って感覚経験を考察しなおしてゆく。

このインゴルド版の「感覚の人類学」では、哲学的考察・民族誌・障害者の経験の記述・芸術家の経験の記述など、多様な手がかりを縦横に用いながら、「目によって聴き、耳によって視る」というような奥深い経験が掘り下げて検討される。そこでは感覚の問題が人類学の既存の枠組に還元されるのではなく、逆に人類学そのものが根底的な感覚的経験に即して組み直されるのだ。インゴルドの考察が最終的に到達するのは、ハルが述べていたような「生成の世界」を、世界そのものが立ち現れてくる経験のレベルにおいて——メルロ＝ポンティの言葉で言えば、「前客観的な」経験のレベルに関わるものとして——捉える立場である。そうした「生成の世界」は、ある時にはイヌイトの場合のように集合的なライフスタイルのもとで現出し、別の場合にはハルの場合のように身体的要因に触発されて個人に現出すると考えられる。類似した根底的な経験が芸術家たちの語りに現れることも、こうした脈絡で納得できるものになる。

芸術家の経験は、それが集合的な習慣に依拠するものでもなく、また障害のような身体的条件から引き起こされるわけでもない点において興味深い。[21] 画家のアンドレ・マルシャンの次の言葉は、「止まれ、見ろ、聴け！」でインゴルドが引用する数々の言葉の中でも特に印象的なものである。マルシャンは言う――「例えば森で、私は何度も、森を見ているのは自分ではないと感じたことがある。木々が私を見ていて私に話しかけている、と感じたのだ。私はただそこにいて……聴いていた」。[22] このアニミズムに酷似した経験は、しかし、どんな既存の〈文化〉に由来することなく、彼自身が木々との間に前客観的な関係を営む中で、彼の前に自発的に立ち現れてきたものである。さらに、画家であるマルシャンがそれを視覚的というよりも聴覚的に経験したと語っていることも（「私はただそこにいて……聴いていた」）、諸感覚が経験の深い層においていかに交差するかを示すものであるだろう。そこには確かに、インゴルド以前には誰によっても論じられていなかった、新しい人類学的考察の地平がある。

9.1の2番目の図に照らしていえば、こうしたインゴルド流の感覚の人類学は、外見だけで言えば、人類学の議論を同心円の内側に向かって、つまり通常文化・社会的と呼ばれるような領域から身体の領域に向かって拡張していく企てと言えるかもしれない。しかし、インゴルド自身の意図に即して言えば、これは少し的の外れた捉え方である。彼がここで提案しているのは、身体的なものと文化・社会的なものを二者択一的に考えることの拒否であり、より具体的に言えば、身体的なものを根底まで追い詰めて考えることで、（緩い意味での）文化・社会的なものの可能性が噴出してくる契機を捉えることなのである。

神経学者オリバー・サックスの『手話の世界へ』(1989)という本は、インゴルドの議論からさらに一歩進むための格好の素材を提供してくれる。[23] サックスがこの本で論じるのはろう者、中でも先天性ろう者の世界なのだが、そこで根本的な形で現れてくるのは言語の問題である。先天性ろう者は耳を通して言葉を学ぶことができないため、言語的思考という、人間精神の形成の根幹的要素を身につける機会を逸する可能性がある。サックスが強調するのは、そうした状況において、先天性ろう者の母語として、手話が決定的に重要な役割を果たしうることである。このサックスの本は、先天性ろう者――とりわけ小さい頃から手話に触れる機会を持たなかったろう者――が手探りで言語を獲得していく様子を鮮やかに記述して、人間と言語の関係を根底から考え直すことを人類学に対して求めるものであるだろう。

先天性ろう者と手話言語（サックス）

『手話の世界へ』は、当初は手話の世界に通じていなかった神経学者オリバー・サックスが、その重要性を理解する過程で書き綴られた著作である。

「手話は言語として十全であるだけでなく、独自の表現力を持った言語である」――このことをサックスが深く実感したのは、米国マサチューセッツ州のマーサズ・ヴィンヤード島に赴いた時のことだった。この島では、かつて遺伝学的原因によって先天性ろう者が多く暮らしていたことから、子どもの頃から誰もが自然に手話を学び、音声言語と手話の両方を使って生活する習慣があった。20世紀半ばにはすでに島に先天性ろう者はいなくなっていたのだが、一九八〇年代にサックスが島を訪ねた時も、特に島の西部地域では、人々は依然として、手話独自の表現力を駆使しつつ、楽しげに二言語併用で会話していたのである。[24]

『手話の世界へ』の最初の章で述べられているように、ろう者が手話を用いることで高度な知的能力を発揮しうることは、実は18世紀から19世紀にかけて次第に認められつつあった。しかし不幸なことに、19世紀後半になるとそうした流れが逆転し、手話の使用は抑圧されてしまう。音声による発話をろう者に強制する傾向が強まったからである。ろう者自身にとって音声言語が内面に響くことのない不毛な言語であることは、完全に見落とされたままだった。

そうした状況においては、先天性ろう者の子どもたちは、言語的思考を発達させることなく成長してしまうという危険にさらされる。不幸にして知恵遅れや自閉症と間違えられ、手話に触れる機会を持つことのなかった先天性ろう者の子どもの場合、時にこうした問題は非常に深刻なものとなっていた。例えば、十一歳まで手話に触れる機会を持たなかったジョーゼフは、視覚的な問題解決能力は優れていたが、抽象概念を把握したり、遊んだり、回想したり、計画を立てたりすることが一切できなかった。「質問」という概念を理解できず、また「一日前」と「一年前」という過去をうまく区別することもできなかったのだ。しかしもう一方で、彼は自分が何かを欠いているという感覚に苦しんでおり、そしてなんとか身につけた簡単な手話で会話することに大きな喜びを見出していた。

イルデフォンソという男性のケースは、ジョーゼフのような子どもの未来が全く閉ざされていたわけではないことを示すものであった。二七歳まで手話に触れることのなかったイルデフォンソは、数年間の懸命な努力の末、手話によって、十分な言語的思考を身につけたのである。興味深いことに、彼が最初に身につけた抽象概念は、言葉ではなくて数字だった。そのあと、数日間の足踏みを経て、ひとたび「猫」という概念を把握すると、それを契機に、ありとあらゆるものの名前を学ぼうとしていった。そしてさらに何ヶ月もかけて、時間の概念も把握するようになったのであった。

ジョーゼフやイルデフォンソのようなケースは実際には極端な事例であり、先天性ろう者の子どもたちは多くの場合、手話を教えられなくても、何らかの簡単な身振り言葉を身につけていく。とはいえそうした身振り言葉は十全な言語ではなく、本来の意味での言語能力を彼らが身につけるためには十分ではない。それゆえ、完全な文法体系を持った言語としての手話に触れることが決定的に重要なのである。サックスはまた、手話は十全な言語であると同時に、音声言語にはない特長を持つ言語であることも強調している。手話とは一言でいえば、ジェスチャーという情動の自発的表象に由来するイメージ的な言語なのであり、（ウィリアム・ストーキーが論じたように）空間の中で展開されるジェスチャーが時間の中で流れてゆく、ある意味で映画にも似た言語なのである。まさにそれゆえに、マーサズ・ヴィンヤード島の人々は、先天性ろう者が不在となった後も好んで手話を使い続けていたのだ。

サックスの本でとりわけ印象深い部分の一つは、言語的思考の可能性を奪われたジョーゼフやイルデフォンソが、それにもかかわらず手話という言語を獲得しようと努力する姿である。それは、本書の言葉でいえば、人間が持つ「脱+再イメージ化」への志向性を最も根源的な形で示すものだろう。人類学は言語の問題を長く扱ってきたが、言語が体系的な形で存在し、人々がそれを自動的に習得していくことを最初から議論の前提としてしまう傾向があった。先天性ろう者たちの問題——あるいは障害の問題一般——が人類学に対して要請しているのは、〈言語〉や〈文化〉というものを、あらかじめ出来上がったものとしてではなくて、むしろそれが生成されてゆく中で考えることの必要性である。[25]

サックスはこの本の中で、手話に関する初の本格的な学問的研究が、19世紀の人類学者エドワード・タイラーによるものであったことに触れているが、これは興味深い点である。タイラーの手話への関心は通りすがりのものではなかった。彼の著作『人類の初期の歴史と文明の発達に関する研究』(1865)——有名な『原始文化』(1871)の前著に当たる——では、第2章の全体にわたって、ドイツとイギリスの聾唖学校での彼自身の観察をもとに、手話が詳しく論じられている。[26]

タイラーに関しては、本書で私は『原始文化』(1871)の冒頭にある有名な「文化」の定義(1.1)や、同じ著作で展開されている「アニミズム」の概念(6.1)についても触れてきた。すでに述べたように、『原始文化』のアニミズム概念は、宗教現象について、その「根源に遡って(…)最少限度の定義を下す」ために案出されたものであった。これを念頭においていえば、タイラーは前著の『人類の初期の歴史と文明の発達に関する研究』で、言語現象についても、「表出」(uttering)を「最少限度の定義」として考えたのだと思われる。彼はそのうえで、手話という身振り言語が、原初的な言語を考える助けになるものと考え、手話について経験的研究を行ったのである。[27]

こうしたタイラー自身の思考の脈絡に戻ってみるとき、人類学の中で繰り返し引用されてきた彼の有名な「文化」の定義――「文化あるいは文明とは、知識・信仰・芸術・法律・習俗・その他、社会の一員としての人の得る能力と習慣とを含む複雑な全体である」――が意外な含蓄を含んでいることにも気づく(傍点は引用者)。20世紀人類学は、このタイラーの定義を読むに当たって、〈文化〉ないし〈社会〉の出来上がった形に関心を持っていたために、「習慣」(habits)をもっぱら重視し、タイラーがそれと並べて挙げていた「能力」(capabilities)という言葉には関心を示してこなかった。[28]しかしおそらくタイラー自身は、宗教現象や言語現象の習慣的多様性よりも、人間がそれらを生きる潜在的力能の方にむしろ関心を持っていたのであり、それゆえに「能力」を「習慣」の前に置いたのだと考えられる。ここで、本章で見てきた身体の人類学を振り返ってみるならば、それは習慣より能力――あるいは、それと関連するものとしての「可能性」――に焦点を当てるものであったように思われる。この意味で、今日の人類学的思考には19世紀のタイラーの企てに共振する部分があると言えるかもしれない。

9.5 自然と国家――ペルーの場合

9.3と9.4では身体の問題について考えてきたが、本章の残りの二節(9.5と9.6)では同心円の外側に目をやって、自然の問題について考えてみたい。もちろん何度も述べてきたように、同心円の内側に身体を置き、外側に自然を置くというのは、不正確な説明である。身体と自然は本来的に通底しているし、「社会身体」の概念も両者の連結を前提とするものである。とりわけ次節(9.6)で取り上げる一連の民族誌は、自然と身体のテーマの不可分な結びつきを具体的に示すことにもなる

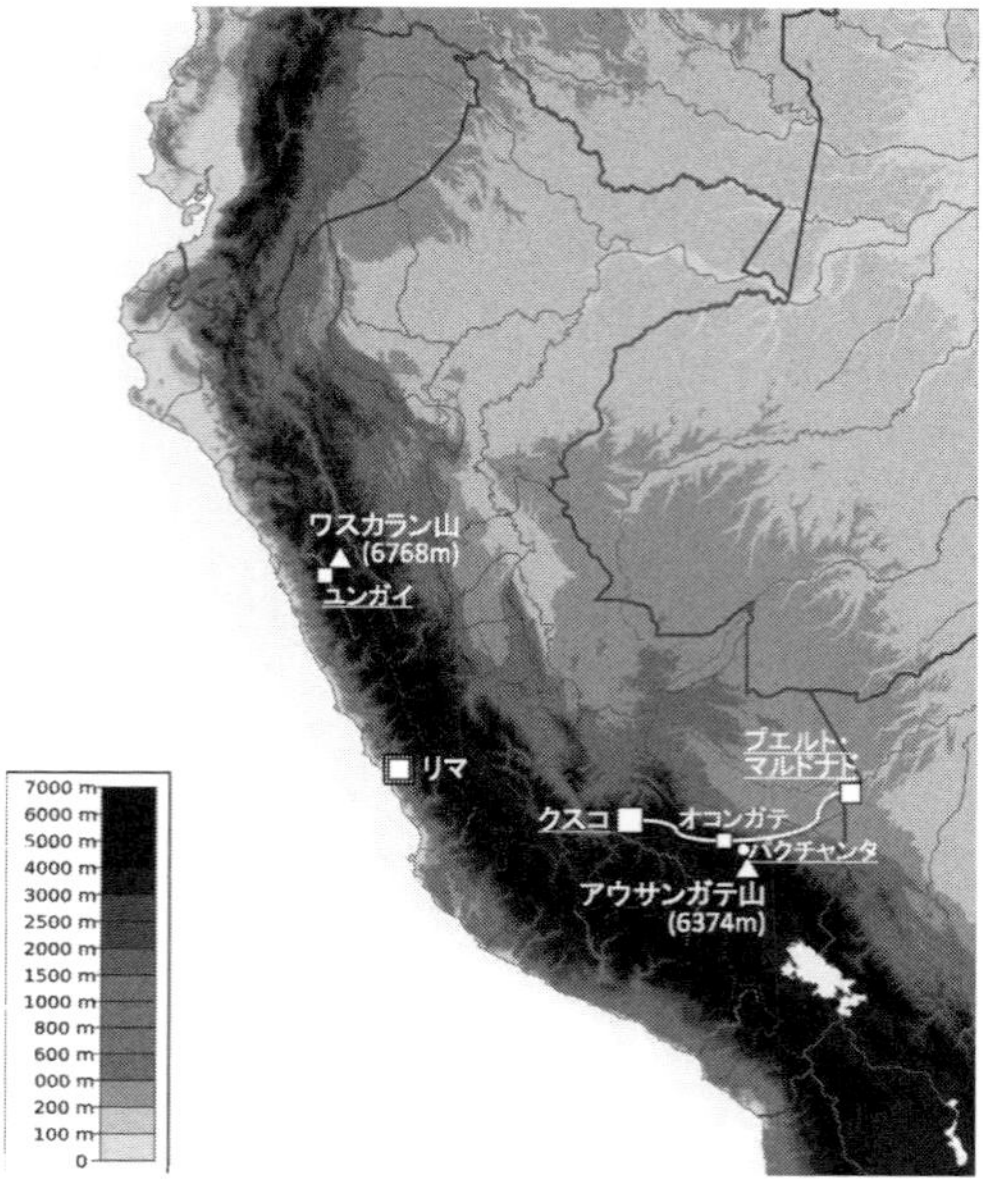

Wikimedia Commonsの素材(Peru physical map.svg)より作製

はずである。

本節では、現代ペルーを舞台とする三つの重要な民族誌を連結させながら、今日における自然の人類学の一連の問題を、ある組織的な形で示してみたいと思う。取り上げるのは、ペルー中部のワスカラン山麓にあるユンガイ町の雪崩災害に関する民族誌（アンソニー・オリヴァー＝スミスによる）、ペルー南部アウサンガテ山麓の先住民共同体パクチャンタの人々に関する伝記的民族誌（マリソル・デ・ラ・カデナによる）、そして、同じくペルー南部のクスコ市とプエルト・マルドナド市を結ぶ形で建設された舗装道路を取り上げた民族誌（ペニー・ハーヴェイとハンナ・ノックスによる）である。これらの三つの民族誌は、単なる民族誌的記述にとどまらず、各々が主題とする領域での理論的掘り下げをも含んだ著作でもある。本節における私の意図は、三者の内容を編み合わせることで、単独では見えにくいような全体的な民族誌的＝理論的風景を提示することである。

これら三つの民族誌は、ペルーという国の地理・政治・歴史という共通の背景と深く関わったものである。より具体的には、第一に、これらの三つの民族誌には、六〇〇〇メートル級の山々を多数擁するアンデス山脈やアマゾニアの広大な密林など、ペルーの圧倒的なスケールの自然環境が関わっている。それは、時に地震や雪崩を引き起こし、高地に住む先住民たちに畏怖を含んだ敬意を抱かせるのみならず、近代国家の社会制度の浸透や、道路を始めとするインフラ網の普及のうえで大きな障害になるものである。第二に、三つの民族誌はまた、以下の記述でも明らかになる通り、ペルーという一つの近代国家の歴史と不可分に結びついていたものである。中でも重要な点は、ペルーという国家が、アンデス高地の先住民ケチュア、海岸部・都市部をベースに長く支配体制を敷いてきた白人系住民、そしてその中間に位置する混血や「チョロ」の人々といった多様な人々によって構成されてきたことである。なお、「チョロ」というのは、先住民の出身であるが先住民共同体を離れ、ペルーの支配的な生活様式に自ら近づいていった人々を指す言葉であり、以下の記述でも何度も出てくることになる。[29] 三つの民族誌をめぐる説明は、こうした多様な人々が織りなす関係の全体を――図式的になることは避けられないにせよ――相互補完的に示すことになるだろう。

最初にとりあげる民族誌『犠牲となった町』(1986)は、リマ北方四五〇キロ余りのところにあるユンガイの町で起こった雪崩災害をめぐる民族誌である。著者のアンソニー・オリヴァー＝スミスは、現代人類学の重要分野である災害人類学のパイオニアとして活躍してきた人類学者である。しかし次に見るように、彼がこの災害人類学の研究に取り組むようになったのは、まったく偶然の成り行きからであった。

ユンガイ 一九七〇―七一年

ペルー中部アンカシュ県の山間部は、「ペルーのスイス」の愛称でも知られ、ペルー最高峰のワスカラン山（標高六七六八m）をはじめとする美しい自然に恵まれた地域である。しかし一九七〇年五月三一日、この同じ自然が引き起こしたのは、犠牲者七万人というペルー史上最悪の大地震であった。中でも悲惨さを極めたのはワスカラン山麓の谷にあるユンガイ町の状況である。ワスカラン山の氷河の一部が地盤ごと崩壊し、流れ落ちてきた氷と土砂が町を覆って、一瞬にして住民の大部分を生き埋めにしてしまったのだ。オリヴァー＝スミスは、災害の五ヶ月後に旧ユンガイ町の横にできた避難キャンプを訪ね、以降人々と生活を共にしながら、災害後の社会変化を研究テーマとして長期間のフィールドワークを行った。実は彼は、以前にユンガイ周辺で短期調査を行っていたことから、災害発生時は、ユンガイで（災害とは無関係のテーマで）長期の民族誌的フィールドワークを行おうと準備をしていた矢先だった。大雪崩で調査予定地のほぼ全体が潰れるという事態は、彼にとってもまったく寝耳に水だったのである。しかし彼は結局、自分の調査地がユンガイであることに変わりはないと考え、急遽研究テーマを災害に切り替えてユンガイに赴いた。[30]

災害発生当初、雪崩による分厚い土煙が一帯に充満し、ユンガイの状況は上空からさえ数日間まったく掴めない有様だった。現地では、猛烈な速度で襲ってきた雪崩のせいで、町の中心部の住民の大部分が亡くなっていたが、かろうじて高所に逃げた生存者や周辺住民は、極限的な状況の中、階層・人種の壁を越えて助け合った。付近の高所に住む先住民ケチュアの人々――彼らも地震で家が倒壊していたが――が手元にある食べ物を持ち寄り、当初はそれだけが生存者たちの食糧であった。六日後にようやくペルー軍による救援活動が始まり、十日後に道路が復旧して、ペルー国内および海外から援助物資や救援隊が到着するようになる。政府はそれと並行して被災地域再建復興委員会を設立し、中長期的な視野も含めた包括的な支援が動き出す。

ペルー政府は、初期の緊急援助から仮設住宅建設やインフラ再建まで多くを手がけており、その支援活動が積極性を欠いていたわけではなかった。しかし、十月にユンガイに到着して避難者たちと生活を共にしはじめたオリヴァー＝スミスが人々の口から繰り返し聞いたのは、「政府は何もしてくれなかった」という不満であった（これは、彼らが海外諸国からの支援には大きな恩義を感じていたのと対照的であった）。確かに、住宅の提供をはじめ、政府の援助が助けになったことは彼らも否定していなかった。しかし、人生において最愛のものの大半を失った彼らが最も望んでいたのは、単に生きのびていくための援助というよりも、もっと積極的に、生きることを支えてくれるような援助だったと言えるかもしれない。災害前までは自らのものだった、彼ら自身にとって生きるに値する生を一体どうやったら取り戻せるのか。こうした切迫した問いに、政府は少しも答えてくれなかったと彼らは受け止めたのである。

オリヴァー＝スミスによれば、人々は深刻な信仰上の危機を経験したという。災害前はキリスト教の神を信じ、聖母マリアや諸聖人に祈っていた人々が、聖母像や聖人像を投げ捨てて、無信仰を公言したりした。彼らは、一体なぜ雪崩が自分たちを襲ったのかと問い続けたが、答えは見つからないままだった。人々はまた、彼らに雪崩を送ったワスカラン山を呪い、その裏切りをなじった。しかし他方で、オリヴァー＝スミスによれば、新ユンガイの町にできた商店やバー、レストランでは、ワスカラン山が町の象徴として使い続けられていた。ワスカラン山はユンガイの人々にとって、大災害を経たあともなお、不可欠の存在だったのである。

災害後のユンガイの復興過程について述べることにしよう。明らかなのは、町が以前の状態に戻るのは不可能だということだった。災害前のユンガイは、ペルー社会の階層性を顕著に示す町であった。中央広場周辺に白人系の大地主などの上流階層が大きな家を構え、その周りを中流階層の住民が取り囲む。周辺の村々には混血の下層労働者や先住民出身のチョロの人々が住み、彼らはそこから町に通って働いていた。さらにユンガイ町を見下ろす高所には先住民の村々があった。地震発生後、雪崩は谷間にあるユンガイ町の中心部を直撃した。それゆえ犠牲者は中心部に住む上流・中流階層に集中し、その少数の生存者が以前の社会的地位を回復するのはもはや不可能であった。彼らに代わり、町の周囲に住んでいた混血やチョロの人々が災害後の復興過程の中軸を担うことになる。ユンガイの階層性の崩壊にさらに拍車をかけたのは、政府が派遣した被災地域再建復興委員会が、援助物資の分配や仮設住居の割り当てにおいて徹底的な平等主義を貫いたことである。こうして、かつての上流階層の人々が家族も家財も特権も失って憤慨と悲嘆に暮れる中、ユンガイの町は社会的水平化を遂げながら再生していった。それは、本書の用語を用いて言えば、町の人々の社会身体の、集合的なレベルでの激しい脱身体化＝再身体化であったと言えるかもしれない。

このように、避難者キャンプからの復興過程は深刻な内部対立の火種を孕んだものであったが、もう一方で、対立した立場にある人々が連帯して行動することもあった。特に重要な出来事は、政府の再建復興委員会が、防災上の観点から、彼らがいるのとは別の場所に新ユンガイを作る計画を立て始めたことである。避難者キャンプの人々は、旧ユンガイ――それは土砂に埋もれたままの状態にあった――に近接した、自分たちのいるキャンプの場所に新ユンガイが作られるべきことを強く主張し、旧エリート階層の有識者を中心に、一致団結して激しい移転反対運動を行った。そして人々は、災害後一周年の一九七一年五月三一日に向けて、新しい町の中央広場を自らの手で作るという実力行使を計画し、当日は、大集結した人々の高揚感と圧力の中で、再建復興委員会から譲歩を勝ち取ることになる。

オリヴァー＝スミスによれば、ユンガイ町のこうした再生の過程は、巨視的に眺めるならば、実はペルーという国全体の同時代の動きと連動するものでもあった。この大震災が起こったのは、歴史的には、フアン・ベラスコ将軍が「上からの革命」を掲げた軍事革命政権（1968-1975）を樹立して、大規模な農地改革を含め、より平等な社会を作るための諸改革に着手したすぐ後のことであった。こうした背景のもとで、再建復興委員会がユンガイで平等主義を貫いたのであり、さらに一九七四年にベラスコ政権はユンガイの周辺地域で災害復興と組み合わせた形での農地改革を行なっている。自然大災害が引き起こしたユンガイの急激な社会的水平化は、政府が同時期に国家レベルで推進していた社会変革と呼応するものでもあったのである。

この『犠牲となった町』という本は、大災害とその後の復興過程に関する、長期のフィールドワークに基づくパイオニア的な民族誌であり、一九七〇年代初頭の出来事を扱ったものであるとはいえ、今日もなお我々に豊かな示唆を与えるものである。ユンガイの復興過程は、民族誌の中で細かく論じられているように、一方で災害前の社会的・文化的な要素が息を吹き返し、新たな形で活用されていく過程であり、もう一方では、もはや後戻りできない形で、古い要素が消えて新しい要素が生まれていく過程でもあった。この過程の複雑さは、オリヴァー＝スミスがこの本で論じているもう一つの重要な点——雪崩という自然の巨大な力の作用の結果が、その後、ペルー国家というもう一つの大きな力の作用と重なっていったこと——とも関わっている。ユンガイの復興は、そうした中で、反復的であると同時に一回的な過程として生きられたのであった。

さて、ここから二番目の民族誌であるマリソル・デ・ラ・カデナの『大地存在』(2015) に移ることにしたい。[31]『犠牲となった町』では、主役は災害に直接遭遇したユンガイというペルーの地方都市の住民たちであった。そのため、周辺の農村部に多数居住している先住民ケチュアの人々は、民族誌の中に時折見え隠れする謎めいた存在にとどまっている。この先住民たちとはいかなる人々であり、彼らにとってアンデスの自然とは、またペルーという国家は、いかなるものだったのであろうか。『大地存在』はこうした点を理解するうえで格好の著作である。舞台はペルー南部のクスコ県パクチャンタ村に移るが、その傍にも六〇〇〇m級の高峰アウサンガテ山がそびえている。『大地存在』は、パクチャンタの先住民共同体においてリーダー的存在だったマリアーノ・トゥルポと、その息子のナサリオ・トゥルポの二人についての伝記的記述を軸にした歴史的民族誌であり、デ・ラ・カデナはそこで、二人の言葉を徹底的に注意深く読んで、彼らの思考をきわめて厳密な形で取り出すことに成功している。

先住民の思考をめぐるデ・ラ・カデナの議論は、第6章で触れた、アニミズムにおける多自然主義の概念とも関わるものである。6.2で述べたように、ヴィヴェイロス・デ・カストロによれば、アニミズムとは、世界がそこに住まう様々な「人々」(人間であれ、動物であれ、石であれ) が各々の世界——つまり各々の「自然」——の中で生きる自然観であった。ところで、もしもペルーのように多数の先住民人口を擁する国家で、先住民たちの多自然主義的な考え方が真に尊重されるならば、そこからは重要な認識論的＝政治的帰結が生まれてくるだろう。なぜならその場合、先住民のみならず国民の全体が、近代的意味での〈自然〉が唯一普遍のものである、という考えを捨てざるをえなくなるからである。アニミズムはそれ自体が「多自然的」な考え方であるが、同時に、このような意味では、近代的な自然観を生きる人々の考え方を「多自然的」にする方向に引っ張ってゆくものでもあるのだ。[32]首都リマの非先住民の出身である人類学者デ・ラ・カデナはこの本で、ペルー人として自国の歴史的・政治的な状況を引き受けた上で、パクチャンタの先住民指導者であったマリアーノとその息子ナサリオの二人の生涯を読み解いていく。

パクチャンタ　一九五〇―二〇〇七年

デ・ラ・カデナが『大地存在』で力強く示すのは、ペルーにおける先住民の地位回復のために、多自然主義の考え方を深く受け止めることの意義である。パクチャンタの先住民たちは――アニミズムにも通じる形で――自然の諸存在を生きる存在、感覚を持つ存在として捉えており、中でもアウサンガテ山を中心とする山々は、彼らにとって強大な力を持つ「人々」である。デ・ラ・カデナの考えに従えば、現代ペルーの政治的状況の中で、こうした先住民の考えについて非先住民が取るべき態度は、それを先住民の生と不可分に結びついた独自の自然観として、言い換えれば、西欧近代的な自然観と対立しつつ並存するものとして、尊重することである。

このような認識論的構図のもとで、『大地存在』の前半が主題とするマリアーノ・トゥルポの生は、独自の輝きを持って立ち現れてくる。20世紀初頭、パクチャンタの先住民たちは、自らの生活圏をクスコの上流階級に属するサルディバル家に力づくで奪い取られ、その大農園で強制労働を強いられるようになった。クスコの司法界や中央政界と直接の繋がりのあるサルディバル家に対し、読み書きのできない先住民は、どんな蹂躙を被っても無力なままであった。そうした状況が続いていた20世紀の半ば、耐えかねた村人たちから、「大きな苦情」をクスコやリマに出て行って訴えることを任ぜられたのがマリアーノだった。彼は他の先住民と同様に読み書きができなかったが、左翼系の運動家や弁護士と巧みに同盟することで、抗議運動やゼネストを繰り広げることに成功し、リマで共和国大統領に会見したりもする。そうやってマリアーノの名は抜け目ない先住民指導者として広く知られるようになった。一九六九年にベラスコ軍事革命政権がペルー全土で農地改革に着手したとき、最初に解体された大農園の一つがパクチャンタのそれだったのは、マリアーノ――および彼を支えたパクチャンタの先住民たち――の活動なしには理解できないことである。

ただ、デ・ラ・カデナが論じるように、マリアーノが果たした役割やその活動の真の意味はペルーの主流社会にとっては全く理解の外にあるものだった。まず、読み書きができない彼の活動は、都市の同盟者――主に左翼の活動家たち――の力を利用し、彼らを媒介に間接的に展開されたものであり、それゆえ極めて見えにくいものであった。さらに重要なのは、ペルーの主流社会に向けたマリアーノの政治活動の彼方に、先住民たちが理解する意味での、アンデスの広大な自然を背景とする、「自然の政治」があったことである。マリアーノ自身にとってはそれこそが自らの活動の原動力だったのであり、先住民たちが繰り広げてきた戦いの意義を理解するためには、この自然の政治を理解することが不可欠なのだ。パクチャンタの人々を含むケチュアの先住民たちは、自分たちが「アイリュ」に属していると考える。マリアーノの説明によれば、「アイリュは織物のようなものだ。世界のあらゆるもの――人間、動物、山々、植物など――は糸のようなもので、我々はみな模様の一部なのだ。糸が一本だけでは織物にならないように、この世界の存在は一人であるのではない」[33]。ケチュアの知者の伝統の継承者であったマリアーノは、そのような世界観のもとで、アウサンガテ山を始めとする「大地存在」に捧げ物をし、「彼ら」と取り引きしながら彼の政治活動を行なったのだった。

さて、農地改革後の歴史について述べれば、パクチャンタの人々は、一九六〇年代末に大地主の支配から解放された後も、国家の制度的枠組が都市の識字層を優位に置くものであるがゆえに、しばらくは苦しい戦いを強いられ続けた。しかし、特に一九七九年に読み書きのできない人々にも投票権が与えられたことは重要な出来事であり（先住民たちは人口的には多数派であるため、これは非常に大きな変化だった）、さらに一九八〇年代から一九九〇年代にかけてのペルーの政治・経済の構造的変化を経て、先住民たちはようやく従属的地位から抜け出し始める。

『大地存在』の後半では、マリアーノの息子ナサリオの生に焦点を当てて、この新しい時代の先住民の状況が描写される。新自由主義の波及とともに、地方分権化や多文化主義の政策がペルーにおいても推進され、それまで軽蔑の対象であった先住民たちの営みは、「文化」として一定の範囲で尊重されるのみならず、とくにクスコでは重要な観光資源として注目されるようになる。先住民がひそかに行なっていた「大地存在」への捧げ物は、クスコの上流・中流階級の人々にとっても親しみのある儀礼になってゆくとともに、アンデスのスピリチュアルな伝統として観光客向けに活用されるようになった。そうした状況のもとで、父から儀礼的知識を受け継いだナサリオは、大統領就任に際して行われた記念式典に職能者として呼ばれたり、観光ツアーの専属の「シャーマン」として活動したり、さらにはアメリカ合衆国の国立アメリカインディアン博物館での展示のコラボレーターとしてワシントン特別区に呼ばれたりする。ただしこうした変化は、先住民たちの生き方が理解されたことを意味するわけではない。確かに先住民の状況は大きく改善されたし、またナサリオ自身、観光客向けの仕事や、アメリカでの博物館展示の仕事に喜びと満足を感じていた。しかしそれは、本質的には、近代世界が先住民の世界を自らの論理に従って取り込む範囲内で起こったことである。パクチャンタの先住民が、自然の諸存在が持つ力と「織物」を形づくるように結び合って生きている、独特の生のあり方は、それを真の意味で受け止めることをしない

限り、主流社会から見えないものであり続けるのである。

『大地存在』は、マリアーノとナサリオという二人の個人の生についての緻密なコメントを通じて、パクチャンタ全体の先住民の状況、ひいてはペルー全体における先住民の状況を鮮やかに描き出した著作である。そこで述べられているこの一つ一つは、個人としてのマリアーノとナサリオが生きた出来事だが、しかしその全ては、何らかのレベルで先住民全体の問題と深く反響するものでもある。ここには確かに、一回的なもの（個人的なもの）と反復的なもの（集合的なもの）の重なりあいの別の現れがあると言えるだろう。

『大地存在』の議論における決定的に重要な点は、パクチャンタの先住民の生が根本的な形で二つの「政治」と関わってきたということである。それは第一に、かつてパクチャンタの人々を力で押さえ込んでいたクスコの地方政治であり、それを上から承認していたペルー国家の政治である。そして第二に、先住民独自の自然観の中で機能している「自然の政治」である。デ・ラ・カデナは、マリアーノがアウサンガテ山を「大統領のような存在」と見なしていたことに触れている。[34]『犠牲となった町』の場合とは異なった形ではあるが、ここでもやはり、人々の生は、自然と国家という二つの「大きな力」との対峙の中で営まれてきたのである。

さて、第三の民族誌であるペニー・ハーヴェイとハンナ・ノックスの『道路』(2015) に移ることにしよう。[35] パクチャンタからクスコ市に行くためには、より高度の低いオコンガテ町に出て、そこを通る幹線道路を使わなければならない。マリアーノやナサリオが行き来した道である。この道路は、クスコからオコンガテを経てアンデス山中をさらに進んだあと、アンデス東斜面の急勾配を一気に降りてゆき、アマゾニア地方にあるマドレ・デ・ディオス県の中心都市プエルト・マルドナドに至る。私はかつて、これと同様の、クスコからマドレ・デ・ディオス県に向かって下ってゆく別の幹線道路を旅したことがある。幹線道路といっても、切り立つ崖を削って砂利を敷いただけの道である。使える交通手段はトラックの荷台しかなく、現地の農民たちと共に、クッションも何もない硬い荷台の上で二日越しで旅をした。荷台にいた数人の男たちはアマゾニア方面に行くのは初めてで、砂金採取の仕事場で成功することを夢見ていた。トラック運転手たちの目当てはアマゾニアの森林で時に不法に伐採された木材だった。狭くて危険な箇所が無数に含まれた坂道を、荷物を一杯に積んだ旧式のトラックが往来している。一車線なので一台のトラックが故障するとそれで道が塞がれ、両方向からの車が溜まっていくが、半日ぐらい経つと何とか解決策が見つかり、再び車が流れ出す…。

アンデスやアマゾニアの雄大な自然は誰にとっても印象的なものだが、それはとりもなおさず、そこに道路網を整備する上での多大な困難を意味する。特にアンデス高地からアマゾニアに向かう道はすべてアンデス山脈東斜面を降りていくことになるが、これは降水量が最も多い地域で、数多くの橋が必要であり、しかもそうした橋はしばしば洪水で流されてしまう。さらに、アマゾニア低地では川そのものが移動したりもする。このような自然の中で道路網を拡張し維持することは、交通網の問題であると同時に、国家の政治的・法的空間の拡張と維持の問題でもある。例えばアマゾニアの森林で木材が不法に伐採されてきたのはその広大な土地を監視するのが困難だからであり、またパクチャンタにおいて――そしてペルーの広い地域で――大地主が長年、先住民を不法に搾取し続けていた背景には、道路網が未発達であったばかりでなく、大地主たちが一定の範囲で道路自体を支配していたという状況がある（だからマリアーノは、命がけでクスコやリマに旅したのであった）。ハーヴェイとノックスの『道路』は、まさにこうした、国家空間と国家外空間の交渉の場所としての道路を扱った民族誌である。

クスコ～マドレ・デ・ディオス　二〇〇六―一一年

オコンガテ町を始めとする道路沿いの町の住民は、パクチャンタの先住民などとは異なり、基本的には混血や「チョロ」の人々である。ハーヴェイとノックスによれば、アンデスからアマゾニアのフロンティアへと向かうこの道路の近辺に住み着いた人々の多くは、金採取の仕事、建設労働の仕事など、何らかの機会に手早い金稼ぎをするためにやってきた人たちである。それゆえ彼らにとって、道路というものは常に、ひょっとすると新たな金儲けの機会を与えてくれる可能性を含んだ場所であった。

ハーヴェイは一九八〇年代からオコンガテ町に通い、町の人々や幹線道路沿いの世界に親しんでいたが、二〇〇〇年代に入って現地の状況を大きく変える出来事に遭遇することになる。このルートを辿る形で、ブラジルとペルーを結ぶ太平洋・大西洋横断道路の一部をなす大規模な舗装道路が、二〇〇六年から五年間かけて建設されたのである。ハーヴェイとノックスの『道路』は、ペルー国内でのこの太平洋・大西洋横断道路の建設についての民族誌である。この本での民族誌的描写は、現代的人類学の研究動向を反映する形で、道路近辺に住む人々と、道路建設のために現地にやってきた技術者たちの両方を扱うものである。

二人の著者のこの調査における関心の一方の軸は、都市のエリートである技術者たちが、現地の自然や人々といかに出会い、それにいかに反応していったか、という点にあった。太平洋・大西洋横断道路は、大統領府のバックアップを受けた企業連合が、国際的な金融資本に支えられつつ施工したものである。技術者たちは、土木工学・土木施工管理に関する最新の知見や技術をもとに工事を遂行したが、近代性のフロンティアのようなこの場所での仕事は、単なる理論的知識の適用のようなものではありえず、むしろ新たな状況に出会い、それと妥協し、その中で解決策を見出していくような営みであった。例えば、ペルーの大自然の潜在力は技術者に数々の困難な挑戦を強いるものであり、土壌が不安定なアマゾニアで不可欠なのは、土質を厳密にコントロールすることである。そこで彼らは、一定区間ごとに道路の土砂を採取し、綿密に分析し、必要なら他所の土——使い物になる土はかなり離れた場所にしかなかったりする——を持ってきて混ぜることで、道路の基盤となる土に適正な塑性を与えるという、非常に面倒な作業を強いられたのである。

技術者たちが現地の人々と営んだ関係も興味深いものだった。二〇〇〇年代の公共事業として、彼らは現地の人々に対してこの道路建設が「公共善」のためのものであり、地元の人々をも利するものであることを納得してもらおうと努めた。それゆえ彼らは、現地での良好なコミュニケーションの樹立に腐心し、非熟練労働については可能な限り現地雇用を行った。しかしながら、技術者たちがどんなに「公共善」を強調しても、工事が実際には様々な損得関係を現地の人々の間に引き起こさざるをえなかったことも事実である。建設工事での仕事は地元の人々にとって高待遇であるため、仕事につけるか否かは人々の間に不平等を引き起こしうる。また、既存の町の近辺では、新しい道路をどこに引くかは人々の利害に大きく影響せざるをえなかった。別の種類のすれ違いもあった。安全管理担当の技術者は、労働災害が生じることがないよう、現地採用の労働者たちに徹底的に安全管理上のルールを守らせようとしたが、現地の人々から見れば、そうした安全管理の規則は形式に囚われた理不尽なものであり、逆に危険を増大させる面も含むものであった。

一言でいえば、技術者たちは、この辺境の地における自然と人間を、現代国家の法に基づき、科学技術の知を応用しながら工事を遂行したが、その過程は、そうした知や法の体系から半ば外れて暮らしていた人々との間において、様々な齟齬を含んだものとして生きられたのである。現地の人々は、一方では道路建設が自分たちにもたらすはずの未来——工事はそれを約束しているはずだった——に期待を持ちつつ、他方では、それが本当に自分に益するものか、また本当に相応の利益を自分に与えているかについて疑問を持ち、エネルギッシュな抗議行動も行った。地元の人々にとっては、透明性や公正性が掲げられていようと、天文学的な数字の予算を操る道路建設には、常に腐敗の匂いが感じられるものであった。[36]

アンデスとアマゾニアの大自然の中での道路建設は、現代の科学技術と国家とが内包する問題性の一端を、しばしば意外に思えるような形で浮き彫りにするものである。道路沿いの住民たちは、デ・ラ・カデナが描いた先住民のような独自の自然観を持つ人々ではないが、かといって主流社会——技術者たちの大半がその中にあるような——に属するわけでもない。『道路』は、ペルーという国家の周辺部分に生きる、こうした人々の独特の「現代」を描き出しているという点でも興味深い民族誌であるといえる。

『道路』で描かれる建設事業は、自然と国家の「大きな力」がぶつかり合い、また重なり合う場所で展開するものだが、その延長線上で、国際的な金融資本や現代の科学技術もまた「大きな力」として現出してくる（腐敗の問題はこの「大きな力」の反映とも言えるだろう）。『道路』では、現地住民の日常生活のレベルから道路建設を捉えるだけでなく、工事を計画し施工した技術者たちの経験にも焦点が当てられている。道路建設という一回的過程は、そのように視野のもとで、はじめて全体として理解することが可能になるのである。

以上、本節では現代ペルーに関する三つの民族誌的著作を合わせて検討する作業を行ってみた。雪崩災害、先住民をめぐる政治、道路建設という外見上は全く無関係な主題を扱ったものだが、このように一緒に読むことで、三つの民族誌の間のひそかな響き合いを感じることができたのではないだろうか。さらに言えば、そのような作業を通して垣間見えてくるのは、現代ペルーの人々と自然の全体が時間の中で変化を遂げていくダイナミックな状況であると思われる。そうした状況はまた、今日のグローバル化した世界の中で、様々な場所で起こっている変化とも多かれ少なかれ反響するものであるはずである。

9.6 技術・自然・身体

ハーヴェイとノックスの研究にもみられるように、民族誌的対象として科学技術に関わる事柄を取り上げるのは、近年の人類学一般においてますます重要性を増してきているアプローチだということができる。そこで、本章最後のこの節では、科学技術に関連する一連の民族誌的研究——科学技術論の影響を受けたものも含め——を紹介することで、今日における自然と身体の人類学について、読者がより開かれた展望を持てるようにしたい。

哲学者のハイデッガーが、近代における技術を「徴用してかり立てる」ことを本質とするものとして捉え、総かり立て体制 (das Ge-Stell) という概念を提起したことは8.2で見たとおりである。[37]『道路』で出てきた太平洋・大西洋横断道路は、ペルーの周辺地域の自然と人間をまさに「徴用してかり立てる」仕組みの一つと言える。しかしもう一方で、本章で扱ってきた様々な事例は、総かり立て体制が――8.2でも述べたように――自動的に全てを「かり立て」尽くすと考えてはならないことも示している。デ・ラ・カデナの『大地存在』では、16世紀から西欧文明と接してきた先住民ケチュアの人々が、21世紀に至るまで、その外部で彼らの「アイリュ」を維持し続けてきたことが示されていた。また『道路』は、混血やチョロの人々が、それほど強固なアイデンティティを持たないにもかかわらず、総かり立て体制の内とも外ともつかない曖昧な場所に位置しつづけてきたことを示している。総かり立て体制の概念はむしろ、その外にありそれに包含されえないもの、それに抵抗するものとの力関係について考察を強いる概念として捉え直すべきだと思われる。

さて本節では、以上のことも念頭に置きつつ、四つの民族誌を紹介する。科学技術が地球全体を広く「かり立て」るものである以上、本節の内容は、ペルーという地域的文脈に密着して叙述した前節とは異なり、どれもグローバルに広がる問題性と関わるものである。

最初に取り上げる『核半島』(1989) は、チェルノブイリ原発事故が起こって間もない頃、原子力施設が集中しているフランス北部、ノルマンディー地方の半島部（コタンタン半島）でフランソワーズ・ゾナベンドが行なったフィールドワークによるものであり、原子力施設をめぐる先駆的な民族誌的研究である。[38]まさに総かり立て体制の最先端部分をなす、原子力施設――原子力はハイデッガーの考察の視野にも確かに入っていた――についての民族誌は、とりわけ二〇一一年以降の日本および世界にとっても重要な示唆を与え続けているものである。

ノルマンディー半島部　一九八七―八九年

ゾナベンドがフランスのノルマンディー地方の農漁村で民族誌的調査を行なっていた時、常に気になっていたことがあった。美しく平穏な村々と強烈なコントラストをなす形で、海に突き出した半島の台地上にある原子力施設に車両が絶えず出入りしていたことである。チェルノブイリ原発事故の翌年、彼女は意を決し、ノルマンディー半島（コタンタン半島）先端部のラ・アーグ再処理工場に焦点を当て、技術者・労働者と工場周辺の住民の両方を対象にした民族誌的調査に取り組むことにする。

ノルマンディーの半島部は、ラ・アーグ再処理工場、フラマンヴィル原子力発電所、シェルブール海軍工廠を擁する、世界でもっとも原子力施設が集中した場所である。一九六〇年代初頭にフランス政府がシェルブール海軍工廠に核装備を行なったのが最初だった。政府はさらに、使用済み核燃料の再処理工場を半島先端部に建設することをも秘密裏に決定し、突然の告知を経てラ・アーグ再処理工場の建設が始まることになる。住民の大きな抵抗がなかったのには、この一帯は風の強い荒地で、小規模な農業と漁業が営まれていたものの、農耕に不向きな土地だったという背景もある。一九七〇年代には、さらにラ・アーグ南方のフラマンヴィルで原子力発電所が建設される。フラマンヴィルは、かつては近海に海底鉄鉱脈があって労働者が多く住んでいたところだが、一九六二年の閉山以来は低迷を続ける状況にあった。そして一九八〇年代にはラ・アーグで新たな再処理工場群の建設も始まっていた。

さて、ゾナベントがラ・アーグ周辺で調査を始めると、そこで繰り返し出会ったのは、原子力施設に関する話題に触れるたびに独特の沈黙が現れるということであった。住民たちは、施設は安全だという公式見解を繰り返し、それ以上は語りたがらない。日常会話では「あそこ」というだけで直接の言及を避け、「幸い私の家からは見えないし」などと言う人も多い。似たような態度は工場の技術者たちにも見出される。快活に話していた人も、放射線のリスクについて問いかけると急に口調が変わり、判で押したような科学的・技術的説明を返してくる。工場ではかなり頻繁にインシデント——事故に至らないトラブル——があることも分かったが、ゾナベントに対しては、奇妙なことにどの技術者も「自分自身は経験したことがない」と言う。工場で働く男たちも、家に戻ると工場の話は決してしなかった。しかしながら、時折インタビューの録音機をストップさせた瞬間に、呟くように放射能への不安が語られることがあった。ゾナベントはそこで、再処理工場の内と外での、こうした沈黙、あるいは様々な言葉が残す余韻、といったものに細心の注意を払いつつ、フィールドワークを進めていくことになる。

周辺住民たちは、再処理工場の危険は意識するものの、「丘の上の連中は科学者だからなんとかやるだろう」と語る。中には「どうせ人間は死ぬんだから」と言う人もいた。鉄鉱の枯渇、酪農の不振、この地域に進出した一連の工場の経営不振といった状況の中、原子力施設がこの地域に重要な雇用を生み出し、地方自治体にとって決定的に重要な収入源になっていることは誰もが知っていたし、スポーツ施設や文化施設ができたことの恩恵も人々は感じていた。しかし、やはり人々にとって不安なこともあった。再処理工場で火災が起こった時には何の知らせもなかったし、放射能漏れがあったときにも何の指示もなかった。しばしば放射能の様々な影響に関する不穏な噂もひそかに流れていた。

再処理工場で新規採用者が受ける一連の講習会は、原子力に関する理論的知識を学ぶ唯一の場だったが、講師は授業内容を説明するだけで、自らの体験を生き生きと語るようなことはなく、活発な質疑応答がなされることもなかった。稀に放射能汚染の可能性、低線量被曝がもたらす危険、チェルノブイリのような事故の可能性などの質問が出ても、講師はそれに正面から答えることはせず、従業員の不安を軽減しようと「私たちが飲むミネラルウォーターの方が放射線を多く含んでいます」、「スウェーデンにはずっと高い自然放射線があります」、「フランスの原発はロシアの原発よりもはるかに安全です」と繰り返していた。

こうした説明の中で常に強調されるのが、フランスの誇る原子力技術の先進性であり、その仕組みの確実性、安全性、単純明快さであった。一番危険であるはずの核燃料の再処理過程の説明でも、料理や清掃などの家事の比喩――「圧力釜のような」、「スープのような」、「牛乳を加工するような」等々――が多く用いられ、安全さの印象が強められる。[39] 安全性や単純さを強調する説明が執拗に繰り返されるなか、従業員が放射能への恐れを忘れて、十分な注意を払わなくなる傾向もあった。当初は原子力の先端技術に魅かれて、張り切ってラ・アーグに来た専門的な技術者たちも、安全確保のための装置が何重にも重ねられている仕事場で、次第に退屈に支配されていった。

工場内は、特有の用語が流通する空間である。労働者はＴＮＡ（非影響労働者）、ＴＮＤＡ（非直接影響労働者）、ＴＤＡ（直接影響労働者）の三種類に分けられ、名称は似ているが仕事場の放射線リスクには極端な差がある。最も放射線リスクの高い現場で働くのはＴＤＡである。ＴＤＡの中でも、機械設備の修理と維持を担当する整備士は、被曝の危険は高いものの、現場のノウハウを持つ不可欠な存在として重んじられていた。他方、汚染箇所を掃除する人々は、非熟練労働のため、被曝リスクが高いのに地位が低い。彼らは一般に下請け雇用で、仕事は長続きせず、トラブルも多かった。下請け会社は、安定職の可能性をチラつかせながら過酷な現場に従事させ、以前の職場での被曝記録を白紙に戻すこともしばしばあった。

現場の労働者たち自身は、被曝をめぐる態度によって、自分たちを「金利生活者」気質の人と「カミカゼ」気質の人という二種類に分類していた。「金利生活者」たちは、放射線量を厳密に管理し、危険を冒さないよう細心の注意を払うが、「カミカゼ」たちは、現場で何かあると危険を恐れずそれに立ち向かい、進んで問題を解決しようとする。時に彼らはルールを破って素手で機器を扱ったりもするが、これは彼らが無謀だからではなく、実際にその方が安全である場合も多いからである（手袋だとミスする危険も高まるし、手袋に穴が空いたらその方が危険である）。原子力施設の厳しい労働条件下で、「金利生活者」と「カミカゼ」の二つの態度は両方とも理解できるものであるが、両者の態度の違いはしばしば彼らの間で内部対立を生んでいた。

こうした違いはあれ、現場労働者の誰もが、結局は多かれ少なかれ被曝を経験することには変わりない。そうした中で労働者たちは、被曝を一種の汚れのようなものとして受け止めるとともに、そうした汚れをあえて引き受けることで、「新入り」から「熟練者」に、そして「人間」から「人間を超えた人間」になってゆくのだと感じていた。中でも「カミカゼ」の人々は、死をも引き起こしうる汚れに身を晒して生き延びることで、普段の自分を越えた何かになると感じているところがあった。こうした考えは儀礼的思考を思い起こさせるが、実際、儀礼的な要素は彼らのルーティンの中にも見出すことができる。彼らが高放射線区域に入る際、時間をかけてかさばる防護服を着てゆく場面は、非日常的な空間に入っていく通過儀礼の分離期にどこか似ているし、仕事が終わって防護服を脱ぐ場面は、日常的な空間に戻る統合期を強く想起させる。この枠組に従い、高放射線区域をあたかも儀礼の過渡期の場のように考えることは、彼らがフィルムバッジに対して抱く不思議な感情を説明することにもなるだろう。フィルムバッジは被曝放射線量を計るだけのものであって、もちろん被曝を防ぐものでは全くないのに、労働者も技術者も、どこか「これを胸につけているから安心だ」と感じているのである。それは、非日常的空間の危険——おそらく、そこでの巨大な力《デュナミス》——から彼らを守ってくれるお守りなのだ。

もちろん現場で働く人々は、人間の力を超える放射線との繰り返しの接触を、最後まで安全に切り抜けられるものでないことも知っている。彼らは、高放射線区域の現場で自らの身を危険にさらすことを一種の侵犯行為であるとも感じており、そのことにどこか罪の意識を持っている部分があった。「人間は誰しも最後には罰を受けるのだ」と説明する人もいる。こうした奇妙な罪悪感は、現地の医師が指摘する、労働者たちが白血病やがんになっても労災の申請をしない、という状況の原因にもなっていた。確かに手続きの困難さもある。しかし、病気が彼らを襲っても、自らそれを隠し、病気について語らないのである。労働者たちの中には、こうした人生を、鉱山労働者であった自らの親の世代の生と重ね合わせ、一種の運命のように語る人もいた。「俺たちの親父は鉱山で働いた。俺たちは原子力施設で働く。親父たちは鉱山で死んだ。俺たちも自分の命を危険にさらすんだ。」原子力施設の労働者たちは、ゾナベンドが言うように、近代を底辺から支えてきた英雄的な人々の系譜を引き継いでいたのだ。

これは我々を様々な考察に誘う重要な民族誌であるが、中でも目を引くことの一つは、ゾナベンドが、原子力施設という現代科学技術の先端的な場所に、ディナミスムやアナロジスムを想起させるような奇妙に人間的な要素を見出したことである。まず、現地を広く覆う奇妙な沈黙や、いうなれば反復強迫的な硬直した語りは、全体として抜き差しならない形で迫ってくる巨大な力《デュナミス》の現れと表裏一体のものであると思われるし、また高放射線区域をめぐる儀礼的な思考、フィルムバッジのお守りのような意味なども、ディナミスム的な経験の枠組の中で理解できるものである。さらに、彼らが時に語る「罪」や「運命」と言った言葉からは、アナロジスム的な経験の枠組を強く想起させるものだろう。原子力施設は、まさにそれが人間の力をはるかに超える力を扱うものであるがゆえに深く人間的な施設でありつづける——ゾナベンドがラ・アーグで見出したのはこの逆説的な事実であり、それは現代の科学技術一般を考えるうえでも参考になるものだと思われる。

さて、今日の科学技術の先端的な領域として、原子力技術のほかに、情報通信技術が挙げられる。そこで次に、この分野に関する民族誌として、人類学者トム・ベルストルフの『セカンドライフの思春期』(2008)を取り上げてみたい。この本は、二〇〇〇年代後半にインターネットで大流行したヴァーチャル世界「セカンドライフ」("Second Life")について、緻密な民族誌・人類学的検討を行った著作である。[40]

「セカンドライフ」とは、アメリカの企業リンデンラボが二〇〇三年六月に開始したヴァーチャル世界のサービスであり、ネット上の仮想空間の中で、ユーザーが自分のアバターを作り、他のユーザーたちと交流してゆくものであった。ユーザーはヴァーチャルな土地を所有し、ヴァーチャルな家を作り、ヴァーチャルな空間で買い物をしたり旅行をしたり、人と知り合ったり、一緒にコンサートやディスコに行ったり、一緒に勉強したり議論したりする。仮想空間内でリンデンドルと呼ばれる米ドルと交換可能な通貨が流通し、ヴァーチャルな経済が実際に機能する形になっていたのも注目を引いた要因であり、二〇〇六年頃には多くの世界的な有名企業が競ってセカンドライフに参加したほどであった。

二〇〇〇年代の終わりになると、セカンドライフのようなヴァーチャル空間に向けたサービスは急速に下火になり、むしろオンラインとオフラインがより緊密に結びついたサービス（Facebook、Twitter、YouTube など）が台頭していく。しかし、この『セカンドライフの思春期』というヴァーチャル世界の民族誌が、そうした浮き沈みとは無関係に、今日からみても多くの示唆を含んだ著作であるのは疑いのないことである。

インターネット　二〇〇四―〇七年

ベルストルフは二〇〇四年から二年半にわたり、ちょうどセカンドライフが急速に成長していった時期に、このヴァーチャル世界で民族誌的フィールドワークを行なった。一般に、人類学者がインターネットの研究を行う場合、実世界のフィールドからオンラインの世界に入っていくことが多い。しかしベルストルフはこの調査で、徹底してヴァーチャル世界の内部に定位し、自らのアバター――名前は別名だが肩書きは「人類学者」だった――を通して人々と交流するという方法をとった。『セカンドライフの思春期』は、セカンドライフに参加した人々が、実生活とは違う新たな世界をそこに発見し、興奮し、没入し、時には失望してそこから抜け出していった様子を全体的に捉えた民族誌である。

セカンドライフの根本的な特徴は、それがゲームではなく「世界」であること、つまり、実生活と同様に、人々がその中に住み、思い思いの活動をする空間だということである。人々は、実世界ではあり得ないような自由さの中で、自分が住まう身体や家を作ったり変えたりし、自分の世界を作ることができる。それゆえセカンドライフのオブジェクトの99％以上は、リンデンラボが用意した既定のものではなく、ユーザーたちが作ってきたものだった。「私はここにいるのが好きだ」、「好きな時に行ける場所があるので、気持ちがほっとする」と人々は言う。「セカンドライフでは、まず家を作り、そして友情に出会った」と表現したユーザーもいたとおり、セカンドライフは思いがけない出会いの場所でもあった。自分の場所をベースに、新しい友人や恋人を作ったり、楽しんだり、学んだり、物を売買したり、さらには企業を経営したりする…。当時のコンピュータやインターネットの技術的限界もあり、使い勝手の良いものでは必ずしもなかったが、それでも多くの人々が、セカンドライフの中に、実生活とは違うもう一つの世界――社会、教育、経済、政治、文化あるいは人生そのもの――の可能性を発見し、それを生きたのであった。

もちろん、セカンドライフの世界が実生活から全く切り離されていたわけではない。例えば時間の問題がある。セカンドライフへのアクセスは随時できたが、重要なイベントはセカンドライフの標準時（リンデンラボのあるアメリカ西海岸時間）を基準に、多くのユーザーが同時にログオンしている時間帯に行われた。それゆえ、他の時間帯で暮らしているユーザーは、イベントにいつも参加するためには、自分の何らかの活動を犠牲にしなければならない。もっと根本的な言い方をすれば、ヴァーチャル世界で過ごされる時間とは、とりもなおさず現実世界の時間を犠牲にして得られる時間である。セカンドライフでは、ユーザーが画面にアバターを残したまま実生活上の必要から一時的に退席している状況（"afk=away from keyboard" と呼ばれる）がしばしば見られたが、これはヴァーチャル世界と実世界の相互排除的関係を端的に示すものだった。ただ、セカンドライフの場合、この相互排除的関係にはポジティブな面もある。ヴァーチャル世界が実生活と対立する、というまさにそのことが、セカンドライフをどこかユートピア的な空間にし、そこに人々が魅かれる理由にもなっていたのだ。もちろん、ユーザーがヴァーチャル世界にのめり込んで、実生活との両立ができなくなってしまう危険は確かにあるし、それは人々がセカンドライフを結局退会してしまう主な理由の一つでもあった。

セカンドライフにおける生はアバターの身体を土台とするが、その身体は男性が女性になったり、皮膚の色を変えたり、動物になったりと、まったく自由に構築できるものである。ユーザーはまた、メインのアバターに加えて代替アバター（alt）を作り、その両者に異なったキャラクターを演じさせることもできる。アバターをまったく自由に作れる以上、ユーザーたちの多くは、実生活の自分と全く別の、想像上の自分を演じているのではないか——そのようにも予想されるが、セカンドライフの現実はそうではなかった。「メインのアバターはたいてい、実生活での美的基準によってデザインされていたり、実生活の自己の反映だったりする」、「自分が誰であるかを隠し通せる人はいないと思う」、「大抵の人は自分が認めようとする以上に自分自身を表出している、と私は思う」とユーザーたちは指摘する。これは、複数のアバターを使い分けている人の場合ですらそうであって、彼らは各々のアバターが自分の一部分をそれぞれ表現していると感じていた。「どちらの『モード』でログインするときも、まず深呼吸して、心の準備をする。どちらのアバターもリアルだから。第二のアバターは、メインのアカウントには表現しない私の大事な部分なの」と彼らの一人は語る。

とはいえ、ヴァーチャル世界における自分が、実生活における自分によって完全に制約されていたわけではない。ユーザーたちは、実生活では不可能だったような新しい自分をセカンドライフにおいて実現していった経験も生き生きと語った。「恥ずかしがり屋の人も、ここでポジティブな経験をすると、実世界でももっと外向的になる」、「ショッピングセンターで昨日、気がついたら、全く知らない人と自分が平気で話をしていたの。最近セカンドライフで長い時間を過ごして、いつも未知の人と話をしていたから…」。パヴィアという名の美しい女性アバターは、セカンドライフ上でベルストルフ(のアバター)と話し込む中で、次のような印象的な経験について語った。パヴィアのユーザーは、実生活では男性であるが、セカンドライフでパヴィアのアバターを使う中で、自分がトランスセクシュアルだと知ったのだという。「自分が他人とは違うことはずっとわかっていたけれど、セカンドライフにいる中で、自分の中に新しい何かが生まれた——それまでそこにあるとは全然気づかなかった何かが。最初はただのロールプレイングだったけど、私はだんだんパヴィアを愛するようになった。(…)私は彼女になり、彼女は私になった。」

多くの人にとって、セカンドライフの中の人間関係は、お互いの内面にまっすぐに入っていくような濃密な関係であり、それは現実世界よりもずっと「速く」進むものだった。「実生活で他の人を知る時は、外面から内面へと向かうけれど、セカンドライフでは内面から外面へと向かうんだ」、「オンラインで人に出会うと(…)その人の人格をずっと深く知ることになる」、「オンラインでは、時間が早く進む」、「ここはとても濃密な場所だ。感情が増幅されていくんだ」と人々は語る。そうした関係には、もちろん恋愛関係もあるが、大抵は友人関係であった。多くのユーザーは、セカンドライフで出会う人々のほとんどは親切であり、無償で勉強を教えたりという愛他的行為が頻繁に見出されると感じていた。それは、誰もが自分の仕事に追われている実生活の中では、明らかに経験できないことだった。「セカンドライフのあり方は、実世界と同じではないと思う。ここで出会った人の多くは、とても思いやりがあって親切だった。実生活では、ともかく目の前の仕事を達成するために必死だから、そんなに寛大になれないんだと思う」とあるユーザーは指摘する。

ベルストルフは、セカンドライフにおけるヴァーチャルな身体化は、人間と機械のハイブリッドとしての「サイボーグ」としてみることもできるが、それと区別すべき点もあると述べている。これは非常に重要な指摘だと思われる。彼によれば、「ヴァーチャルな身体化が依拠するのは、ヴァーチャルなものと現実的なものとの不連続性ないしギャップである」[41]。つまり、セカンドライフが実世界と相互排除的であるがゆえに、ユーザーの自己とアバターの間の、重なりつつ離れるような、微妙な関係が成り立つのである。そしてそれゆえに、人々は実生活で実現できない自分の理想やファンタジーをセカンドライフに託そうとしたのであり、それが時には実生活の方にもフィードバックされたのであった。

ゾナベントが『核半島』で描いていたのは、原子力技術が生み出す圧倒的な力《デュナミス》のもとで、一見すると客体化された〈自然〉が全てを透明な形で支配しているはずの世界が、アルカイックな自然観に似たものによって二重化されていく状況であった。情報通信技術の高度な発達に基づくセカンドライフの世界は、それとは全く別種の自然の重層化であると言えるかもしれない。今日の情報通信技術は、極度に抽象的なレベル——0と1からなる機械語——にまで「脱＋再イメージ化」を進めるとともに、他方でそれを著しく現実的な形にまで「脱＋再イメージ化」させて、我々の生きる現実を様々な形で増幅してきた。さらに、インターネットという瞬時に膨大な数の0と1が行き来するシステムが整備されることで、それに関与する無数の人々の身体が「増幅した現実」の中に大きく引き込まれていった。ベルストルフがこの民族誌を『セカンドライフの思春期』と題したのは、ヴァーチャル世界を民族誌的に研究するという企てが、彼にとって、人類学の草創期にマーガレット・ミードが『サモアの思春期』(1928)を書いた時を想起させるような、独特の新しさを帯びた経験だったからである。もちろん、「脱＋再イメージ化」は人間の経験の基本的な要素ではある。しかしながら、それを目が眩むほど遠くにまで発展させてゆく現代の情報通信技術は、確かに、それに見合った斬新な人類学的考察の出現を求めるものであるだろう。

三番目に取り上げるステファン・ヘルムライヒの『異海』(2009)が主な記述の対象とするのは、深海海底の——そして他の様々な場所の——微生物を研究する海洋微生物学者たちである。これは、『核半島』におけるラ・アーグ再処理工場の技術者・労働者・周辺住民や、『セカンドライフの思春期』におけるユーザーたちと比べても、確かにかなり特殊な研究対象という感じがする。先端的な学者の固有名詞が次々に出てきて彼らの研究内容が論じられたりする、この『異海』という異色の民族誌——そこでは9.5のハーヴェイとノックスの『道路』と同様に科学技術論の研究方法が援用されている——は、本書で私が取り上げた数々の本の中でも特に古典的民族誌のスタイルから遠く、しばしばサイエンスライターによる先端科学の解説書に似た印象を与える部分もある。とはいえ、全体を読めば、今日の海洋微生物学をめぐる様々な営みを一貫した全体的ヴィジョンのもとで描き出すという著者の企ても理解できるだろう。最先端の科学技術における様々な動きが、わずかなタイムラグで世界中の人々の日常生活に影響を与えていく現代世界において、こうした企ては、確かに今日の人類学の不可欠な一部分を構成するものだと思われる。

太平洋・大西洋　二〇〇〇―〇五年

ヘルムライヒは二〇〇〇年から二〇〇五年にかけて、（八ワイを含む）アメリカ合衆国各地の研究所をベースに、海洋科学者たちを追いかける民族誌的フィールドワークを行なった。特に焦点が当てられるのは海洋微生物学の研究者たちである。実は微生物というものは、地球規模の環境にひそかに甚大な影響を与えている存在である。『異海』にある通り、微生物学は生命現象に関する我々の理解を根本から変える潜在力を持つ学問であると同時に、今日のバイオテクノロジー産業の動きと関わるものでもある。

海洋微生物学者たちが特に注目していたのは、太平洋や大西洋の深海の底にある熱水噴出孔などの極限環境に住む微生物であった。太陽光が届かないそうした場所で、食物連鎖の土台となるのは、光合成ではなく化学合成によって――言い換えれば、光からではなく、硫化水素などの化学物質からエネルギーを得て――有機物を生成する細菌たちである。有毒化学物質に満ち、極端に大きな水圧がかかり、さらに高温の熱水が地下から噴き出してくる、というような極限環境では、陸上からは想像もつかない異世界が展開している。それは、地球外生命の探査にも重要なヒントを与えるものであり、つまり海中の異世界は地球外の異世界に通じるものでもある。ただし、この異世界は我々と無関係な世界であるわけでもない。海に住む大量の微生物たちは、その様々な作用によって、地球環境の維持に決定的な役割を果たしていると考えられている。また、光の届く海中で光合成を行う大量のシアノバクテリアたちは、大量の酸素を生んで地球の環境を最初に決定的に変えた生物だと考えられている。海中の様々な環境に住まう細菌は、様々な産業的利用の可能性をも持っていることから、バイオテクノロジー産業界の関心の的でもあり、産学連携の企ても含め、海洋生物学者たちに研究資金源を与えるものにもなっている。

ヘルムライヒのフィールドワーク中の最も重要な経験の一つは、深海調査船アルヴィン号――乗員は操縦士のほかに2名だけである――に自ら乗船し、太平洋のファン・デ・フカ海溝と呼ばれる場所を視察する機会を得たことであった。アルヴィン号は、一九六〇年代から四〇〇〇回以上も深海に潜り、数々の科学的発見の場となってきた調査船である。人類学者のチャールズ・グッドウィンによれば、海洋学の研究船では知覚は個人の脳内で行われるのではなく、社会的な営みの間で生起する。実際、ヘルムライヒがアルヴィン号の狭い船内で経験したのは、自分の身体が操縦士および同乗の地学者デラニーと一つの全体をなすような状況であった。これに加えて、アルヴィン号に装備された計測機器が外部の情報を絶えず画像化・音声化しており、アルヴィン号における乗組員の知覚は明らかにそうした計測機器の働きと不可分になっていた。こうした意味で、アルヴィン号と三人の乗組員は確かに生物と機械の一つの混成体、つまり「サイボーグ」となっていたとヘルムライヒは論じる。ただし、彼は同時に、深海という独特の場所を経験することが乗組員にとって意味する、強烈な主観的意味についても触れている。

ところで、アルヴィン号に彼と同乗した地質学者ジョン・デラニーは、ネプチューンという名の大規模プロジェクトの推進者でもあった。これは、ファン・デ・フカ海溝周辺の三〇〇〇平方キロメートルにわたって光ファイバーと電力ケーブルを広げ、地殻変動の様子と、それによって生じる海水の流れの様子、さらにその中で繁茂する微生物の様子をリアルタイムで把握し、その情報をインターネットに送るというものである（このデータにはまた、アルヴィン号などの深海調査船によるデータも統合されてゆく）。アルヴィン号が潜水船と三人の乗員によるコンパクトなサイボーグだったとすれば、ネプチューンのシステムは、広大な深海底の状況を様々な情報に変換する装置から、その情報を伝達するインターネット、そしてその情報に関心を持つ研究者や学生や産業界の人々までの全てを含み込んだ、壮大なサイボーグと考えることもできるだろう。

このように今日の海洋学の研究においては、研究の主体が一種のサイボーグを形成しつつあると考えられるのだが、ここで面白いのは、そうした研究が対象としている海洋微生物たちの方も、ある意味でサイボーグに似た存在として現れてきていることである。W・F・ドゥーリトルによる「遺伝子の水平伝播」の理論はこの点に関して重要である。[27] 海洋微生物学が積み重ねてきた知見によれば、微生物の遺伝子は非常に変わりやすく、動物や植物が遺伝子を樹状に伝達していくのとは異なって、微生物が水平的に遺伝子を相互交換するということが起こりうる。とりわけ深海の極限環境のような場所では、微生物が高い濃度で集中しており、遺伝子交換は頻繁に行われていると考えられる。それゆえ、そうした場所での生物の進化は、一般的な樹状のモデルではなく、網状のモデルの中で理解されなければならない。これは進化とは何か、遺伝子とは何かという、生命そのもの――人間のそれも含め――の理解について根本的な改変を迫るものだが、同時に、研究手法の大きな変化をもたらすものでもある。もし微生物の間で遺伝子が頻繁に相互交換されるのであれば、個体としての微生物に焦点を合わせるのはもはや意味がない。むしろ、一つの環境の中に住まう微生物の、集合的な遺伝子データ――メタゲノムと呼ばれる――が問題になってくるのである。さらに、海洋微生物が教えるのは、そうした集合的な遺伝子データは環境との相互作用の中にあること、つまり、環境条件の変化に従って遺伝子の発現の仕方も自動的に変わってくるということである。ヘルムライヒはこうした現代生物学の知見に基づいて、微生物のそのような集合的な生を、ノーバート・ウィーナーがサイバネティクスという言葉で概念化した、フィードバックに基づく自動制御システムと類比的なものとして捉えることを提案する。ヘルムライヒによればこうした考えはさらに、微生物のそうしたサイバネティックなシステムが、地球を覆う広大な海の様々な場所で作動することで、地球環境全体の（熱平衡から遠い）独特の定常状態が保たれてきた、というガイア仮説の議論とも結びつけうるものである。

付け加えれば、このような現代生物学の営みは、もう一方で、特に冷戦後の世界において、現代資本主義の動きと緊密に連動しつつ展開してきたものでもある。例えば、公海の海底から情報を集めるネプチューンのようなプロジェクトは、生物探査や海底油田開発にもつながり、深海海底を人類の共通財産とする考え方と衝突しうる（ネプチューン計画でも、コンピュータ産業のほか、石油メジャーのエクソンモビルを産業界のパートナーに引き込むことが期待されていた）。また『異海』の中の一章が論じている、ハワイ大学の海洋バイオテクノロジー工学研究所の設立計画では、ハワイという立地条件を生かし、バイオテクノロジー産業と積極的な連携の中で生物探査を行うことが目指されたが、ハワイ先住民の利益を損なうものとして反対に出会い、計画が頓挫したりしている。

ヘルムライヒが述べる通り、今日の微生物学者たちの経験は、アルヴィン号の計測・探索機器やネプチューン計画の広大なネットワークのようなものと切り離して考えることができない。そうした機器やネットワークが現代の情報通信技術――極度の「脱＋再イメージ化」に基づく技術――に大きく依拠していることを考えれば、その経験は『セカンドライフの思春期』で描かれたユーザーたちの経験と通じる部分を持つとも言える。[43] しかしさらに意味深いのは、研究者（海洋微生物学者）と研究対象（微生物）の両方が、こうした経験の中で、サイボーグ的存在として――サイボーグ的な社会身体として――立ち現れてくるという事態である。自律的で個人的であるはずの科学者の主体が周囲の人々や事物に向けて溶解していくこと。そしてまた、研究対象として明確に切り出されていたはずの微生物が周囲の微生物や環境に向けて溶解していくこと。人類学の本質が「他なるものの肯定」であるならば、ヘルムライヒは確かに、深海という、いわば地球上最大の異界に向かう海洋学者たちを追いかけながら、古典的人類学とは全く異質の形で「他なるものの肯定」を行うことに成功している。そこでの「他者」はもはや人間ではなく微生物であるのだが、しかしこの研究は、現実の不可量部分《インポンデラビリア》に触れる経験を土台としているという意味で、やはり人類学的であり続けているのである。

本節で取り上げてきた三つの民族誌は、客体化された〈自然〉のイメージ平面を土台にして前進することをやめない現代の科学技術の最前線にあるいくつかの領域を扱ったものであり、そうした中でいかなる形で人類学的問題が現れつづけるかを示すものであった。最後の事例はこれらとは異なり、前進するのではなくてむしろ後退するかのような、別種の科学技術との関係に関わるものである。客体化された〈自然〉が生の現実を二重化させるという7.4での議論に戻りつついえば、これは、二重化した現実を再び結び合せるような企てと言えるかもしれない。

紹介するのは、社会学者フィリップ・ヴァニーニが、共同研究者のジョナサン・タガートともに、カナダ各地で「オフグリッド」の生活を送る人々を訪ね歩いて書いた民族誌『グリッドを離れて――家庭生活を組み直す』(2015)である。[44] 電気・ガス供給網(「グリッド」)に依存せずに、エネルギーを自給して生活している人々というのは、決して現代社会から切り離された人々ではない。彼らの生活は、ソーラーパネルを始めとして、現代の科学技術によって生まれた様々な事物に依存しているし、また彼らの多くはインターネットに接続して、特に生活上の必要や問題について、情報を得たり、話し合ったりしている。彼らの大半は孤立した世帯に住んでおり、コミュニティを形成しているわけでもなく、文化を共有しているわけでもない。彼らはまた、現代世界から抜け出そうと望んでいるわけでもない。しかし、この『グリッドを離れて』という民族誌――著者たちはそうした孤立した世帯を一軒一軒訪ねた末にこの本を書いた――が説得的に示すのは、グリッドを抜け出すことは確かに、人々の中にある共通の、意味深い変化を生み出すということである。それは同時に、一種の陰画として、オングリッドで(電気・ガス供給網に依存して)暮らすことが人々に暗黙裡に及ぼしている影響を明るみに出すものでもある。

カナダ各地　二〇一一―一三年

カナダ太平洋岸の都市バンクーバー周辺には、対岸のバンクーバー島のほか、多数の小さな島々が海上に浮かんでいる。ヴァニーニは二〇〇〇年代、そうした島々で暮らす人々に関する民族誌的調査を行なったが、中でも異色の場所は、電気と天然ガスの供給網に入ることを自ら拒んできたラスキーティ島だった。近代社会は、交通通信網やエネルギー網を張り巡らせて、常に効率と速度の最大化してゆく方向で発展してきた。ラスキーティ島ではそれとは逆に、エネルギーを自給するオフグリッドの生活を求める人々が集まるようになったのである。交通の便が悪く、生活上も不便なこの島は地価が安い。それゆえ住民たちは、十分なスペースの中で太陽光・水力・風力等による発電を行い、飲み水や生活用水を取り込み、作物を作り、ゴミや汚物を清潔に処理し、再生可能な程度に薪を獲得することができていた。

ラスキーティ島の状況は、その地理的・気候的条件と切り離せないきわめて特殊なものである。そこでヴァニーニは、多様な環境・生活条件のもとでオフグリッドの生を送る人々に関する民族誌的調査——訪問したのは一〇〇世帯、二〇〇人に上る——を、カナダを構成する一三の州・準州の全てをカバーする形で行なうことにした。彼はまた、ラスキーティ島での調査経験において、オフグリッドの世界は文字だけでは十分に捉えられないことを実感したことから、大学院生でプロの写真家でもあったジョナサン・タガートを雇って、二人三脚で調査を行うことにした。民族誌的著作『グリッドを離れて』は、インターネット上の写真・音声・ビデオクリップ——および民族誌映画《オフグリッドの生》——と組み合わせられたマルチメディア民族誌である。[45]

調査をする中で明らかになったのは、人々はオフグリッドで暮らすなかで、単に電力ないしエネルギーの入手方法を工夫するだけでなく、周囲の事物と営む関係の全体を捉え直すようになってゆく、ということである。季節や天候によって、太陽光や水や風がいかに変化するか（それによって発電量も変わる）。水はどこから来て、そしてどこに行くのか。人々は日常生活のあらゆる側面が何に依存し、何に影響をもたらすかについて敏感になり、次第に、自分を周囲の事物や状況に合わせて暮らすようになるのである。[46]ヴァニーニらは、古代ギリシア語におけるクロノス（継起的時間）とカイロス（機会的時間）の区別に言及しつつ、オフグリッドの人々が生きる時間はカイロス的なものだと指摘する。それは「スローライフ」の一種とも言えるが、単に時間的にスローであるというより、自らの行動を周囲の状況が与える機会に合わせていくことが重要なのである（それは、天気が良いとか、風が強いとかいった機会に即して電力を要する作業を行うというような、きわめて具体的なことである）。他方、電気のグリッドに頼って暮らしていると、そうした機会的時間との生きた関係は見失われ、ひたすら継起的時間のなかで生きるようになる。エネルギーや電力は英語でパワー（power）と呼ばれるが、パワーのグリッドは、我々の生——そして感受性——のあり方を定める権力（power）の網の目でもあるのだ。

オフグリッドの生活が誰にとっても無縁なものではないことは、「キャンプする」というありふれた行為からも見てとれる。グリッドから離れて暮らす人というと、何か変わり者で、特殊なイデオロギーを持った人という感じもするが、ヴァニーニたちが実際にカナダの各地で出会った人々の多くはごく普通の人たちだった。そもそも、意図してオフグリッドの生活を選んだ人は少数派であり、多くの人は、住む場所を探す中で一番気に入った場所がたまたまグリッドの外にあったという具合に、なかば仕方なくエネルギーの自給というオプションを選んでいたのである。とはいえ、スピードと効率を土台とする現代世界とは対照的なオフグリッドの生活に入ることは、結局は根本的な選択である。それは必ずしも特別な能力を要求するわけではないが、しかし、いったんオフグリッドの生活を始めたら新しい生活に必要な様々なノウハウを一気に学んでゆかねばならない。いずれにせよ、彼らはその中で、オングリッドにおけるのとは異なる生への態度――アメリカの思想家エマソンが「自己信頼」と呼んでいたもの――を確かに獲得していた。

社会全体を見渡せば、オフグリッドの生活者というのは、もちろん圧倒的な少数者にすぎない。また、世界の全人口がオフグリッドで暮らすというようなことも現実上、不可能である。では、こうした人々は単なる少数者であり、彼らの生は一般的意義を持たないのだろうか。しかし『グリッドを離れて』を読めば、そうした考えが狭量であることに気づかざるをえない。ヴァニーニたちのインフォーマントの一人が述べた、「多様なライフスタイルを持つ人々がいてこそ、社会は活気があふれ、強くなる」という言葉は説得的なものである。この意味で、『グリッドを離れて』は、世界がおそらくは将来も基本的にオングリッドであり続けるにせよ、確かに今日的な意義を持った民族誌なのである。

本章では、現代世界の人類学のうち、文化的・社会的なものから大きく外れていくような幾つかの潮流を眺めつつ、それを身体と自然に関する人類学的議論として整理した。9.5と9.6のテーマは自然であったが、ヴァニーニとタガートの民族誌は、自然の問題と身体の問題の直接的な結びつきを明らかな形で示すものであったし、身体というテーマの重要性は、ゾナベントの『核半島』の中にも、ベルストルフの『セカンドライフの思春期』の中にも、ヘルムライヒの『異海』の中にも、それぞれの形で見出すことができる。自然の人類学とは社会身体の人類学であり、そして身体の人類学でもある。このように考えることは、「社会的・文化的なもの」を内包するものとしての、自然と身体の現代的人類学をさらに発展させてゆくための確かな基盤になるはずである。

注

1　ここで特に念頭に置いているのは、一九六〇年代から一九八〇年代にかけて隆盛した象徴人類学の議論である。この議論は、第6章・第7章で積極的に触れたところの、一九九〇年代以降の「自然の人類学」によって乗り越えられたと思われるため、本書ではほとんど触れていない。

2　とはいえ、優れた人類学者がフィールドの現実への深い没入のもとで、二元論的思考にとどまらない民族誌的現実の理解を示してきたことは強調すべきであろう。エヴァンズ＝プリチャードの『ヌアー族』（向井元子訳 岩波書店 一九七八年（原著一九四〇年））はその代表例であり、そこでは〈文化〉・〈社会〉と〈自然〉・〈身体〉が深く織り合わされた形で描かれている。

3　例えば、メルロ＝ポンティから深い影響を受けつつ新たな人類学的考察の地平を切り開いた重要な人類学者として、ティム・インゴルド、菅原和孝、トマス・チョルダシュの三人の名前を挙げることができる。

4　この著作は、『虚構の「近代」――科学人類学は警告する』（川村久美子訳 新評論 二〇〇九年［原著一九九一年］）として邦訳されている。

5　この節全体の注として付け加えれば、土井清美『途上と目的地――スペイン・サンティアゴ徒歩巡礼路 旅の民族誌』（春風社 二〇一五年）、里見龍樹『「海に住まうこと」の民族誌―ソロモン諸島マライタ島北部における社会的動態と自然環境』（風響社 二〇一七年）という二つの民族誌的著作に関し、その制作過程を身近な形で聞き知ったことが、身体と自然をめぐる本章の考察全体に様々な影響――私自身が明瞭に自覚していない点も含め――を与えていることを述べておきたい。

6　ヘルムライヒの手法は、後述の「多地点民族誌」のアイデアとともに、科学技術論の研究手法にも関わっている。科学技術論のフィールドワークについては、その原点の一つであるブルーノ・ラトゥールのカリフォルニアの先端科学のラボにおける民族誌的研究（Bruno Latour and Steve Woolgar, *Laboratory Life*, Princeton University Press, 1986）、およびラトゥール『科学が作られているとき』（川崎勝・高田紀代志訳 一九九九年［原著一九九一年］）等を参照のこと。

7　ロバート・F・マーフィー『ボディ・サイレント』（辻信一訳 平凡社 二〇〇六年）、七頁。

8　Phillip Vannini and Jonathan Taggart, *Off the Grid: Reassembling Domistic Life*, Routledge, 2015, pp. 21-22.

9　ここで、すでに一九七〇年代にジャン・ルーシュが、人類学的研究において「映像を繰り返し見ること」――さらに、現地の人々とともに映像を見ること――の意義に触れていたことも想起される（ジャン・ルーシュ「カメラと人間」、P・ホッキングズ及び牛山純一編『映像人類学』日本映像記録センター 一九七九年 九二―九三頁）。ルーシュ自身の民族誌映画・ドキュメンタリー映画も、一回性を深く意識した先駆的な企てと考えることができる（2.4も参照のこと）。

10　George E. Marcus, "Ethnography in/of the World System: The Emergence of Multi-Sited Ethnography," *Annual Review of Anthropology*, 24: 95-117, 1995.

11　このアプローチについての後年の（批判を含めた）評価としては、M.-A. Falzon, ed., *Multi-Sited Ethnography: Theory, Praxis and Locality in Cotemporary Research* (Ashgate, 2009) を参照。

12　ロバート・F・マーフィー『ボディ・サイレント』辻信一訳 平凡社 二〇〇六年。

13　この「脱身体化」、「再身体化」の概念はおそらくマーフィー独自のものだが、彼はそれを提起するにあたり、人類学者ゲリヤ・フランク(Gelya Frank)が一九八〇年代前半に身体障害の問題を扱いつつ提起した「身体化」(embodiment)の概念を参照している。ちなみにフランクの研究は、一九八〇年代末に身体化の理論を大きく発展させた人類学者トマス・チョルダシュによっても言及されている (T. Csordas, "Embodiment as a Pardigm for Anthropology," *Ethos* 18 (1), 1990, pp. 5-47)。

14　マーフィーはこの叙述方法について、（彼と同じくブラジル先住民の研究者であった）レヴィ＝ストロースの『悲しき熱帯』が大いに参考になったことを述べている（『ボディ・サイレント』、七―八頁）。

15　脱身体化・再身体化のテーマについては、『ボディ・サイレント』の第3章および第4章を参照。引用部分は一三八頁。

16　R・マーフィー『ボディ・サイレント』、三三〇―三三一頁。

17　ジョン・ハル『光と闇を超えて―失明についての一つの体験』新教出版社 一九九六年（原著は John M. Hull, *Touching the Rock: An Experience of Blindness*, SPCK, 1990.）

18　Carpenter et al., *Eskimo*, The University of Toronto Press, 1959.

19　Tim Ingold, "Stop, look and listen!: Vision, hearing and human movement," in *Perception of the Environment: Essays in livelihood, dwelling and skill*, Routledge, 2000, pp. 243-287. これが『環境の知覚』のために特別に書き下ろした論文であり、本の中で最も長い章でもあることは、インゴルド自身にとってのこの論文の重要性を示しているように思われる。

20　「感覚の人類学」を掲げるD・ハウズとC・クラッセンの基本的主張は、*The Varieties of Sensory Experience* (1990) から *Ways of Sensing* (2014) まで、一貫して感覚経験の社会文化的次元を強調するということにあり、そこでの彼らの文化的・社会的なものの理解は、古典的人類学の考え方を抜け出していない。

21　ただし、画家がある種の障害的な経験に手がかりを得て、芸術家としての経験のあり方を発展させてきたということは、ありそうなことだと思われる。神経学者のマーガレット・リヴィングストンは、『視覚と芸術』（改訂版）という興味深い著作において、西欧近代の画家たちの絵画上の技法を神経科学的なメカニズムとの関係で詳細に検討したあと、芸術家の中でディスレクシア（識字障害）の頻度が高いことが画家たちの独特の視覚と無関係ではないことを示唆している (Margaret Livingston, *Vision and Art: The Biology of Seeing*, revised and expanded edition, Abrams, 2014.)

22　Ingold, *The Perception of the Environment*, p. 276.

23　オリバー・サックス『手話の世界へ』晶文社 一九九六年［原著一九八九年］。

24　この状況については人類学者ノーラ・E・グロースによる『みんなが手話で話した島』（築地書館 一九九一年［原著一九八〇年］）を参照。興味深いことに、この島は、ウィリアム・ラボヴが「母音の中心化」をめぐる社会言語学研究を行った場所でもある（4.3を参照）。ラボヴによれば島の中でも「母音の中心化」の傾向が最も強かったのは西部のチルマーク町だったが、グロースの本によれば、同じチルマーク町は手話の使用が特に盛んな場所でもあった。

25　この点は、ヴィゴツキーの『思考と言語』における考察を紹介した4.4の議論と直接結びつけることができるだろう。ジョーゼフやイルデフォンソは、非常に遅い時期まで、前言語的なイメージ的思考を言語的素材と結びつける機会を持つことができず、そのために言語的なイメージ平面を作る機会を持つことができずにいたと考えられる。ヴィゴツキーの考察を想起しつつ言えば、手話が単なる情動的な身振り言語とは異なることは、まさに決定的に重要な点である。

26　Edward B. Tylor, *Researches into the History of Mankind and the Development of Civilization*, Estes and Lauriat, 1878(1865), chap. 2.

27　ここでは、英語の utter という言葉が語源的に "out" から来ており、

“put out”を意味するというタイラー自身の見解に基づいて、utter を「表出」と訳した（*Researches into the History of Mankind and...*, p. 14）。

28　例えば1.1で引用した『文化の型』(1934) におけるベネディクトの文章では、「できること」が言及されているものの、それは「慣習」に従属するものとして位置づけられている。

29　この社会的階層性は、人種的な言葉で描写されているが、現実には肌の色のような身体的特徴はさほど重要ではなく、社会文化的性格の強いものである。

30　A. Oliver-Smith, *The Martyred City: Death and Rebirth in the Andes*, University of New Mexico Press, 1986.

31　M. de la Cadena, *Earth Beings: Ecologies of Practice across Andean Worlds*, Duke University Press, 2015. なお、クスコの先住民と（ユンガイを含む）アンカシュの先住民はどちらもケチュア語を話すが、方言としてはかなりの隔たりがある。しかし、文化的な類縁関係とペルー国家における類似した社会文化的位置の両方からみて、二つのケースを一緒に考えるのは無理ではないと考えた。

32　多自然主義の概念についてはEduardo Viveiros de Castro, “Cosmological Deixis and Amerindian Perpectivism,” *Journal of Royal Anthropological Institute* (N.S.) 4, 469-488, 1998 を、またその思想的含意についてはE. Viveiros de Castro, “Perspectival Anthropology and the Method of Controlled Equivocation,” *Tipití: Journal of the Society for the Anthropology of Lowland South America* 2 (1), pp. 3-22, 2004 を参照のこと。

33　De la Cadena, *Earth Beings*, p. 44.

34　De la Cadena, *Earth Beings*, p. 96.

35　P. Harvey and H. Knox, *Roads: An Anthropology of Infrastructure and Expertise*, Cornell University Press, 2015. なお、ハーヴェイとノックスはこの本でペルー南部のこの道路とペルー北東部の別の道路の二つの事例を扱っているが、以下では前者のみに焦点を当てて紹介を行う。

36　人々のこの印象は根拠のないものではなかった。実際、ペルーにおける太平洋・大西洋横断道路の建設計画自体も十分に正当な手続きを経ず、当時のアレハンドロ・トレド大統領の政治的判断によって決定されたものであった。今日では、こうした決定が、ブラジルの建設大手オデブレヒトによる、南米大陸全体を巻き込んだ壮大な腐敗行為の一部であったことが明らかになっている。

37　M・ハイデッガー「有るといえるものへの観入—一九四九年ブレーメン連続講演」ハイデッガー全集第79巻『ブレーメン講演とフライブルク講演』（森一郎、ヘルトムート・ブッナー訳）創文社 二〇〇三年。特に八〇—八五頁を参照。

38　Françoise Zonabend, *La presqu'île au nucléaire*, Odile Jacob, 1989. (*La presqu'île au nucléaire*, nouvelle édition, 2014; 英訳 *The Nuclear Peninsula*, Cambridge, 1991)

39　安全に関するこうした過剰とも見えるほどのレトリックは、確かに、ほんのわずかなトラブルが世間に引き起こしかねない巨大な反応を反映したものでもある。原子力が潜在的に持つ巨大な力は、人間にとって、そしてとりわけ一般の人々にとって思考不能なものであり、危険と安全の境界をめぐる判断は混迷しがちである。そのため原子力産業の側としては、あらかじめ一切の不安を取り除く方向に向かわざるを得ないという側面があることは否定できない。原発産業についてのある人類学的研究では、東京電力の勝俣恒久社長（二〇〇三年当時）による、こうした趣旨の発言も引用されている（Constance Perin, *Shouldering Risk* (Princeton University Press, 2007, p.19)。これもまた、原子力という「大きなもの」が、人間にとって思考不能であることの直接的帰結なのである。

40 Tom Boellstorff, *Coming of Age in Second Life: An Anthropologist Explores the Virtually Human*, Princeton University Press, 2008.

41 T. Boellstorff, *Coming of Age in Second Life*, p. 138.

42 ドゥーリトルは、ダーウィンが考えた進化の樹状モデルは、いわば現代物理学からみたニュートン力学のようなものであって、動植物については適切であるが、原核生物のような微生物――数として言えば、地球上の生命の大部分は微生物である――には当てはまらないとも説明している（J・B・リースほか編『キャンベル生物学 原書9版』池内昌彦ほか監訳 丸善 二〇一三年、六四一―二頁）。

43 ただし、ベルストルフが「サイボーグ」概念について述べている留保は、両者を過度に同質化すべきでないことも示している。

44 Phillip Vannini and Jonathan Taggart, *Off the Grid: Reassembling Domistic Life*, Routledge, 2015.

45 ウェブサイト "Life Off Grid" (http://lifeoffgrid.ca) を参照。ここから民族誌映画 *Life Off Grid* へも有料でアクセスできる。

46 付け加えれば、オフグリッドの生活では、太陽エネルギーを最大限に有効に使うパッシブ・ソーラー・システムの考え方が重要になる。例えばパッシブ・ソーラー・ハウスでは、家の向き・窓・間取り・材質などが熱効率の観点から最適化されて、暖房の必要性が最小限または皆無となる。これがさらに、太陽光で発電を行うアクティブ・ソーラー・システムと組み合わされることになる。パッシブ・ソーラー・ハウスでは、季節や天候と直接的関係が家自体によっても具現化されているのである。

おわりに

平坦な道のりではなかったが、ともかくこの本も終わりまできた。〈文化〉と〈社会〉を引き算することは、古典的人類学の意味を蘇らせ、それを現代的人類学の様々な形態と通底させる効果を生むのではないか。従ってそれは、人類学的営みを崩壊させるのではなく、逆にそれを未来に向けて肯定する力となるのではないか。私はそのようなアイデアのもとでこの本を書きはじめた。「イメージ」と「社会身体」をめぐる諸概念は、そうしたアイデアを具体化していくための基本的なツールであり、それらを援用しながら、古典的および現代的な人類学と対話する中で立ち現れてきたのがイメージの人類学である。本書の議論は、第5章までの前半部と第6章以降の後半部に大きく分かれている。前半部におけるイメージの人類学の基礎理論に関しては、第5章の最終節で一応のまとめを行なったから、この「おわりに」では後半部を中心にして本書全体をまとめることにする。

第6章以降では、本書前半部の理論的枠組に立脚しつつ、人類学者が世界各地のフィールドで積み重ねてきた様々な民族誌的研究とどのように対話するかを考えた。そこで議論の対象となった民族誌的素材は、時間的には20世紀前半から現在までの長い期間にまたがり、空間的にも狩猟採集民や焼畑農耕民の世界からネット上のヴァーチャル空間や深海の底まで、大きな多様性を含んだものであった。第6章と第8章前半にかけて提示したディナミスム、アニミズム、アナロジスム、客体化された〈自然〉という四つの自然観は、本書後半の議論において中心的位置を占めるものである。四概念のセットは、イメージの人類学の実践的理論を形成すると言ってもよい。

いま「実践的」と形容したように、四つの自然観のセットは、あくまでも実際上役立つべき理論であって、（あたかもそれによって現実が代表されるかのような）本質主義的な理論ではない。たとえて言えば、それは定規や分度器にも似た概念的道具であり、人類学的考察を行う途上で、時々引っ張り出してきて形や大きさや角度を測り、現実の状態をよりよく把握するために使うべきものである。このような理由から、

第8章後半と第9章で現代的人類学の諸相を具体的に紹介した際、私自身も四つの自然観の理論に全てを帰着させるのではなく、それに触れるのが特に有用な場合のみ言及することにした。とはいえ、四つの自然観のセットは確かに本書の議論にとって中心的な理論的意義を持っている。私は本書でそれらを、古典的人類学の遺産を効果的に再活用するための枠組として提示したのであり、それらには古典的人類学と現代的人類学を連結するという根本的な役割が託されている。そこで、本書を締めくくるに当たり、まずこの四つの自然観のセットの理論的意義について述べることにしたい。

「四つ」の自然観

　私は一体なぜ、「四つ」の自然観について論じてきたのだろうか。[1] この考察にとって鋳型のような役割を果たしてくれたデスコラの理論では、この四つに相当するものは「存在論」(ontologies)と見なされ、それらは全体としてある種の構造的関係――二組の概念的対立から四つの「存在論」が得られる――をなすとともに、相互に排除的なものと考えられている。[2] 本書における四つの自然観はこれとは全く性質の異なるものである。それらを区別するのは構造的差異ではなくて、そこで働いている力のベクトルの全体的方向性であり、そして四種類のベクトルの方向性は、緊張関係と相互浸透の両方に向かいうる、基本的には共存可能なものである。[3] それらはデスコラの「存在論」のような実体的なニュアンスを持つものではないから、「ある文化はアニミズムで、別の文化はアナロジスムである」というような言明は意味を持たない。むしろ考察すべきなのは、ある状況においてアニミズム的であった社会身体が、ベクトルが全体的に変化することでアナロジスム的になる、というような事態である。四つの自然観は、そうした重なり合いや変化を分析していくための発見的な道具であると言ってよい。

　なぜ「四つ」であるのかについては、デスコラの場合には構造的に――2×2＝4として――説明されることであったが、本書の立場はより経験主義的なものである。実際私は、それは必ずしも四つである必要はなく、五つ以上あっても構わないと考えながら本書の枠組を構想した。結果的には四つで十分との考えに至ったが、それと同時に、それよりもっと大事なことにも気がついた。それは、これが「四つ」であって「二つ」ではない、ということである。「二つ」の場合、一方では「近代的なもの」がモデル化され、もう一方は常に「近代的でないもの＝近代的なものの裏返し」がモデル化されるのが常である。社会学における多くの考察は基本的にこのパターンのヴァリエーションや精緻化と見ることができるだろう。これに対して、モデルが「四つ」あるということは、

「近代的なもの」のほかに三つもオプションがあり、「近代的なもの」はその中の一つのオプションでしかない、ということである。四つの自然観のセットについて考察する中で私が痛感したのは、まさにこうした多数的な広がりを前提することによってはじめて、我々は「近代的なもの」をアプリオリとする思考から我々自身を解放し、人類学的考察にふさわしい思考の地平を十全な形で獲得できるということであった。一度そのような思考の地平を確保した上でなら、「四つ」であろうが「五つ」であろうが大差はない。また、「四つ」というのはある角度から眺めてのことであり、別の角度からは「二つ」であり、さらに別の角度からは「一つ」である、というような重層的な見方をしてもよい。

さて、四つの自然観について細かくいえば、その中で人類学的思考の広がりを確保するために最も重要な役割を果たしているのはアニミズムであるだろう。これは、人類学の歴史を振り返ってみても明らかなことである。レヴィ＝ストロースの「野生の思考」、サーリンズの「始原の豊かな社会」、クラストルの「国家に抗する社会」、ヴィヴェイロス・デ・カストロの「多自然主義」といった、最もラディカルな人類学的アイデアの多くは、アニミズム的思考が持つ非中心的な力と関わるものであった。アニミズムは、客体化された〈自然〉から最も遠くにある思考上の他者である。それゆえに、「近代的なもの」から自由な場所で思考を展開しようとするとき、そうした考察にとって最も重要な経験的支えになるのは、ほとんど常にアニミズムの思考圏にある民族誌的事実だと言える。

これに対して、アナロジスムとディナミスムは、アニミズムに比べて、客体化された〈自然〉により近い場所に配置することができるだろう。第7章で見たように、アナロジスムは客体化された〈自然〉に様式的にも近接しているし、実際上も、思想や芸術や宗教、さらには8.5でみた政治などの形を通じて、現代社会の中で依然として命脈を保っている。7.4でも述べたように、客体化された〈自然〉は経験の二重性を生み出すと考えられるが、そうした二重性を超克しようとするとき、最初に手がかりとして現れてくるのは、確かにアナロジスムであると言えるだろう。ただし、もう一方で、客体化された〈自然〉とアナロジスムには本質的に相容れない部分があることも事実である。なぜなら、歴史的にみて、客体化された〈自然〉はアナロジスムから自らを解放する中で全貌を現したはずのものであり、とすれば、アナロジスム的自然観は、いつも客体化された〈自然〉の側からの批判・否定・破壊の対象になるべき位置にあるからである。このようにして、経験の二重性の克服を求めながらもアナロジスムというオプションが否定されるとき、今度はディナミスムという、ずっと単刀直入な形での力の現れが、自然に、かつ何か否定しがたいものとして立ち現われてくる。そしてまた、そのように現れたディナミスムに混じり合った形で、ひそかにアナロジスム的なものが再度息を吹き返してきたりすることもある。8.5でみた昭和天皇の崩御の事例や、9.6でみたラ・アーグ再処理工場の事例は、こうした状況を最も印象的な形で示すものだと思われる。

付け加えれば、第8章の最終節で述べた「枠」の概念は、本書で幅広く活用することはなかったものの、四つの自然観のセットを厳密な形で適用するうえで重要な役割を果たしうるものだと思う。すでに述べたように、四つの自然観は相互排除的ではなく、むしろ地層のように——しばしば入り組んだ形で——重なり合うものだと考えられる。そうした各々の場所において、特定の自然観がどのような枠の中で展開しているのか、そこでの枠の内と外の関係はどうなっているのか。こうした問いは、四つの自然観の理論による分析をより精緻で実り多いものとするために不可欠なものであるだろう。

人類学的直観

ところで、「二つ」ではなく「四つ」であることは、思考の地平のみならず、思考の方法の問題とも根本的に関わってくることが指摘できる。もし「二つ」であれば、その一方はふつう客体化された〈自然〉と関連づけられるから、それを片方の踏み台として、客観主義的な装いをもった研究方法論を樹立することが可能である。〈社会〉や〈文化〉についての客観主義的にデータを積み重ねてゆく、人類学の通常の営みもこのような方向を意識したものだっただろう。しかし、もしも人類学的考察が客体化された〈自然〉を一角とする「四つ」の思考空間に立脚するということを本当に引き受けるならば、この方法は根本から考え直さなければならない。客観主義的な研究方法がその意義を失うわけではない。しかし、それに支配的地位を与えるのはもはや当然の前提ではない。では、どのような思考方法を採用したらよいのか。

客観主義的な方法だけでは実際にはうまくいかないこと、それを一方で掲げていても別の方法が他方で必要になることは、すでに草創期の人類学者たちもよく理解していたことだった。第2章で見たように、古典期の著名な人類学者エヴァンズ＝プリチャードが、民族誌的研究ではデータが貧しくとも深い理解に到達することはありうる、と確言していた通りである。そして何よりも、エヴァンズ＝プリチャードの師でもあったマリノフスキが、フィールドワークには〈社会〉や〈文化〉に関するデータの次元で量れないものがあることを「不可量部分《インポンデラビリア》」という明瞭な言葉で表現していたことが想起されねばならない。マリノフスキは、「民族誌学者も、ときにはカメラ、ノート、鉛筆をおいて、目前に行なわれているものに加わるのがよい」と書いた。客観的データの獲得という観点からいえば、これは非生産的な行為である。しかし、そうした非生産的行為を積み重ねることで、最終的に、ただ客観的データの断片を積み重ねていくアプローチによっては決して到達できないような、現実の全体を見通すようなヴィジョン——あるいはその前触れとなるイメージ——が立ち現れてくる。私はこうしたヴィジョンを、哲学者アンリ・ベルクソンの言葉を借りて、「直観」(intuition)と呼んでみようと思う。

少し回り道になるが、ベルクソン自身の考察の文脈も踏まえて、この「直観」という言葉の正確な意味を述べておきたい。彼は、主著ともいえる『創造的進化』(1907)において、当時最新の生物学の知見を精査しつつ、「生」というものを理解するうえで生物学的知見は有用ではあるが、しかし「生」の全体はそうした理解には決して還元できないと論じる。生物学が依拠する「知性」という能力は、物事を客体化し、固定化して捉えてしまうために、「生」の大事な部分がそこから逃れていってしまうからである。しかし、ベルクソンによれば、我々は他方で「直観」という、知性とは別の能力を持っており、まさそれによって我々は生の核心に触れることができる。知性が物事を客体化し分析的に扱うことで華々しい成果を上げるなか、直観の存在は忘れられがちだが、それは確かに我々の中で常に働いており、しかも我々にとって根本的な役割を果たしているのだ。

そのことは、ベルクソン自身が挙げている次の例を考えればすぐに納得がゆくだろう。一篇の詩を読むとき、我々は詩を構成する語や行や節を順に読んでいくのだが、しかしそのような断片の把握の積み重ねによって詩を理解することはできない。なぜなら、「詩の全体」は語や行や節の中にあるのではなくて、そうした諸部分のすべてを横切って存在するからであり、そのような「詩の全体」こそまさに直観によって把握されるものなのだ。まったく同じことが「生」そのものについて言うことができる。詩が語や行や節を通して現れるのと同様にして、「生」は物質を通して現れる時にはバラバラの諸物質に分割された形で現れる——そしてこのバラバラの諸物質を捉えるのが知性である——が、しかし、そうしたバラバラの諸物質を横切って「生の全体」が存在している。この「生の全体」に触れることができるのは、知性ではなくて、直観なのである。こうしたことを念頭に置きつつ、ベルクソンの次の文章を引いておこう。

諸々の語、行、節を横切って一つの単純なインスピレーションが走っており、それが詩の全体である。同じように、切り離された個体の間を、生がなおも流れている。至る所で、個体化しようとする傾向は、結合しようとする傾向によって抵抗されると同時に完成される。これらの傾向は対立しながら補い合っているのである。あたかも、生の多なる一が、多の方向へ引っぱられると、その分余計に自分自身へと収縮しようとする努力を行っているかのようである。ある部分は、切り離されるとすぐ、残りの全体とではないにせよ、少なくともそれに一番近いものと再び結び付こうとする。そこから、生の領域全体に、個体化と結合の均衡が生じる。[4]

ベルクソンがここで「生の全体」について論じていることは、人類学的営みにそのまま当てはめることができるだろう。人類学者は民族誌的フィールドワークにおいて、言葉や物事の断片を逐一記録することに努めるが、しかし同時に、「フィールドの全体」がそうした断片の中には存在していないことを知っている。そこに到達するためには、我々の中で働いている直観に依拠するほかはないのだ。ところで、この「フィールドの全体」というアイデアを人類学に導入したのは、確かにマリノフスキだったと思われる。彼は『西太平洋の遠洋航海者』で、民族誌的調査をする人は「あらゆる面に見られる現象を真剣に、冷静な態度で、そのすべてにわたって研究する必要がある」と書いた。先ほどのベルクソンの文章を参考にしてこの言葉を改めて考えると、その意味は見かけほど単純ではないことに気づくだろう。彼がここで「あらゆる面」、「すべて」と言っているものは、現実のフィールドワークの場面においては調査者があらかじめ決して知ることができない、一種の無限遠のようなものである。もちろん知性による作業の積み重ねは不可欠であるけれど、調査者がそれのみによって——つまり直観という能力を用いることなく——この見えない「フィールドの全体」に到達することはありえない。まさにそうした直観の働きを研ぎ澄ますためにマリノフスキが推奨したのが「不可量部分《インポンデラビリア》に向かう」という行為だったのである。

　人類学はそれゆえ、実際にはマリノフスキ以来存在していた二つの方法の併用という状況を、改めて正面から受け止めなければならない。一方は、客体化された〈自然〉としてフィールドの現実の部分部分を捉えてゆく方法であり、もう一方は、直観によって「フィールドの全体」を捉えてゆく方法である。ここで重要なのは、客体化された〈自然〉が直観によって補われると考えるのではなく、直観の助けを借りながら、客体化された〈自然〉を「フィールドの全体」の中に包み込む形で捉えることである。そしてこれが、先ほど立てた思考方法の問題についての私の答えということになる。

ベルクソンの詩的感情についての議論からも想像されるように、直観によって「生の全体」を捉えることは、文学や芸術の営み、また、（ベルクソン自身が実践した）哲学の営みにおいて、本質的な役割を果たすと考えうるものである。このことの延長線上でいえば、人類学者が「フィールドの全体」を捉えるという行為には、どこか芸術や哲学の営みに似た部分が含まれているとも言いうるのではないだろうか。私の印象では、少なからぬ人類学者はひそかに——そしてためらいがちに——自分自身がどこかアマチュア哲学者であり、またアマチュア芸術家であると思ってきた面があるように思われる。この自己意識は、必ずしもただの自己陶酔のようなものではないのだ。イメージの人類学は、こうしたことをむしろ素直に引き受けつつ、人類学をより多面的な営みに開いていくことを提案するものである。[5]

四つの時間性

四つの自然観にもう一度戻ることにしよう。私は先ほど、それが古典的人類学と現代的人類学を連結する重要な役割を担うものだと述べた。しかし、次のような疑問を抱いている人もいるかもしれない。ディナミスム、アニミズム、アナロジスムといった自然観は、過去においては重要だったとしても、今日の我々の生の問題を考えるうえでは、もはやさほど有用とは言えないのではないか。確かに第8章や第9章で扱った幾つかの事例では、これらの概念が今日も有意義であることが示されていたが、そうした場面は比較的特殊な状況、周辺的な状況に限られるのではないか。本当に重要な場所では、やはり全てが客体化された〈自然〉の自然観のもとで動いているとは言えないだろうか。

この疑問については、私は、時間の問題に着目することで、最も有意義な答え方ができるように思う。我々が今日生きている世界では、ベルクソンが述べていたような、物事が「多」の様相のもとでバラバラに現れてくるという事態がますます顕著になっているだけでなく、我々が経験している時間そのものが「多」の様相のもとでバラバラに現れてきていることが指摘できる。明日の物事はもはや今日の物事とは異なっているかもしれない——我々の誰にとっても、「今日」、「明日」、「一年後」、「十年後」が別々のものであることは当然の前提のようになっている。我々は、知性が分割された時間を受け入れ、それをなんとか処理する中で日々を過ごしている。

しかしもう一方で、「生の全体」がそうやって分割された時間の中には決して存在しないのも明らかである。「生きる」とは単数形の行為であり、複数形の行為ではありえない。直観は、あらゆるものがバラバラに立ち現れてくる中で、ひそかに――我々の意識には上らないにせよ――、休みなく、それらを結びあわせようとしているのだ。では、そうしたひそかな「結びあわせ」に、どのようにして経験的考察の光を当てることができるだろうか。ここで四つの自然観のセットがヒントになるように思われる。私の提案は、以下に示す四つの図にあるように、自然についての考えを時間についての考えとして読み換えることである。そうすることで、それらは、我々が時間の中で「生の全体」を捉える仕方にアプローチしていく道具にもなるのではないだろうか。

すでに何度も述べてきたとおり、客体化された〈自然〉には一種の解消しえない二重性がつきまとっている。このことはそのまま時間の問題として捉え直すことができる（次頁の図を参照）。現代世界の至るところにある客体化装置は、その装置が分析し予測する通りに未来が立ち現れることを想像させるが、実際には、「迫り来る未来」のそうした客体化――左上の「未来の客体化と二重性」の図では直線の灰色の矢で描いてある――は、「迫り来る未来」の我々の身体への現れ――曲線の黒い矢で描いてある――とは、部分的に一致することはあるにせよ、全体として完全に一致することはない。

こうした二重性は常に存在しているが、特にそれが意識されるとき、「迫り来る未来」は、未知性ないし不確定性を帯びたものになる。そこではまず、未知なるものの「力《デュナミス》」がディナミスム的時間として現れうるはずであり（右上の図）、我々が、時には不真面目な態度で偶然の符合に意味を見出したり、時にはもう少し真面目に儀礼的な行為を行なったりするのは、そうした時間の現れであるだろう（こうした状況の分析には「枠」の概念が重要である）。しかし、そのような「力《デュナミス》」によりしっかり正面から向き合うべき場合には、未来をもう少し分析的に、「多」に向かう潜在性を持つものとして捉えた上で、そうした「多」の調和的連関をイメージすることが少なくない。これがアナロジスム的時間である（左下の図）。考えてみれば、我々が「一日」、「一年」といった時間を、ひそかに、ある種の調和的全体として受け止めること自体、アナロジスム的時間の働きであるだろう。我々が多かれ少なかれ安心して毎日を暮らすことができるのは、深いレベルで、我々の思考の中で常にアナロジスム的な存在論的イメージが働いているからだと思われる。

とはいえ、さらに深いレベルに厳然として存在しているのは、アニミズム的時間性の方であるかもしれない。アリにはアリの生が、木々には木々の生が、細菌には細菌の生があること、そうした各々の世界が相互交渉しつつ差異とともに共存していることは、誰もがいわば身体の底にある直観によって知っている。[6] 自然全体の生は、（病原菌や害虫を含めて）さ

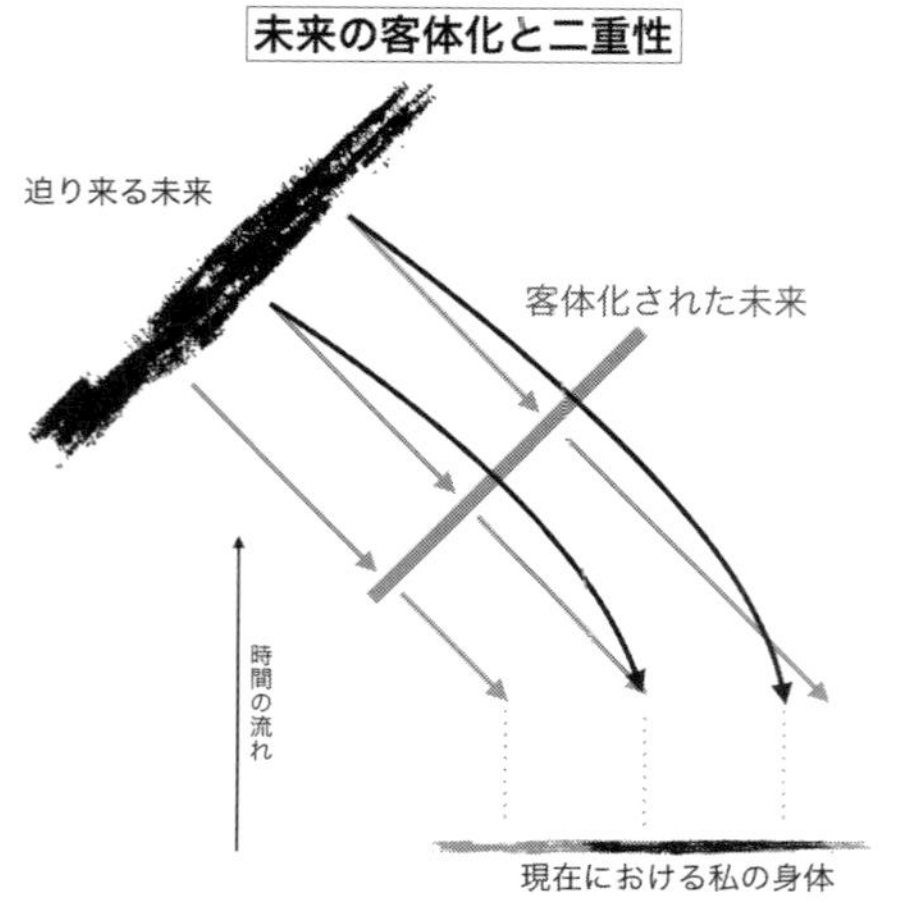

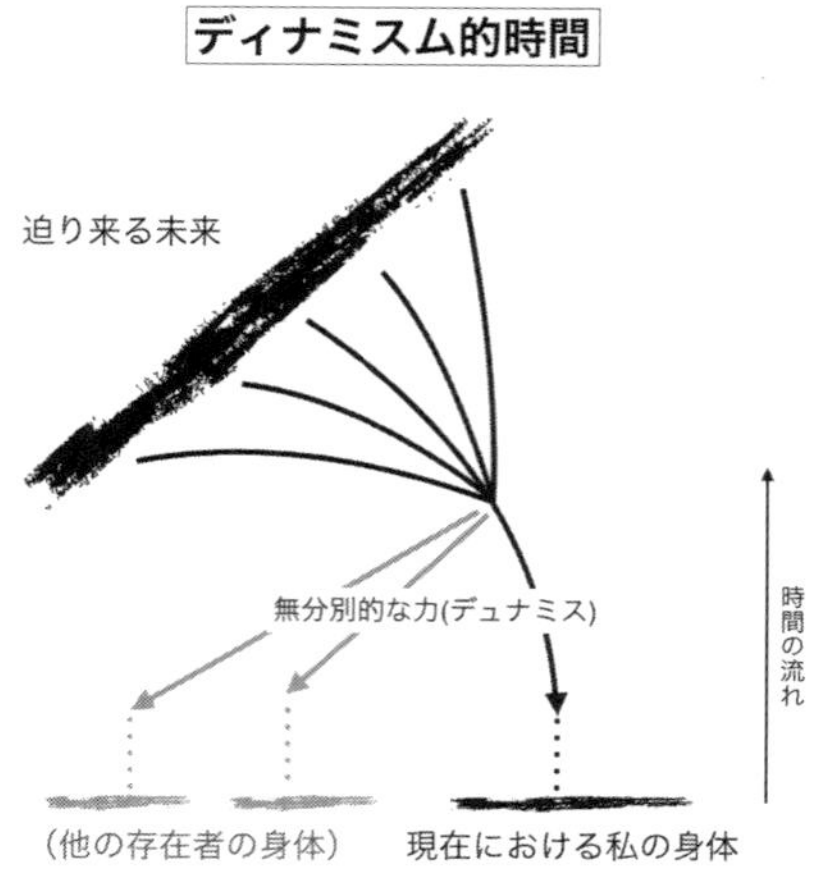

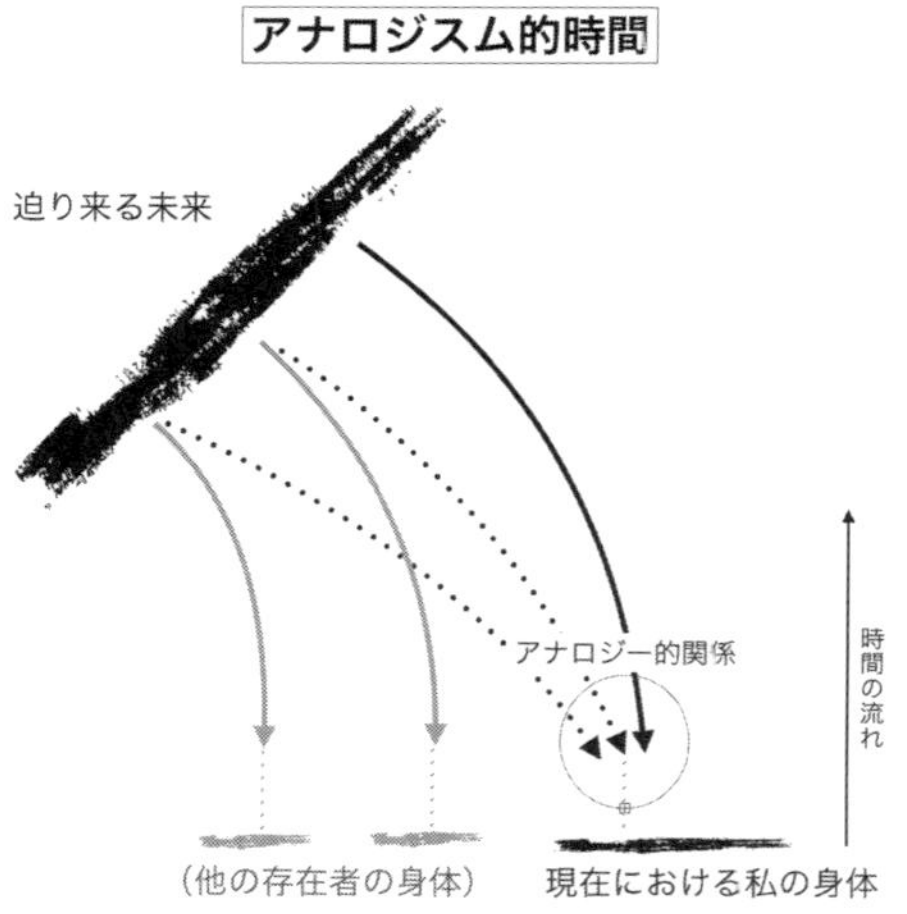

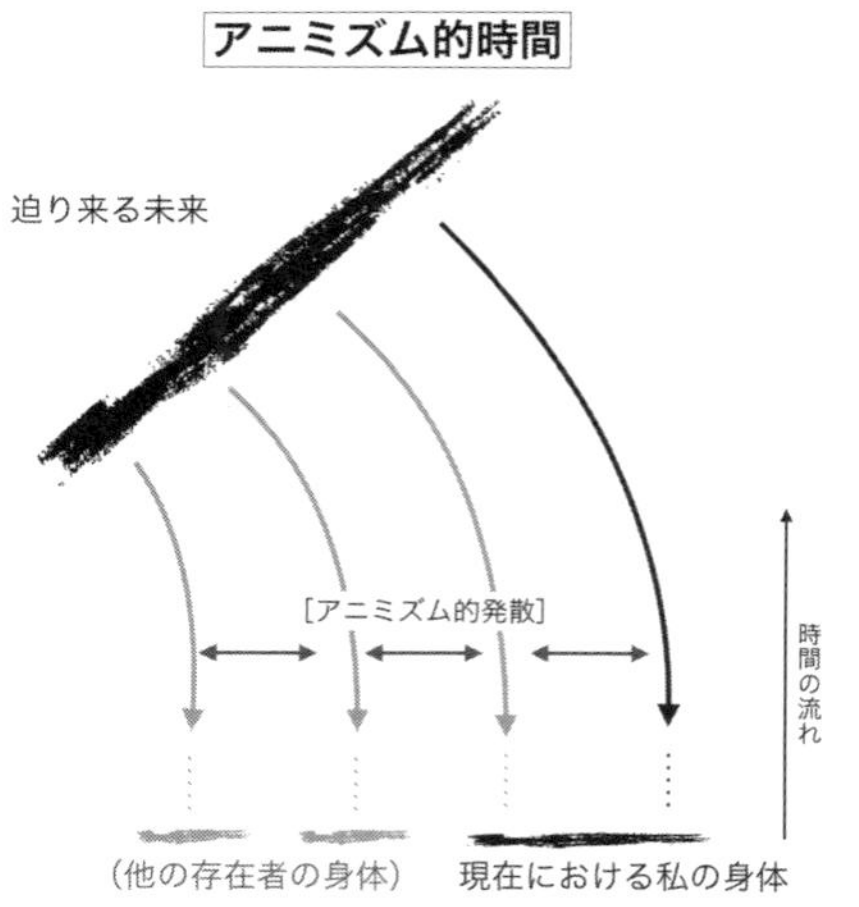

まざまな生き物が、しばしば相互に敵対しつつ、しかし時には連携しつつ、それぞれ頑張って（？）生きていることで成り立っている。さらにいえば、無生物たちがそこに存在しつづけている——時には火山が噴火したり、地震や雪崩が起こったりすることもある——ことも我々は直観によって知っている。[7]

我々の未来のイメージは、客体化された〈時間〉、ディナミスム的時間、アナロジスム的時間、アニミズム的時間の集まりである——このように考えることは、我々自身が「生の全体」に向き合っている仕方を、その豊かさを減じることなく把握する上で有益だと思う。もちろんこの四つの時間性というのは、四つの自然観と同様に、我々自身の生を把握する助けになるべき定規や分度器のようなものにすぎない。実際にあるのは、未来というもの――その全体を決して正確に把握することができないもの――を捉えようとする様々な仕方の絡まり合いである。それゆえ、例えばその全体を「一つの時間」としてみるということも、確かに意味のあることであろう。

「一回的なもの」と「反復的なもの」の間で

このように我々の考察を時間の問題と結びつけたところで、最後に、第9章を通じて何度か触れた、反復性と一回性の問題に戻ってみたい。古典的人類学においては〈文化〉や〈社会〉は反復すべきものであった。これに対して、今日の世界における現実はますます一回性を強く帯びるものになっている。とはいえ、ここで「すべては一回的である」と割り切ってしまうのは人類学的思考を放棄することに等しい。では、どのように考えたらよいか。イメージの人類学の観点から単刀直入に答えを述べるなら、それは、「イメージは反復的であると同時に一回的なものだ」ということになるだろう。実を言えば、私は第1章で「脱+再イメージ化」の図を最初に提示して以来、この図が示している「脱+再イメージ化」が、反復的構造を指すのか、それとも一回的な出来事を指すのかについて、一度も明瞭に述べてこなかった。その理由は、そのような問いに安易な仕方で答えたくなかったからである。イメージ概念の力を本当に活用するためには、むしろ一回性と反復性を二者択一とするような思考法を脱却することこそが必要なのだ。

この点は、9.3で論じた「脱+再イメージ化」と「脱+再身体化」の関係と密接に関わっている。そこでの議論を振り返るならば、「脱+再イメージ化」が「脱+再身体化」なしに起こる場合と、「脱+再イメージ化」と「脱+再身体化」が同時に起こる場合の両方がある。大雑把にいえば、身体が変化することなしに起こる「脱+再イメージ化」は反復的であり、「脱+再身体化」と連動するような「脱+再イメージ化」は一回的であると言えるだろう。しかし、厳密に考えてみれば、二つの場合を区別するのが難しいことはすぐわかる。例えば私は一日一日、一瞬一瞬老いていくのだし、私の周りの世界も絶えず変化している。だから、私が完全に同じことを毎日繰り返していると仮定したとしても、そうした繰り返しにおいて私の中で起こる「脱+再イメージ化」の中身は完全に同じではありえない。十分に安定した〈文化〉ないし〈社会〉があると考えうるような状況では、このような考察はさほど役立たないかもしれない。しかし、「今日」、「明日」、「一年後」、「十年後」が別々である、と考えることが常態化しているような状況のもとでは、あらゆる「脱+再イメージ化」が反復的かつ一回的であり、「脱+再身体化」への契機を孕む、と考えることは十分な意味を持ってくる。詰まるところ、大事なのは、個々の「脱＋再イメージ化」が一回的か反復的かを考えるのではなくて、「反復的なものがどのような意味で一回的であるか」、「一回的なものがどのような意味で反復的であるか」を、知性と直観の両方を精一杯援用しながら緻密に考えることである。

こうした点をより深く考えるうえで、反復という言葉を過去の反復だけでなく、未来の反復をも意味するものとして捉えることは重要なポイントになるだろう。一回的なものは、何らかの意味で過去の反復としての側面を持つと同時に、未来における反復の可能性を形作るという側面をも持ちうる。ジル・ドゥルーズはかつて、『差異と反復』(1968)の序論の冒頭において、バスティーユ襲撃は来るべき全てのフランス革命祭をあらかじめ反復し、モネが最初に描いた睡蓮は、彼がその後に描くべき全ての睡蓮をあらかじめ反復すると書いた。[8] これはレトリックなどではない。あらゆる出来事は、身体ないし社会身体の「脱＋再身体化」を引き起こす可能性を持っており、そしてもしもそのような身体ないし社会身体の変容が実際に起こるならば、将来における「脱＋再イメージ化」はその延長線上で反復されることになるだろう。[9] モネが最初に描いた睡蓮は、画家モネの身体（ないし社会身体）における「脱＋再イメージ化」のシステムを決定的な形で変容させ、確かに、彼をして睡蓮の連作を描かしめたと考えられる。また、バスティーユ襲撃という出来事は、18世紀から19世紀にかけてのフランスの人々の社会身体——そこでの人々と社会制度の関係——に何らかの意味で決定的な変容をもたらし、その帰結の一端がフランス革命祭だったと考えることができる。一回的なものはこのようにして、「過去」・「現在」・「未来」という時間の区分——知性による時間の区分——を超えて、時間の中に広がるのである。

ちなみに、第9章で論じた自然と身体の問題を考慮しながら、よりスケールの大きな視野のもとで考えるならば、一回的か反復的かという二者択一から自由になるべき理由は至るところで見出される。生物の個体発生において遺伝情報の複製が起こるという、誰もが知っている基本的事実は、一回的であるはずの生が同時に反復的であることを端的に示す。また、ある生物種から別の生物種が進化するということは、反復的であるべき種が一回的な変化を遂げることの表現にほかならない。だから「一回的でありかつ反復的である」というのは、確かに考えにくいことではあるが、（人間を含めたあらゆる生物の）生についての考察の原点にあるべき事実なのである。[10] 生は本来的に一回的なものと反復的なものの間にある。そして人類学は、身体〜社会身体〜自然において、生がどのような仕方で一回的かつ反復的であるのかを、客体化された

〈自然〉の学であると同時に直観の学として問い続けなければならない。そして、そのような探究の結果を、一回的であるとともに反復的であるような仕方で表現しなければならない。

　イメージの人類学の枠組は、こうした営みを、厳密であると同時に多様な可能性に開かれた形で発展させていくうえでの、理論的基盤となるべきものである。

注

1　なお、本書で私は「自然観」、「視角」、「視点」といった視覚に関する言葉を繰り返し使ってきたが、これは単に言葉の便宜からである。私はこうした視覚に関する一連の用語を、むしろ視覚を含めた外部感覚の全体を表現するものとして捉えたい。視覚とは、生物学的にいえば、進化の観点からも発生の観点からも、身体の表皮における感覚に由来するものである。したがって、「自然観」、「視角」、「視点」という言葉の根底に、身体の表皮における感覚――例えばゾウリムシが外界の何かを受け止める時のそれのような――を置くのは無理なことではない。1.3でも触れた通り、人間の視覚経験そのものも、神経科学的にみれば、我々の常識的理解における「視覚」よりも、はるかに複雑で奥深い現象である。

2　Philippe Descola, *Par-delà nature et culture*, Gallimard, 2005.

3　9.5で扱ったマリソル・デ・ラ・カデナの『大地存在』は、質の高い理論的考察と民族誌的考察が渾然一体となった極めて重要な著作であるが、先住民の思考と非先住民の思考が（「部分的つながり」を含みつつも）解消不能な溝によって隔てられているかのような考察の方向性については若干の違和感がなくもない（おそらく、これは彼女の民族誌的分析が文字化された言説に徹底的に依拠していることとも関係しているだろう）。私は、多自然主義と客体化された〈自然〉が対極的なものであるという前提の上で、そのような対極的な性格を否定することなく両者の共存をも考えることができると考える。この点については、本書第9章の素材を再利用して理論的再考察を行なった拙稿「多自然主義を越えて」（『現代思想』二〇一七年三月臨時増刊号（人類学の時代）、一九二―二〇八頁）をご参照いただきたい。

4　アンリ・ベルクソン『創造的進化』合田正人・松井久訳 二〇一〇年［原著一九〇七年］、三二九―三三〇頁。なお、文脈上の都合から、訳文にある「生命」という言葉は「生」に変えて引用した。

5　こうした点は、*Alternative Art and Anthropology* (Arnd Schneider ed., Bloomsbury, 2017) に寄稿した二章とも深く関わっている (Tomoko Niwa and Tadashi Yanai, "Flowers' life: Notes and reflections on an art-anthropology exhibition," pp. 75-87; Tadashi Yanai and Arnd Schneider, "Theories in Images: Tadashi Yanai in conversation with Arnd Schneider," pp. 89-94)。この一番目の共著によるエッセイで詳述されているように、丹羽朋子が中国の陝北地域での民族誌的フィールドワークを土台にして行なってきた、民族誌的・人類学的論考、民族誌映画、美術館における展示などの多面的な表現的実践は、こうした点を考える上で私にとって大きな助けになった。

6　このことを最初に厳密かつ明瞭に理論化したのはヤーコプ・フォン・ユクスキュルであった。J・フォン・ユクスキュル、G・クリサート『生物から見た世界』日高敏隆、野田保之訳 思索社 一九七三年［原著一九三四年および一九四〇年］を参照。

7　スピノザは『エティカ』において、自然における様々な存在における「存在が存在であり続ける努力」を、コナトゥス(conatus)と呼んだ。ここには「イメージの人類学」を、「イメージの自然学」とでもいうべきものに開いていく思考の道筋が存在しているようにも思われる。

8　ジル・ドゥルーズ『差異と反復』財津理訳　河出書房新社　一九九二年、二〇頁。

9　中には明らかな生物学的基盤が知られている現象もある。例えば、動物も人間も、強い恐怖を引き起こす出来事は一度だけでも完全に記憶され、以降その出来事は当該の個体の行動に恒常的に影響を与えることになる（この現象には脳内の扁桃体が関わっている）。

10　この点、現代生物学の一連の新たな展開――1.4で触れた神経科学、9.6で触れた微生物学のほか、特に興味深い分野としてエピジェネティクスが挙げられる――を通じ、生物学的存在における反復性と一回性の複雑な関係が、実証的に示されてきたのは興味深いことである。

あとがき

映画の歴史の中で、特異な光芒を放つ作品を作った一群の映画監督たちがいる。カール・ドライヤー、ビクトル・エリセ、ジャック・タチ…。チャップリンをこのリストに加えてもいい。彼らは、長編映画であっても大きな語りに安住せず、非常に密度の高い場面を丹念に積み上げながら映画を作っていった。とても時間のかかる作業だが、出来上がった作品は何度見ても飽きさせず、むしろ新たな発見を与えてくれる。私は本書に、自分に可能であるかぎり、そのような映画作品に似た密度を持たせたいと思った。結果はともあれ、こうして作業を終えて、少なくとも私自身は「最初の一文から最後の一文まで発見の喜びを感じながら文章を書く」という目標をおおかた貫くことができたと思っている。

「イメージ概念をもとに人類学の全体を再構想する」という本書の作業は、このような理由から、客観的にみれば均衡を欠いたものになったかもしれない。論じられるべき重要な人類学的テーマは、私がここで触れた以外にも数多くあるし、また本書で取り上げられている非欧米地域の事例は、自分にとって親しみのある南アメリカ先住民に関するものに大きく偏っている（これは本書の特長でもあると思っているが）。いずれにせよ、本書の主な役割は概念的構図を提示することである。私の意図としては、この本はより大きな作業――必ずしも私個人に属するわけではない――のためのデッサンに過ぎない。

事実上三十年余りの蓄積をもとに書いた本であるため、本書を閉じるにあたって私が謝意を表すべき方々は数多い。ここでは、本書の内容に特に深く響いている私が感じる方々についてだけ、そのお名前を記させていただきたい。学生時代に教えを受けた先生方、特に船曳建夫先生と故増田義郎先生（本書におけるマリノフスキおよび南米民族誌の重要性はこの二人の先生の教えと不可分である）。また、南アメリカ先住民として数々の決定的に重要なことを教えてくださった Rosendo Huisca 氏、故 Sebastián Ñancupán 氏、Guillermo Arévalo 氏。バルセロナでの放浪時代（?-）ないしその後の時期に私を学問的に支えて下さった María Jesús Buxó 氏と田辺繁治氏。本格的執筆の前段階で様々な刺激を下さった大平陽一氏、中川理氏、そして中川大一氏。『思想』編集長として幾つも重要な提案をして下さり、本書についても貴重なアドバイスを下さった互盛央氏。本書のプランを知って参考になりそうな哲学書を送って下さったEduardo Viveiros de Castro氏。もう一方で、私を共同研究会やシンポジウムに呼んで重要な刺激を与えて下さった福島真人氏、田辺繁治氏、田中雅一氏、春日直樹氏、西井涼子氏には特別な恩義を感じている。東京大学——本書の内容の大半は総合文化研究科・教養学部における数々の授業の中で扱ってきたものでもある——では、とりわけ丹羽朋子さん、土井清美さん、里見龍樹さん、相原健志さんとの大学院での共同作業が思い出される。執筆がかなり進んだ段階では、先端的な研究者の方々から本書の内容についてご意見をうかがう貴重な機会を大村敬一氏・森田敦郎氏（二〇一五年七月）と西井涼子氏（二〇一六年七月）が作ってくださった（特に前者で菅原和孝氏から、後者で郡司ペギオ幸夫氏からいただいたご反応は、本書のいくつかの思考の流れを加速することになった）。さらに二〇一七年七月には田辺明生氏と中川理氏が、一度書き上げた草稿に目を通し、叱咤激励とともに、議論の流れを改善するための多くの貴重な指摘やヒントをくださった。もちろん、本書の出版を可能にしてくださったせりか書房の船橋純一郎氏と船橋泰氏——私は結局、ゲラを真っ赤にしてしまったのだが——にも心よりお礼を申し上げたい。最後に、長い間この過程を見守ってくれた老父、老母と妻のヌリアに深く感謝したいと思う。

なお本書は、科学研究費の助成による研究課題「「映像」に基づく人類学の構築——映像的／理論的パースペクティブの研究」（研究課題番号 19652076）を一つの重要な土台とし、また「震災復興の公共人類学：福島県を中心とした創造的開発実践」（研究代表者関谷雄一、研究課題番号 26284136）、「人類学的フィールドワークを通じた情動研究の新展開：危機を中心に」（研究代表者西井涼子　研究課題番号　17H00948）とも関わるものである。

二〇一八年一月

箭内匡

主要事例・引用一覧　Essential references/sources for each chapter

はじめに　Introduction

ドゥルーズ「マイナー宣言」(G. Deleuze, « Un manifeste de moins », 1977) ... 5

ドゥヴルー『行動科学における不安から方法へ』(G. Devereux, *From Anxiety to Method in Behavioral Sciences*, 1967) ... 12

クラック「夢の中の神話、イメージの中の思考」(W. Kracke, "Myths in dreams, thought in images," 1987) ... 12

ドゥルーズ『プルーストとシーニュ』(G. Deleuze, *Proust et les signes*, 1964) ... 13

第１章　イメージの人類学に向かって Toward an anthropology of images

ベネディクト『文化の型』(R. Benedict, *Patterns of Culture*, 1934)... 16

ベルクソン『物質と記憶』(H. Bergson, *Matière et mémoire*, 1896) ... 21, 37, 38

箭内匡「イメージの人類学のための理論的素描」(T. Yanai, "Outline of a Theory of Anthropology of Images," 2008) ... 21-23, 29-30, 38

ドゥルーズとガタリ『千のプラトー』(G. Deleuze et F. Guattari, *Mille plateaux*, 1980) ... 24-28, 38

『カンデル神経科学』(*Principles of Neural Science*, 5th ed., 2013) ... 31-36

第２章　民族誌的フィールドワーク Ethnographic fieldwork

マリノフスキ『西太平洋の遠洋航海者』(B. Malinowski, *Argonauts of the Western Pacific*, 1922)... 40-43, 46-49

エヴァンズ＝プリチャード『ヌアー族』(E. Evans-Pritchard, *The Nuer*, 1940) ... 44-45

フラハティ《極北のナヌーク》(R. Flahery, *Nanook of the North* [film], 1922) ... 50

フラハティ「ハドソン湾のベルチャー諸島」(R. Flaherty, "The Belcher Islands of Hudson Bay," 1918) ... 51-52

ルーシュの民族誌映画・ドキュメンタリー映画・劇映画 (films of Jean Rouch, 1947-2002) ... 54-55

村尾・箭内・久保編『映像人類学』(S. Murao, T. Yanai and M. Kubo (eds.), *Ciné-anthropology*, 2014) ... 54-56

第３章　民族誌的フィールドワーク（続）Ethnographic fieldwork (continued)

マプーチェ民族誌：フィールドワークの状況 (T. Yanai, Mapuche fieldnotes and diary, ms., 1989-92) ... 60-64

箭内匡「マプーチェ社会の口頭性」(T. Yanai, "Orality as a Mode of Thought and Existence among the Mapuche, Southern Chile," 2000) ... 65-70

ハヴロック『プラトン序説』(E. Havelock, *Preface to Plato*, 1963) ... 67-68

マプーチェ民族誌 (1989-92)：表と裏 (T. Yanai, Mapuche fieldnotes and diary, ms., 1989-92) ... 70-73

箭内匡「想起と反復」(T. Yanai, "Remembrance and Repetition," 1993) ... 74-75

スメール、ハーシュ『力学系入門』(S. Smale and M. Hirsch, *Differential equations, dynamical systems, and linear algebra*, 1974) ... 75-76

第４章　イメージ経験の多層性 Image experiences: de-imaginization + re-imaginization

カーペンター『エスキモー』(E. Carpenter, F. Varley and R. Flaherty, *Eskimo*, 1959) ... 82-86

フラハティ『ある映画作家の旅』(F. Flaherty, *The Odessey of a Film-maker: Robert Flaherty's Story*, 1960) ... 85

レヴィ=ストロース『野生の思考』(C. Lévi-Strauss, *La pensée sauvage*, 1962) ... 87-88
ヤーコブソン『音と意味についての六章』(R. Jakobson, *Six leçons sur le son et le sens*, 1976) ... 88-90
ラボヴ『社会言語学的パターン』(W. Labov, *Sociolinguistic Patterns*, 1970) および『インナーシティにおける言語』(*Language in the Inner City*, 1972) ... 92-96
ヴィゴツキー『思考と言語』(L. Vygotsky, *Myshlenie i rech'*, 1956) ... 97-99
スクリブナーとコール『リテラシーの心理学』(S. Scribner and M. Cole, *The Psychology of Literacy*, 1981) ... 100-101
ハヴロック『プラトン序説』(E. Havelock, *Preface to Plato*, 1963) ... 102-103

第5章 社会身体を生きること What is the body social?

ホッブズ『リヴァイアサン』(T. Hobbes, *Leviathan*, 1651) ... 110-111
ペルー東部でのフィールド日記 (T. Yanai, Field diary in Eastern Peru, ms., 1989) ... 111-114, 116-117
ヒューム『人間本性論』(D. Hume, *A Treatise of Human Nature*, 1738) ... 114
モース『社会学と人類学』(M. Mauss, *Sociologie et anthropologie*, 1950) ... 117-118
ベイトソンとミード『バリ島人の性格』(G. Bateson and M. Mead, *Balinese Character*, 1942) ... 120-121
箭内匡「想起と反復」(博士論文)(T. Yanai, Reminiscence and Repetition, unpubl. PhD diss., 1995) ... 124-130
田辺繁治『生き方の人類学』(S. Tanabe, *Anthropology of Life*, 2013) ... 130-131, 135, 140
ヴィゴツキー『思考と言語』(L. Vygotsky, *Myshlenie i rech'*, 1956) ... 131
レイヴとウェンガー『状況に埋め込まれた学習』(J. Lave and E. Wenger, *Situated Learning*, 1990) ... 132-133
ワイズマン《基礎訓練》(F. Wiseman, *Basic Training* [film], 1972) ... 134-135
コッチア『感性的生』(E. Coccia, *La vita sensibile*, 2010) ... 141

第6章 自然の中の人間 People as part of nature: dynamism and animism

タイラー『原始文化』(E. Tylor, *Primitive Culture*, 1871) ... 143
ファン・ヘネップ『通過儀礼』(A. van Gennep, *Les Rites de passage*, 1909) ... 144-145
ガスリー『ギリシアの哲学者たち』(W. K. Guthrie, *The Greek Philosophers*, 1950) ... 146-147
デスコラ『自然と文化を超えて』(P. Descola, *Par-delà nature et culture*, 2005) 及び『イメージの創生場』(*La Fabrique des images*, 2010) ... 147-149
レヴィ=ストロース『やきもち焼きの土器つくり』(C. Lévi-Strauss, *La Potière jalouse*, 1985) ... 148
ヴィヴェイロス・デ・カストロ「宇宙論的ダイクシスとアメリカ大陸先住民のパースペクティヴィスム」(E. Viveiros de Castro, "Cosmological Deixis and Amerindian Perspectivism," 1998) ... 149-151
サーリンズ『石器時代の経済学』(M. Sahlins, *Stone Age Econimics*, 1972) ... 152-156
クラストル『国家に抗する社会』(P. Clastres, *La Société contre l'état*, 1974) 及び「暴力の考古学」(« Archéologie de la violence », 1977) ... 156-158
ガードナー《死鳥》(R. Gardner, *Dead Birds* [film], 1964) ... 158-160
フーコー『社会は防衛しなければならない』(M. Foucault, *« Il faut défendre la société »*, 1997) ... 161

第７章　アナロジーと自然の政治　Analogism and the objectified "nature"

デスコラ『イメージの創生場』(P. Descola, *La fabrique des images*, 2010) ... 166-168, 170

増田義郎、F・ピース『図説インカ帝国』(Y. Masuda and F. Pease, *Illustrated Inca Empire*, 1988) ... 169-170

リーチ『高地ビルマの政治体系』(E. Leach, *Political Systems of Highland Burma*, 1954) ... 172-173

サーリンズ『歴史の島々』(M. Sahlins, *Islands of History*, 1985) ... 173-174

ベンゴア『マプーチェ民族の歴史』(J. Bengoa, *Historia del pueblo mapuche: siglos XIX y XX*, 1985) ... 174-175.

グードマン『文化としての経済学』(S. Gudeman, *Economics as Culture*, 1986) ... 175-177

ポランニー「アリストテレスによる経済の発見」(K. Polanyi, "Aristotle Discovers the Economy," 1957) 及び「貨幣使用の意味論」("The Semantics of Money-Uses," 1957) ... 177-179

マリノフスキ『西太平洋の遠洋航海者』(B. Malinowski, *Argonauts of the Western Pacific*, 1922)... 179

アルパース『描写の芸術』(S. Alpers, *The Art of Describing*, 1983) ... 183-185

アイゼンスタイン『印刷革命』(E. Eisenstein, *The Printing Revolution in Early Modern Europe*, 1983) ... 185-187

ラトゥール『科学が作られているとき』(B. Latour, *Science in Action*, 1987) ... 187-188

トドロフ『日常礼賛』(T. Todorov, *Éloge du quotidien*, 1998) ... 189-190, 194

レヴィ＝ストロース『裸の人』(C. Lévi-Strauss, *L'Homme nu*, 1971) ... 191

第８章　近代性をめぐる人類学　Anthropology in/around the modern

フォード《リバティ・バランスを射った男》(J. Ford, *The Man Who Shot Liberty Valance* [film], 1962) ... 197-198

アンダーソン『想像の共同体』(B. Anderson, *Imagined Communities*, 1983) ... 199-200

フーコー『監獄の誕生』(M. Foucault, *Surveiller et punir*, 1975) ... 201-202

ハッキング『偶然を飼いならす』(I. Hacking, *The Taming of Chance*, 1990) ... 203, 205

フーコー『安全・領土・人口』(M. Foucault, *Securité, territoire, population*, 2004) および『生政治の誕生』(*Naissance de la biopolitique*, 2004) ... 204-205

ハイデッガー「有るといえるものへの観入」(M. Heidegger, "Einblick in das was ist", 1949) ... 206-207

タルド『模倣の法則』(G. Tarde, *Les Lois de l'imitation*, 1890; 1895)、『世論と群衆』(*L'Opinion et la foule*, 1901)、『経済心理学』(*La Psychologie économique*, 1902) ... 208-216

ディッキー『南インドにおける映画と都市貧困者たち』(S. Dickey, *Cinema and the Urban Poor in South India*, 1993) ... 218-219

バラチャンデル《シンドゥー・バイラヴィ》(K. Balachander, *Sindhu Bhairavi* [film], 1985) ... 219-220

バージャー『イメージ』(J. Berger, *Ways of Seeing*, 1972) ... 221-222

ワイズマン『モデル』(F. Wiseman, *Model* [film], 1980) ... 222-223

ベイトソン「遊びとファンタジーの理論」(G. Bateson, "A Theory of Play and Fantasy," 1955) ... 225

ターナー『儀礼の過程』(V. Turner, *The Ritual Process*, 1966) ... 226-227

ブロンベルジェ『サッカーの対戦』(C. Bromberger, *Le Match de football*, 1995) ... 230-232

昭和天皇の崩御に関するメモ (T. Yanai, notes on Emperor Hirohito's death, ms., 1988-1989) ... 233-234

第９章　自然と身体の現在へ　Nature and body: contemporary approaches

マーフィー『ボディ・サイレント』(R. Murphy, *The Body Silent*, 1987) ... 252-254

ハル『光と闇を超えて』(J. Hull, *Touching the Rock*, 1990) ... 256-257

カーペンター『エスキモー』(E. Carpenter, *Eskimo*, 1959) ... 258

インゴルド『環境の知覚』(T. Ingold, *The Perception of the Environment*, 2000) ... 259-260

サックス『手話の世界へ』(O. Sacks, *Seeing Voices*, 1989) ... 261-2

タイラー『人類の初期の歴史と文明の発達に関する研究』(E. Tylor, *Researches into the Early History of Mankind and the Development of Civilization*, 1865) および『原始文化』(*Primitive Culture*, 1871) ... 262-263

オリヴァー＝スミス『犠牲となった町』(A. Oliver-Smith, *The Martyred City*, 1986) ... 265-267

デ・ラ・カデナ『大地存在』(M. de la Cadena, *Earth Beings*, 2015) ... 269-271

ハーヴェイ、ノックス『道路』(P. Harvey and H. Knox, *Roads*, 2015) ... 272-274

ゾナベント『核半島』(F. Zonabend, *La presqu'île au nucléaire*, 1989) ... 275-279

ベルストルフ『セカンドライフの思春期』(T. Bellstorff, *Coming of Age in Second Life*, 2008) ... 280-283

ヘルムライヒ『異海』(S. Helmreich, *Alien Ocean*, 2010) ... 284-286

ヴァニーニ、タガート『グリッドを離れて』(P. Vannini and J. Taggart, *Off the Grid*, 2015) ... 287-289

おわりに　Conclusion

ベルクソン『創造的進化』(H. Bergson, *L'Évolution créatrice*, 1907) ... 298-299

ドゥルーズ『差異と反復』(G. Deleuze, *Différence et répétition*, 1967) ... 304

スピノザ『エティカ』(B. de Spinoza, *Ethica*, 1677) ... 305-306

アルパース (Alpers, S.) 183-184
インゴルド (Ingold, T.) 104, 163, 258-260
ヴァニーニ (Vannini, P.) 250-251, 287-289
ヴィヴェイロス・デ・カストロ (Viveiros de Castro, E.) 149-151, 268
ヴィゴツキー (Vygotsky, L. S.) 107, 97-100, 130-132, 291
エヴァンズ＝プリチャード (Evans-Pritchard, E. E.) 43-45, 290
カーペンター (Carpenter, E.) 81-86, 136, 258
ガードナー (Gardner, R.) 54, 158-160
カント (Kant, I.) 83, 105
グードマン (Gudeman, S.) 175-177, 237
クラストル (Clastres, P.) 138-139, 151-152, 156-158, 160-161
コッチア (Coccia, E.) 141
サーリンズ (Sahlins, M.) 152-157, 173
スピノザ (Spinoza, B.) 137, 139, 141, 183-184, 194, 305-306
ゾナベント (Zonabend, F.) 250, 275-279
タイラー (Tylor, E. B.) 15, 143, 147, 262-263
田辺明生 241
田辺繁治 140, 141
タルド (Tarde, G.) 208-216, 238-239
デスコラ (Descola, P.) 147-149, 160, 162, 165-168, 170, 295
デ・ラ・カデナ (de la Cadena, M.) 268-271, 305
ドゥヴルー (Devereux, G.) 12
ドゥルーズ (Deleuze, G.) 12, 13, 37, 106, 304
トドロフ (Todorov, T.) 189-190
中川理 239, 240
バージャー (Berger, J.) 221-222, 239
ハイデッガー (Heidegger, M.) 206-208, 275
ハヴロック (Havelock, E. A.) 67-68, 79, 102-103
ヒューム (Hume, D.) 114-115
ファン・ヘネップ (van Gennep, A.) 144-145, 226
フーコー (Foucault, M.) 106, 135, 161, 167, 177, 192, 193, 201-202, 204-205, 237
フォード (Ford, J.) 196-197, 236
プラトン (Platōn) 68, 102-103
フラハティ (Flahery, R. J.) 49-55, 57, 82, 85
ブルデュー (Bourdieu, P.) 229
ブロンベルジェ (Bromberger, C.) 230-232
ベイトソン (Bateson, G.) 120-122, 139, 225
ベネディクト (Benedict, R.) 16-20, 24
ベルクソン (Bergson, H.) 21, 37, 38, 106, 298-300
ホッブズ (Hobbes, T.) 110-111, 118
ポランニー (Polanyi, K.) 177-179
マーフィー (Murphy, R. F.) 247, 252-255
マリノフスキ (Malinowski, B.) 39-49, 52-54, 56-57, 179, 297-299
モース (Mauss, M.) 117-118, 162
ヤーコブソン (Jakobson, R.) 88-90, 92
ラトゥール (Latour, B.) 187-188, 244
ラボヴ (Labov, W.) 81, 92-96, 108, 119, 291
リーチ (Leach, E.) 172-173
ルーシュ (Rouch, J.) 37, 53-56, 57-58, 86, 290
レイヴ (Lave, J.) 132-133, 135
レヴィ＝ストロース (Lévi-Strauss, C.) 80, 87-88, 90-92, 106, 128, 148, 162, 191
レーナルト (Leenhardt, M.) 139-140
ワイズマン (Wiseman, F.) 134-135, 202, 222-223

著者紹介

箭内　匡（やない　ただし）

1962年生まれ。文化人類学を東京大学（1982〜1993年）、哲学をバルセロナ大学（1995〜1997年）で学ぶ。博士（学術）。現在、東京大学大学院総合文化研究科教授。編著に『アフェクトゥス——生の外側に触れる』（西井涼子との共編、京都大学学術出版会、2020年）、『映像人類学《シネ・アンスロポロジー》——人類学の新たな実践へ』（村尾静二・久保正敏との共編、せりか書房、2014年）、『映画的思考の冒険——生・現実・可能性』（世界思想社、2006年）、共著書に『21世紀の文化人類学』（新曜社、2018年）、*Alternative Art and Anthropology*（Arnd Schneider編、Bloomsbury, 2017）などがある。

イメージの人類学

2018年　4月16日　第1刷発行
2022年　5月24日　第4刷発行

著　者　箭内　匡
発行者　船橋純一郎
発行所　株式会社 せりか書房
〒112-0011　東京都文京区千石1-29-12 深沢ビル2階
電話 03-5940-4700　振替 00150-6-143601
http://www.serica.co.jp
印　刷　モリモト印刷株式会社
装　幀　工藤強勝

ISBN 978-4-7967-0373-4